Psicanálise em Nova Chave

Coleção Estudos
Dirigida por J. Guinsburg

Equipe de realização – Revisão: Maria Aparecida Salmeron; Ilustração: Rita Rosenmayer; Sobrecapa: Crisitiane Silvestrin; Produção: Ricardo W. Neves, Heda Maria Lopes e Eloisa Graziela Franco de Oliveira.

Isaias Melsohn

PSICANÁLISE EM NOVA CHAVE

CRÍTICA DOS FUNDAMENTOS. NOVOS CONCEITOS
LIÇÕES CLÍNICAS
POLÊMICA COM *THE INTERNATIONAL JOURNAL OF PSYCHO-ANALYSIS*

Direitos reservados à
EDITORA PERSPECTIVA S.A.
Av. Brigadeiro Luís Antônio, 3025
01401-000 – São Paulo – SP – Brasil
Telefax: (0--11) 3885-8388
www.editoraperspectiva.com.br
2001

Para Hinda,
que esperou.
O tempo inteiro.

Sumário

Nota Introdutória XVII

PARTE I: CRÍTICA DOS FUNDAMENTOS. NOVOS CONCEITOS

1. Primeira Aula 3

   Introdução. Esquema da estrutura do curso. Formas de percepção. Pressupostos psicológicos da Psicanálise. A imaginação; Husserl e Sartre. Uma experiência fenomenológica. Mundo interno e mundo externo. A questão da imanência psicológica: Locke, Hume, Brentano e a crítica de Husserl

2. Segunda Aula: Retomadas e Avanços 19

   A fobia do pequeno Hans. Segunda Parte: Panorama das contribuições da Psicologia e leituras sugeridas. O fenômeno alucinatório

3. Terceira Aula 39

   A revolução científico-epistemológica moderna e o mecanicismo. Kant e as novas categorias na Biologia e na Arte. O século XIX e o historicismo: a Lingüística Histórica; Comte e a "Lei dos Três Estados"; Marx; reflexos do conceito de evolução histórica nas demais ciências; Freud. A revolução semântica do século XX. A proibição do incesto no "Totem e Tabu" e na Antropologia contemporânea. História, temporalidade e memória. Ilustração clínica

4. Quarta Aula 51

   O Empirismo; a teoria das sensações e das associações sensoriais.

Os estudos de Freud sobre a afasia e as origens da noção de "representação de coisa". Percepção e linguagem. Breve resenha histórica. As contribuições da patologia. As alterações da linguagem e as modificações do campo da consciência no reconhecimento perceptivo. Reformulação de conceitos relativos à sensação; relações com a motilidade. Valores expressivos dos campos sensíveis. As sinestesias. Aquisição de hábitos e esquema corporal: a leitura, a escrita, o manejo de instrumentos. Valores expressivos da forma e da cor na clínica psicológica e psicanalítica

5. Quinta Aula 73

Empirismo e Filosofia Crítica têm em comum a percepção da coisa com seus atributos. Percepção subliminar. Psicologia da Forma e crítica da teoria das sensações. Representações inconscientes como imagens de objetos e a fobia do pequeno Hans. Teoria das sensações e percepção nos estádios precoces do desenvolvimento psíquico. Expressividade, percepção do "tu" e do sentido afetivo dos objetos. A "função representativa" da linguagem, a simbolização e a construção do mundo dos objetos; a clivagem sujeito-objeto. Ilustração de experiências de pura expressividade. Imagens do sonho, abstração de forma e simbolização. "Recordações encobridoras" como experiências expressivas

6. Sexta Aula: Retomadas e Avanços 97

Forma na arte e *forma* do sentimento. Seu significado na sessão psicanalítica. Primeiras formas de alteridade e de consciência no desenvolvimento psíquico. Memória e temporalidade. A linguagem e a passagem da pura presença para a representação e significação simbólicas. Linguagem, instituição da memória e constituição da realidade fenomenal. Formas simbólicas não-discursivas e discursivas. Interpenetração do sentido expressivo com a significação discursiva. Submissão e autonomia no âmbito da experiência expressiva. A noção de sentimento como experiência interna. Freud e a Teoria de James-Lange. Husserl e a concepção do sentimento como forma de consciência afetiva dos objetos. *Matéria* e *forma* do sentimento. A noção de "fantasia inconsciente" como síntese afetivo-representativa. Conceito de símbolo. Breve esboço da estrutura da sessão psicanalítica

Parte II: Lições Clínicas

Preâmbulo 125

Seminário 1 129
Discussão de uma sessão psicanalítica enviada, por escrito, por um colega

Seminário 2 137
Discussão de suas sessões psicanalíticas enviadas, por escrito, por um colega

SUMÁRIO

Seminário 3 145
Seminário 4 159
Seminário 5 169
Seminário 6 185
Dinâmica do início de uma sessão psicanalítica
Seminário 7 193
Seminário 8 199
O relato clínico e os problemas teóricos da técnica
psicanalítica. Dinâmica psicológica do
início de uma sessão
Seminário 9 207
Seminários 10 e 11 211
Contribuição para a semiologia da sessão psicanalítica –
forma na arte e *forma* da expressão emocional na sessão
psicanalítica. Duas sessões ilustrativas
Seminário 12 225
Poesia e pensamento. Sentimento e forma

PARTE III: UMA ALTERNATIVA PARA O CONCEITO DE REPRESENTAÇÃO
INCONSCIENTE: A FUNÇÃO EXPRESSIVA E A CONSTITUIÇÃO DO SENTIDO.
SENTIDO E SIGNIFICAÇÃO

Preâmbulo 233
   Nota sobre o léxico 235

1. O Inconsciente e a Representação dos Objetos.
Pressupostos Epistemológicos 237

2. O Problema da Constituição do Sentido e da Significação . 241

2.1. A imaginação 241

   A imagem "interior". Contribuição da psicologia fenomenológica.
Os experimentos taquiscópicos e a produção de imagens. A questão da cópia do real. A organização do campo sensorial e a percepção de formas. Primeiro exame da zoofobia do pequeno Hans

2.2. A percepção 248

   Conteúdos perceptivos diferentes com substrato sensorial único. A "formação" da significação perceptiva

2.3. A percepção expressiva. Identificação projetiva e
posição esquizoparanóide. A percepção do "tu".
A passagem para a "função representativa" 250

   Exame do conteúdo da percepção expressiva nos estádios iniciais da consciência. Presença e representação. As contribuições de Max Scheler e de Ernst Cassirer

2.4. O sentimento 259

O sentimento como consciência de objeto. As contribuições de Husserl, Cassirer e Sartre. Melanie Klein

2.5. Formas simbólicas discursivas e não discursivas. Significação e sentido. Representação e presença 261

A constituição da significação pelos símbolos discursivos. A construção do sentido pelos símbolos não discursivos. Presença do sentido nos símbolos não discursivos. O sonho de Alexandre e o esquecimento do nome Signorelli. A zoofobia do pequeno Hans e a revisão da noção de Inconsciente. Signorelli. O problema do sentido e da significação na obra de arte. O estudo de Freud sobre o *Moisés* de Michelangelo. Música e representações inconscientes. O Piton. Ainda Freud/Signorelli. Arte como símbolo das formas do sentimento

3. Considerações Finais 273

O mundo interno e o mundo externo. As formas simbólicas como objetivações do mundo interno. A função expressiva e a constituição do sentido na sessão psicanalítica. A função expressiva do analista na apreensão e na formulação da interpretação

PARTE IV: POLÊMICA COM *THE INTERNATIONAL JOURNAL OF PSYCHO-ANALYSIS*

1. Carta do Editor-Chefe do *IJP* 279
   Texto original em língua inglesa 279
   Versão em português 280
2. Relatório de Avaliação 1 281
   Texto original em língua inglesa 281
   Versão em português 282
3. Relatório de Avaliação 2 284
   Texto original em língua inglesa 284
   Versão em português 286
4. Relatório de Avaliação 3 288
   Texto original em língua inglesa 288
   Versão em português 291
5. Duas Cartas de James Grotstein 296
   Texto original em língua inglesa 296
   Versão em português 298
6. Resposta do Autor ao Editor-Chefe do *IJP*, com Análise dos Relatórios de Avaliação 300
7. Para Encerrar o Libelo, Não a Pendência 323

Bibliografia 325

GRATUIDADES

Afeito ao dizer da fala, mas não infenso ao da escrita, cumpre o autor, com este livro, antiga demanda. Dele próprio, de colegas, de alunos, de amigos.

Mora e reclamos vinham de longe, de idos tempos, quando já encontravam eco idéias que pareciam fadadas a errâncias e lucubrações solitárias.

No ínterim, escreveu coisas menores, outras melhores, e uma de maior empenho e significância[1]. E votou-se à transmissão oral, de frutos imediatos, e sementeira incerta. O registro escrito, sim, pode ser habitado. Se for boa a morada. Ainda assim, pode a Moira caprichosa lançá-lo no destino do alfarrábio. Quem sonha saber, mal sabe que

"somos da matéria de que os sonhos são feitos".[2]

Soprou-me estas coisas todas – nem sei mais se eu estava vígil ou a sonhar – um senhor incrível, que – imaginem! – se dizia simples. E as disse lindamente. Assim:

*"Um dia num alfarrábio
Eu li que um louco vivia,
Toda a noite e todo o dia,
Uma estátua a namorar."[3]*

Feitas as contas – do desejo, a se insinuar, sutil –, divina loucura essa, a de namorar o sonho do saber.

1. I. Melsohn (1988), Uma Alternativa para o Conceito de Representação Inconsciente: a Função Expressiva e a Constituição do Sentido. Sentido e Significação, artigo constante da Parte III desta publicação.
2. Shakespeare, *A Tempestade*.
3. S. C. Guimarães Passos. (1891), *Versos de um Simples*, Rio de Janeiro, sem indicação de editora.

GRATIDÃO

Aos que partilharam a caminhada. E àqueles, mais próximos, que contribuíram com o seu quinhão.

A Anatol Rosenfeld, dignidade feita homem, alma inteira, "in memoriam". Pensador, amplos horizontes, professor, acenou para a primeira clareira[4]. Grato aceno! Nela, uma chave descerrava novas veredas.

A Regina Schnaiderman, com nostalgia. Interlocutora dos começos, guerreira, trouxe suas hostes.

A Amazonas Alves Lima, figura ímpar, que se foi e, anos a fio, quedou, firme, a incentivar.

A Bela Sister e a Marilsa Taffarel, que levaram mais gentes e ajeitaram bom pedaço da marcha. Incansáveis, ainda deram de compilar uma biografia[5]. Ouvido atento, a afinar a inteligência de quem fala, pensar arguto, apensaram-lhe o roteiro percorrido. Fruíram a aventura – dizem elas – e acharam de expô-lo à visitação, vai que alguém mais, e outros, até, inventem tirar igual proveito ou, de curiosos, simplesmente queiram dela tomar ciência.

A Fabio Herrmann e a Jacó Guinsburg, que, também nela, verteram palavras generosas.

A Leda Herrmann, Maria da Penha Lanzoni e Mário Lúcio Alves Baptista, colega sênior, pela devoção amistosa e lide com infernais máquinas de escrever, inscrever, transcrever, transmutar e suas maquinações ardilosas.

A Marina Melsohn Lisbona, pelos cuidados com a bibliografia e demais zelos de filha.

E aos que foram se achegando.

---

4. S. Langer (1942), *Philosophy in a New Key*, New York, The American Library of World Literature, Inc. Mentor Books, 1952.

5. B. Sister & M. Taffarel (1996), *Isaias Melsohn. A Psicanálise e a Vida. Setenta Anos de Histórias Paulistanas e a Formação de um Pensamento Renovador na Psicanálise*. São Paulo, Editora Escuta.

Nota Introdutória

Os textos sobre Psicanálise reunidos nesta publicação compreendem trabalhos teóricos (Partes I, III, IV) e Lições Clínicas (Parte II).

Têm por objetivo comum os primeiros trazer à luz pressupostos epistemológicos e psicológicos determinantes da configuração de concepções nucleares da Teoria Psicanalítica, confrontá-los com as contribuições que a investigação psicológica – quer no campo da reflexão crítica, quer no da psicologia indutiva – e as inovações semânticas aduziram ao longo do século XX, e extrair as conseqüências que a precedente análise impõe, com vistas a legitimar a reformulação daquelas concepções.

A Parte I – Crítica dos Fundamentos. Novos Conceitos – consiste em um curso proferido no último trimestre de 1988. Originalmente composto de 10 aulas gravadas em fita cassete, foi reduzido a 6, após as correções de um curso oral não sujeito à disciplina da escrita, pródigo na retomada de problemas relevantes para a fundamentação das teses nele propostas.

O programa do curso teve como diretriz o aprofundamento dos temas do artigo aqui publicado na Parte III, com destaque para as formas de expressão da vida emocional e para as relações entre linguagem e percepção, estas de importância capital no exame da noção de Inconsciente. Incluiu, ademais, questões relativas à gênese psicológica e historicidade em Freud e às concepções modernas da sensação.

Com a intenção de obviar o ônus de constantes remissões, foram mantidas algumas passagens das aulas que compareçam igualmente no artigo.

A Parte II – Lições Clínicas – inicia-se com um Preâmbulo com exposição de alguns princípios que norteiam a prática clínica do autor. Seguem-se doze seminários. Cada um – à exceção dos de números 2 e 12 – contém o relato de uma sessão psicanalítica, total ou parcialmente exposta, e sua discussão. No seminário 2, são examinadas duas sessões. Nos seminários 8, 10 e 11, o relato das sessões clínicas é precedido de intróitos teóricos e de teoria da técnica. Os seminários 10 e 11 estão reunidos num texto único. O último, de número 12, é um exercício psicanalítico sobre um poema de Federico Garcia Lorca, que se presta, também, a servir de exemplo ilustrativo dos comentários finais do Preâmbulo destas Lições Clínicas.

A Parte III consta de um artigo escrito no primeiro semestre de 1988. Trata-se de uma sinopse das reflexões críticas sobre a noção de Inconsciente desenvolvidas a partir de leituras e investigações que se iniciam no final da década de 50.

Enviado a periódicos de circulação nacional e internacional – *The International Journal of Psycho-Analysis*, em 1989, *Revista Brasileira de Psicanálise*, em 1990, e, novamente, *The International Journal of Psycho-Analysis*, em 1999 –, não encontrou acolhida.

Publicado em 1991, no número 21 da revista *Ide*, da Sociedade Brasileira de Psicanálise de São Paulo, sob o título "Notas Críticas sobre o Inconsciente. Sentido e Significação. A Função Expressiva e a Constituição do Sentido", ele é aqui reproduzido com nova denominação – "Uma Alternativa para o Conceito de Representação Inconsciente: a Função Expressiva e a Constituição do Sentido. Sentido e Significação".

A Parte IV – Polêmica com *The International Journal of Psycho-Analysis* –, constituída pela correspondência com o *Journal*, em outubro/99 e setembro/00, arrolada a seguir, compõe um perfeito quadro das vicissitudes da derradeira investida para a publicação, nesse periódico, do artigo referido na Parte III:

1. carta do Editor-Chefe do *IJP* ao autor informando a recusa da publicação. Acompanham-na três relatórios de avaliação;
2. resposta do autor ao Editor-Chefe do *IJP*, com análise dos relatórios de avaliação e outras ponderações;
3. anexadas à resposta do autor, duas cartas de James Grotstein.

A publicação desta matéria encontra sua razão principal no fato de a resposta aos editores ter propiciado a oportunidade para uma explanação mais detida de um bom número de temas do artigo da Parte III, tirando proveito de uma liberdade que não é facultada a um escrito destinado a figurar em revista especializada.

É esperança do autor que, desta forma, abram-se mais possibilidades para o entendimento de passagens e conexões significativas porventura complexas de um trabalho que aborda múltiplas questões doutrinárias, tudo isso contribuindo para lhe conferir um caráter particularmente denso.

Duas das teses centrais do artigo, examinadas mais amplamente na resposta citada, merecem menção especial. Embora nele destacadas por sua importância, são ali expostas na extensão compatível com as dimensões de um artigo prisioneiro dos ditames de normas editoriais. A primeira diz respeito à crítica da noção de *imanência psicológica*, ou seja, da noção de representação interna do objeto *na* consciência, da noção de representação como *imagem* do objeto representado *imanente à consciência*.

E, correlativa desta, a crítica das noções de *representação de coisa* e de *representação de palavra*, concepções de inspiração empirista, fundantes da conceituação de representação inconsciente, que deitam raízes, mostra Strachey[1] – o tradutor das obras completas de Freud do alemão para o inglês e editor-chefe da Standard Edition –, numa passagem da monografia de Freud sobre a afasia, de 1891, cujas idéias, afirma ainda o tradutor, *são expressas na linguagem técnica da psicologia "acadêmica" do final do século XIX*. É nesta passagem que Freud credita a John Stuart Mill, herdeiro da tradição empirista dos pensadores ingleses, sua concepção de representação dos objetos[2].

Cerne de um exame crítico do conceito de Inconsciente, a discussão mais alentada dessas teses lança por terra os inconsistentes comentários dos relatores 1 e 2, cujo despreparo na análise dos temas fundamentais do artigo, já nitidamente aparente no trato das questões iniciais, comparece ao longo dos seus relatórios de avaliação. Senão, vejamos. O primeiro relator, ao suscitar a questão da representação – *in abstracto* –, não se dá conta da problemática nela inerente, quando considerada na acepção específica que assume no contexto do trabalho – a imanência psicológica e sua crítica. Acrescente-se que este relator nem sequer compreendeu o escrito – basta cotejar a sua avaliação com a do relator 3. Razão pela qual, ao que tudo indica, resvalou pelos descaminhos de comentários totalmente distantes dos seus traçados axiais. Frise-se, por fim, sua patente ignorância de textos seminais de Freud citados e em parte ali transcritos, como será dado a ver na resposta aos editores. O relator 2, a seu turno, atribui ao autor do artigo o falseamento de concepções de Freud que – pasme o leitor – estão expressas em texto que ele, igualmente, mostra desconhecer. Trata-se, agora, do texto de Strachey, acima citado, sobre as origens empiristas dos conceitos

---

1. J. Strachey, Appendix C. Words and Things. Comentário Introdutório. *S. E.* XIV, p. 209.

2. S. Freud (1891b). Appendix C. Words and Things. Transcrição de passagem de *On Aphasia. S. E.* XIV, pp. 209-214, especialmente pp. 213-214 e nota 1 da p. 214.

de *representação de coisa* e de *representação de palavra*, que surgem, redivivos, aduz Strachey, no capítulo "O Inconsciente", de 1915.

Estes poucos fatos, excertos de elenco mais vasto, analisado na resposta aos editores, dão ensejo – e esta é outra razão para a divulgação da citada correspondência com *The International Journal of Psycho-Analysis* – à apreciação do nível de conhecimentos e da ideologia dominantes no órgão *princeps* de difusão de idéias no universo psicanalítico e nos mentores do pensamento aos quais é confiado o ajuizamento de trabalhos que se destinam à publicação.

Afigurou-se significativo, nesse contexto, divulgar as cartas de James Grotstein. Prestigioso psicanalista, um dos vice-presidentes da International Psychoanalytical Association (1999-2001), seu pronunciamento laudatório sobre o artigo em questão é manifestação calorosa de espírito aberto a idéias inovadoras. Juntamente com a exaustiva análise empreendida pelo relator 3, representa salutar contraponto à condenação ao ostracismo decretada pelos relatores 1 e 2 e sancionada pelo Editor-Chefe do *IJP*.

Não será esta a primeira vez que o autor dos presentes textos empunha a palavra, nas lides da disciplina a que se devota, para arrostar concepções que, a pretexto da preservação de presumidas "pureza e tradição científicas", estão a serviço de políticas institucionais retrógradas.

É necessário insistir na liberdade para a divulgação e para o acesso à diversidade das idéias, graças às quais são reveladas as tensões e oposições num campo de estudos e se criam as condições para as discussões indispensáveis ao avanço do pensamento.

Parte I

Crítica dos Fundamentos
Novos Conceitos

1. Primeira Aula

O nosso curso tem por objetivo uma revisão dos principais pressupostos psicológicos que serviram de base para a edificação dos fundamentos da teoria psicanalítica. Em primeiro lugar, daqueles que, à época da formação intelectual de Freud, dizem respeito à teoria da percepção, tema que, necessariamente, subentende uma epistemologia. Examinaremos, também, questões relativas à acepção da imaginação, do sentimento e da simbolização.

Espero transmitir a vocês, como conseqüência desta revisão, que é ao mesmo tempo crítica, a necessidade de uma reformulação de conceitos centrais como o do inconsciente.

Eu aponto os centros nucleares em torno dos quais o nosso trabalho vai se desenvolver:
– a questão da *representação inconsciente*;
– a noção de *"sentido" expressivo* como *concepção emocional da experiência vivida e forma original de consciência*;
– a interpenetração do *sentido expressivo* e das *formas de significação elaboradas pela "função representativa" da linguagem*.

Como sabemos, Freud inaugura uma revolução semântica: a constituição da *significação* passa-se em dois registros, o do processo primário – no âmbito de impulsos e *representações inconscientes*, extrato básico da vida emocional – e o do processo secundário – no âmbito da linguagem, fator estruturante do Sistema Prc-Cc –. As reflexões que venho elaborando e que desejo transmitir a vocês neste curso para o qual me convidaram visa a uma crítica da noção de *representação inconsciente* e volta-se para o exame de investigações que abriram caminho para novas maneiras de entendimento da percepção e da experiência emocional, da imaginação, da estrutura do discurso e de outras formas verbais, da experiência estética. Estas investigações representam, por sua vez, uma outra revolução semântica, também ocorrida nas primeiras décadas do nosso século. Procurei extrair destas contribuições várias conclusões que permitem, em meu entender, a reformulação de alguns conceitos básicos da Psicanálise.

Tendo em vista esse contexto temático, nossas aulas serão estruturadas segundo dois eixos principais. O primeiro, de caráter desconstrutivo, tem por objeto a crítica da noção de *representação inconsciente* e do seu papel na configuração da significação consciente. O segundo, de reconstrução, visa a fundamentar uma proposta alternativa para a compreensão da experiência emocional humana, de sua *forma de expressão* e do *locus* de sua articulação: a noção de *sentido expressivo* que subentende, ao mesmo tempo, *forma original de consciência, concepção emocional* e *manifestação da experiência vivida*. No contexto da reconstrução, cuidaremos das relações entre *Sentido* e *Significação*: elas revelam a permanente perfusão da linguagem por caracteres expressivos, os quais permitem desvelar o *sentido emocional* nos meandros da *significação* lógico-predicativa do discurso de referência. Exemplo pregnante é a sessão psicanalítica.

As duas vertentes, *Sentido* e *Significação*, veiculam uma dicotomia que, nos termos de Freud, corresponde a *processo primário* e *processo secundário*. Todavia, aquilo que, em Freud, é processo inconsciente, é aqui concebido como forma original de consciência que se manifesta num *Sentido Expressivo*. Em outras palavras, segundo as teses desenvolvidas neste estudo, aquela dicotomia refere-se a duas formas de consciência.

Hoje cuidaremos de examinar, inicialmente, o processo perceptivo e, a seguir, a ficção de um mundo imaginário "interno". E nos interrogaremos, posteriormente, sobre a relação destas questões com o problema da constituição da significação, sobre as várias formas de articulação da significação e sobre a realidade a que elas correspondem.

Eu vou começar por fazer um pequeno desenho na lousa que é simplesmente esta curva que aí está representada. A expressão de que me utilizei foi: esta curva que está aí representada. E isto que vai *per se*, cujo sentido vocês entenderam plenamente, constitui um grande problema. O que representa este traçado? Eu disse que isto representa uma curva. O que é representar? O que é *o isto*? De que maneira podemos nos situar diante do isto que está aqui posto e que eu denominei de representação de uma curva?

Vejamos, agora, através deste exemplo e indo às fontes, a descrição de Cassirer[1] dos conteúdos de vivência e de reflexão suscitados

---

1. E. Cassirer (1923-1929), *The Philosophy of Symbolic Forms*. New Haven & London, Yale University Press, vol. 3, 1957, pp. 200 e ss.

por uma traçado simples como este. Esta descrição envolve aspectos que têm íntima conexão com aqueles que vamos tratar de desenvolver:

[...] Consideremos uma estrutura óptica, uma simples linha, por exemplo, de acordo com a sua significação puramente expressiva. À medida que imergimos no desenho e o construímos para nós próprios, nós nos tornamos conscientes de um caráter fisionômico muito nítido que aparece na linha. Uma forma especial de vivência é expressa na pura determinação espacial: a subida e a descida da linha no espaço como que se caracteriza por uma mobilidade interna, uma ascensão dinâmica e queda, um ser com vida psíquica. E aqui não lemos meramente os nossos estados internos de modo subjetivo e arbitrário na forma espacial; ao contrário, a forma, em si mesma, se oferece a nós como uma totalidade animada, como manifestação independente de vida. Ela pode escorrer mansamente ou, de súbito, quebrar-se; ela pode aparecer arredondada ou angulosa; ela pode ser dura ou macia: e tudo isso está na própria linha como uma determinação da sua própria realidade, da sua natureza objetiva. Mas estas qualidades desaparecem assim que tomamos esta linha em outro sentido – no momento em que a tomamos como uma estrutura matemática, como uma figura geométrica. Agora ela se torna um mero esquema, um meio de representar uma lei geométrica universal.

Prossegue Cassirer:

O que não serve para representar esta lei, o que aparece meramente como fator individual na linha, agora se torna totalmente insignificante; isto tudo desaparece de nosso campo de visão. Não somente as qualidades de brilho e de cor, mas também as magnitudes absolutas que aparecem no desenho estão incluídas nesta negação: para a linha como uma estrutura geométrica elas são absolutamente irrelevantes. Seu significado geométrico depende, não destas magnitudes como tais, mas somente de suas relações e proporções. Onde antes havíamos encontrado a ascensão e queda de uma linha ondulada e nela o ritmo de uma tensão interna, percebemos agora a representação gráfica de uma função trigonométrica; temos diante de nós uma curva cujo significado total se esgota em sua fórmula analítica. A forma espacial nada mais é senão um paradigma para a fórmula; e agora tem existência como mera roupagem de uma idéia matemática essencialmente não-intuitiva. E esta idéia não persiste isolada para si mesma: nela, uma lei mais abrangente, a lei do espaço, está representada. Com base nesta lei toda estrutura geométrica singular está relacionada com a totalidade das formas geométricas possíveis. Ela pertence a um sistema definido, a um conjunto de verdades e teoremas, de bases e conseqüências – e este sistema designa a forma universal de significação através da qual cada forma geométrica particular se torna *ab-initio* possível, através da qual ela é constituída e se faz inteligível.

Cassirer nos mostra que a curva, tomada sob esta última acepção, representa certas particularidades e funções do espaço matemático e mais, que esta curva somente pode ser compreendida como um caso particular de uma lei universal que permite constituir o conceito de espaço geométrico, da forma como este espaço é definido por Descartes. Ou seja, trata-se de representação por meio de intuição sensível, com significado totalmente diferente da primeira forma de experiência que tivemos de caracteres fisionômicos intrínsecos desta curva, experiência na qual há fusão do eu com a curva, vivência da experiência de movimento na curva, ausência de separação entre o eu e o objeto em que a vivência do movimento é percebida.

Continuemos:

E novamente estamos numa esfera inteiramente diferente de visão quando tomamos a linha como símbolo mítico ou ornamento estético. O símbolo mítico, como tal, implica a oposição mítica fundamental entre o sacro e o profano. Ele se constitui visando a estabelecer a separação entre essas duas províncias, ele tem por função alertar e atemorizar. Ele tem por objetivo impedir ao não-iniciado aproximar-se ou tocar o sagrado. E aqui o símbolo não atua meramente como um sinal, como uma marca pela qual o sacro é reconhecido, mas possui também um poder efetivo inerente que compele magicamente à repulsa. De tal poder o mundo estético nada sabe. Visto como um ornamento o desenho parece distante tanto da significação no sentido lógico-conceitual quanto do símbolo mítico que magicamente admoesta. Sua significação jaz em si próprio e se desvela somente para a pura visão artística, para o olhar estético. Aqui, de novo, a experiência da forma espacial somente se completa através de sua relação com um horizonte total que ela nos revela – através de uma certa atmosfera na qual este objeto não apenas "é", mas na qual ele, por assim dizer, vive e respira.

Os quatro aspectos descritos por Cassirer: o expressivo, o representativo, o mágico-mítico e o estético, têm relação direta com o problema central a ser desenvolvido nas nossas reuniões. Trata-se de quatro formas distintas de apreensão, vale dizer, de quatro formas de constituição de sentido e de significação. Cabe, agora a pergunta: são estas quatro formas inerentes na linha como tal, ou, ao contrário, são elas constituídas pela subjetividade? Em outras palavras, há formas de constituição distintas para formas de objetividade diversas? A tese realista afirma que se trata de uma realidade única que pode ser apreendida por formas diversas de constituição da subjetividade. Mas, devemos nos interrogar minuciosamente sobre o que é realidade, o que é sujeito, o que significa objeto e o que são formas de significação.

A psicologia clássica do século XIX, herdeira do empirismo inglês e da ilustração francesa, considera o mundo externo dado e apreensível pela percepção. Caberá à Ciência a reflexão crítica sobre os dados fornecidos pela percepção e o exame das conexões com outros setores da experiência perceptiva a fim de estabelecer as relações dos objetos individuais com os demais setores da realidade.

Nossa inquirição deve, pois, iniciar-se examinando o problema da percepção. Consideremos desde já que às quatro significações assumidas pela nossa curva correspondem quatro formas de percepção. E nos perguntaremos: que relação tem significação com percepção? A percepção é, segundo o modelo clássico, uma revelação direta, não mediada por fatores intelectivos. A percepção é, para a psicologia empirista pelo menos, o reflexo direto dos objetos concretos reais.

Deixemos por um instante a nossa curva e consideremos a fobia do pequeno Hans.

Mercê da análise psicológica, do método psicanalítico, Freud chega à conclusão de que a fobia do cavalo exprime na verdade um outro contexto perceptivo. O cavalo, por deslocamento, substitui uma representação derivada da percepção de um objeto real – o pai.

Que relação existe entre um nível de significação – cavalo conteúdo da fobia – e o outro – o pai concebido como o significado *real*, porém inconsciente? A relação é a mesma, no plano de nossa interrogação, que a existente entre os significados geométrico, expressivo, mágico-mítico e estético da curva, de um lado, e seu significado real, de outro. Qual é a realidade última desta curva? Bem, eu não sei qual é a realidade última desta curva. Mas para o senso comum, para a percepção ingênua, nós temos uma curva. Como é possível que esta curva que aí está, possa, em certas condições psicológicas, ser vivida e percebida como puro movimento e não como curva? Esta curva não está em movimento; para a nossa percepção ingênua ela está absolutamente parada na lousa. Mas, de fato, a vivência de movimento – no objeto e não em mim – se dá numa certa constelação subjetiva. Sob outra constelação, a curva se dá como objeto estético livre e independente de mim. Numa dimensão de abstração mais elevada, ela se dá como mera representação de uma curva espacial.

De todas estas significações podemos deixar de lado a curva como expressão de uma função matemática, a que todos nós estamos afeitos. Consideremos, pois, a curva apreendida como vivência de movimento; neste caso, não há uma curva "lá", não há um "eu" vivendo. Somente depois, quando saio deste estado, eu apreendo, por reflexão, a experiência que tive: eu me vejo, agora, como tendo estado lá, o meu ego não existia destacado do objeto, eu era o objeto. Em outras palavras, a experiência puramente expressiva implica perda de contato com o mundo real, perda de inserção no mundo espaço-temporal dos objetos com suas qualidades físicas; é nestas condições que a imersão na linha acaba por levar a uma verdadeira e profunda fusão com o movimento dado pela linha.

O estatuto puramente expressivo, ou seja, a vivência assim chamada de pura identificação projetiva – um movimento apreendido na linha, sem consciência de que há um eu que vive essa experiência –, a ilusão estética e a vivência mítico-mágica foram sempre, na história do pensamento, concebidos como construções irreais, ilusões do espírito. Assim, também, no caso do pequeno Hans, o mundo da vivência do terror induzido pela visão de um cavalo que vai escorregar e cair, seria pura ilusão. A realidade seria expressa pela significação das relações familiares, do tabu do incesto, das relações edipianas, dos sentimentos ambivalentes em relação ao pai. Estas significações, vale dizer, o *real* sentido da fobia, estão, para Freud, inscritas e reprimidas no inconsciente. Tais inscrições são denominados por ele *representações de coisa*. Sentido da fobia e decalque sensorial do objeto supostamente real se superpõem aqui. Em virtude de forças proibitivas, o objeto real da fobia – o pai – não pode ter acesso à consciência; o objeto real deve, pois, estar representado alhures, no inconsciente.

Quando remontamos aos estudos iniciais de Freud já se torna clara sua concepção de que todo ato humano é um gesto, isto é, um gesto especificamente humano porque tem significação. Não é um mero comportamento, um mero ato reflexo. Ora, o patrimônio da consciência humana – a constituição de significação – é, por assim dizer, duplicada no estabelecimento da concepção do inconsciente.

A obra de Freud onde encontramos momentos prévios dessa concepção é a sua monografia *On Aphasia*, de 1891. Desse estudo ressalto o que, em meu modo de entender, é a concepção epistemológico-psicológica central de Freud, e que passará a constituir o fundamento da teoria psicanalítica concebida como um todo: o registro sensorial inconsciente do objeto, que ele denomina *representação de coisa*. É indubitável que, nas suas concepções teóricas sobre a constituição da vida mental, ele deu o passo decisivo fundamental que subentende resgatar o comportamento e a atividade psíquica das noções então vigentes na Neurologia e na Psiquiatria. Ele deu este passo, que consiste em atribuir significação a todo e qualquer ato humano. No entanto, quando ele cuidou de estabelecer um estatuto teórico para essa significação, recorreu a concepções naturalistas, a uma psicologia própria da sua época, que está superada. Tais concepções, de outra parte, já eram objeto de crítica por pensadores que, totalmente alheios ao campo da psicologia aplicada, dedicavam-se a investigações especulativas ligadas à psicologia e à filosofia.

Freud concebe a significação dos objetos como sendo constituída pela associação de duas ordens de inscrições sensoriais topograficamente distintas, correspondentes a funções psicológicas diversas: de um lado a representação dos objetos e de outro a representação de palavra. Ter consciência de um objeto significa, para Freud, inscrevê-lo num circuito que é o da linguagem. Para ele, como de resto para a psicologia empírica do século XIX, a linguagem compreende a recepção e o registro de sensações auditivas de sons, em seqüências de letras, palavras e frases, bem como a emissão articulada dos sons ouvidos, de uma forma tal que o nome fica indissoluvelmente ligado à direta representação do objeto. Esta conexão – da qual resulta a significação, ou seja, a consciência do objeto – ocorre porque o nome estabelece associações com uma unidade sensorial que resulta, por sua vez, de uma associação das sensações visuais, auditivas, gustativas, olfativas, tácteis, que provêm do objeto, às quais se associam cinestesias. É importante acentuar, que segundo esta concepção, a percepção do objeto é independente da conexão com o seu nome. É esta a ilusão fundamental do sensualismo psicológico inerente à psicologia empirista, inerente à teoria de Freud sobre as afasias e inerente aos fundamentos da teoria psicanalítica. Mesmo antes de nomeá-los, teríamos os objetos em decantação pura. A apreensão pura, quando nós não vivemos no universo dos nomes, mas vivemos num universo prévio ou por baixo dos nomes, seria a apreensão direta da realidade inominável – a *representação de coisa*. Os impulsos do pequeno Hans relacionados à representação do pai estariam sedimentados em imagens inscritas no seu inconsciente – registro e verdadeiro significado da fobia do cavalo.

Vimos até aqui como determinados procedimentos científicos de análise e síntese dissecam uma unidade perceptiva e um conjunto de fenômenos perceptivos e imaginários – a fobia do pequeno Hans – numa série de elementos constitutivos. Mas estes processos de análise e síntese são conduzidos por pressupostos epistemológicos que levam à edificação de uma suposta verdade mais profunda: a representação inconsciente. A verdade do comportamento fóbico de Hans consiste numa espécie de constelação primordial que deriva da reunião de uma série de sensações provenientes do mundo externo tendo por fonte e objeto o pai; esta percepção originária é, mercê de uma série de mecanismos, transformada no cavalo.

Esta transformação decorre de uma outra dimensão fundamental da vida subjetiva – além da perceptiva – que é a função imaginária.

Entramos agora em outro território, o da livre criação espiritual na imaginação. Através dela seriam cindidos e reunidos elementos primordiais – sensações – o que permitiria a criação de novos objetos acessíveis ou não à percepção, por exemplo, o centauro e a quimera. A teoria clássica afirma que a percepção é uma associação sensorial do que é dado no mundo. A imaginação, a seu turno, seria também uma associação de elementos primordiais que permitiria representar tanto objetos reais, previamente dados, como objetos irreais.

Um copo sem nome é supostamente percebido como unidade sintética de todas as informações e influxos sensoriais que meu organismo recebe dele. Saber o copo, ter consciência dele, é, supostamente, a união desta associação perceptiva com uma significação lingüística. Ainda, segundo o ponto de vista clássico, se esta associação sensorial reproduz o objeto na sua ausência, eu a denomino de imagem e ela é tributária de um processo que se denomina imaginação. Uma vez que esta livre atividade imaginária pode ou não obedecer às mesmas leis de síntese da percepção, a imaginação pode reproduzir seres reais ou criar outros irreais.

A imagem, diz a psicologia clássica, está no interior da consciência. Ou no inconsciente. Para Freud, a imagem do pai, objeto real da fobia do menino, é interna e não acessível à consciência. Ela se constituiria igualmente como associação sensorial.

Eis-nos, pois, diante de um problema central: as noções da psicologia clássica de representações internas de objetos, de imagens internas de objetos externos e de um mundo de objetos externos e reais.

Eu convido vocês todos a se representarem imaginariamente a mesa da sua casa onde vocês jantam. Esta mesa imaginária, a imagem da mesa, onde está? Está dentro de vocês? Vamos ver – que alguém tente descrever a sua experiência do imaginário, apreendida como tal.

Is. – Esta mesa imaginada está dentro de você, agora neste instante?
A. – Sim.
Is. – Dentro onde?
A. – Acima dos olhos.
Is. – Ela está acima dos olhos. Mas está dentro dos olhos ou fora dos olhos?
A. – Não está nem dentro nem fora, está presente na minha visão interior.
Is. – Está presente numa visão interior, embora você não veja, no sentido de um ver absoluto, sensível, visual. Você a apreende e diz que é por via visual, e como ela não está agora no exterior, você diz que a apreende interiormente.
B. – Apreendo com as qualidades sensíveis dela.
Is. – Trata-se efetivamente de qualidades sensíveis? A cor está presente em carne e osso ou você apreende uma concepção de cor, o pensamento da cor?
C. – Sensível, os pés torneados, redondinhos, a luz batendo.
Is. – Você vê tudo isso? Você está vendo o aspecto meio duro dela, a luz batendo? Está vendo, vendo? Ou está se dando conta de que aparece uma presença, isto é, um conteúdo mental que corresponde à sua mesa? Mas a mesa não está aqui, ela é pensada sob forma imaginária, ela é imaginada. Onde está a mesa imaginada?
B. – É uma representação da minha consciência.
Is. – Sim, mas o que se passa na sua consciência? Você tem a mesa imaginada dentro da sua consciência? A mesa imaginada pela sua consciência é diferente da mesa real que está em sua casa?
B. – Claro que é. Eu estou trabalhando com uma memória dessa mesa supostamente real. Minha memória tem uma intencionalidade.
Is. – Está bem. Para o que dirige você a sua intencionalidade e todo o seu ato mental? Para um objeto interno ou para um objeto externo? E você reproduz, na imagem que você descreve como interna, o objeto externo? Você diz: o objeto aparece, mas não está presente, você fala em uma intenção, ou seja, você percebe uma sensação de movimento. É por intermédio dessa intenção que "aparece" algo, um objeto, que não está aqui. Assim sendo, quando você diz que o que "aparece" é uma representação da consciência, seríamos induzidos a concluir que se trata de uma criação mental. E que o objeto imaginado, por ser criado, é interno. Então eu posso dizer que posso criar um mundo. O processo de criação é interno, mas serão os objetos imaginados internos também?
B. – Eles estão dentro e fora ao mesmo tempo.
D. – É como se se tratasse de um espaço de outra ordem, não sei dizer exatamente de que ordem.
Is. – Então os objetos imaginados aparecem em um espaço, um espaço imaginário. Quando dizemos espaço imaginário continuamos no mesmo problema, mas já nos adiantamos um pouco. Quer dizer, eu tenho uma atividade tal que se denomina criação. Essa criação, essa concepção, é interna e o objeto e o espaço em que ele está imerso são produtos desta atividade que é a concepção espiritual. Mas o produto da concepção e o ato de concepção já não coincidem totalmente. Ou coincidem?
D. – A concepção é interna, o produto da concepção é um dentro-fora. Não sei dizer diferente. Ele me remete ao objeto que está fora.

Vejamos então como a reflexão moderna cuidou deste problema. Husserl, em 1913, nas *Recherches Logiques*, abre o caminho para uma crítica à teoria da imagem. Sartre[2] aprofunda essa reflexão, em *L'Imaginaire*, reformulando conceitos da psicologia clássica que remontam a Locke e Hume, nos séculos XVII e XVIII. O que tentei aqui com

---

2. Ver *infra*, p. 241 e ss.

vocês foi o exercício da capacidade descritiva de uma experiência sem prejuízo. Isto é muito difícil porque todos nós somos formados por concepções que nos induzem a afirmar que a imagem do objeto é interna. E, no entanto, há uma vacilação momentânea, muito fértil, que vocês introduziram quando dizem: a concepção é um processo interno.

Ela faz nascer um conteúdo espiritual, mental, representativo, ou o nome que se queira dar, de algo que está diante de mim numa forma de realidade estranha. Sartre formula o problema da seguinte forma: quando imagino Pedro neste instante, enquanto estou escrevendo em Paris, Pedro imaginado é o Pedro real, que será objeto da percepção quando eu o encontrar.

A mesa imaginada e a mesa da percepção são o mesmo objeto. A mesa que me aparece na imaginação é fruto de uma capacidade espiritual que consiste na magia de tornar presente, sob forma imaginária, um objeto ausente. Mas isto parece ser tão estranho que tememos dizer que a mesa imaginada é a mesa real que pode ser objeto da percepção. O objeto imaginário é, pois, o mesmo objeto da percepção. Eu viso à mesa real que me aparece sob forma imaginária. Minha consciência produz um ato sintético que apreende a mesa real ausente, constituindo, desta forma, uma mesa em imagem. Este objeto ausente aparece-me num espaço, também imaginário, igualmente fora de mim. Em síntese, o ato imaginário é um ato mágico; nele um objeto ausente é *presentificado*.

Vamos nos deter agora nas diferentes formas e substratos do processo imaginário com o fim de ressaltar algumas de suas peculiaridades.

Eu imagino o Fábio. Eu não sei se o Fábio que me aparece em imagem é aquele que me apareceu na última vez em que o encontrei no Congresso ou o que falou numa reunião da Sociedade há cerca de dois anos atrás. Devo acrescentar que o Fábio me aparece na situação do congresso – há um ano atrás – com uma roupa que vestia há poucos dias. Numa palavra, o objeto em imagem contrai em si uma multidão de experiências perceptivas. Ele é expressão de uma contaminação e é o resultado de uma síntese. Ele reúne inúmeros aspectos diversos que me surgiram em diferentes atos perceptivos. Retrocedamos um pouquinho antes de falarmos da constituição da imagem mental.

Eu olho um recorte da silhueta ou uma caricatura do Fábio e digo: é bem o Fábio. Eu não tomo a silhueta ou a caricatura como objetos de percepção. Os objetos de percepção me remetem ao papel recortado ou a um traçado de lápis ou de guache. Diferentemente disso, eu tomo, agora, a folha ou o desenho como substratos de uma intenção que se atualiza na busca do objeto real Fábio e, através desses suportes sensoriais, que eu formo de uma maneira específica, eu busco o Fábio, que me aparece em imagem.

Eu posso achar, no entanto, que essa caricatura não está muito boa. Tomo uma foto e penso: a expressão do rosto nesta foto é mais fiel. Mas a foto ainda não me satisfaz; vou olhar o retrato do Fábio pintado por um bom artista. Eu me dirijo ao retrato; não vejo a tela, o traço, o óleo. Eu posso, sim, desviar-me momentaneamente da busca do Fábio e dizer: mas é antigo este retrato, quem é que pintou, porque estas tintas tão grossas? De novo estou numa atitude perceptiva. De repente, eu volto a abandonar a atitude perceptiva e penetro num outro mundo, o mundo imaginário. Digo: é bem o Fábio; esse sim, é o Fábio; porque é assim que ele sorri. E este "assim que ele sorri" é estranhamente, de novo, diferente do sorriso que eu vejo o Fábio esboçar hoje, ontem e anteontem. Este retrato, feito por um bom artista, concretiza, numa generalidade ou universalidade, uma essência profunda do sorriso do Fábio que transcende os sorrisos particulares que ele pode manifestar em momentos diversos.

Três formas de dirigir-me ao Fábio e de captá-lo em imagem. Em todas elas, o ato imaginário tem por suporte objetos externos: os traços no papel, a foto, o quadro. Estes objetos servem de *matéria* para uma intenção imaginária; eles não são visados como *coisas*, mas como suportes sensíveis na produção do objeto imaginário.

Nos exemplos citados, um ato imaginário visa a um objeto ausente através de um conteúdo físico que não é apreendido em si mesmo, mas a título de *representante analógico* do objeto visado. O que se passa com a imagem sem apoio em objetos externos, ou seja, com a imagem propriamente mental? Há *matéria* na imagem mental? Qual seria ela? Tentemos, a partir de um novo exemplo, uma descrição fenomenológica. Vou utilizar-me de uma experiência pessoal. Eu imagino a Argentina. No ato imaginário, minha consciência dirige-se diretamente ao objeto. Por meio de um novo ato de reflexão, descubro que, concomitantemente à aparição imaginária do objeto, ocorre um conjunto de sensações internas. Descubro que me ocorreu uma sensação de movimento dirigido para baixo e a representação de um triângulo alongado com o vértice agudo para baixo. Temos, aqui, sensações de movimento que se projetam numa forma triangular. É este o conteúdo propriamente mental, projeção do mundo interno de sensações, o qual serve de *matéria* para a constituição do objeto imaginário Argentina.

Retomando: na consciência imaginária apreendemos um objeto como *representante analógico*, como *analogon*, de outro objeto, o objeto real imaginado. Silhueta, caricatura, fotografia, todos estes *representantes* são objetos para a consciência. O conteúdo puramente psíquico da imagem mental segue a mesma lei. A *matéria* da imagem mental se constitui igualmente como objeto para a consciência, na qualidade de uma forma que é projeção de uma cinestesia, na qualidade de representante *transcendente*. Mas, transcendência não significa exterioridade. É a coisa representada que é exterior, não sua matéria representante, seu *analogon* mental. O *analogon* transcendente não ocupa o espaço onde está situado o objeto imaginado. A consciência imaginária é consciência de um objeto e não consciência de uma imagem. Mas, a reflexão pode voltar-se para a projeção da cinestesia, para o *analogon* transcendente, apreendido como *presença*, e considerá-lo como *imagem* do objeto imaginado: eu suponho ter *na consciência* algo como a reprodução do objeto. Ao mesmo tempo, eu sei que o objeto real está ausente. Mas, ter presente o objeto ausente é totalmente contraditório. A solução da contradição consiste em pensar que o que está presente é uma *imagem*, semelhante ao objeto ausente, e buscar nesta presença as qualidades sensíveis do objeto exterior.

A maioria dos psicólogos e dos filósofos atribuiu ao conteúdo mental transcendente as qualidades sensíveis do objeto imaginado. A imagem seria uma cópia, presente *na* consciência, do objeto externo. Quando digo que *tenho uma imagem* de minha mesa pensam que tenho, neste momento, um certo retrato da mesa na consciência e que o objeto de minha consciência atual seria precisamente este retrato. O objeto externo, na sua corporeidade, seria atingido muito indiretamente, por via extrínseca, através deste retrato, que apenas o representa.

Sartre denomina essa maneira de pensar *ilusão de imanência*. Ela encontra em Locke e Hume seus representantes mais notáveis. Nós, porém, descobrimos que, a consciência é um ser duplo: por meio de sensações internas, aí incluídas as que provêm dos impulsos, ela constitui objetos imaginários no mundo externo. O processo é análogo ao que ocorre na percepção: por intermédio de sensações internas apreendemos qualidades sensíveis de objetos externos. E vimos mais. Um mesmo conjunto de sensações pode servir como base para a constituição quer de objetos perceptivos diferentes, quer, ainda, de objetos imaginários.

É importante, por isso, distinguir sensações de qualidades sensíveis. Assim, por exemplo, é falso dizer sensação de luz. Devemos ter em mente que, *por meio de sensações produzidas pela luz*, apreendemos uma qualidade objetiva que é a luz. E, de um modo geral, por intermédio das sensações, substrato interno, apreendemos qualidades sensíveis, objetivas. *Minha consciência apreende a luz, não as sensações produzidas por ela*. Nisto consiste, portanto, a distinção entre mundo interno e mundo externo. Em síntese, como resultado da ativação do mundo interno, constituído de sensações e de impulsos, surge, no processo imaginário, um objeto ausente, apreendido sob forma imaginária. As qualidades sensíveis do objeto imaginário são imaginariamente apreendidas. A quase visão da imaginação não é uma visão.

Insisto com vocês na importância de fixarem esta questão primordial: todo fenômeno psíquico, todo fenômeno de consciência, subentende uma dicotomia; distinguimos nele, primeiro, um componente interno, de sensações e impulsos, base de um ato sintético – a vivência, ou ato *noético*, ou ato intencional –; segundo, um sentido ou uma significação relativos a um objeto intencional apreendido como externo –

noema. Consciência implica transcendência para algo que ela apreende como fora dela, implica dirigir-se a um objeto; consciência é, sempre, "consciência de".

A consciência natural, na sua espontaneidade, não se dirige às sensações, mas aos objetos. Voltar-se para o mundo interno da consciência, para os atos noéticos internos que intervêm na constituição dos objetos, na constituição dos conteúdos noemáticos, demanda uma nova atitude da consciência, a reflexão.

Este processo reflexivo aqui exposto constitui o fundamento do método fenomenológico introduzido por Husserl. Ele pode servir-nos de guia não apenas no âmbito de uma psicologia descritiva fenomenológica – também inaugurada por Husserl – mas também no trabalho clínico psicanalítico. É aqui que a reflexão do analista procura remontar dos conteúdos noemáticos – dados na percepção, na imaginação, na memória, na concepção etc. – para a intenção psíquica correlata. Cabe considerar que a reflexão intervém como momento neste processo, que é amparado, de outra parte, na apreensão dos valores expressivos sempre presentes nos conteúdos noemáticos.

Venho examinando com vocês a questão denominada *imanência psicológica*, ou seja, a noção de representação como cópia, na consciência, do objeto representado, a noção de representação interna como imagem do objeto, imanente à consciência.

Eu vou ler, para terminar esta aula, minhas anotações sobre as críticas de Husserl à *imanência psicológica*.

O termo representação comparece sobretudo na tradição filosófica alemã. Os pensadores ingleses utilizam-se dos termos *idéia*, *conceito* e *imagem*. De um modo geral, os representantes da escola inglesa concebem os objetos da *idéia* imanentes à consciência. Locke, por exemplo, escreve:

> Tudo aquilo que o espírito percebe em si mesmo, ou é objeto de percepção, pensamento ou entendimento imediato, eu denomino idéia[3].
> ("Whatever the mind perceives in itself, or is the immediate object of perception, thought or understanding, that I call idea.").

E, ainda:

> Aquele que pensa deve ter algum objeto imediato de seu entendimento *no* pensamento: i.e., deve ter idéias[4]. (grifo meu.)
> ("He that thinks must have some immediate object of his mind in thinking: i.e. must have ideas.")

---

3. J. Locke (1690), "Essay Concerning Human Understanding", Lv. II, Chap. VIII, p. 8. In E. Husserl (1913), *Recherches Logiques*. Paris, Presses Universitaires de France, Tome 2, Première Partie, 1969, p. 150.
4. J. Locke, "Philosophic Works". London, J. A. St. John, 1882, II, pp. 340-343. In E. Husserl (1913), *op. cit.*, p. 150.

Hume, a seu turno, concebe que à *idéia* de um objeto corresponde uma imagem do objeto na idéia, ou seja, na consciência[5].

Como se vê, 1. Locke dá o nome de *Idea* tanto à percepção e ao pensamento quanto aos objetos percebidos ou pensados; 2. tanto Locke quanto Hume consideram que o objeto da idéia está presente, como imagem, *na* idéia.

A questão da *imanência psicológica*, de especial significação na Psicologia e na Teoria do Conhecimento, foi objeto de penetrante crítica por Husserl, o fundador da Fenomenologia, uma das três correntes filosóficas mais importantes do século XX – as outras duas sendo a Filosofia Analítica e a Filosofia das Formas Simbólicas de Cassirer, que alguns autores consideram como o elo de ligação entre aquelas.

A teoria das *Ideas* de Locke é examinada em Husserl[6].

Eu transcrevo, das pp. 149-150 desse texto, alguns pontos diretamente relacionados com os problemas da imanência psicológica (traduzidos por mim do francês):

1. [...] O defeito essencial da teoria de conhecimento de Locke e a da escola inglesa em geral, a saber, sua concepção pouco clara de Idéia é particularmente sensível nas suas conseqüências.
2. [...] O termo idéia tem, ao mesmo tempo, em Locke, a significação mais estreita de representação. [...] Toda idéia é idéia de alguma coisa, ela representa alguma coisa.
3. Em seguida, Locke confunde representação e representado, a aparição com o que aparece, o ato (o fenômeno de ato enquanto elemento real imanente do fluxo de consciência) com o objeto intencionado. É assim que o objeto que aparece se torna uma idéia [...].
4. A confusão indicada sob este último ponto é sem dúvida devida ao fato que Locke confunde os caracteres que convêm ao objeto com os conteúdos imanentes que constituem o núcleo sensível do ato de representação, a saber, com as sensações às quais o ato de apreensão dá a significação de objetos (*gegenständlich deutet*) ou com os quais ele estima perceber e intuir de qualquer outra maneira os caracteres objetivos.

Devemos voltar-nos, agora, para Brentano, o filósofo alemão cujas reflexões contribuíram de maneira decisiva para o aprofundamento da noção de representação.

Não obstante as críticas que faz à noção de imanência de Brentano, Husserl refere-se a esse pensador como o "eminente pesquisador" e autor da "mais notável e mais importante" classificação da psicologia descritiva, com a divisão bem conhecida dos fenômenos em fenômenos psíquicos – caracterizados pela intencionalidade – e fenômenos físicos.

---

5. D. Hume, "Traité de la Nature Humaine", trad. Máxime David, p. 9 e p. 23. In J.-P. Sartre (1940), *L'Imaginaire*. Paris, Éditions Gallimard, p. 15.
6. E. Husserl (1913), *Recherches Logiques*. Paris, Presses Universitaires de France, Tome 2, Première Partie, 1969, pp. 149-155.

Mestre de Husserl, Brentano, a cujas conferências em Viena compareciam Freud e Wertheimer – um dos fundadores da Gestaltpsychologie –, ensinava que todo fenômeno psíquico *contém em si mesmo qualquer coisa como objeto, a relação a um conteúdo, ou objetividade imanente* (grifos meus):

> Todo fenômeno mental é caracterizado pelo que os Escolásticos da Idade Média denominavam a inexistência intencional (ou mental) de um objeto, e o que poderíamos denominar, embora de maneira não totalmente inambígua, referência a um conteúdo, direção para um objeto (que não deve ser entendido como significando uma coisa), ou objetividade imanente. Todo fenômeno mental inclui em si próprio algo como objeto, embora cada um o contenha ao seu modo. Na representação algo é representado, no julgamento algo é afirmado ou negado, no amor, amado, no ódio, odiado, no desejo, desejado, e assim por diante.
> Essa in-existência intencional é característica exclusiva dos fenômenos mentais. Nenhum fenômeno físico exibe algo como isto. Podemos, portanto, definir os fenômenos mentais dizendo que são aqueles fenômenos que contêm intencionalmente um objeto em si mesmos[7].
>
> ("Every mental phenomenon is characterized by what the Scholastics of the Middle Ages called the intentional (or mental) inexistence of an object, and what we might call, though not wholly unambiguously, reference to a content, direction toward an object (which is not to be understood here as meaning a thing), or immanent objectivity. Every mental phenomenon includes something as object within itself, although they do not all do so in the same way. In presentation something is presented, in judgment something is affirmed or denied, in love loved, in hate hated, in desire desired and so on.
> This intentional in-existence is characteristic exclusively of mental phenomena. No physical phenomenon exhibits anything like it. We can, therefore, define mental phenomena by saying that they are those phenomena which contain an object intentionally within themselves.")

Brentano distingue, portanto, dois aspectos no fenômeno psíquico: 1. a variedade, ou modo, do ato psíquico intencional (perceptivo, imaginativo, judicativo, estético, afetivo etc.) e 2. o objeto visado pelo ato psíquico. Ele afirma, além disso, que o objeto é imanente ao ato psíquico.

Vejamos, a seguir, as críticas à noção de imanência do objeto de Brentano em Husserl[8].

Extraio desse texto os seguintes trechos (por mim traduzidos do francês):

> 1 – pp. 147-148 – Resumo –
> Por exemplo, no caso da percepção externa, o momento sensorial cor de um objeto é imanente, interno à consciência. Por outro lado este próprio objeto perceptivo não está representado *na* consciência, nem está nela (consciência) a coloração percebida no objeto. A cor vista certamente não é interna; *corresponde-lhe*, no fenômeno perceptivo,

---

7. F. Brentano (1874), *Psychology From an Empirical Standpoint*. London, International Library of Philosophy and USA & Canada by Routledge, 1995, pp. 88-89.
8. E. Husserl (1913), *Recherches Logiques*. Paris, Presses Universitaires de France, Tome Second, Deuxième Partie, 1962, pp. 147-151, 167-178 e 228-231.

um componente real. O que lhe corresponde é a sensação de cor. Confundem-se freqüentemente estas duas coisas, a sensação de cor e a coloração objetiva do objeto.

2 – p. 173 – Transcrição –
[...] É, em todo caso muito arriscado e com bastante freqüência enganador dizer que os objetos percebidos, imaginados, julgados, desejados etc. (ou sob forma perceptiva, representativa, etc.) *entram na consciência*, ou, inversamente, que *a consciência* (ou *o eu*) *entra em relação* (*com eles*) de tal ou qual maneira, que eles *são recebidos na consciência* de tal ou qual maneira, etc., mas analogamente também, dizer que as vivências intencionais *contêm nelas qualquer coisa como objeto*, etc.

3 – p. 176 – Transcrição –
[...] Eu não vejo sensações de cores mas objetos coloridos, eu não ouço sensações auditivas mas a canção da cantora, etc.

4 – p. 177 – Transcrição –
Se se considera a impropriedade da expressão "ser conteúdo" intencional do objeto no ato, é indiscutível que as expressões paralelas e equivalentes, dizendo que o objeto é *consciente, dentro da consciência, imanente à consciência*, etc., são afetadas de um equívoco muito nocivo; [...] Toda a psicologia e a teoria do conhecimento contemporâneas são induzidas em erro por estes equívocos e por outros do mesmo gênero.

O texto das pp. 228-231 diz respeito, novamente, à crítica dos objetos *imanentes* aos atos e, em especial, à crítica da *teoria das imagens*.

Após essa longa digressão, perguntar-se-ia: qual a importância para a reflexão psicanalítica, do exame da imanência psicológica? Qual o significado, para a teoria psicanalítica, da análise crítica da noção, nela vigente, de representação interna dos objetos *na* consciência (ou no Inconsciente)? E a resposta é que *no fenômeno psíquico, o componente interno*, na *consciência, é um ato que se apóia em um núcleo constituído por sensações internas, com as quais, ou por intermédio das quais, o objeto é percebido, julgado, etc*. Poderíamos também dizer que aquele núcleo sensorial é imanente à consciência e o objeto representado é transcendente à consciência. Mas, para o nosso fim, não é apenas este o ponto em discussão. O essencial é entender com clareza a distinção entre os caracteres próprios ao objeto representado e aqueles próprios às sensações, *por meio das quais* a representação do objeto se realiza. Por exemplo, na percepção de um objeto são apreendidas suas qualidades objetivas. Num objeto luminoso ou colorido é percebida a luz ou a cor como qualidade objetiva. Mas, a sensação produzida pela luz, ou, dizendo de outro modo, a sensação *através da qual* a luz é percebida, esta sensação não é *imagem*, Bild (em alemão), da luz. É errôneo, pois, falar em associações sensoriais como imagens, *Bilder* internos de objetos e situações objetivas.

Mais ainda, um mesmo conjunto de sensações determinadas pela visão de uma fotografia, por exemplo, pode servir de base sensorial para a percepção de objetos diferentes: 1. os traços que se configuram na fotografia ou 2. a qualidade do papel; 3. e as mesmas sensações podem servir, ainda, como núcleo para a representação de um objeto imaginário *representado* na fotografia. Veremos, mais adiante, as ricas observações de Max Scheler sobre a identidade da base sensorial (que ele denomina base representativa) em duas formas de percepção: na percepção de um rosto humano, o mesmo conjunto sensorial pode servir, ou bem para a apreensão de atributos como a cor do cabelo ou da pele, a forma e a cor dos olhos, ou bem para a apreensão de uma unidade sintética que é a *expressão* de um rosto em que se manifesta a vida interior de outrem.

2. Segunda Aula: Retomadas e Avanços

Na nossa primeira reunião, a semana passada, que foi uma reunião introdutória, eu propus a vocês alguns problemas e uma reflexão sobre certos pressupostos da psicologia clássica, centrados em torno da percepção e da imaginação. A propósito de um desenho de uma estrutura óptica como uma curva – primeiro problema proposto –, eu convidei vocês a se situarem diante deste objeto, assumindo intencionalmente quatro atitudes diversas do espírito.

Numa primeira, perder o contato com o mundo, imergir nesta linha, o que acaba por levar a uma verdadeira e profunda fusão com o sentido de movimento dado pela linha. Nesta atitude o ser humano perde as âncoras de inserção no mundo espaço-temporal dos objetos com suas qualidades físicas e tem uma vivência de movimento e de fusão com a linha.

Este tema recorrerá inúmeras vezes ao longo das nossas palestras porque veremos que a possibilidade de apreender por reflexão esta vivência – depois de vivê-la –, nos permitirá adentrar mais profundamente o problema das formas primordiais da percepção e da objetivação do sentimento humano. Ele é de importância fundamental, repito, porque vai ligar-se a uma série de reflexões sobre as contribuições de Melanie Klein, que representou um momento de crise revolucionária e de progresso na análise da experiência humana. Mas, uma vez que esta experiência, por ela descrita, demanda uma conexão com as reflexões de muitos pensadores que examinaram este mesmo problema alguns decênios antes dela, o nosso curso, fatalmente, terá, como momento da sua trajetória, o retorno a esses pensadores.

Uma segunda atitude perceptiva diante da curva é considerá-la como a expressão representativa de uma curva no espaço, de uma função sinusoidal.

Uma terceira forma foi imaginá-la com função mágica, por exemplo, num ritual. Nestas condições, a curva induz temor e respeito religioso.

Podemos, por fim, considerar uma quarta visão: a curva como um objeto ornamental. Estamos, agora, num outro mundo, o mundo estético. O objeto estético guarda aí uma independência, ele é envolto no horizonte de sedução e de significação do belo.

São estas quatro atitudes, pergunto, o resultado de construções diferentes de um mesmo objeto? Trata-se de um único objeto modificado pela estrutura psicológica do homem, pela subjetividade? É dada ao homem uma realidade única que ele pode conceber de quatro formas diferentes? O nosso curso cuidará, no seu evolver, de mostrar que não se trata de uma realidade única, última, apreendida de quatro formas diversas, segundo as correspondentes maneiras de estruturação do mundo subjetivo; mas, sim, que estruturações diversas do mundo subjetivo correspondem a quatro formas diversas de objetividade e a quatro formas diversas de significação: a de um objeto puramente expressivo, a de um objeto representativo de um conceito, a de um objeto puramente mítico e a de um objeto puramente estético. Assim sendo, o objeto estético, por exemplo, não é uma realidade ilusória. Isto porque o objeto estético desvela um aspecto da realidade totalmente irredutível às outras três formas de objetos reais, às quais, por sua vez, correspondem outras tantas formas de constituição da subjetividade. Em outras palavras, há maneiras diversas de constituição de significações e do mundo; os mundos assim constituídos – o dos objetos estéticos, o mítico, o expressivo e o científico – não são expressões diferentes de uma realidade única, transcrições variadas de uma verdade última, mas reclamam igual validez objetiva. Os atos do espírito que os produzem – de natureza simbólica – são instrumentos criadores da realidade e não um disfarce dela. Isto evidentemente implica uma subversão de certas premissas tidas como verdadeiras e implícitas em nossa formação médica e psicológica.

Num segundo momento, eu propus uma experiência sobre o processo imaginário. Propus que imaginássemos um objeto e tratássemos de descrever, sem prejuízos, o objeto imaginário.

Visava eu, com esta proposta, conduzir a uma reflexão fenomenológica, isto é, a uma reflexão a partir da direta descrição da experiência, sem prejuízos cientificistas.

Vimos, então, que o objeto imaginário aparece, não dentro da consciência, como pretendia a psicologia clássica, mas, diante da consciência, melhor dito, para a consciência.

Esta evidência impõe conclusões insuspeitadas em matéria de teoria psicanalítica. De fato, se os conteúdos de representação de objetos na imaginação constituem-se para a consciência como externos, não há porque supor imagens deles, como simulacros, no seu interior; nem, tampouco, nesse interior mais profundo, o inconsciente.

Várias objeções poderiam ser levantadas em oposição a essas conclusões. Em primeiro lugar, admitindo-se, embora, que não haja conteúdos de representação internos, existem, sem dúvida, representantes sensoriais que são o substrato interno – e é a este substrato que devemos reservar o nome de mundo interno – correlativo de conteúdos de representação objetivados.

Tais substratos internos existem, quer no processo perceptivo, quer no imaginativo. Na imaginação, é claro, ocorreria uma reordenação, uma nova composição a partir de registros sensoriais de origem perceptiva.

Essas associações sensoriais – no caso de Hans, as correspondentes internas às representações da constelação edipiana, correspondentes internas que Freud denomina, na Metapsicologia, *representações de coisas* – é que constituiriam o material propriamente reprimido, inconsciente. De outra maneira não seria possível explicar – segunda objeção – o conteúdo fóbico como expressão da significação edipiana, nem o estabelecimento, durante o processo psicanalítico, das conexões entre o conteúdo fóbico e sua significação real, anteriormente inconsciente.

Para responder a essas objeções somos conduzidos a examinar um tema do qual já nos havíamos aproximado: o das relações entre material sensorial e significações que sobre ele se constroem. É este um problema central que põe em relevo a contradição epistemológica básica da teoria psicanalítica, a qual, ao mesmo tempo que revolucionou a concepção racionalista do Homem, a fundamentou sobre teorias psicológicas hoje superadas.

Efetivamente, já a partir da década de 1920, os fundadores da Psicologia da Forma buscam evidenciar que a percepção não se explica a partir das sensações. Vejam-se as críticas de Wolfgang Köhler à teoria clássica das associações sensoriais[1] e as penetrantes observações de Kurt Koffka sobre a percepção na infância. Cito estes dois autores dentre uma série de pensadores (William Stern, Ludwig Klages, Max Scheler, Karl Bühler, Kurt Goldstein, Ernst Cassirer, J.-P. Sartre, M. Merleau-Ponty) que contribuíram de forma decisiva para a renovação da psicologia em nosso século. Teremos ocasião de retornar a eles quando examinarmos a forma primordial de percepção – a percepção expressiva – e quando estudarmos as experiências sobre a percepção subliminar.

No momento, convido vocês a retomar nossa análise da evocação imaginária do Fábio. Segundo o que vimos, uma dada matéria sensorial,

---

1. W. Köhler, *Psychologie de la Forme*, Paris, Éditions Gallimard, 1964.

resultado de certos estímulos sensíveis – respectivamente os traços e o papel no caso da caricatura e da fotografia, a tela e a tinta no caso da pintura – pode servir de fundamento, seja para um ato perceptivo, seja para um ato imaginativo. Consideremos, também, a nossa curva. Aquela experiência perceptiva nos ensina, igualmente, que um certo substrato sensorial se presta para a constituição de quatro modalidades de objetos, de quatro modalidades diferentes de significação (entre outras possíveis). Segundo a direção do olhar, segundo a intenção que o organiza, a matéria sensorial é animada de acordo com formas específicas e serve de base para significações determinadas: expressiva, mítica, estética, matemática.

Temos aqui ilustrações exemplares de que não nos é dado um estrato sensorial já provido de significação. Ao contrário, é necessário conceber estrato sensorial da experiência e significação como conceitos distintos, como pertencendo a duas ordens diversas de abstração e de elaboração científicas.

Em outras palavras, dado um objeto – papel com traços de caricatura ou fotografia, pintura numa tela, desenho de uma curva –, o registro sensorial serve meramente de apoio para a construção de significações possíveis e não contém, em si próprio, essa significação.

Mas, poder-se-ia opor, como nova objeção, que, embora o registro sensorial não contenha a significação, ele seria o registro do objeto, ele se constituiria como associação sensorial cujo arranjo seria cópia interna do objeto externo. E, justamente, porque esse registro não está ligado a uma significação – o que depende de sua conexão com a palavra, segundo o que propõe Freud na Metapsicologia – ele seria inconsciente. Eis-nos, portanto, de volta à clássica teoria do registro sensorial, substrato da *representação de coisa*, seja como cópia do real, seja como construção imaginária. É nisto que consiste a falácia da psicologia das sensações. Vejamos porque. Quando acima se dizia – no caso da caricatura, da fotografia, da tela, da curva – que um substrato de impressões sensoriais pode conduzir a atos perceptivos e imaginativos diferentes, não se deve supor que se trata, em todos eles, de matéria sensorial idêntica. Ao contrário, as impressões sensoriais que procedem do objeto são selecionadas – antes mesmo do seu registro, segundo o que nos ensinam as experiências da psicologia da forma – e reunidas por atos noéticos específicos, por *intenções*, por impulsos, que organizam a receptividade sensorial em estruturas sintéticas específicas e próprias a cada um dos exemplos mencionados. Como resultado, a matéria sensorial contém, nela integrados, fatores de cinestesia e de impulsos que, diferentes em cada caso, articulam-se em sínteses sensoriais também diferentes, correlativas de significações perceptivas ou imaginativas determinadas – noemas. (Cf. Primeira Aula.)

Cuidemos de examinar mais de perto estes fatores de impulsos e de cinestesias. Como se lembram, quando estudávamos a estrutura de consciência na produção de um objeto imaginário sem suporte material externo – por exemplo, a evocação imaginária da Argentina –, a análise fenomenológica nos revelou um componente específico da experiência imaginária: a projeção do mundo interno sensorial numa forma espacial triangular. (Cf. Primeira Aula.) É fácil compreender que essa forma – que denominamos de imagem *stricto sensu* – resulta de uma síntese sensorial que se constituiu no decorrer do aprendizado e foi abstraída das determinações geográficas do objeto. Essa forma resulta, portanto, de uma ordem instituída pelo saber e guiada pela palavra. Ou seja, o impulso é estruturado, ele adquire forma, a fim de poder se constituir em matéria sensorial representante dos objetos. Mas não se trata, meramente, de cinestesias resultantes da ordem dos movimentos corpóreos na preensão ou convergência ocular. Não se trata, simplesmente, de esquemas sensório-motores. Trata-se da articulação das intenções e impulsos que, guiados pelo movimento interior constituído pela palavra, organizam a direção da concepção que culmina na criação do sentido e da significação[2].

O que sucede, porém, quando o mundo interno de impulsos está em plena evolução, quando novas formas de impulsos, de um lado, e de concepção de objetos e do mundo, de outro, estão em vias de organização? O que se passa com o pequeno Hans quando vão assumir forma impulsos que ainda não se configuraram? Vejamos bem. Não se trata de instintos, mas de impulsos. No caso de Hans – que tomamos como paradigma de nossa discussão do conceito de inconsciente – assistimos à instituição da forma dos impulsos assim como à criação de uma significação – fobia do cavalo – *in statu nascendi*: a construção da estrutura dos impulsos em jogo se dá concomitantemente ao surgimento do conteúdo da fobia e *através* dela.

Vale dizer que os impulsos mobilizados, ainda informes, e por isso sem objeto, apóiam-se em estruturas já existentes e se projetam criando figurações que melhores condições ofereçam à expressão emocional das vivências do momento; mas, ao criar as figurações imaginárias que são o conteúdo da fobia, os próprios impulsos adquirem fixidez e forma – estrutura noética – que são correlativas dos novos conteúdos expressivos e de significação que emergem e se cristalizam naquelas figurações – conteúdo noemático.

Vocês poderiam perguntar: mas, o pequeno Hans não havia tido anteriormente experiências de raiva de seu pai? Nem outras de caráter afetuoso? Não teria ele tido também ternas experiências sensuais e outras, de ressentimento, no contato com sua mãe? Sem dúvida as

---

2. A forma de concepção aqui examinada está vinculada à instituição e ordem da linguagem. Cuidaremos, em outra parte deste trabalho, de formas de concepção anteriores à palavra que se constituem como estruturas primordiais de consciência e de alteridade.

teve. Não foram tais constelações emocionais plenamente perceptíveis? Sem dúvida o foram. De fato, muitas representações relativas ao contexto afetivo familiar articularam-se como patrimônio da consciência. Não aquelas, porém, que diziam respeito a relações genitais com a mãe e ao impulso de castrar o pai – ou o inverso deste, o terror de ser castrado – que teriam sucumbido à repressão. Inconscientes, elas seriam figurações imaginárias, *complexo de representações*, *representações de coisas*. No inconsciente habitariam representações tais como *tenho raiva do meu pai, amo meu pai, quero afastar meu pai, desejo ficar com minha mãe, quero castrar meu pai, tenho pavor de ser castrado*, como núcleos isolados. Por outro lado, sempre de acordo com Freud, representações outras, derivadas daquelas inconscientes, modificadas mercê dos mecanismos do processo primário, teriam acesso à consciência. Fariam parte deste rol várias constelações de pensamentos, brotos conscientes que emanariam, por via associativa, do complexo inconsciente. Incluídas aí, desnecessário dizer, as representações fóbicas. Tais brotos desempenhariam, aqui, a mesma função que as *recordações encobridoras*, ou seja, indícios de uma verdade subjacente. O trabalho analítico consistiria em trazer as representações reprimidas à consciência de forma a se constituírem num contexto articulado e com plena significação. O processo todo seria equivalente à interpretação de um sonho: imagens isoladas, mas pregnantes, por sua provável conexão associativa com o complexo supostamente reprimido, o estabelecimento de elos de significação entre conteúdos isolados, tudo isto reunido de forma a constituir um patrimônio de pensamento próprio à consciência.

Eu penso, porém, que aquilo que, para nós, observadores externos, constitui a realidade da vida sexual dos pais e a realidade dos próprios impulsos mobilizados no menino – uma e outra sentidas, vividas, atuantes, mas não acessíveis ao nível de abstração compatível com uma concepção, percepção e imaginação entendidas num sentido *literal* – adquire condições de representabilidade mediante uma criação original da consciência que outra não é senão o próprio conteúdo da figuração imaginária que é a fobia. Há, aqui, uma produção de uma metáfora original, uma transubstanciação e criação de imagens que dão forma ao vivido, imagens que contêm, em si próprias, o sentido da realidade vivida. Vale dizer que por trás da expressão – a fobia – não se esconde um conteúdo diverso dela, inconsciente.

Ocorre, aqui, o mesmo processo de espontaneidade de criação da consciência que encontramos nos fenômenos de percepção subliminar. Examinaremos esta questão na Quinta Aula. Adiantamos o seguinte: a exposição a estímulos subliminares determina a emergência de figurações e conteúdos que jamais são a reprodução do dado, mas que mantêm, com os estímulos originais, certas relações formais. Em outras palavras, diante de uma realidade vivida que nós, observadores externos, concebemos com um determinado conteúdo, a consciência observada constrói outra realidade que lhe é própria. Para Hans, a *realidade do complexo de Édipo*, a integração na realidade social humana, se faz realidade por meio da constituição da fobia.

Conteúdos de representação correlativos ao impulso de castrar ou ao terror de ser castrado, e outros da constelação fálico-edipiana, até então não existiam, nem na consciência, nem fora dela, no inconsciente. O terror, sim. A princípio informe, e depois objetivado no cavalo. Toda a constelação de impulsos, de emoções, assume forma e se cristaliza através da criação de uma metáfora originária. *A metáfora originária consiste numa criação, a criação simbólica do objeto que exprime e dá forma ao mundo interno.* Rivalidade, castração e demais conteúdos serão progressivamente abstraídos e incorporados *a posteriori*, como fruto do labor analítico; eles são o resultado desse labor e não preexistem a ele; eles são a expressão de uma *aufhebung*, de uma elevação e abertura da consciência, anteriormente alienada numa condição mítica, para níveis mais abstratos de consciência de si.

Termino esta discussão abordando uma questão que vários de vocês levantaram. Diziam que, embora possam entender que conteúdos imaginários, perceptivos e outros conteúdos de representação apareçam para a consciência como externos a ela, os impulsos, em si próprios, seriam inconscientes. Lembro a vocês a afirmação de Freud de que somente podemos conhecer o impulso através de uma representação a ele ligada. Cabe repetir aqui a análise que já empreendemos anteriormente (Cf. Primeira Aula): vimos que o conceito de consciência implica "consciência de"; consciência subentende transcendência visando a algo fora dela, a um objeto – objeto intencional –, a um conteúdo noemático que se configura por intermédio de um ato intencional, de um ato interno que tem como base uma estrutura de sensações e de impulsos. Por tal motivo é uma contradição falar-se em impulsos inconscientes. Seria como dizer que "os impulsos são 'in-conscientes de' um certo conteúdo que consiste neles próprios". Trata-se de uma construção absurda, sem sentido. Os impulsos são parte integrante de um ato de consciência. A consciência reflexiva, porém, pode visar, como seu objeto, ao impulso. Neste caso, o próprio impulso visado é a representação, é o conteúdo noemático desta consciência.

SEGUNDA PARTE

A partir de contribuições renovadoras da psicologia do nosso século, nós iniciamos o exame crítico, nessas duas primeiras reuniões, de alguns dos pressupostos da psicologia do século XIX relativos à percepção e à imaginação que estão profundamente integrados na teoria psicanalítica. Prosseguiremos neste exame mais adiante (4ª aula), tomando por objeto a teoria das sensações e os princípios epistemológicos dela derivados que, em meu entender, se constituem nos fundamentos das idéias de Freud sobre o inconsciente.

No momento, atendendo à sugestão dos colegas participantes, vamos passar, em breve revista, os autores que maior relevo tiveram naquele movimento renovador.

Duas correntes filosóficas se destacam na evolução do pensamento do século XX por suas profundas repercussões nas concepções psicológicas e na filosofia da cultura: a fenomenologia de Husserl e a fenomenologia neo-kantiana de Cassirer.

Propõe-se Husserl, a partir do *Cogito* de Descartes, examinar a estrutura do ato do conhecimento, tomando como objeto a própria experiência. O método por ele inaugurado – a fenomenologia como psicologia descritiva pura – será a fonte de reflexão que irá permitir o surgimento de correntes importantes na psicologia. Wertheimer, Köhler e Koffka, fundadores da Psicologia da Forma, Kurt Goldstein, com seus trabalhos sobre o comportamento do organismo como um todo e de crítica aos conceitos de patologia cerebral vigentes, Max Scheler, que inaugura novo modo para a compreensão da "percepção do outro", são, todos, influenciados por Husserl.

Vejamos as obras pertinentes aos problemas que mais diretamente nos interessam. A *Psychologie de la Forme* de Köhler, já mencionada, aduz críticas ponderáveis à psicologia das sensações; Koffka, K. Goldstein e Max Scheler, partilhando igualmente da crítica ao sensualismo, trazem contribuições a temas específicos. Em seu trabalho de 1921, *The Growth of the Mind*[3], Kurt Koffka renova as concepções sobre a percepção na infância. *La Structure de l'Organisme*[4] de Kurt Goldstein, de 1934, representa um marco nas teorias do comportamento e da integração do organismo humano no ambiente. Esse trabalho terá influência sobre o Merleau-Ponty de *La Structure du Comportement*[5]. Max Scheler, em 1918, e mais amplamente em 1923, em sua *Nature et Formes de la Sympathie*[6], tem o mérito de indicar um novo caminho para a apreensão do sentimento e da vida interior de outrem, "a percepção do outro". Ele nos mostra que a relação entre o que chamamos de vida emocional interior e sua expressão não é causal, nem deve ser vista como de determinação da segunda pela primei-

---

3. K. Koffka (1921), *The Growth of the Mind*, London, Kegan Paul, Trench Trubner & Co. e New York, Harcourt, Brace & Co., 1925.
4. K. Goldstein (1934), *La Structure de l'Organisme*, Paris, Éditions Gallimard, 1951.
5. M. Merleau-Ponty (1942), *La Structure du Comportement*, Paris, Presses Universitaires de France, 1967.
6. M. Scheler (1923), *Nature et Formes de la Sympathie*. Paris, Petite Bibliothèque Payot, 1971.

ra, mas como uma relação simbólica. Assim entendida, a expressão, o fenômeno expressivo, é uma emanação direta da vida interior, é a vida interior, não sendo meramente resultante desta como efeito externo, como manifestação de um processo interior e, por isso, oculto. Scheler se inscreve, por essa forma, no amplo movimento de reflexão sobre o problema da significação representado pela corrente semântica de renovação epistemológica. Esta corrente traduziu-se em resultados dos mais relevantes em disciplinas tão diversas como a psicologia – por exemplo, na citada obra de Scheler sobre o sentimento e na descrição do fenômeno expressivo por Cassirer –, a matemática e a lógica – com Whitehead e Russell –, a filosofia da cultura – com Cassirer e sua doutrina das formas simbólicas –, os estudos sobre a linguagem – com Saussure e o estruturalismo e com o positivismo lógico de Wittgenstein e da Escola de Viena –, a arte como símbolo do sentimento – com Susanne K. Langer.

A crítica da teoria da imagem e a concepção do sentimento como ato intencional da consciência, como consciência das qualidades afetivas do objeto, estão explicitamente destacadas como tema de análise nas *Recherches Logiques* de Husserl. Dado o alcance dos problemas aí envolvidos, o seu impacto sobre antigas presunções teóricas, inclusive no campo da psicanálise, e o seu reflexo sobre as idéias de outros pensadores, é importante fazer menção às passagens respectivas[7]; o estudioso voltado a uma revisão sistemática destas questões terá, assim, a oportunidade de examiná-las no contexto mais amplo em que são tratadas. Lembro a vocês, além disso, que o tema da imanência psicológica foi discutido em nossa aula anterior.

Igualmente tributários de Husserl, Sartre e Merleau-Ponty nos legaram obras de importância capital sobre a imaginação e a percepção. Três trabalhos de Sartre versam sobre a vida emocional e a imaginação: o *Esquisse d'une Theorie des Émotions*[8], *L'Imagination*[9] e *L'Imaginaire*[10]. É neste último que Sartre desenvolve *in extenso* seu estudo fenomenológico sobre o processo imaginário, que ele considera uma das quatro ou cinco grandes funções psíquicas. É ali, também, que ele, a

---

7. E. Husserl (1913), *Recherches Logiques*. Paris, Presses Universitaires de France, Tome Second, Deuxième Partie, 1962.
a) Sobre a imaginação:
1) "Contribution à la Critique de la 'théorie des images' et de la théorie des objets 'immanents' des actes", pp. 228-231;
2) pp. 188-189;
3) pp. 318-321.
b) Sobre o sentimento:
pp. 191-201.

8. J.-P. Sartre, *Esquisse d'une Théorie des Émotions*. Paris, Herman & Cie Éditeurs, 1948.

9. J.-P. Sartre, *L'Imagination*. Paris, Alcan, 1936.

10. J.-P. Sartre (1940), *L'Imaginaire*. Paris, Éditions Gallimard.

partir das formulações de Husserl, nos proporciona as bases para a análise crítica das teorias empiristas sobre a imagem e para a compreensão da imaginação e do sentimento como formas de consciência.

Eu gostaria de chamar a vossa atenção para algumas passagens desta obra que merecem um estudo mais detido. Consistem elas na análise do *analogon* representante do objeto imaginário, no exame da afetividade e do fenômeno alucinatório.

O que é, precisamente, o *analogon*? Como se recordam, o objeto imaginário puramente psíquico – isto é, aquele que se constitui sem o apoio de um representante material externo, diferentemente, portanto, do objeto imaginário constituído através de um retrato, uma caricatura, um desenho, manchas na parede etc. – tem, como suporte representativo, um material puramente psíquico que é o *analogon*. Esta matéria psíquica é geralmente constituída de uma forma espacial – resultante do componente cinestésico do *analogon*, representante dos elementos intelectuais da concepção imaginária do objeto (no exemplo por mim dado, da Argentina, o triângulo) – e de fatores cromáticos – componente afetivo do *analogon* e representantes de sentimentos inefáveis. Estes elementos do *analogon* marcam, com suas características, o objeto. Seleciono dois exemplos dentre os que Sartre cita ao examinar os notáveis trabalhos experimentais de Flach sobre o que este denomina de *esquemas simbólicos nos processos do pensamento produtivo*. Trata-se da descrição de imagens que surgem aos examinandos por ocasião de um esforço de compreensão de um termo proposto, em geral abstrato:

(Experiência) 27. Proletariado: tive uma imagem estranha, uma extensão plana e negra, e, abaixo, um mar rolando obscuramente, uma onda indeterminada, qualquer coisa como uma massa sombria e espessa rolando com pesadas vagas. Que significava a massa? A extensão no mundo inteiro; qualquer coisa como um dinamismo latente[11].

(Experiência) 22. Baudelaire: eu vi imediatamente, no espaço livre, sobre um fundo absolutamente sombrio, uma mancha azul-esverdeada, do tipo do vitríolo e como que lançada por um único e amplo golpe de pincel. A mancha era mais comprida do que larga – talvez duas vezes mais comprida. Sabia também que esta cor deve exprimir o mórbido, a decadência específica que caracteriza Baudelaire. Procuro examinar se esta imagem pode ser aplicada a Wilde ou a Huysmans. Impossível: sinto uma resistência tão forte como se me fosse proposto algo contrário à lógica. Essa imagem vale somente para Baudelaire e, a partir desse instante, será, para mim, representativa deste poeta[12].

Organizada por um saber (Proletariado, Baudelaire), a consciência busca uma compreensão do objeto. Mas a concepção do objeto não se constitui como um saber conceitual e sim como um saber imaginário. Por sua vez, a imagem que surge, o *esquema*, é, ao mesmo tempo,

---

11. *Op. cit.*, pp. 131-132.
12. *Op. cit.*, p. 130.

um objeto dotado de sentido. Essa *extensão plana e negra* como o *mar que rola obscuramente*, diz Sartre, é o proletariado *em pessoa*. O *analogon* afetivo-motor, o *esquema* (como o denomina Flach), é tomado como o próprio objeto do pensamento se dando à nossa consciência. E Sartre acrescenta, utilizando-se de um neologismo (em francês) que lhe parece indispensável, que o papel do esquema é *presentificador*. Ele tem, aqui, por objetivo, além disto, mostrar que, ao se constituir em imagem, o saber se degrada: as formas imagéticas do saber não conduzem à apreensão plena das determinações essenciais do objeto.

Estas observações reproduzem, sob outros aspectos, as descrições de Silberer de transformação do saber conceitual em imagético na passagem da vigília à fase hipnagógica, que precede o sono.

Mas o que nos interessa, aqui, não é a questão da degradação do saber; o que nos interessa ressaltar é que a imagem, forma sintética da consciência, é uma síntese de saber, de movimento e de afetividade. A imagem desvela o dinamismo do objeto e se constitui, assim, na expressão sintética de objetivação do sentimento humano – a consciência afetiva do objeto.

A consideração dos elementos cinestésicos e afetivos do *analogon* é de especial interesse na clínica psicanalítica. Teremos oportunidade de retornar ao tema na próxima aula.

Cumpre destacar, ainda, que a análise de Sartre vai ao encontro das reflexões de Cassirer e de Susanne Langer sobre os símbolos não discursivos. É particularmente significativo o fato de que a expressão *símbolo presentificador*, de autoria de Susanne Langer (para designar a forma de concepção dos objetos imaginários no mito e na arte que, em virtude da sua analogia formal com a estrutura da vida emocional humana, assumem a função de *presentificá-la*), seja a mesma de que se serviu Sartre para caracterizar o dinamismo afetivo próprio à constituição do imaginário.

Teremos ocasião de retornar a Susanne Langer e a Cassirer, oportunamente. No momento desejo frisar a importância do estudo dessa obra de Sartre para a compreensão da vida imaginária e da afetividade. Como disse acima, Husserl inaugura uma nova maneira de conceber a afetividade. Ultrapassando as concepções clássicas, segundo as quais o sentimento é consciência de modificações corporais internas, no plano vegetativo-motor (teoria de James-Lange, que Freud incorpora na Metapsicologia), Husserl nos mostra que a afetividade é uma consciência e, por isso, uma *forma de apreensão do objeto*. Sartre irá ampliar essa análise em várias passagens de *L'Imaginaire*[13].

No decorrer de nossas discussões sobre a imagem e as qualidades sensíveis imaginadas do objeto, vocês lembraram o problema da alucinação. Pensam vocês que na alucinação, sim, ressurgiriam efetivamente

---

13. *Op. cit.*, pp. 92-98 e 175-190.

as qualidades sensíveis dos objetos. Sartre examina detidamente a consciência alucinatória[14].

Os fenômenos alucinatórios fazem parte do mundo da consciência que conhecemos em psicanálise sob o nome de esquizoparanóide. É um mundo onde surgem objetos de características muito particulares que trataremos de examinar com vagar. Adiantemos que a percepção normal é percepção de um objeto presente como coisa, com seus atributos sensíveis, integrado num espaço individualizado, num mundo espaço-temporal. Já a alucinação consiste na apreensão de significações de um mundo não-estruturado segundo a dimensão espaço-temporal da experiência; à estrutura de consciência alucinatória correspondem "objetos" de caráter diferente, não mais individualizados, separados, com atributos no espaço e no tempo. O tempo e o espaço na consciência alucinatória são totalmente diversos daqueles da nossa experiência do real. Os objetos do mundo da alucinação não aparecem como independentes de mim, a uma "distância respeitável", mas estão diretamente ligados a mim por emanações mágicas que me atingem, me perseguem, me aterrorizam ou me seduzem, me encantam, me fascinam. A magia do mundo, seus aspectos sombrios ou terríveis, nefastos ou sedutores, de atração ou de repulsão, de pânico ou de apaziguamento, ressurgem das profundidades da nossa experiência; o mundo fica povoado por entidades que não são objetos, no sentido de objetos com atributos físicos, mas que possuem forças encantatórias que me envolvem. Assim, pois, este mundo e estes objetos *sui generis* não podem ser assimilados aos objetos da percepção comum, ingênua. Ao contrário, eu os vejo induzindo "significados" estranhos, eu "ouço" alusões, e estas formas de ver e ouvir são totalmente distintas das que me veiculam as qualidades próprias do mundo espaço-temporal e de atributos objetivos do mundo físico. Sem dúvida, nas formas de automatismo mental, diz Sartre, permanece certa unidade da consciência, concomitante a uma irrupção de espontaneidades paralelas. As formas superiores de integração psíquica subentendem o desenvolvimento de pensamentos no curso de uma síntese durante a qual outros pensamentos podem ser visados como possíveis, mas não realizados. Na consciência alucinatória rompe-se o desenvolvimento coerente, pela irrupção de pensamentos colaterais que não podem ser coibidos.

Nas verdadeiras alucinações, a desintegração é mais profunda. A percepção se obnubila: objetos reais e sujeito desaparecem conjuntamente. Há como que aparição de sistemas psíquicos parciais que não podem ser objeto de concentração coerente, não há centro de unidade de consciência, razão justamente para a aparição, que se dá como espontaneidade impessoal. Estamos distantes da distinção do subjetivo e do objetivo; estes dois mundos se desintegraram e foram substituídos

---

14. *Op. cit.*, pp. 191-206.

por um outro tipo de existência. É por isto que a alucinação não coexiste com a percepção, isto é, com a noção do real.

O que descrevemos é o acontecimento da alucinação; não a experiência vivida da alucinação. A *experiência* implica unidade pessoal e de consciência; ao contrário, o fenômeno alucinatório, o acontecimento, se produz na *ausência do sujeito*. Por tal razão, a experiência da alucinação se dá através da memória, de uma memória imediata, forte e concreta, que não deixa dúvidas quanto à existência da aparição. O *real* só reaparece quando o alucinado relata o fenômeno; no momento da aparição, não há consciência de real e de separação entre real e irreal, entre real e imaginário. Lembremos que a consciência de imagem, na consciência íntegra, implica a noção de ausência do objeto, concomitante à sua própria presença imaginária.

À mesma ordem do fenômeno alucinatório pertencem os fenômenos divinatórios da Grécia e Roma antigas. O píton grego, o áugure romano, penetram no recinto sagrado, espargem os óleos, põem fogo nos gravetos, nas folhas, no incenso, concentram-se numa singular contemplação crepuscular. Eis que as cinzas, o fogo, as folhas, enviam sinais e presságios, *murmuram* e *falam*: o adivinho está *alucinado*; quando retornar ao real, falará dos acontecimentos futuros e passados que a ele se desvelaram através das visões que acabaram de ocorrer.

Cabe incluir aqui, igualmente, o fenômeno expressivo, a percepção expressiva pura, do tipo descrito acima quando tratamos da curva. Há que considerar, porém, que a percepção expressiva pura subentende uma consciência puntiforme, subentende a apreensão de uma qualidade emocional objetivada que se exaure num aqui-agora não recorrente e que não remete a qualquer outro conteúdo de consciência enquanto dura. Tal fenômeno pode integrar-se, porém, em formas mais articuladas de consciência, pode ser objeto de rememoração, mas será sempre a base de constituição de uma relação mágica com o mundo. Por isto mesmo, a forma de consciência correspondente a tais fenômenos exibe, nos seus traços essenciais, a mesma estrutura que a dos fenômenos alucinatórios.

Quanto às obras de Merleau-Ponty, duas delas desenvolvem mais amplamente temas diretamente relacionados aos problemas que nos interessam. São elas *La Structure du Comportement*[15] e *Phénoménologie de la Perception*[16]. Encontramos, na primeira, uma ampla análise crítica de conceitos prevalentes em fisiologia nervosa e suas conseqüências na compreensão dos comportamentos superiores. Na *Phéno-*

---

15. M. Merleau-Ponty (1942), *La Structure du Comportement*, Paris, Presses Universitaires de France, 1967.
16. M. Merleau-Ponty (1945), *Phénoménologie de la Perception*. Paris, Éditions Gallimard.

ménologie de la Perception, após o exame crítico dos *prejuízos* clássicos – sensação, associação etc. –, Merleau-Ponty mostra a insuficiência do pensamento causal dominante na fisiologia nervosa e na psicologia. O *retorno aos fenômenos* guia a descrição de comportamentos e da percepção. Dessa obra, de importância magna para o psicólogo e para o psicanalista, recomendo a leitura de trechos relativos à análise de uma caso de patologia cerebral[17] e à descrição da experiência do espaço, em especial do espaço noturno, do espaço sexual e do sonho, do espaço mítico e da alucinação[18].

Quero deixar consignada a menção a um desses pacientes de lesão cerebral. O paciente Schn. tem uma lesão do lobo occipital. A descrição das condições psicológicas e das manifestações de comportamento se estendem longamente por dezenas de páginas. O que pretendo pôr em relevo, aqui, é apenas um aspecto. O paciente é capaz de se coçar espontaneamente ou de franzir o nariz. Mas, solicitado a indicar o nariz ou a região do corpo que acabou de coçar, é incapaz de fazê-lo. Por outro lado, quando toca as partes correspondentes do corpo, ele as reconhece e as nomeia. Assim, pois, se o gesto depende da reativação de um trajeto sensorial onde estariam inscritas as representações de movimento e de setores corporais como o nariz e o braço – como pretendia a fisiologia nervosa clássica e a teoria das funções cerebrais e psicológicas – por que numa situação este circuito é reativado e na outra não?

É particularmente significativo o fato de que a análise fenomenológica dos sintomas de vários pacientes de lesão cerebral (entre eles os relatados por Gelb e Goldstein a partir de 1920), foi retomada por Cassirer e publicada em 1929[19] e por Merleau-Ponty em 1945. Descrições clássicas da literatura especializada em patologia cerebral, tendo por objeto o estudo das afasias, apraxias, alexias e agnosias, são reexaminadas por pensadores que, neste século, renovaram nossas concepções sobre as funções psíquicas.

Vamos, por fim, nos deter nos escritos de Cassirer. Ele publica entre 1906 e 1920 *O Problema do Conhecimento*, em três volumes, uma análise da constituição do conhecimento científico nos tempos modernos, do Renascimento até a morte de Hegel em 1832. Um quarto volume, escrito em 1936 e publicado em 1950, cobre o período de 1832 a 1932. Em 1910 publica uma obra em que faz uma análise epis-

---

17. *Op. cit.*, pp. 119-172.
18. *Op. cit.*, "L'espace vécu", pp. 281-344.
19. E. Cassirer (1923-1929), *The Philosophy of Symbolic Forms*. New Haven and London, Yale University Press, vol. 3, 1957, "Toward a Pathology of the Symbolic Consciousness", pp. 205-277.
20. E. Cassirer (1910 e 1921). *Substance and Function & Einstein's Theory of Relativity*. Chicago, The Open Court Publishing Company e New York, Dover Publications Inc., 1953.

temológica da matemática e da física newtoniana. As concepções de Cassirer sobre as funções na matemática e os fundamentos críticos ao conceito de substância, ali desenvolvidos, mostraram-se plenamente compatíveis com os novos princípios da Física da Relatividade que surgiriam em 1917. Cassirer devotou a esta um escrito publicado em 1921. Estes dois trabalhos, que apareceram originalmente na Alemanha, encontram-se reunidos em publicação única, de 1923, nos Estados Unidos[20]. A idéia de substância, de um ser substancial como fundamento material último da realidade, idéia que perfunde toda a história da filosofia ocidental, não pode ser mantida, não é compatível com os avanços da Física Matemática. Uma realidade substancial última é uma ficção científica, é o produto de uma construção filosófica que tem origem lingüística, o verbo ser ou estar. O progresso da ciência e o aprofundamento da epistemologia das ciências exatas sugerem que a realidade somente pode ser conhecida cientificamente através de um sistema de funções matemáticas e de um conjunto de teorias que explicam o comportamento dos fenômenos. A noção de realidade perde o caráter intuitivo e imaginativo. Cristalizam-se aqui, particularmente a partir do trabalho de 1910, as idéias de Cassirer que marcam sua contribuição à revolução epistemológica do Século XX: o símbolo como construção ideal, como produtor da significação e da realidade. Veremos, dentro em pouco, a transposição da concepção do símbolo para novos territórios da reflexão científica: linguagem, mito e arte.

Com efeito, a partir de 1920, Cassirer se volta para o problema das formas culturais e produz uma das obras enciclopédicas do nosso tempo, já citada por várias vezes: *The Philosophy of Symbolic Forms*[21]. Em 1925, ainda empenhado na elaboração de sua obra maior, Cassirer escreve *Language and Myth*[22]. É um pequeno ensaio; mas nele estão expostos a gênese e os princípios básicos da doutrina desenvolvida exaustivamente naquela obra maior e que o tornou conhecido no mundo: a função e o significado do signo lingüístico, mítico e científico.

Em sua pesquisa, Cassirer se inspira na intuição original de que a linguagem é instrumento de constituição da realidade. Mas essa realidade assume formas diversas. A linguagem, nascida juntamente com o mito, fundida inicialmente com ele, tem o poder de ultrapassar o halo mágico que a envolve e de nos resgatar da condição mítica para nos conduzir à racionalidade, ao pensamento lógico, à concepção dos "fatos" e à construção da ciência. Por outras palavras, a linguagem revela duas formas diferentes de concepção intelectual, duas formas de pen-

---

21. E. Cassirer (1923-1925-1929), *The Philosophy of Symbolic Forms*. New Haven & London, Yale University Press., vol. 1, *Language*, 1953; vol. 2 *Mythical Thought*, 1955; vol. 3, *The Phenomenologie of Knowledge*, 1957.
22. E. Cassirer (1925), *Language and Myth*. USA., Harper & Brothers, 1946. Também em português: *Linguagem e Mito*. São Paulo, Perspectiva, 1973.

samento, que se manifestam em duas formas diferentes de constituição do real, em duas formas simbólicas distintas: de um lado, a forma de concepção da imaginação criativa, expressa nos símbolos do mito, da religião e da arte; de outro, a forma lógico-discursiva, que cria a realidade ingênua do senso comum, a ciência e a técnica.

O símbolo articula e fixa a concepção intelectual, ao mesmo tempo que é sua manifestação expressa. Desta maneira, o estudo das formas simbólicas nos permite o acesso às formas da concepção humana. Desta maneira, também, Cassirer nos abre uma nova visão da teoria do conhecimento. Concebida, a partir da Idade Média, como o exame do pensamento ordenado segundo cânones precisos, segundo os princípios da *ratio* latina, da razão, a teoria do conhecimento se transforma, em Cassirer, numa teoria da atividade mental que valida igualmente as formas da imaginação e do sentimento assim como as categorias da lógica.

Estas idéias sobre a atividade simbólica humana impõem uma reformulação de base no conceito psicanalítico de símbolo. Como sabemos, Freud concebia o símbolo como uma construção do pensamento que substitui, na consciência, um conteúdo oculto. Devemos, porém, entender o símbolo como a manifestação direta de uma totalidade de sentido que se esgota nessa expressão, ou seja, que não esconde atrás de si qualquer outro conteúdo ideativo. É claro, por isto mesmo, que essa totalidade de sentido – que não existe, é bom repetir, como conteúdo ideativo plenamente articulado e oculto – pode ser desenvolvida e explicitada numa nova construção simbólica, lingüística.

Nós estamos no final da década de 1920. Cerca de trinta anos antes vem à luz *A Interpretação dos Sonhos*, um dos pilares mestres da teoria psicanalítica. A teoria das neuroses, os escritos metapsicológicos, as concepções de Freud sobre mito, religião e arte já haviam sido solidamente estabelecidos em 1915 (*Totem e Tabu* é de 1912, o estudo sobre o Moisés de Michelangelo, de 1914). Freud também desvendou os caminhos da imaginação e do sentimento e sua expressão no sonho e na neurose, no mito e na arte. Foi mesmo um pioneiro nessa aventura intelectual. A seu ver, porém, sonho e neurose, assim como mito e arte, são expressões disfarçadas da realidade, são meras aparências; por trás delas mantém-se preservado um outro cenário onde se inscrevem e se desenvolvem os acontecimentos efetivamente reais. É por essa razão que, segundo ele, a realidade do Édipo-Rei, ou a de Hamlet, é constituída pelo complexo de representações psíquicas reprimidas, pelas *representações de coisas*, inconscientes. É por essa razão, também, que os psicanalistas que escreveram sobre arte e literatura, entre os anos 20 e 60, nos ofereceram interpretações psicanalíticas dos personagens das grandes obras trágicas. Voltados para o tema, para o sentido literal dos acontecimentos, para os "fatos", não compreenderam que o fenômeno artístico é "forma", é a constituição de um universo com estrutura própria e autônoma, é uma "forma simbólica" que veicula uma significação exclusiva dela, irredutível à translação discursiva dos sucessos que nela figuram. Examinei mais longamente essa questão na Parte III da presente publicação. Retornaremos a ela mais adiante. Cumpre apenas ressaltar, ainda uma vez, no presente contexto, o impasse da situação ambígua da psicanálise criada pelo legado de Freud e pelos teóricos estritamente fiéis ao seu discurso: o desvelamento de dimensões novas da existência humana perfundido por um positivismo realista e uma psicologia hoje insustentáveis.

Voltemos a *The Philosophy of Symbolic Forms*. Por sua importância, destaco para vocês, para estudo, os capítulos relativos a: 1. o exame do processo perceptivo e dos seus fundamentos expressivos – "The Phenomenon of Expression as the Basic Factor in the Perceptive Consciousness"[23] e 2. o problema da "representação" — "The Concept and Problem of Representation"[24]. Vocês encontrarão, no primeiro, a minuciosa descrição e análise dos conteúdos e das formas primordiais de percepção e de constituição da consciência, que serão denominados na teoria psicanalítica, a partir de 1946, de formas esquizoparanóides de consciência; e, no segundo, o papel da linguagem e a passagem para formas superiores de consciência.

Com relação ao primeiro tema, cabe salientar o pensamento de Melanie Klein, que já toma forma a partir de 1930. Com a sua descrição dos estados primitivos da consciência, ela rompeu os limites das concepções psicanalíticas vigentes no seu tempo. Tudo leva a crer que, influenciada pelo clima de efervescência e renovação do pensamento psicológico nos países de fala germânica (com Köhler, Koffka, Scheler, Cassirer), ela introduziu transformações e avanços que são reflexos das novas idéias que, assim, ganharam acesso à teoria e à prática da psicanálise.

É necessário destacar, ainda, no rol dos pensadores que têm particular significação para a psicanálise, as contribuições de Susanne K. Langer. Introdutora do pensamento de Cassirer nos Estados Unidos, através da tradução, em 1945, de *Language and Myth*, Susanne K. Langer se dedicou ao problema do simbolismo na arte, à evolução dos ritmos vitais nas formas biológicas e à gênese do símbolo. Escreveu, inicialmente, *Philosophy in a New Key*[25]; publicou a seguir, *Feeling and Form*[26] e, por fim, uma obra de maior alento, *Mind: an Essay on*

---

23. E. Cassirer, (1923-1929), *The Philosophy of Symbolic Forms*. New Haven & London, Yale University Press., vol. 3, 1957, pp. 59-81.
24. *Op. cit.*, vol. 3, pp. 105-107.
25. S. K. Langer (1948), *Philosophy in a New Key*. New York, The New American Library of World Literature, Mentor Books, 1952. Também em Português: *Filosofia em Nova Chave*. São Paulo, Perspectiva, 1971.
26. S. K. Langer, (1953), *Feeling and Form*. New York, Charles Scribner's Son. Também em Português: *Sentimento e Forma*. São Paulo, Perspectiva, 1980.

Human Feeling[27]. Nesta última, no Vol. I, ela estuda os atos vitais e a relação simbólica entre *forma* na arte e *forma* dos dinamismos vitais inerentes nos impulsos, ou seja, dos dinamismos experimentados como sentimentos; no Vol. II, a mudança radical dos atos instintivos no nível humano, a evolução mental e os símbolos, o papel da linguagem e dos símbolos sonoros na integração mental e social; no Vol. III, as formas simbólicas da estrutura moral da condição humana – no rito, na magia e na religião – e a breve indicação das condições para a constituição da matemática e da ciência. As limitações da idade e a progressiva cegueira impediram o desenvolvimento da secção final da obra que fora projetada, desde o início, para culminar numa teoria do conhecimento.

Para encerrar essas indicações bibliográficas, é imprescindível fazer menção à lingüística, aí incluindo os estudos que, a partir de Ferdinand de Saussure e dos seus cursos (de 1906-1907, 1908-1909 e 1910-1911, publicados em 1916[28]), representam papel central nas investigações modernas sobre a linguagem. As leituras que eu me permito indicar são de escolha pessoal e não sistemática. *A Lingüística* de Jean Perot[29], serve como introdução e perspectiva geral (v. ainda a bibliografia no final). *Problèmes du Langage*[30], escrito com o concurso de 12 estudiosos, tem por objetivo tornar acessíveis ao público cultivado não-especializado as principais questões e desenvolvimentos contemporâneos da ciência da linguagem.

Sugiro, além desses trabalhos, alguns outros:

1. – A publicação que, sob o título de *Psicologia del Lenguage*[31], reúne artigos de H. Delacroix ("En los Umbrales del Lenguage", sobre a diferença essencial entre a linguagem humana e as "linguagens" animais), de E. Cassirer ("El Lenguage y la Construcción del Mundo de los Objetos", sobre o papel da linguagem na evolução psíquica do ser humano e na síntese realizada na representação e na percepção dos objetos), de Karl Bühler ("La Onomatopeia y la Función Representativa del Lenguage", sobre os componentes expressivos e sua relação com a linguagem concebida como *forma*), de H. Pongs ("La Imagen Poética y el Inconsciente", sobre a metáfora poética como forma de criação mítica) e de Kurt Goldstein ("El Análisis de la Afasia y el Estudio de la Esencia del Lenguage").

---

27. S. K. Langer, (1967, 1972, 1982). *Mind: an Essay on Human Feeling*. Baltimore: The John Hopkins Press, 3 vols.
28. F. Saussure (1916), *Curso de Lingüística Geral*. São Paulo, Cultrix.
29. J. Perot, *A Lingüística*. S. Paulo, Difusão Européia do Livro, 1970, tradução de *La Linguistique*. Paris, PUF, Col. Que Sais-Je, n. 570.
30. E. Benveniste, e outros. *Problèmes du Langage*. Paris, Éd. Gallimard, Collection Diogène, 1966.
31. H. Delacroix, e outros. *Psicologia del Lenguage*. Buenos Aires, Ed. Paidos, 1972.

2. – de Roman Jakobson, os trabalhos "Deux Aspects du Langage et Deux Types d'Aphasie" e "Linguistique et Poétique"[32].

3. – de Émile Benveniste, "Communication Animal et Langage Humain" e "Remarques sur la Fonction du Langage dans la Découverte Freudienne"[33].

Nosso itinerário bibliográfico, como se vê, incursiona por territórios alheios à psicanálise. Mas o projeto que o inspira é inteiramente votado a ela, com a intenção de desembaraçá-la da matriz epistemológica que lhe serviu de estrutura para a edificação da teoria. Compreender a psicanálise, inseri-la no mundo das ciências humanas modernas, implica estudar e absorver as lições da psicologia clássica nas quais teve amparo e confrontá-las com os ensinamentos que as superaram; implica, pois, uma certa arqueologia de um saber visando pôr a descoberto os seus fundamentos. Em conseqüência, a vocação moderna da psicanálise só nos será acessível mediante um embate profundo e permanente com a tradição que bloqueia o seu avanço teórico.

Eis, portanto, as justificativas para as leituras que indiquei. A mim, pelo menos, elas forneceram, ao longo de minha trajetória pessoal de psicanalista, subsídios para uma revisão crítica.

---

32. R. Jakobson, in *Essais de Linguistique Générale*. Paris, Les Éditions de Minuit, 1963, pp. 43-67 e 209-248, respectivamente.
33. E. Benveniste, *Problèmes de Linguistique Générale*. Paris, Éd. Gallimard, 1966, pp. 56-62 e 75-87, respectivamente.

3. Terceira Aula

Nós examinaremos, hoje, um outro aspecto do saber do século XIX que, a par dos pressupostos da neurofisiologia e da psicologia da época, marcou de forma profunda as reflexões de Freud e, em particular, sua concepção de história do indivíduo: a idéia de evolução.

Preliminarmente, relembremos que, ao longo das épocas moderna e contemporânea, constituíram-se sínteses epistemológicas predominantes, unindo os aspectos multiformes nos quais o conhecimento manifestou-se nos diversos territórios das ciências. Essas sínteses formaram, por sua vez, o arcabouço, a diretriz geral que inspirou novas concepções surgidas na sua época. Os progressos científicos conduziram, é claro, a inflexões e mudanças e refletiram-se em contradições que cada ciência supera ou exibe em graus variáveis. É o que aconteceu, neste século, com todas as ciências, desde a matemática e a física até as disciplinas humanas. Cuidaremos de ver que a Psicanálise emergiu rompendo certas barreiras e inovando o saber, ao mesmo tempo que tomava por fundamento conceitos que a aprisionam ao passado.

A revolução epistemológica dos tempos modernos se articulou no Renascimento e se concretizou nos séculos XVI e XVII, com Galileu, Kepler, Newton e Descartes, na concepção mecânica da natureza e do universo e sua expressão físico-matemática; mas os seus frutos, no domínio da técnica e da própria ciência, amadureceram no século XIX. Sua aplicação a todos os domínios da ciência caracteriza-se pelo que denominamos mecanicismo como princípio de explicação.

Mas, já no final do século XVIII, prenunciando os formidáveis avanços que haveriam de surgir no século seguinte, o desenvolvimento da Biologia demandava novas categorias epistêmicas, novos princípios gerais de compreensão, compatíveis com os fenômenos para os quais o mecanicismo se mostrava inadequado. É assim que vemos aparecer com Kant, na *Crítica do Juízo*, com o objetivo de analisar a significação dos fenômenos artísticos e biológicos, as reflexões que culminaram na concepção de "adequação a fins", categoria epistemológica que abarca as noções de estrutura, de função, de totalidade, que regem as relações entre os seus elementos, e de integração do organismo vivo no meio ambiente. Em síntese, os fenômenos da vida orgânica passaram a ser concebidos segundo princípios novos, segundo novas modalidades de significação. É fácil compreender os reflexos dessas idéias no terreno dos estudos do sistema nervoso e da Neuropsiquiatria, que tão amplos progressos tiveram a seguir.

No século XIX, além do extraordinário desenvolvimento das ciências da natureza, assistimos à emergência do historicismo. A ênfase nas investigações positivas sobre os problemas das origens e da sucessão e transformação no tempo caracterizou, no século passado, não só o estudo das disciplinas humanas como, inclusive, o das ciências naturais.

Assim, por exemplo, desde os trabalhos de Bopp, que, partindo da comparação das formas gramaticais do verbo *ser* em sânscrito, grego e latim, estabeleceu a hipótese da origem comum dessas línguas, os estudos lingüísticos se voltaram, precipuamente, à evolução das formas gramaticais e lexicais, às transformações históricas das línguas e às origens dos grupos lingüísticos.

No campo dos estudos sociais, Augusto Comte instituiu a Sociologia como disciplina científica e propôs, na "Lei dos Três Estados", a evolução das formas de concepção humana: na ontogênese do indivíduo, o pensamento progride da forma afetiva para a imaginária e, por último, para a do sinal lingüístico; na história das instituições, as concepções passam do feiticismo para o politeísmo e o monoteísmo e, por fim, para o estado positivo. Marx, igualmente, ao examinar o trabalho e as condições de produção dos bens materiais indispensáveis à subsistência humana, nos ofereceu uma teoria da história, uma teoria sobre a evolução das formas de produção e correlatas formas de organização do Estado e de suas estruturas de legitimação jurídica.

Nos demais setores das ciências, as contribuições da Histologia e da Embriologia, da Paleontologia e da Geologia, o estudo dos fósseis humanos pela Antropologia Histórica e, por fim, a Teoria da Evolução, se inscreveram, analogamente, na concepção geral de uma contínua transformação do universo físico e dos seres vivos que, a partir de formas simples e primordiais, transitam para formas superiores de organização.

A Psicanálise, como método terapêutico e como doutrina, se constituiu sob o impacto dessas idéias.

Precedendo as teorias que formulou a partir de 1900, Freud tentou, num primeiro ensaio, relacionar fenômenos psicológicos com modalidades diferentes de neurônios e de cargas energéticas. Na sua essência, o *Projeto* de 1895 é uma metapsicologia neurofisiológica e nela se revelam influências marcantes das concepções mecanicistas do seu mestre Brücke e, por seu intermédio, do "Fisikalische Institut" de Berlim, onde dominavam as idéias de Helmholtz.

Mas, na sua forma posterior, e tomada no seu conjunto, a obra de Freud como que realizava o propósito de Augusto Comte que, em meados do século XIX, e após ter estabelecido a sua classificação das ciências, propunha a instituição de uma Antropologia – o termo Psicologia era visto com descrédito e designava um conjunto de indagações meramente especulativas de quantos se entregavam ao exame das funções mentais – que, tendo por base os fenômenos estudados nas demais ciências, representaria, no nível mais concreto, o ápice e o coroamento da pirâmide que é o edifício das ciências positivas. De fato, a Psicanálise que Freud criou, ancorada em princípios que deitam raízes nas disciplinas físicas e biológicas e, em particular, nas conquistas da Neurofisiopatologia e da Psiquiatria, ultrapassou o âmbito próprio a essas ciências, para se constituir num corpo doutrinário visando à compreensão total do homem e da sua evolução enquanto Indivíduo Social. Ela busca as origens dos sentimentos e do pensamento, a transformação e evolução das formas de comportamento e de concepção humanas. Ela criou e instaurou, na pesquisa das origens, novos instrumentos e novas modalidades de compreensão do sujeito humano e da sua história. A Psicanálise representou, no ocaso do século XIX e no despontar do século XX, um momento criativo na definição de problemas de significação. Efetivamente, Freud nos mostrou que, ao lado de produtos da consciência plenamente inteligíveis, porque obedecem aos princípios lógicos, surgem outros conteúdos, aparentemente destituídos de caráter lógico, os quais, no entanto, têm plena significação. Essa significação tem de ser buscada, porém, num outro estrato da subjetividade, o Inconsciente. Haveria, pois, duas matrizes de significação, a Consciência e o Inconsciente. A Consciência, concebida, até então, segundo a inspiração cartesiana dominante, como plenamente transparente para si própria, deixa de ser o *locus* único da produção da inteligibilidade do sujeito e do mundo.

Os conceitos de fixação, de regressão e, sobretudo, de repressão, são os instrumentos teóricos que Freud elaborou para configurar vicissitudes e momentos pregnantes da história evolutiva do indivíduo: a permanência inconsciente quer de impulsos que não evoluíram, quer de conteúdos de representação que perdurariam indeléveis. A irrupção na consciência de produtos substitutivos dos conteúdos reprimidos determina o caráter irracional desses produtos. O trabalho psicanalítico consistiria, assim, numa arqueologia que visa trazer à luz da consciência, o oculto. Temos aí uma formulação sobre temporalidade e história do indivíduo, uma concepção do modo de determinação do presente pelo passado. A pesquisa é norteada pelo presente, pela transferência. No entanto, segundo Freud, ela apenas põe a descoberto uma estrutura emocional, uma forma de vivência, análoga à do passado – como forma – cujo conteúdo atual seria determinado por um conteúdo inconsciente, inscrição de experiências e representações pretéritas reprimidas, existentes e atuantes.

Cumpre ressaltar, porém, que o protótipo de racionalidade é, para Freud, a consciência e a ordem lógico-formal. Haveria, por trás da aparência irracional de certas produções mentais, um estrato de impressões cuja ordem é transformada por um jogo de forças regido pelo chamado processo primário; a ordem original daquele estrato seria, no entanto, plenamente inteligível, porque equivalente à ordem da percepção e da imaginação conscientes. Freud concebe percepção e imaginação segundo os modelos vigentes. A monografia *On Aphasia*[1], de 1891, propicia uma noção clara dessas concepções; elas seriam utilizadas, posteriormente, sem modificações, na descrição do Inconsciente, nos escritos metapsicológicos, como, aliás, já o havia observado Strachey, tradutor de Freud para o inglês e editor da primeira série das obras completas nesse idioma. Ora, esse modelo de percepção tem suas raízes num atomismo psicológico de inspiração empirista: a percepção seria independente da linguagem; ela resultaria de uma associação de qualidades sensíveis elementares que provêm de objetos dados, já formados *a priori*. De inspiração mecanicista é, por sua vez, o edifício energético de forças e o econômico de transmissão de "cargas".

Temos, assim, em resumo, uma disciplina humana que criou novas formas de inteligibilidade para a apreensão da significação da vida mental, ancorada numa teoria cujos alicerces epistemológicos são empiristas. Poder-se-ia argumentar, todavia, que, se os conceitos empiristas que permeiam a teoria conduzem a explicações aceitáveis, não haveria por que desacreditá-los. Sucede, porém, que, no século XX, novas proposições surgiram no campo da percepção, da imaginação e das formas da consciência que impõem a substituição dos conceitos clássicos de representações inconscientes. Como se vê, a elaboração doutrinária de Freud é inspirada numa epistemologia dominante nos meios psicológicos de sua época; não obstante, suas contribuições representam uma revolução "copernicana" na concepção do homem. Contudo, novas concepções no domínio da psicologia, inacessíveis a Freud na época da elaboração básica de suas idéias, demandam assi-

---

1. S. Freud (1891), *On Aphasia*. New York, International University Press Inc., 1953.

milação e integração no edifício teórico da Psicanálise a fim de resgatá-lo da estagnação e do impasse em que se encontra. A pretensão de que Freud não se inspirou em nenhuma Filosofia e que a obra por ele criada foi independente de especulações abstratas próprias àquele domínio é inteiramente ilusória.

Vou examinar, num primeiro momento, o problema da temporalidade na sua relação com o ressurgimento de inscrições do passado no presente. A seguir, tratarei de abordar a questão da percepção, abrindo caminho para a compreensão da "percepção primitiva".

Já discuti, em nossas reuniões anteriores, a questão de conteúdos de representação inconscientes. Aqui estou retomando esse problema sob outro aspecto, o da relação de gênese com problemas de significação e de estrutura.

São, efetivamente, questões dessa natureza que marcam o advento, neste século, de novos critérios científicos na análise dos mais variados setores da realidade. Eles se inserem no contexto da revolução semântica a que já aludimos.

No campo da Lingüística, por exemplo, as investigações históricas representam, hoje, apenas uma das vertentes, haja vista o formidável desenvolvimento da Lingüística Estrutural. Os estudos estruturais inaugurados por Ferdinand de Saussure, em 1906, se dirigem para o problema da constituição da significação, para a linguagem como forma, para o discurso e a palavra como produtores de sentido. Como vemos, a análise da significação, em Lingüística, o assim chamado método sincrônico, complementa o método histórico, diacrônico. Na matemática, mesmo, as investigações de Bertrand Russell no início do século, em 1903, sobre a teoria dos conjuntos, conduziram à solução de vários paradoxos e problemas da lógica formal. Em vários setores das disciplinas biológicas e médicas, analogamente, assistimos, neste século, a inovações metodológicas. Cientistas e pensadores como Driesch, Uexküll e Ludwig Klages propõem formulações novas para a explicação de fenômenos da vida orgânica e dos comportamentos animais que ultrapassam as concepções que têm por fundamento exclusivo os processos físico-químicos e os ensinamentos da Neurofisiologia e Psicologia clássicas. No campo da Neuropsiquiatria, as contribuições de Kurt Goldstein, no estudo da percepção, da ação prática e da linguagem, as reflexões de Merleau-Ponty e de Cassirer, autores aos quais já me referi, são a expressão de novas formas de conceber os fenômenos em questão.

Vamos retornar ao nosso terreno específico, a Psicanálise, e examinar brevemente como se põem, no presente, algumas questões de gênese histórica.

Tomemos, inicialmente, como exemplo, as idéias de Freud sobre a "horda primitiva", expostas no *Totem e Tabu*, de 1912. O que ele nos propõe é, em síntese, uma hipótese sobre a gênese do tabu do incesto e do complexo de Édipo, uma hipótese sobre as circunstâncias de sua instauração e registro na filogênese e sua transmissão hereditária como patrimônio genético permanente na ontogênese individual.

Eis-nos diante de um movimento circular: o presente sugere, por indução, um passado antropológico figurado imaginariamente, e o passado determina o presente. O elo que une passado a presente é uma disposição genética que, agora, se mantém como determinação e presença inconscientes. Estamos, novamente, no domínio da "concepção traumática", desta vez remontando à infância e instituição da condição humana.

Essas hipóteses, no entanto, não são compatíveis com as investigações desenvolvidas neste século. A Antropologia e a Paleontologia modernas oferecem explicação bem diversa, e mais prosaica, sobre as origens do tabu do incesto e, em geral, sobre as relações de consangüinidade e de parentesco; as condições de vida dos grupos humanos primitivos, antigos ou recentes, a escassez de técnicas para o domínio dos recursos indispensáveis à preservação do grupo, a necessidade de trocas entre grupos, impõem a permuta de mercadorias e, dentre estas, das de maior valor: as mulheres. O intercâmbio de mulheres sela alianças e garante sua estabilidade.·

Eu vou me permitir algumas citações mais extensas. Escreve o paleontólogo André Leroi-Gourhan, em *Le Geste et la Parole*[2]:

> Normalmente cada grupo se integra num dispositivo maior, constituído por vários outros grupos com os quais ele mantém trocas em vários planos e, em particular, no plano matrimonial. Os sociólogos, e entre nós, em particular, Lévi-Strauss, destacaram claramente o papel do dispositivo matrimonial na organização de unidades secundárias que a sociologia tradicional denominava sumariamente, mas comodamente, "clãs". Eles destacaram, também, já há longo tempo, a rede complexa de troca de produtos e de esposas e o papel das operações de aquisição e de consumo alimentares na normalização das relações entre grupos permutadores de mulheres. Geração e alimentação são tecnoeconomicamente inseparáveis no nível dos Antropianos e os sistemas, com freqüência muito complexos, que humanizam o comportamento do grupo sob estes dois aspectos fundamentais, nada mais são que o reflexo de um fato que permanece normalmente biológico. A idéia da promiscuidade sexual "primitiva" é tão inconsistente no plano biológico quanto o da "horda errante". [...] o desenvolvimento de um aparelho bioeconômico fundado sobre a técnica manual e verbal impõe uma inscrição social igualmente determinada, a existência de uma célula fundamental coerente com suas necessidades alimentares e ligada às células vizinhas por uma rede de trocas coerente com suas necessidades de reprodução [...][3].
>
> [...] [vários produtos] foram objeto de trocas cuja interrupção teria com freqüência correspondido a pôr em questão a sobrevivência do grupo elementar. As trocas de alimentos, de objetos e de matérias-primas, como de serviços, fazem parte do próprio funcionamento do grupo de células matrimoniais que constitui o que os velhos autores haviam denominado o "clã"; é uma fórmula de equilíbrio tecnoeconômico pelo menos

---

2. A. Leroi-Gourhan (1964-1965). *Le Geste et la Parole*. Paris, Éditions Albin Michel, 2 vols.
3. *Op. cit.*, vol. 1, pp. 218-219.

tanto como de equilíbrio social e nada autoriza a pensar que a partir do Paleolítico recente, pelo menos, não tenha sido assim [...][4].

A idéia de uma população primitiva constituída por pequenas hordas errantes sobre percursos intermináveis, sem contatos organizados entre elas, é contrária às regras mais simples da biologia [...][5].

Para os últimos quarenta mil anos, pode-se considerar esta situação como certa; a passagem da espécie zoológica à "espécie étnica" implica inevitavelmente um tal grupamento de homens [...][6].

E Lévi-Strauss, ao estudar a questão da proibição do incesto[7], observa que

[...] "o regime do produto rarefeito" [mulheres e alimentos e o seu controle coletivo] [...] representam uma aplicação particular, a um domínio dado, de princípios e de métodos que são encontrados toda vez que a existência física ou espiritual do grupo está em jogo. Não são apenas as mulheres cuja repartição o grupo controla, mas todo um conjunto de valores, dos quais a alimentação é o mais facilmente observável; ora, a alimentação não é apenas uma outra comodidade e, sem dúvida, a mais essencial; entre as mulheres e a alimentação existe todo um sistema de relações reais e simbólicas... [...] cuja apreensão, mesmo superficial, é suficiente para fundar essa aproximação: "A mulher nutre os porcos, os parentes os tomam emprestados e as aldeias os trocam por mulheres", observa em certa passagem Thurnwald [...][8].

[...] Uma alimentação completa, e sobretudo regular, depende, pois, desta verdadeira "cooperativa de produção" que um casal constitui. "Quanto mais mulheres há, mais há para comer", dizem os Pigmeus, que consideram "as mulheres e as crianças como a parte mais preciosa do ativo do grupo familiar [...]".[9]

Tal é o caso da troca. Seu papel [o da troca] na sociedade primitiva é essencial, pois ele engloba ao mesmo tempo certos objetos materiais, valores sociais, e as mulheres; [...][10].

[...] não é necessário invocar um aprendizado que se estende sobre milênios para compreender – segundo a expressão vigorosa e intraduzível de Tylor – que, no curso da história, os povos selvagens devem ter tido, diante dos olhos, constante e claramente, a escolha simples e brutal "between marrying-out and being killed-out"[11].

Não há, pois, solução possível para o problema do incesto no interior da família biológica [...] que a família biológica não está mais sozinha, e que ela deve fazer apelo à aliança com outras famílias para se perpetuar[12].

A proibição do incesto é menos uma regra que proíbe esposar mãe, irmã ou filha, que uma regra que obriga a dar mãe, irmã ou filha a outrem. [...] consideradas de um ponto de vista social, estas qualificações [mãe, irmã, filha] não podem ser tidas como definindo indivíduos isolados, mas relações entre esses indivíduos e todos os outros: a maternidade é uma relação, não somente de uma mulher a seus filhos, mas desta mu-

---

4. *Op. cit.*, vol. 1, p. 220.
5. *Op. cit.*, vol. 1, pp. 220-221.
6. *Op. cit.*, vol. 1, p. 221.
7. C. Lévi-Strauss (1947). *Les Structures Élémentaires de la Parenté*. Paris-La Haye, Mouton & Co. and Maison des Sciences de L'Homme, 1967, pp. 3-81 e 548-570.
8. *Op. cit.*, p. 38.
9. *Op. cit.*, p. 45.
10. *Op. cit.*, p. 73.
11. *Op. cit.*, p. 50.
12. *Op. cit.*, p. 556.

lher a todos os outros membros do grupo, para os quais ela não é uma mãe, mas uma irmã, uma esposa, uma prima, ou simplesmente uma estrangeira sob a relação de parentesco. O mesmo ocorre para todas as relações familiares, que se definem, ao mesmo tempo, pelos indivíduos que elas englobam e por todos aqueles, também, que elas excluem [...][13].

A transcrição destes trechos tem por objetivo dar ênfase ao procedimento social que representa não somente a instituição de uma regra, mas da Regra, da Lei humana universal. A proibição do incesto e sua concretização manifesta – os dispositivos matrimoniais – não consistem apenas na limitação de impulsos do indivíduo, mas exprimem um dos dois aspectos essenciais da passagem à humanização e à cultura, passagem que subentende a comunicação, a comunhão com outrem, a instituição do grupo social. O outro aspecto é a linguagem. De fato, na relação da fala, um eu se abre para um tu e para um terceiro. Instrumentos articuladores da comunicação através de trocas entre os homens, linguagem e regras matrimoniais se revelam, desta forma, como instituidores da comunhão que caracteriza o homem na sua condição de integração no grupo social.

Vamos concluir. Freud partia da tradição de uma sociologia histórica que buscava num passado longínquo a razão de uma situação atual. Contudo, as hipóteses por ele concebidas no *Totem e Tabu* (horda dos machos e assassinato, banquete ritual) não resistem às investigações da Antropologia. Podemos dizer, no entanto, que a Psicanálise por ele criada, se não esclarece o início da civilização, permite compreender o seu presente. Na prática psicanalítica, a análise das estruturas emocionais do presente servem de fio condutor para as hipóteses sobre o passado. Em suma, o analista segue uma marcha exatamente oposta à descrita no *Totem e Tabu*. A história da técnica analítica, no seu evolver nestes cinqüenta anos, nos revela, efetivamente, nítidas mudanças na consideração da gênese histórica. Analistas das mais variadas orientações dão mostras de que, no trabalho clínico, tem primazia a compreensão do presente. Muitos buscam, a seguir, a conexão do presente com o passado; muitos outros, a maioria talvez, escrutinam ampla e profundamente o sentido emocional das experiências vividas no presente da relação intersubjetiva, buscando as conexões de motivação com o passado-presente imediato; relegam, por essa forma, para plano secundário, a gênese infantil.

Esta questão nos confronta com uma visão nova do problema da história pessoal, do problema da temporalidade. A psicologia clássica buscou a gênese das representações na associação de supostos elementos discretos. Como vimos, a percepção era explicada a partir da associação de sensações elementares. A memória consistiria na reprodução de experiências e representações anteriores. Contudo, ao apli-

---

13. *Op. cit.*, p. 552.

car sua análise, a psicologia parte de pressupostos sem analisar a validez das hipóteses em que se baseia. No campo da percepção, foi mérito da fenomenologia revelar que há formas de percepção de significações diversas; que o fenômeno perceptivo deve ser compreendido na imediatez com que se apresenta; que sensações elementares são o resultado de concepções científicas abstratas, mas não são o conteúdo concreto da experiência vivida.

Assim, pois, problemas de gênese não podem ser solucionados independentemente da compreensão de problemas de significação dos fenômenos em questão.

Quando nos detemos no exame da memória e da temporalidade, encontramos na prática psicológica e psicanalítica noções singulares. A memória é tida por um repositório de inscrições de representações que, evocadas, ressurgem na consciência. Assiste-se, freqüentemente, em seminários e discussões clínicas e teóricas, a descrições de supostas vivências de bebês que fixariam, já nos primeiros dias e semanas de vida, experiências sensoriais com determinados lastros de qualidades emocionais. Tais experiências, ainda que isoladas umas das outras, sem conexão entre si, se constituiriam nas inscrições iniciais da memória.

É preciso compreender, porém, que a memória não consiste na sucessão de experiências, mas, ao contrário, na experiência de sucessão. A memória é, antes de mais nada, a representação de sucessão temporal; a experiência interna de temporalidade é a vivência de uma ordem na sucessão das experiências subjetivas. Mais. Se a memória e a noção de tempo (noção subjetiva de tempo e não de tempo físico, objetivo) implicam noção de sucessão, elas subentendem, igualmente, um momento de fixidez, de estancamento da experiência. Isto significa que a experiência, a fim de ser memorizada, tem de ser como que paralisada, mantida, retida, ao mesmo tempo que referida a um momento de transição e mudança. As primeiras imagens e esboços perceptivos pressupõem o surgimento e exercício dessa função ativa de estancamento, retenção e projeção futura na transição do presente, que está em mudança permanente.

Sto. Agostinho nos mostra, na sua profunda análise, que não há três tempos: passado, presente e futuro. Mas há o presente do passado, o presente do presente e o presente do futuro. Ao primeiro denominamos memória, ao segundo percepção, ao terceiro expectação. De outro lado, Husserl nos ensina que a plena significação de um momento temporal, de uma experiência, implica a correlação dos três componentes que a constituem. Em outras palavras, a unidade do presente não é confinada a um momento singular, mas inclui as intenções presentes para o passado e para o futuro e são estas três intenções que compõem a unidade da significação do presente. É essa correlação e essa união que garantem, de um lado, a unidade subjetiva, a noção de si próprio, de identidade e, de outro, a percepção, em meio à multiplicidade e fluência do conteúdo das experiências vividas. Isto significa, também, que o ato da memorização é um ato criativo; por meio dele se organiza um centro ativo de unidade da subjetividade, exposta à multiplicidade e seqüência ininterrupta das tensões que a envolvem.

A sessão psicanalítica é particularmente propícia para a reflexão sobre a temporalidade subjetiva. Pretende-se, mesmo, que a posse da unidade subjetiva – é o que nos diz a teoria – subentende a recuperação das memórias de momentos significativos perdidos que teriam sucumbido à repressão. Mas, vejamos bem. Como vimos, o passado outra coisa não é senão presente-passado. Ele é uma camada do presente e contém em si elementos nem sempre acessíveis à sua plena integração significativa no presente da consciência. Ou seja, a consciência não pode se dar conta de que os acontecimentos que desfilam como passado exprimem um momento significativo e determinante do seu presente.

Vejamos, num exemplo clínico, uma ilustração viva dos problemas aqui discutidos.

O paciente inicia a penúltima sessão que precede as férias marcadas pelo analista dizendo que faria o pagamento nessa sessão, pois não iria à sessão seguinte. Não deu maiores explicações, afirmando, a seguir, que vira em outro local a planta de que falara em sessão anterior. Efetivamente, o paciente havia mencionado anteriormente um arbusto existente no jardim do analista que, diferente embora, fê-lo relembrar um outro, muito similar, que habitualmente via em tempos da meninice.

O que temos aqui? Em primeiro lugar, um corte, uma retirada da relação pessoal e analítica. O paciente, confrontado com a interrupção que lhe é imposta, assume ativamente a primazia dessa interrupção. A fala seguinte entreabre para nós um amplo cenário onde se revela o extraordinário e rico dinamismo das forças psíquicas em jogo na situação transferencial. A referência à planta que acabara por encontrar, muito mais do que representar meramente a evocação mnêmica de experiência pretérita, indica um movimento que visa a trazer para o presente uma situação pretérita vivida como não mais existente: somos levados a crer que o encontro dessa planta – similar à que aqui havia encontrado, mas cuja diferença e individualidade ele reconhece – surgindo, embora, como conteúdo de memória, exprime a recuperação e posse de algo que havia sido perdido. Ora, perdidos foram, também, a continuação da análise e o convívio afetivo com o analista. Se, anteriormente, a referência à planta como similar à que encontrara na análise sugere um movimento de proximidade com o analista, de similaridade do seu mundo interno com o do analista, de possibilidade de reconhecimento mútuo, agora, o encontro daquela planta, efetivamente aquela que conhecera em tempos idos, apenas similar à que aqui vira, agora, esse encontro exprime tanto a vivência de separação e isolamento, como de tentativa da recuperação da sua própria individualidade, supostamente reintegrada, porque na posse de seus próprios recursos (a "sua" planta). É esse, também, o sentido do pagamento e da interrupção em sessão anterior à aprazada para as férias.

O que aprendemos desta experiência? A ser válida a interpretação que damos ao episódio, a evocação do passado assume, aqui, a função de expressão de um momento do passado-presente imediato, o qual integra e dá plena significação ao presente vivido. Não se trata, pois, do simples relato de um acontecimento que é, em si, contingente. Trata-se de uma criação ativa que destaca e recorta, do acervo mnêmico, um episódio apropriado à expressão da constelação emocional presente. Mais. Se, como vimos, houve, anteriormente, um movimento em direção ao analista, um movimento de busca e de expectativa – na referência à similitude da planta do analista com a de suas lembranças – agora, a expectativa, o anelo em direção ao analista, isto é, o presente do futuro, está amputado. O futuro dessa relação não mais tem existência no presente: o paciente põe termo à análise nesta mesma sessão presente.

Para resumir. A evocação do passado surge como um movimento que dá forma ao presente do passado imediato, ao presente, e ao presente do futuro do desejo. Tomar a evocação do passado como puro passado e buscar a sua significação no contexto de acontecimentos pretéritos é perder a possibilidade de efetivamente explorar a dimensão do presente vivo. Somente após essa exploração é que nos será dada a oportunidade de vincular o pleno sentido do presente com outras camadas que denominamos impropriamente de passado longínquo. Eis o que eu queria esclarecer quando dizia que a investigação da gênese histórica deve ser precedida pela exaustiva análise da significação do presente, que se abre nos três momentos dinamicamente inter-relacionados de presente do passado, presente do presente e presente do futuro.

Considere-se, ainda, que a análise do presente, assim concebida, permite o desvelamento, no aqui e agora da relação eu-tu, de formas pregnantes de estruturação do ego na configuração das relações intersubjetivas. Por se tratar de experiências emocionais emergentes e articuladas no presente vivo da relação analítica, elas constituem momentos propícios para a apreensão verbal de verdades internas e para mutações emocionais.

Eis, também, uma ilustração de um *analogon* afetivo-motor de que falávamos na aula anterior.

Efetivamente, assistimos aqui à emergência de uma constelação psíquica prenhe de tensões que se manifestam por dois objetos – similares, mas em oposição –, que habitam dois espaços também contrapostos: surge, agora, um arbusto "genuíno", ao passo que ele fora, anteriormente, "semelhante" ao do analista; por sua vez, o espaço da convivência auspiciosa com o analista, ora rejeitado, é substituído por outro, privativo da intimidade do paciente – "lá", na meninice.

Projetando-se como vetores espaciais que são a expressão objetivada de impulsos psíquicos mobilizados *ad hoc*, e suporte de objetos imaginários que por esta forma se constituem, a apreensão, pelo analista, do sentido afetivo que movimentos e características espaciais assumem, representa valioso subsídio para a compreensão do significado emocional da relação intersubjetiva que se articula no presente vivo da sessão.

4. Quarta Aula

Prosseguimos, hoje, ampliando o estudo de alguns aspectos da percepção, um dos temas básicos de nossas discussões.

Encontramos, na história do pensamento, dois modos diversos de conceber a relação da percepção e do conhecimento com a realidade. De acordo com um deles, o conjunto destas atividades consiste numa cópia; o mundo real, existente *fora* do ser humano, deve ser transportado para a consciência e nela ser reproduzido. O espírito humano seria como um espelho que recolhe numa *mimesis*, numa repetição, o reflexo do mundo. De outra parte, porém, a crítica do conhecimento levou à convicção de que a teoria da mera cópia é inadequada para explicar a natureza da percepção e do conhecimento.

Nós nos defrontamos com problemas desta ordem no itinerário de uma análise crítica da teoria psicanalítica. Veremos, assim, com mais pormenores, que Freud, inicialmente no trabalho *On Aphasia* e, posteriormente, no conceito de *representação de coisa*, entende a percepção segundo o modelo empirista de Stuart Mill, ou seja, como uma cópia dos objetos reais[1]. Quanto aos símbolos da linguagem, eles se vinculariam a representações perceptivas já constituídas independentemente daqueles. Adiantemos, desde já, que este modelo se revelou incompatível com os resultados das investigações modernas da Psicologia e da Psicopatologia. Trataremos de passar em revista, brevemen-

---

1. Seguindo sugestão de Brentano, de quem fora aluno, Freud traduziu um dos capítulos da *Lógica* de Stuart Mill.

te, estas contribuições. Cuidaremos, a seguir, de abrir caminho para uma nova compreensão da percepção examinando a função expressiva como fator básico da consciência perceptiva, da imaginação e do sentimento. Será necessário, por fim, estudar a função expressiva nas relações intersubjetivas, no comportamento na sessão psicanalítica – particularmente o verbal – e na técnica.

Tenho insistido, ao longo destas reuniões, no fato de que a concepção de Freud sobre o processo perceptivo serviu-lhe de fundamento para a elaboração do conceito básico da teoria psicanalítica – a representação inconsciente – cuja caracterização descritiva aparece no capítulo "O Inconsciente", da Metapsicologia.

Essa concepção, em voga nos meios médicos e neuropsiquiátricos do último quartel do século XIX, deriva das idéias então dominantes na psicologia: as teorias baseadas na noção de sensações elementares. A explicação de um ato intelectual consistia na sua análise e redução a componentes mais simples, na presunção, considerada evidente e inquestionável, de que tais componentes nada mais eram que simples impressões sensoriais ou associações de impressões. A percepção era concebida como cópia subjetiva de um mundo "dado" e em si já constituído.

Essa psicologia tinha como correlata uma fisiologia nervosa que atribuía, às diversas classes de impressões sensoriais, substratos anatômicos em centros nervosos cerebrais. Assim, Wernicke, em 1874, no estudo das afasias, identificava um centro para imagens sonoras, outro para imagens motoras e, por fim, um centro para conceitos. Henschen (o 8º volume de suas *Contribuições Anatômicas e Clínicas para a Patologia Cerebral* veio à luz em 1924), ao explicar o aprendizado da leitura, afirmava que letras se imprimem como engramas no cérebro, analogamente à maneira "como a forma do selo do anel é impressa na cera". Lissauer, cujo trabalho sobre a cegueira psíquica apareceu em 1890 (o termo "agnosia" foi usado pela primeira vez por Freud), descreveu duas formas de alterações de reconhecimento de objetos: na forma "aperceptiva" as impressões sensoriais do campo óptico de imagens estariam alteradas e, como resultado, seria afetada a sensopercepção; na forma "associativa", a qualidade das impressões ópticas estaria íntegra, mas as associações entre o conteúdo óptico e o conjunto das demais impressões sensoriais do objeto estariam alteradas, impossibilitando sua integração na construção de um conceito; os pacientes percebem, mas não compreendem o que percebem. A compreensão, o conceito do objeto, é explicada pela associação entre vários campos sensoriais. Podemos entender, do que precede, como os conceitos psicológicos de impressão e de sensação, da forma como foram definidos na teoria do conhecimento de Locke e Hume, encontraram guarida na psicologia do século XIX e influenciaram pesquisas e elaborações doutrinárias no terreno da anatomia e da fisiologia nervosas dessa época.

Examinemos, pois, de perto, nesse contexto, o pensamento de Freud relativo à linguagem e à percepção. As passagens transcritas são extraídas do "Appendix C"[2] que, à guisa de complemento, se segue ao capítulo "The Unconscious" e leva por título "Words and Things". Trata-se da reprodução de um trecho da monografia *On Aphasia*, de 1891[3], por nós já citada, utilizada no "Appendix C" para o fim de esclarecer os conceitos de *representação de coisa* e de *representação de palavra*. É de interesse ressaltar os comentários do editor e tradutor, James Strachey, que lhe servem de introdução. Diz ele:

[A seção final do artigo de Freud sobre "O Inconsciente" parece ter raízes na sua monografia sobre a afasia (1891b). Pode ser de interesse, portanto, reproduzir aqui uma passagem daquele trabalho, o qual, ainda que de leitura não muito fácil, esclarece, contudo, as hipóteses que fundamentam algumas das concepções ulteriores de Freud. A passagem tem, além disso, o interesse em apresentar Freud na posição incomum de falar na linguagem técnica da psicologia "acadêmica" do final do século XIX. [...] O que ele denomina aqui a "representação de objeto" é o que em "O Inconsciente" ele nomeia de "representação de coisa"; ao passo que a "representação de objeto" de "O Inconsciente" denota um complexo constituído da combinação de "representação de coisa" e "representação de palavra" – complexo que não recebe nome no trecho da *Aphasia*. A tradução foi realizada especialmente para esta oportunidade uma vez que, por razões terminológicas, a publicada não estava inteiramente adaptada para a finalidade presente. Da mesma forma como na parte final de "O Inconsciente", utilizamos sempre a palavra "representação" (*presentation*, em inglês) para o alemão *Vorstellung*, ao passo que "imagem" (*image*, em inglês) figura para o alemão *Bild*. [...]][4]

O texto prossegue com as noções de Freud sobre os processos de associação de *imagens sonoras, visuais e cinestésicas* no aprendizado da fala, da leitura e da escrita. Mais significativo, contudo, para o nosso propósito, é o confronto do trecho, que a seguir transcrevemos, do trabalho sobre a afasia (na versão do "Appendix C") com a definição de representação inconsciente, tal como é exposta no item VII de *The Unconscious*, reproduzido logo depois.

Uma palavra é, assim, uma representação complexa que consiste nas imagens acima enumeradas; ou, posto de outra forma, à palavra corresponde um processo associativo complicado no qual entram conjuntamente elementos de origem visual, acústica e cinestésica.
Uma palavra, contudo, adquire sua significação por conexão a uma "representação de objeto" ("representação de coisa" do artigo "The Unconscious", pp. 201-204), no caso de nos restringirmos à consideração de substantivos. A representação de objeto em si mesma é, por sua vez, também, um complexo de associações feito da maior variedade de representações visuais, acústicas, tácteis, cinestésicas e outras. A filosofia nos diz que uma representação de objeto não consiste em nada mais que isto – que a aparência de haver uma "coisa", cujos "atributos" vários essas impressões sensíveis

---

2. S. Freud, (1915), "The Unconscious". "Appendix C. Words and Things". *S. E.* XIV, pp. 209-215.
3. S. Freud (1891), *On Aphasia*. New York, International University Press Inc., 1953.
4. J. Strachey, "Appendix C. Words and Things". *S. E.* XIV, p. 209.

revelam, é meramente devido ao fato de que, enumerando as impressões sensíveis que recebemos de um objeto, admitimos também a possibilidade de haver um grande número de impressões ulteriores na mesma cadeia de associações (J. S. Mill, *A System of Logic*, 1843, 1, Book I, Chapter III, também *An Examination of Sir William Hamilton's Phlilosophy*, 1865). [...][5]

Vejamos, agora, a caracterização da representação inconsciente em "The Unconscious":

> [...] O que nos permitimos chamar a representação consciente do objeto pode ser agora dividida na representação da palavra e na representação da coisa; [...] a representação consciente compreende a representação da coisa mais a representação da palavra que lhe pertence, ao passo que a representação inconsciente é a representação da coisa apenas. [...][6]

Temos, portanto, através da percepção, um objeto com suas qualidades: forma, cor etc. Segundo a teoria das sensações, aqui exposta por Freud, ao objeto percebido corresponderia, no processo mental de percepção, um complexo de associação de sensações que contêm as *imagens*, verdadeiras reproduções das qualidades sensíveis do objeto (o alemão *Bild* é equivalente a pintura, configuração, literalmente *imagem*). Análogo complexo de associações permitiria a evocação de *imagens* de sons, formas de letras e movimentos, na compreensão e produção dos atos da fala, da leitura e da escrita.

Vamos reencontrar essa mesma concepção na doutrina kleiniana das relações de objeto. Malgrado a caracterização dos intensos elementos expressivos que lastreiam a percepção na mais tenra infância e a riqueza psicológica na descrição dos sentidos emocionais na apreensão do mundo humano pelo lactente apontem para a superação das posições empiristas, as noções de relações com o seio e outras correlatas supõem a existência concomitante da efetiva percepção de objetos como seio, corpo etc. Os relatos clínicos de Melanie Klein o indicam expressamente. É verdade que, no estádio atual da técnica analítica, raramente assistimos a interpretações vasadas nestes termos. Não obstante, quando se trata de elaborações teóricas, em suas tentativas de estabelecer a vinculação com as fases iniciais do desenvolvimento psíquico, retornam aqueles pressupostos perceptivos. Vale destacar, ainda, nos textos citados, que a experiência sensoperceptiva é, para Freud, independente do universo da linguagem, independência da qual ele deriva a possibilidade da repressão bem como o estatuto do Inconsciente: a representação inconsciente, ou *representação de coisa*, é a percepção sem linguagem.

---

5. S. Freud (1891b), "Appendix C. Words and Things". Transcrição de passagem de *On Aphasia*. *S. E.* XIV, pp. 213-214.
6. S. Freud (1915), "The Unconscious". *S. E.* XIV, p. 201.

Acredito ser de capital importância destacar as questões aqui propostas. Sabemos que é extremamente difundida, nos meios psicanalíticos, a noção de que um bebê de poucas semanas, ao mesmo tempo que vive experiências de qualidades emocionais (bom, mau) nas suas relações com o seio, apreende e fixa impressões sensoriais (de temperatura, gosto, tácteis, visuais etc.) através das quais se formam *imagens*, ainda que primitivas, do objeto seio. Em outras palavras, o bebê registraria no seu inconsciente – uma vez que se trata de experiências pré-verbais – aquelas qualidades emocionais vinculadas às concomitantes impressões sensoriais, que outra coisa não seriam senão o depósito das próprias qualidades sensíveis do objeto (quente, redondo, macio, doce, cor da pele ou suas variações). Ocorrem, porém, a este respeito, dois erros fundamentais. O primeiro consiste na confusão entre qualidade sensorial e qualidade sensível. Voltaremos a esta questão, mas desde já é preciso não confundir entre o branco, *qualidade sensível do objeto* e *sensação ou qualidade sensorial, interna, produzida pelo branco*. O segundo erro refere-se à noção de que a senso-percepção, a apreensão de objetos, constituir-se-ia – sob forma ainda não plenamente elaborada – anterior e independentemente da linguagem. Afirmamos, ao contrário, que a linguagem é que propicia a construção do mundo dos objetos. Cabe acrescentar, a título de esclarecimento, que o bebê – anteriormente ao manejo da linguagem – tem percepções, sim, mas estas são de ordem totalmente distinta das percepções de qualidades sensíveis, no sentido preciso deste termo; são percepções expressivas, percepções de puras qualidades dinâmicas e "intenções" inerentes nos objetos que, à falta de termo melhor, denominaríamos "emocionais". Ocorrem, nessa fase, lampejos e progressiva cristalização de núcleos de consciência e correlativas percepções: "algo" com a qualidade do pânico, do terror, do fascínio, do tranqüilizador, aparece. É como se estas qualidades emocionais se objetivassem, se substantivassem, em conteúdos singulares e momentâneos que preenchem a totalidade de uma consciência que ainda não se clivou na divisão sujeito-objeto.

Assim, pois, é necessário insistir, segundo o que já nos foi dado examinar em aulas anteriores, que os substratos sensoriais servem, apenas, como materiais para a elaboração de significações e sentidos perceptivos irredutíveis à ordem sensorial. Como vimos, há dois níveis de percepção: um deles, primordial, pré-reflexivo, expressivo, capta os valores emocionais, o sentido e a estrutura afetiva dos objetos, não as suas qualidades sensíveis; outro, analítico, reflexivo, é diretamente relacionado e dependente dos processos de abstração da experiência ligados à edificação do mundo da linguagem, processos que são, por isso, constitutivos dessa forma da experiência perceptiva.

Quanto à caracterização descritiva de representação inconsciente, ela é, repetimos, corolário direto de uma determinada concepção psicológica sobre a percepção e a linguagem, por sua vez ancorada numa epistemologia, de acordo com a qual a representação do mundo dos objetos resulta de uma associação sensorial e a significação do mundo é realizada pela conexão da percepção com a palavra, esta, também, uma associação de sensações elementares. Era como se a Psicologia e a Neuropsiquiatria do final do século XIX tivessem encontrado resposta para as grandes interrogações da história do pensamento, resposta para a compreensão da percepção, da linguagem e do pensamento e para as relações entre eles.

Como se trata de matéria que ocupa o próprio centro de nossa crítica dos fundamentos da teoria da Psicanálise, é importante nos determos para breve revisão de algumas das reflexões que a esse respeito surgiram na história do conhecimento.

Efetivamente, sabemos que as pesquisas e os resultados daquele período – final do século XIX – representam um momento transitório, logo superado, na investigação de questões extremamente complexas que sempre ocuparam o núcleo dos debates surgidos desde o nascimento da Lógica e da Filosofia da Linguagem e que se prolongam até os nossos dias. Mas este nascimento demandou longa maturação, longo período de transição da mitopoiese para a reflexão filosófica, da forma poética de criação mítica para o discurso especulativo. Já nos primórdios do pensamento grego, Parmênides, nas suas indagações sobre o ser das coisas, se utilizava dos termos *léguein* e *noein*, embora numa acepção diversa da que viriam a assumir depois, quando passaram a ser traduzidos por dizer e pensar. Mostra-nos Heidegger[7], na exegese filológico-filosófica que empreende, como o *léguein* e o *noein* de Parmênides exprimem, respectivamente, o convite para *deixar estar posto* e para *acolher* aquilo que aparece e se desvela, o ser, o real. Aqueles termos não são, ainda, nesses albores – todavia banhados pela luz da reflexão – nem o *léguein*, o dizer do *logos*, nem o pensar, o *noein* do *nous*. Eles não aparecem, ainda, como designação unívoca da reflexão racional plena e autoconsciente. No entanto, e sob forma de poema, revelam um dizer e um pensar novos, não mais o dizer que funda e produz o mito. Pois dizer era expresso, em grego arcaico, por dois termos distintos – *mitos* e *logos*. Em Homero, *léguein* significa dizer um conto, reportar. Nas obras de Homero e Hesíodo, na *Ilíada* e na *Odisséia*, na *Teogonia* e em *Os Trabalhos e os Dias*, *mitos* significa um dizer original, um dizer criador, aquele que descreve a geração dos seres e o surgimento do mundo, aquele que, na expressão de Hegel, deu os nomes aos deuses do panteão grego. Eis porque, nos séculos VI e V a.C., que marcam o advento e o desenvolvimento da filosofia grega, convivem, lado a lado, mito, religião do Estado e racionalidade. O discurso filosófico, visa, por isto, banir o mito como forma de pensar e

---

7. M. Heidegger (1959), *Qu'Appelle-t-on Penser?* Paris, Presses Universitaires de France, 1967, 2ª Parte.

o faz buscando os instrumentos de análise crítica da linguagem, na aspiração de promovê-la à condição de veículo da verdade. Somente 25 séculos depois, voltaria o mito a ocupar lugar de destaque, desta vez como realidade cultural ineludível e como objeto de indagação científica.

No florescimento clássico da reflexão grega, *logos* era concebido como a unidade do conceito e da palavra, do pensamento e da linguagem, quando, por outro lado, tornou-se imprescindível a sua separação e distinção metodológica a fim de tornar possível o surgimento da Lógica como ciência. Esta separação se inicia com os Sofistas e com a crítica de Sócrates. Os Sofistas vêm na linguagem o instrumento de criação da ilusão, da mentira, do mito. Ela não poderia, por isso, conduzir à verdade. Sócrates, na sua crítica aos Sofistas, examina os procedimentos da linguagem, depurando as formas de construção dos conceitos; podemos dizer que ele elabora uma lógica do conceito e, desta maneira, dos cânones do pensamento adequado ao seu objeto. Platão, a seu turno, aponta para a percepção como mera aparência e encontra a verdade na Idéia. Aristóteles, por fim, estuda, nas Categorias, a função lógica dos termos da linguagem e elabora a Lógica que leva o seu nome.

Logos passa a ter a significação que hoje lhe atribuímos. O termo Lógica é abreviação de *épistéme louiké*, compreensão do *logos*. *Logos*, forma substantivada do verbo *léguein*, estuda o dizer no sentido de *léguein ti katá tinos*, dizer algo sobre algo, ato predicativo mediante o qual se atribui algo como qualidade, algo como predicado, ao algo sobre o qual o dizer se estende. Quando eu digo algo sobre algo, quando eu digo "a mesa é branca", a qualidade branca é um dizer *sobre* a mesa. Aquilo *sobre* o que o dizer se estende, está, por isso, abaixo, sob o predicado. Em grego, o que está abaixo é *ípokeímenon*, em latim *subjectum*. *Ípokeímenon* é, também, traduzido por substância. Aquilo *sobre* o que o *léguein* diz qualquer coisa é o sujeito do dizer. O que é dito sobre o sujeito é o predicado. A Lógica entende o pensamento como predicação, como atribuição de predicados ao sujeito. A *ratio* latina tem o mesmo sentido. *Ratio* provém do verbo *reor*, expor algo como tendo tais ou quais qualidades. O *logos* grego surge agora como a *ratio* romana; o pensamento lógico se torna o pensamento racional. O dizer lógico, o dizer da razão, implica, porém, que sujeito e predicado sejam compatíveis. O que é incompatível não pode ser unido pela palavra na predicação. Lógica, racionalidade, vem a ser, desta maneira, a doutrina das condições da verdade.

O pensamento lógico, racional, como enunciação de predicados, aparece, assim, como saber e como fundamento, quer da percepção, quer dos mais elevados e complexos atos da ideação; ele se aplica a todos os seres, desde aqueles que são objeto da percepção até aqueles que são objeto das mais altas especulações abstratas, a filosofia, a metafísica, a teologia. E, mesmo a revolução do conhecimento, representada pela Física Matemática e pelo Método Experimental, incorpora ao domínio da Lógica as determinações quantitativas das qualidades dos objetos, pois o próprio conhecimento matemático se deriva do saber lingüístico predicativo, que passa a um novo nível de abstração, o da pura, significação destituída de conteúdos sensíveis particulares.

Pois bem, este modelo do saber lógico-gramatical, do saber conduzido pela linguagem, do saber que se desenvolve nos domínios e no decurso do dizer lógico da linguagem, ou seja, do saber discursivo, é aplicado indistintamente – e de maneira totalmente imprópria – a territórios da experiência humana que são heterogêneos e inacessíveis à forma de análise própria do saber predicativo. Estou me referindo à experiência emocional e às suas diferentes expressões: sonho, neurose, psicose, assim como expressão artística. O *sentido* de uma pintura não é suscetível de formulação predicativa, discursiva. Eu posso saber o que uma pintura *significa*, eu posso transpor o seu sentido expressivo para o discurso, mas não estarei mais, neste momento, no universo da experiência estética. O mesmo se passa com a poesia, com a música, numa palavra, com todas as formas de expressão artística.

Destaco esta questão, no presente contexto, com vistas a um problema específico da teoria e da prática da Psicanálise. Observa-se, com efeito, a noção, universalmente difundida nos meios psicanalíticos, de que ter consciência de um conteúdo emocional consiste em formulá-lo discursivamente. Esta noção remonta a Freud para quem consciência é assimilada à ordem discursiva. Como sabemos, Freud considera que a pura emoção é acessível à consciência sob forma de apreensão de um estado corpóreo; o significado do estado emocional, porém, decorreria de sua conexão com representações de objetos e de palavras. Temos aqui um problema. Qual seria, para Freud, o sentido da experiência musical que é, por sua natureza, destituída de caráter discursivo? Freud não pôde conceber formas simbólicas não-discursivas, correlativas de formas expressivas de percepção e de estruturas de consciência.

Mas, pode-se perguntar, por que estamos nos detendo nestes problemas? Por que motivo estamos caracterizando a forma que assumiu, na cultura ocidental, a investigação do processo do pensamento? Este preâmbulo tem sua razão de ser. Ele visa pôr em destaque o modelo de saber lógico-gramatical como forma universal do saber. Em conseqüência, este saber, apropriando-se de todos os âmbitos do ser, formulou, segundo os modelos dos processos discursivos, domínios que, por sua natureza, já dissemos, são heterogêneos e, por isto, inacessíveis diretamente à análise lógica e aos seus instrumentos de reflexão teórica. O saber lógico conduziu à tirania do logocentrismo. Mito, religião, arte, consciência, percepção, sentimento, passam a ser examinados, concebidos e descritos segundo a perspectiva logocêntrica. Paradoxalmente, Freud, que abriu o caminho para a compreensão do irracional e, aparentemente, abalou os fundamentos logocêntricos da concepção de consciência e de significação, reduz a consciência às formas lingüísticas e limita a noção de percepção aos moldes lógicos introduzidos pela reflexão grega e dela herdados, que se estendem, igualmente, para a noção de representação inconsciente, a *representação de coisa*. Cabe acrescentar que foi mérito de Melanie Klein romper, em parte, as limitações da concepção logocêntrica, nas suas descrições das formas incipientes da consciência, muito embora, como já temos afirmado, sua noção de percepção se mostre eivada pela presença dos pressupostos da teoria das sensações que ainda a impregnam.

Continuemos, porém, o itinerário de nossa breve revisão histórica acima proposta. Na filosofia moderna, Hobbes afirmava: *veritas non in re, sed in dicto consistit*, "a verdade não está nas coisas, mas consiste no dizer", e Leibniz mostrava que o conhecimento das coisas depende do uso correto dos signos. De outro lado, porém, entendeu-se sempre que a diferença essencial entre pensamento e percepção reside no fato de que o primeiro é construído e se passa numa região de mediação, ao passo que a segunda seria imediata, real e certa. Os signos da linguagem são expressão do pensamento, das idéias, mas eles não revelam diretamente as coisas. Pois as palavras, diz Hobbes, são arbitrárias, elas resultam de convenções. Nenhuma conexão necessária existe entre o som, entre os fonemas de uma palavra e o objeto que ela denota. O mesmo objeto é designado por fonemas e palavras distintas em línguas diferentes. A linguagem, contudo, permite analisar e criticar as idéias, constituindo-se, desta forma, no instrumento indispensável para a distinção entre os pensamentos e para a classificação e designação adequada dos objetos. Mas a significação dos símbolos, dos signos lingüísticos, deveria provir de algum *fator dado* e com sentido próprio, pois o signo mesmo envolve ambigüidade e possibilidade de equívoco. Somente através do retorno a esse fator, fornecido pela percepção, seria possível encontrar os fundamentos do conhecimento. Vemos assim que o próprio Hobbes, para quem a verdade está na palavra, ao examinar criticamente esta afirmação, considerava que cabe à percepção erradicar qualquer erro advindo do juízo ou da palavra: o limite último do pensamento e da palavra reside nas formas sensíveis, que se impõem como certeza imediata e às quais aqueles devem se subordinar. As diferenças entre os objetos, a apreensão de suas características peculiares, de suas distinções originárias, seriam intrínsecas ao processo perceptivo e à discriminação sensorial e sensível como tal. A linguagem apenas denota, designa, nomeia, aquilo que é dado primariamente pelos sentidos. Se retirarmos todo o edifício construído pela linguagem e pelo pensamento, permanecerá intacto o estrato original da experiência, o mundo sensível na sua certeza inexpugnável. É interessante observar o ressurgimento das idéias de Hobbes na noção de representação inconsciente que, afinal, outra coisa não é, para Freud, senão o estrato sensível original da experiência, desvinculada de sua conexão com a linguagem. Como afirma Cassirer, é este dogma da autarquia e da autonomia, da auto-suficiência e auto-evidência do conhecimento sensível, que forma o fundamento da psicologia das sensações.

Somente muito mais tarde é que a reflexão filosófica, ocupada desde sempre com a questão da relação entre pensamento e linguagem, e com a relação da linguagem com a percepção, voltou-se para o problema da significação da linguagem na edificação do próprio mundo da percepção. Este caminho foi aberto pela primeira vez a partir da filosofia crítica da linguagem, com Wilhelm von Humboldt. Ele dirigiu sua investigação para as formas da percepção e mostrou que não é possível conceber a linguagem como mera designação fonética de objetos já percebidos, idéia que ele qualificou de "verdadeiramente desastrosa para a lingüística". Não apenas a compreensão do mundo se faz através da linguagem mas também a percepção é mediada por ela.

Num breve escrito, "A Linguagem e a Construção do Mundo dos Objetos"[8], Cassirer resume suas idéias sobre "o conjunto das funções cuja união e penetração recíproca determinam a estrutura de nossa realidade moral e intelectual". Ele examina ali vários aspectos da atividade espiritual, mas se detém, em particular, nas articulações da linguagem com o desenvolvimento da percepção, da vontade, do sentimento e das relações intersubjetivas. As imagens que o ser humano forma no conhecimento, na arte, na linguagem, na percepção, afirma ele, não são nunca meras cópias, mas expressão de uma síntese, de uma força criadora original; elas

> [...] Não são simples recepções e registros passivos, mas constituem atos do espírito e cada um destes atos originais traça para nós um esquema particular e novo, um horizonte determinado do mundo objetivo. [...]

Cassirer nos indica aqui o papel da arte e da linguagem na constituição de formas diversas da realidade, de mundos distintos de objetividade. Diz ele, ainda:

> [...] A representação objetiva – e é isto o que tratarei de explicar – não constitui o ponto de partida do processo de formação da linguagem; antes é a meta a que dito processo conduz; [...] A linguagem não entra em um mundo de percepções objetivas só para assinalar nomes, que seriam signos puramente exteriores e arbitrários, a objetos individuais dados e claramente delimitados uns com respeito aos outros. É por si um mediador na formação dos objetos; é, num sentido, o mediador por excelência, o instrumento mais importante e precioso para a conquista e a construção de um verdadeiro mundo de objetos. [...] A unidade do nome serve de ponto de cristalização para a multiplicidade das representações

---

8. E. Cassirer (1931), "El Lenguaje y la Construccion del Mundo de los Objetos". In *Psicologia del Lenguaje*. Buenos Aires, Editorial Paidos, 1972, pp. 18-49.

do objeto e reúne-as numa sinopse que significa o próprio *nascimento do objeto para a consciência*. De igual maneira, a criança que começa a se apropriar da linguagem tem uma verdadeira fome de nomes, segundo tem sido descrito. Mas, na verdade, a criança não pergunta como se chama uma coisa; ela pergunta o que ela é; desta maneira, conjuntamente com o nome, ela toma posse da coisa. Merleau-Ponty também refere-se ao citado trabalho de Cassirer ao acentuar

[...] o papel diretor da linguagem na constituição do mundo percebido. [...][9]

Não se pode supor a existência na criança de

[...] percepções de objetos definidos por um conjunto de propriedades visuais, tácteis, sonoras. Seria esquecer o papel que desempenha a linguagem na constituição do mundo percebido. [...] Não é porque dois objetos se assemelham que eles são designados pela mesma palavra; é, ao contrário, porque eles são designados pela mesma palavra e participam assim de uma mesma categoria verbal e afetiva que eles são percebidos como semelhantes. [...][10]

A denominação dos objetos não vem após o reconhecimento; ela é o próprio reconhecimento.

Quanto à psicologia moderna, ela se libertou muito tardiamente dos padrões da teoria das sensações e das associações sensoriais de modo a tomar a própria linguagem como objeto de investigação. E foi a partir da patologia da linguagem que começou a se tornar nítido, no âmbito da neuropsiquiatria, o problema da relação entre a formação da linguagem e a estruturação do mundo da percepção. É no campo da patologia que se torna evidente que a percepção, tida, à primeira vista, como o resultado de dados sensoriais, está intimamente ligada à linguagem, de tal forma que o transtorno desta função afeta o caráter da percepção. Este novo desenvolvimento iniciou-se com as investigações de Jackson e com os estudos de Head. Jackson mostrou as relações existentes entre distúrbios da linguagem e de reconhecimento perceptivo. Além disso, ele entendia que a fala não resulta da reunião de palavras, mas que, ao contrário, a totalidade da significação da proposição determina a função de cada palavra. Ele observou, também, que pacientes, incapazes de utilizar-se de certas palavras em determinadas circunstâncias, podiam evocá-las em outras, diferentes.

As idéias de Head, que inicia seus trabalhos a partir de Jackson, representam um avanço importante; ele considera os transtornos da linguagem como sendo de "formulação e expressão simbólica" e os relaciona com desordens simbólicas análogas no campo da ação. Ele

---

9. M. Merleau-Ponty (1942), *La Structure du Comportement*. Paris, Presses Universitaires de France, 1967, p. 184.
10. *Op. cit.*, pp. 181-182.

criticou as concepções das escolas que admitiam centros cerebrais de imagens, insistindo na necessidade da descrição dos fenômenos, independentemente de quaisquer considerações *a priori*; ele ampliou as observações de Jackson que, rompendo com o método da psicologia das sensações e das associações, mostrou a variabilidade dos sintomas segundo as circunstâncias. Ora, tal descrição mostra que as teorias das "imagens" verbais e fonéticas não são compatíveis com a modificação e fluidez dos fenômenos clínicos. Se um paciente é capaz de usar certas palavras ou de executar um ato em uma situação e não em outra, essa diferença não pode ser explicada pela destruição das supostas imagens verbais correspondentes, pois a imagem, uma vez destruída, não mais poderia ser recuperada.

É interessante fixarmos, através de alguns exemplos ilustrativos, a impropriedade das teorias das imagens sensoriais.

1. Um paciente, que não era capaz de encontrar o nome para relógio (em alemão *Uhr*), respondia, à pergunta sobre a hora: "uma hora" (*ein Uhr*) – observação de Cassirer, no Instituto Neurológico de Frankfurt, de um paciente de Goldstein.
2. Um paciente, que perdera a noção abstrata dos conceitos "direita" e "esquerda", em conversação com seu médico, indicava por gestos o modo pelo qual um carro ultrapassa outro na Inglaterra e acrescentava, dizendo: "da esquerda para a direita, diferentemente de outros países, onde é da direita para a esquerda" – observação de Head.
3. Instado a bater à porta, um paciente realizava o ato com a porta ao alcance da mão; mas, a um passo de distância, sem poder tocá-la, não conseguia realizar o ato "imaginário" de bater à porta. Igualmente, era capaz de bater, com um martelo, um prego na parede; mas se o prego era retirado e o paciente convidado a executar o movimento, era incapaz de fazê-lo. O paciente pode soprar um pedaço de papel colocado na mesa, fazendo-o voar; mas se o papel era retirado, ele não conseguia realizar aquele movimento. E o mesmo ocorria em relação ao riso: incapaz de realizar os movimentos correspondentes, quando convidado a fazê-lo, ria espontaneamente no curso de uma conversação – caso "Sch." descrito por K. Goldstein.
4. Um paciente que podia se utilizar espontaneamente das palavras "sim" e "não" em resposta a certas questões, não era capaz de repeti-las. Em uma das ocasiões de exame, o paciente meneou a cabeça negativamente quando se lhe pedia para repetir a palavra "não" e acrescentou: "Não, eu não sei como fazê-lo" – observação de Head.

Para resumir: as alterações afásicas da linguagem, as apraxias e as agnosias, anteriormente explicadas como decorrentes da perda de certas imagens mnemônicas ou de certas representações, passaram a ser investigadas segundo uma perspectiva muito mais ampla, passaram a ser vistas como expressão de alterações da consciência. Citamos acima os trabalhos de Jackson e Head. Mas as contribuições de maior relevo nesse campo foram devidas a Goldstein e Gelb que, a partir de 1918, desenvolveram uma nova metodologia, aliada a uma descrição minuciosa de fatos até então não observados. Goldstein, particularmente, insistiu numa questão central: a interpretação das alterações vividas pelo doente deve ser baseada numa análise fenomenológica e psicológica precisa. Qualquer tentativa de estabelecer a localização do processo patológico deve ser precedida dessa análise, independentemente de qualquer teoria, psicológica ou localizatória. Goldstein e Gelb mostraram, também, que as desordens afásicas não afetam apenas a linguagem, mas que as mudanças no mundo da linguagem coexistem com outras igualmente significativas no campo da percepção, do comportamento e da ação prática; trata-se, em suma, de mudanças na vida da consciência, com profundas repercussões no comportamento, na concepção da vida e da realidade.

Cabe fazer menção aqui, em particular, aos estudos de um doente (Schneider, um ferido de guerra com lesão cerebral produzida pela explosão de um obuz e referido nos historiais clínicos pela inicial de seu nome Sch. – já citado acima no exemplo 3 –) realizados por Gelb e Goldstein e seus discípulos, Benary, Hocheimer e Steinfeld. As observações do paciente, que se estenderam por longos anos e que tiveram por objeto todos os aspectos do seu comportamento, inclusive o sexual, foram resumidas em várias publicações e constituem um documento ímpar, quer pelas suas admiráveis descrições, quer por sua importância na inovação de conceitos na Psicologia moderna. Vale ressaltar que Cassirer[11] e Merleau-Ponty[12], na extensa revisão que fazem das contribuições da Psicologia Indutiva e da Psicopatologia em nosso século, valeram-se dos trabalhos da escola de Gelb e Goldstein e das minuciosas descrições psicológicas de outros pesquisadores como subsídios para a discussão e o esclarecimento de problemas relativos ao pensamento, à linguagem, à percepção e à ação prática.

Todas estas investigações mostram que o exame minucioso dos fatos exigiu uma reformulação dos postulados teóricos previamente admitidos pela Psiquiatria do final do século XIX e pela Psicologia Clássica. Se o afásico e o apráxico são capazes ou incapazes de certas ações verbais ou motoras, segundo se encontrem numa situação con-

11. E. Cassirer (1923-1929). *The Philosophy of Symbolic Forms*. New Haven and London, Yale University Press, vol. 3, 1957, "Toward a Pathology of the Symbolic Consciousness", pp. 205-277.
12. M. Merleau-Ponty (1942), *La Structure du Comportement*. Paris, Presses Universitaires de France, 1967, pp. 66-102. (1945). *Phénoménologie de la Perception*. Paris, Éditions Gallimard, pp. 119-172, 181-184, 203-207, 222-229.

creta ou deles se exija uma ação apenas concebida, a deficiência não decorre meramente da presença ou ausência de certas "imagens" de movimentos; trata-se, antes, da capacidade de executar um certo nível, uma certa estrutura de ação. E a perturbação não se limita a um setor específico da vida psíquica, mas surge sempre que se torna necessária a mesma atitude de concepção do *possível* e que envolve a função de integração denominada por Gelb e Goldstein *atitude categorial*, por Head poder de *expressão simbólica*, por Woerkom de *função de mediatização*. A alteração se traduz por um comportamento menos diferenciado, menos organizado (Goldstein, *La Structure de l'Organisme*). A doença não implica, pois, a perda de certos dados sensoriais ou de certas "imagens", mas uma perda de diferenciação do nível hierárquico das funções da consciência.

Se nos reportamos à percepção, a análise clássica, nos diz Merleau-Ponty,

> [...] distingue nela os dados sensíveis e a significação que eles recebem do entendimento. As perturbações da percepção só poderiam ser, deste ponto de vista, deficiências sensoriais ou perturbações gnósicas. O caso de Sch. nos mostra, ao contrário, deficiências que concernem à junção da sensibilidade e da significação e que revelam o condicionamento existencial de uma e de outra. [...][13]

Vale dizer que as alterações da sensibilidade não conduzem meramente a deficiências de informações sensoriais, mas promovem uma desorganização na estrutura da consciência que se reflete na própria edificação da consciência de significação da realidade. Retomaremos, um pouco mais adiante, esta questão da íntima relação da sensibilidade com a significação ao examinarmos observações, algumas experimentais, da Psicologia moderna que aduzem, de seu lado, novos elementos para uma reformulação da noção de sensação.

Cassirer afirma, no mesmo sentido, que o empirismo, ao tratar a percepção como um agregado de sensações, a mutila "por cima" – porque não pode atribuir à mera sensação um fator intelectual de significação – e, também, "por baixo" – porque as impressões sensoriais são assim desprovidas de sentido instintivo e afetivo:

> [...] Pois, dissolver o mundo da percepção numa soma de impressões particulares é subestimar a parte nela desempenhada não somente pelas funções intelectuais superiores, mas também pelo forte substrato instintivo sobre o qual ela repousa. [...][14]

Retomemos, agora, nossa questão inicial. A representação inconsciente, vimos, é concebida segundo o modelo inspirado pela teoria das sensações e associações sensoriais; ela seria uma síntese perceptiva,

---

13. *Op. cit.*, p. 152.
14. E. Cassirer (1923-1929), *The Philosophy of Symbolic Forms*. New Haven and London, Yale University Press, vol. 3, 1957, p. 66.

porém sem vínculo com o ato da linguagem que lhe emprestaria significação consciente. Ora, poderia ser argüido, qual a relação que tem a patologia da percepção com o nosso problema? Na patologia encontramos alterações da estrutura do mundo sensorial e, em conseqüência, a julgar pelos postulados clássicos, da percepção e do reconhecimento dos objetos. Mas no caso Hans, tais alterações estão ausentes. A receptividade sensível e os órgãos a ela prepostos estão íntegros. Nada impediria, portanto, a constituição da síntese imaginária segundo o modelo da síntese sensoperceptiva – a representação de coisa – de acordo com o esquema de Stuart Mill a que Freud se reporta.

Mas esta linguagem de sensações é inadequada. E é a patologia da percepção que nos fornece os elementos para compreender que percepção e sensação – concebidas, na acepção clássica, como integradas através de um mero processo associativo – pertencem a duas ordens distintas de concepção. É sobre uma base, uma matéria sensorial, que o mundo da percepção se edifica, mas esta matéria não é cópia dos objetos. Atos de natureza distinta organizam a matéria sensorial e lhe imprimem significações diversas. Lembremo-nos dos exemplos de evocação imaginária através de um recorte de silhueta, de uma caricatura, de uma fotografia ou de uma tela (primeira e segunda aulas): a matéria sensorial pode servir para a constituição da percepção de um objeto (o papel) ou para um ato imaginário que visa ao objeto ausente apenas representado. O que a patologia nos ensina, igualmente, é que há níveis de hierarquia distintos na configuração do mundo perceptivo. Tratemos, pois, de prosseguir na caracterização dos fundamentos do ato perceptivo e das formas que ele assume.

Até aqui nós examinamos alguns aspectos da teoria empirista da percepção. Vamos nos voltar, agora, para a própria noção de sensações elementares que, como veremos, deve ser repensada. A hipótese da Psicologia Clássica é que um mundo objetivo dado envia aos órgãos dos sentidos mensagens que são conduzidas a órgãos superiores encarregados de decifrá-las e de reproduzir o texto original dado. Haveria, assim, uma correspondência ponto a ponto e uma conexão constante entre estímulo e percepção elementar. Mas estas suposições entram em conflito com os dados da experiência perceptiva e são consideradas, pelos próprios psicólogos que a admitem, como teórica. Por exemplo, 1) a intensidade do som produz, em certas circunstâncias, perda da sua altura; 2) uma mancha colorida nos parece da mesma cor em toda a sua superfície, quando, não obstante, os limiares cromáticos das diferentes regiões da retina deveriam fazê-la, aqui vermelha, acolá alaranjada, em alguns casos, mesmo, acromática[15]. Nestes exemplos, cabe supor válida a lei de constância e explicar os fenômenos por fato-

---

15. M. Merleau-Ponty (1945), *Phénoménologie de la Perception*. Paris, Éditions Gallimard, p. 14.

res outros, como a atenção e o julgamento, ou deve-se rejeitar a própria lei? De toda forma não é mais possível, nestas situações, definir o "sensível" como efeito imediato do estímulo exterior. Examinando-se os fenômenos verifica-se que a apreensão de uma qualidade está ligada ao seu contexto perceptivo e, desta maneira, os estímulos não nos dão mais o meio de encontrar uma camada de impressões imediatas, de sensações elementares.

Os psicólogos criadores da noção de Forma mostraram, nos seus trabalhos experimentais sistemáticos, o papel da organização e estrutura dos campos sensíveis na apreensão perceptiva. Retomaremos na próxima aula essas investigações. No presente contexto, cabe destacar que as observações da Psicologia da Forma representaram contribuição importante na crítica da teoria das sensações. Ademais, como diz Merleau-Ponty, ver é perceber cores ou luzes, ouvir é perceber sons, sentir é perceber qualidades. O vermelho e o verde não são sensações, são sensíveis[16] e a qualidade não é um elemento da consciência, é uma propriedade do objeto. A Psicologia Clássica confundiu a percepção com o objeto percebido, supunha existirem na consciência coisas e qualidades que existem nas coisas. Repete-se aqui o erro que examinamos ao tratar da imaginação: a imagem, supostamente *na* consciência, é concebida como simulacro do objeto imaginário e com as qualidades do objeto.

A própria noção de aparelho sensorial, tal como a fisiologia o concebe, tampouco se presta à função de transmissor que a ciência clássica lhe atribuía. Por exemplo, nas lesões não-corticais dos aparelhos tácteis, certos conteúdos sensíveis (temperaturas) são mais frágeis e desaparecem inicialmente. Mas, aplicando-se um excitante mais extenso, a sensibilidade específica reaparece, assim como a perda é também compensada por uma exploração mais enérgica da mão. Verifica-se, aqui, nos graus elementares da sensibilidade, uma colaboração das excitações entre si e do sistema sensorial com o sistema motor que tem por efeito manter a sensação, o que impede definir o processo nervoso como simples transmissão de uma mensagem dada[17]. A destruição da função visual, qualquer que seja o nível das lesões, segue a mesma lei: no início todas as cores são modificadas; seu tom fundamental permanece, mas a saturação decresce; depois o espectro se simplifica e se limita a quatro cores, a seguir a duas; por fim ocorre uma monocromasia em cinza[18]. Verifica-se, nestes exemplos, tanto nas lesões centrais como nas periféricas que

> [...] a perda de substância nervosa tem por efeito não somente um déficit de certas qualidades, mas a passagem a uma estrutura menos diferenciada e mais primitiva. [...][19]

---

16. *Op. cit.*, p. 10.
17. J. Stein, *op. cit.*, pp. 15-16 e 88.
18. M. Merleau-Ponty (1945), *op. cit.*, pp. 16 e 88.
19. Weizsacker, citado por Stein, *op. cit.*, pp. 16 e 88.

Como se vê, as lesões dos centros ou dos condutores não levam à perda de certas qualidades sensíveis ou de certos dados sensoriais, mas se traduzem por uma desdiferenciação da função. Inversamente,

> [...] o funcionamento normal deve ser compreendido como um processo de integração onde o texto do mundo exterior é, não recopiado, mas constituído. E se tentamos apreender a sensação [...] encontramos [...] uma formação já ligada a um conjunto e já dotada de um sentido, que se distingue em grau de percepções mais complexas e que portanto em nada nos avança em nossa delimitação do sensível puro. [...][20]

É o que se observa também no desenvolvimento psíquico. Sabe-se, por exemplo, que

> [...] durante os nove primeiros meses de vida, a criança só distingue globalmente o cromático e o acromático; a seguir, as manchas coloridas se articulam em tintas quentes e tintas frias e, por fim, atinge-se o nível das cores. Mas os psicólogos admitiam que só a ignorância ou a confusão de nomes impede à criança distinguir as cores. A criança deveria bem ver o verde onde ele existe; só lhe faltaria prestar-lhe atenção e apreender seus próprios fenômenos. É que os psicólogos não chegaram a se representar um mundo onde as cores são indeterminadas, uma cor que não seja uma qualidade precisa. A crítica destes prejuízos permite, ao contrário, perceber o mundo das cores como uma formação segunda, fundada sobre uma série de distinções fisionômicas: a das tintas quentes e das tintas frias, a do colorido e do não-colorido. [...] A primeira percepção das cores propriamente ditas é pois uma mudança da estrutura da consciência (Köhler), o estabelecimento de uma nova dimensão da experiência. [...][21]

É ainda a Psicologia indutiva que nos propicia elementos para encontrar um novo entendimento para a sensação. Verifica-se, por exemplo, que a cada um dos estímulos supostamente elementares – cores ou sons – correspondem percepções inseridas no contexto de uma certa conduta. As doenças do cerebelo ou do córtex frontal revelam o que poderiam ser, no indivíduo normal, os efeitos dos estímulos sensoriais sobre o tônus muscular e os movimentos, não estivessem estes subordinados a certas condutas privilegiadas. O vermelho e o amarelo favorecem a abdução, o azul e o verde, a adução. Cada cor produz sempre o mesmo efeito motor. Como a abdução significa um voltar-se para o estímulo, a adução um afastamento, podemos compreender que a sensação, muito mais que veicular uma qualidade – a cor, no caso – é ligada a uma conduta que tem significação vital. Há um *acompanhamento motor* das sensações, os estímulos se dão com uma *fisionomia motora*, eles despertam *movimentos nascentes*[22], o lado perceptivo e motor do comportamento se comunicam.

---

20. M. Merleau-Ponty (1945). *Phénoménologie de la Perception*. Paris, Éditions Gallimard, p. 16.
21. *Op. cit.*, p. 38.
22. *Op. cit.*, pp. 241-22.

Sabe-se que o verde é uma cor *repousante*. Um doente descreve: *ele me encerra em mim mesmo e me põe em paz*. E Kandinsky: *ele não exige nada e a nada nos induz*. O azul parece *ceder a nosso olhar*; ao contrário, *o vermelho invade o olho*, diz Goethe. O vermelho *dilacera*, o amarelo é *picante*, declara um doente de Goldstein. Observa Werner[23], nas investigações que realizou sobre a sensibilidade, que, à medida que cresce um estímulo luminoso a partir de um nível subliminar, há inicialmente a experiência de uma certa disposição do corpo e, subitamente, a sensação se continua e *se propaga no domínio visual*.

[...] Não é, pois, necessário perguntar como e por que o vermelho significa o esforço ou a violência, o verde, o repouso e a paz. É necessário reaprender a viver essas cores como o nosso corpo as vive, isto é, como concreções de paz ou de violência. Quando dizemos que o vermelho aumenta a amplitude de nossas reações, não se deve entender que se trata de dois fatos distintos, uma sensação de vermelho e reações motoras. É necessário compreender que o vermelho, por sua textura, que nosso olhar segue e desposa, já é a amplificação de nosso ser motor. O sujeito da sensação nem é um pensador que nota uma qualidade, nem um meio inerte que seria afetado ou modificado por ela, ele é uma potência que nasce juntamente com um certo meio da existência ou se sincroniza com ele. [...][24]

Numa palavra, os estímulos sensíveis e as sensações se oferecem como proposição de um ritmo existencial, vital, e solicitam do organismo humano relações no sentido de um abrir-se ou retrair-se dessas proposições. A sensação mobiliza uma vida da consciência pré-reflexiva que se abre para uma sintonia com a significação existencial e expressiva dos "objetos".

Há mesmo, uma *camada originária* do sentir que é anterior à divisão dos sentidos, observa Werner no citado estudo sobre as sensações. Os sons modificam as imagens consecutivas das cores: um som mais intenso as intensifica, um som grave torna o azul mais carregado. Igualmente, a intoxicação pela mescalina, que perturba a atitude reflexiva e favorece a liberação da vitalidade, estimula as sinestesias: um som de flauta dá uma cor verde-azulada, as árvores se tornam mais verdes quando o examinando produz um som com uma haste de ferro. A percepção sinestésica é a regra, diz Merleau-Ponty e

[...] se não nos apercebemos disto é porque o saber científico desloca a experiência e porque desaprendemos a ver, a ouvir e, em geral, a sentir, para deduzir de nossa organização corporal e do mundo, tal como os concebe o físico, o que devemos ver, ouvir e sentir. [...][25]

23. Werner, *op. cit.*, p. 244.
24. M. Merleau-Ponty (1945), *Phénoménologie de la Perception*. Paris, Éditions Gallimard, p. 245.
25. *Op. cit.*, p. 265.

QUARTA AULA

Segundo a perspectiva da psicologia clássica, com sua noção de órgãos sensoriais separados, cada um aportando qualidades sensíveis independentes, as sinestesias se afiguram paradoxais. No entanto, a experiência sinestésica permite refundir seja a noção de sensação, seja a da própria objetividade segundo o modelo positivista. O examinando descreve que percebe, ao mesmo tempo, não apenas a cor e o som, mas que *é o próprio som que ele vê no ponto onde se formam as cores*[26]. E Merleau-Ponty insiste:

> [...] Há um sentido em dizer que vejo sons ou que ouço cores se a visão ou o ouvido não é a simples posse de um "quale" opaco, mas a experiência de uma modalidade da existência, a sincronização do meu corpo com ela, e o problema das sinestesias recebe um começo de solução se a experiência da qualidade é a de um certo modo de movimento ou de uma conduta. Quando eu digo que vejo um som, quero dizer que à vibração do som todo o meu ser sensorial ecoa e em particular este setor de mim mesmo que é capaz de cores. O movimento, compreendido não como movimento objetivo e deslocamento no espaço, mas como projeto de movimento ou movimento virtual é o fundamento da unidade dos sentidos. [...][27]

Uma cor ou uma forma são expressivas: isto significa que elas estão envolvidas de um halo de sentido, ao mesmo tempo que mobilizam em mim uma intenção, um impulso, que se atualiza na constituição e apreensão desse sentido, ainda que indizível.

Se, agora, nos reportamos à aquisição de hábitos – como, por exemplo, a leitura, a escrita, o manejo do instrumento pelo músico – as explicações clássicas, baseadas nas noções mecanicistas de estímulo-resposta e síntese associativa de representações sensoriais exteroceptivas e de representações cinestésicas, não dão conta dessas formas de remanejamento permanente e renovação do esquema corporal. Não há, aqui, conexões associativas de movimentos particulares com outros tantos estímulos particulares, mas respostas globais à forma das situações, situações e respostas que

> [...] se assemelham, nos diferentes casos, menos pela identidade parcial dos elementos que pela comunidade de seu sentido. [...][28]

Senão vejamos:

> [...] Sabe-se que um organista exercitado é capaz de se servir de um órgão que ele não conhece, cujos teclados são mais ou menos numerosos e os jogos [de pedais] dispostos de forma diversa que os de seu instrumento costumeiro. Basta-lhe uma hora de trabalho para estar em condições de executar seu programa. Tão breve tempo de aprendizagem não permite supor que novos reflexos condicionados se substituam às monta-

---

26. Werner, *op. cit.*, p. 264.
27. M. Merleau-Ponty (1945). *Phénoménologie de la Perception*. Paris, Éditions Gallimard, pp. 270-271.
28. *Op. cit.*, p. 166.

gens já estabelecidas, salvo se aqueles e estas formam um sistema e se a mudança é global, o que nos faz abandonar a teoria mecanicista, pois as reações são mediatizadas por uma apreensão global do instrumento. [...][29]

A mobilização integrada da motilidade às situações é aqui o fundamento e nos revela que

[...] A motricidade é a esfera primária onde, desde o início, se engendra o sentido de todas as significações no domínio do espaço representado[30].

No domínio da leitura, igualmente, a concepção clássica supunha que a percepção da letra evocaria a representação da forma da letra que, por sua vez, evocaria a representação do movimento na pronúncia ou na escrita. Mas, assevera Merleau-Ponty, esta linguagem é mitológica. Quando leio um texto, não há percepções que evocam representações, mas conjuntos *dotados de uma fisionomia típica ou familiar*. Isto é igualmente válido para a vivência expressiva das letras. As letras têm uma fisionomia, a vida primordial da letra escrita nos atinge, o corpo mima a letra e acompanha-a no movimento interno. E é a noção de esquema corporal, descrito de maneira nova, que permite compreender a unidade sensorial e a unidade dos objetos. Esta unidade do esquema corporal e sua pluripotencialidade nos explica o que há pouco descrevíamos a propósito do instrumentista. O corpo atualiza o fenômeno da expressão:

[...] nele, a experiência visual e a auditiva, por exemplo, são, pregnantes uma da outra, e seu valor expressivo funda a unidade antepredicativa do mundo percebido e, por ela, a expressão verbal e a significação intelectual. [...][31].

Veremos o reflexo dessa noção na articulação do sentido inerente na produção do gesto verbal do paciente na sessão analítica e na sua apreensão pelo analista. Citemos, *en passant*, as paronomásias descritas por mim no texto "Sentido. Significação – Sonho e Linguagem –: Reflexões Sobre as Formas de Consciência na Sessão Analítica"[32]. E o surpreendente soneto de Rimbaud, Voyelles[33], no qual as incríveis associações de vogais com cores como que sugerem um sistema de correspondências entre elas.

29. Chevalier (1929). *L'Habitude*, op. cit., pp. 169-170.
30. Grunbaum (1930). M. Merleau-Ponty, (1945), op. cit., p. 166.
31. M. Merleau-Ponty (1945), op. cit., pp. 271-272.
32. I. Melsohn (1989), "Sentido. Significação – Sonho e Linguagem –: Reflexões Sobre as Formas de Consciência na Sessão Analítica". *Rev. Bras. de Psicanálise* 23(3), 55-69, São Paulo. Também: *Revista Latinoamericana de Psicoanálisis* 1(2):113-20, 1996.
33. A. Rimbaud, *Oeuvres Complètes*. Paris, Éditions Gallimard, Bibliothèque de la Pléiade, 1972.

É, pois, a noção de equivalência e transposição intersensorial – a pregnância simbólica de um conteúdo sensível – que dá sentido aos objetos, sejam eles naturais ou culturais. As observações de Werner[34], utilizando-se da exposição subliminar, são exemplares. A palavra "quente" induz uma espécie de experiência de calor que faz surgir em torno dela algo como um *halo significativo*. A palavra "duro" desperta certa rigidez do dorso e do pescoço e somente secundariamente é ela apreendida visualmente ou auditivamente como figura de signo ou de palavra. Outro examinando experimenta, ante a palavra "úmido", um sentimento de umidade e de frio e o correspondente remanejamento do esquema corporal. Merleau-Ponty comenta:

> [...] A palavra, então, não difere da atitude que ela induz e é somente quando sua presença se prolonga que ela aparece como imagem exterior e sua significação como pensamento. As palavras têm uma fisionomia porque temos em relação a elas, como em relação a cada pessoa, uma certa conduta que aparece de modo imediato quando elas nos são dadas. [...] Não se trata de reduzir a significação da palavra "quente" a sensações de calor, segundo as fórmulas empiristas. Pois o calor que sinto lendo a palavra "quente" não é um calor efetivo. É somente meu corpo que se apronta para o calor e que lhe desenha, por assim dizer, a forma. [...][35].

Werner[36]:

> [...] Tento apreender a palavra *rot* (vermelho) na sua expressão viva; mas ela é, de início, para mim, periférica; é um signo com o saber de sua significação. Ela não é, em si mesma, vermelha. Mas, subitamente, noto que a palavra abre uma passagem no meu corpo. É o sentimento – difícil de descrever – de uma espécie de plenitude surda que invade meu corpo e que, ao mesmo tempo, dá à minha cavidade bucal uma forma esférica. E, precisamente, neste momento, percebo que a palavra sobre o papel recebe seu valor expressivo, ela se projeta para mim num halo vermelho sombrio, ao mesmo tempo que a letra *o* apresenta intuitivamente esta cavidade esférica que eu senti anteriormente na minha boca. [...] A palavra lida não é uma estrutura geométrica num segmento do espaço visual; é a apresentação de um comportamento e de um movimento lingüístico na sua plenitude dinâmica. [...]

Vamos terminar esta revisão das noções de sensação e percepção recapitulando algumas idéias básicas. As "qualidades" – as supostas sensações elementares –, se dão como situações "sentidas"; elas mobilizam movimentos virtuais, impulsos de movimentos, intenções. No domínio básico e pré-objetivo da consciência, sensação e percepção fazem parte de uma situação total de apreensão e de comportamento, situação na qual totalidades expressivas são vividas com um sentido afetivo e existencial.

---

34. Werner. M. Merleau-Ponty (1945). *Phénoménologie de la Perception*. Paris, Éditions Gallimard, p. 272.
35. M. Merleau-Ponty (1945), *op. cit.*, pp. 272-273.
36. Werner, *op. cit.*, pp. 272-273.

As noções de sensação e de percepção descritas pelo empirismo e pela psicologia das sensações são produto de um pensamento elaborado; a teoria das sensações constrói objetos que são próprios da superestrutura tardia da consciência. É nesta, como afirma Scheler, que se realiza a idéia clássica de percepção, a percepção "analítica", exata, determinada.

As observações aqui reunidas têm reflexos da maior importância na psicologia clínica. Considere-se, por exemplo, a sua utilização nos testes de personalidade, com destaque especial para a prova pelo método de Rorschach, talvez o mais rico e profundo na avaliação das linhas mestras que configuram a estrutura e a dinâmica da vida psíquica. Mas, não somente neste campo pode ser aferido o alcance dessas investigações. Cumpre conduzi-las ao âmago da vida imaginária e captar o significado de sua expressão na clínica psicanalítica, como já tivemos ocasião de pôr à mostra em várias situações exemplares – no comportamento lúdico da criança, nos seus desenhos, e, mesmo, em condições de grave comprometimento da consciência como irrupções alucinatórias. Cito, particularmente, uma destas ocorrências, em cuja vigência o aparecimento de uma figura masculina em vermelho permitiu desvelar a trama e o sentido de grave coartação de impulsos que tolhiam a vida imaginária e a expansão e a autonomia do comportamento.

5. Quinta Aula

Existe uma forma primordial de percepção – percepção expressiva –, fundamento do contato perceptivo do homem com o mundo, totalmente distinta da percepção de objetos com suas qualidades, objetos inseridos na ordem espaço-temporal, ou seja, da percepção plenamente determinada, "analítica", a qual, como vimos, é fruto do processo da linguagem denotativa.

O exame da percepção diz respeito a uma questão fundamental, indagação permanente tanto da psicologia quanto da filosofia: a de investigar os conteúdos básicos da experiência sobre os quais repousam e se edificam a vida psíquica e o conhecimento. Empirismo e filosofia crítica, malgrado suas premissas epistemológicas opostas, encontram na senso-percepção comum tais conteúdos básicos. É que a filosofia crítica tem como fim a análise da ciência e, por isso, parte de uma concepção de percepção e de uma definição de objeto determinada por aquele fim. A psicologia clássica, a seu turno, inspirada pelo empirismo sensualista, seguindo, pois, um itinerário diverso do da filosofia crítica, estipula a existência de um mundo de objetos "dados" que a percepção reproduz. De um lado – para a filosofia crítica –, a percepção resulta de uma síntese independente da experiência, *a priori*; de outro – para a psicologia clássica – a percepção é constituída como associação sensorial determinada pela experiência. Ambas, porém, coincidem na definição da percepção como sendo a apreensão de um mundo de objetos com suas determinações, de um mundo de "coisas" com seus atributos.

A psicologia e a filosofia modernas – Klages, Koffka, Köhler, Scheler, Cassirer, Merleau-Ponty – rompem com os conceitos clássicos ao caracterizar uma forma primordial de percepção – percepção "fisionômica" ou expressiva – que tem por conteúdo a apreensão de qualidades dinâmicas e não a de "coisas".

Nós já nos detivemos, em aulas anteriores, na descrição de vários fenômenos que se configuram como experiências expressivas. Vamos examinar esta questão mais exaustivamente na reunião de hoje. Inicio retomando, resumidamente, um trabalho experimental sobre a percepção subliminar (cf., *infra*, pp. 243-244). Ele nos será útil para examinar o tema da expressividade e para discutir novamente a questão da percepção como "reprodução do dado", em oposição à percepção como criação espontânea.

Charles Fisher[1], a partir de 1943, retoma as experiências sobre a simbologia onírica, tal como Schroetter[2] as realizara em 1911 valendo-se da hipnose. Posteriormente, em 1956 e em 1957, prosseguiu em suas investigações, utilizando-se da exposição taquiscópica, técnica empreendida inicialmente por Pötzl, com vistas a estabelecer relações entre a psicologia experimental e a psicanálise. O núcleo dos descobrimentos com as exposições taquiscópicas consistiu na verificação de que estímulos não percebidos claramente pela consciência – estímulos subliminares – eram registrados. O artigo de 1957[3] é, para nós, particularmente instrutivo.

Em seguida à exposição taquiscópica (de 1/100 a 1/500 de segundo), as pessoas submetidas à experiência eram convidadas a realizar desenhos livremente imaginados e a descrever seu significado. As formas desenhadas são reproduções parciais ou apenas conservam relações espaciais, mas são sempre derivadas das figuras geométricas expostas.

A fim de explicar estes últimos resultados, Fisher recorre à clássica teoria das distorções decorrentes do processo primário: condensação, deslocamento, fragmentação, rotação espacial, transformação simbólica, etc. Segundo ele, os desenhos mostram que o registro sensorial dos objetos-estímulo

[...] pode se dar em uma forma altamente fotográfica. [...][4]

Quando isto não sucede (como nas experiências VI e VII, por exemplo), ainda assim, pensa ele, pode ter-se dado o registro total;

---

1. L. Farber & C. Fisher (1943), "An Experimental Approach to Dream Psychology Through the use of Hypnosis". *Psa. Quart.*, 12:202-16.
2. K. Schroetter (1911), "Experimental Dreams". In *Organization and Pathology of Thought. Selected Sources*. New York and London, Columbia University Press, 1965.
3. C. Fisher (1957), "A Study of the Preliminary Stages of the Construction of Dreams and Images". *JAPA* 5(1):5-60.
4. *Op. cit.*, p. 45

porém, em virtude do caráter subliminar da exposição, vulnerável aos processos de distorção,

> [...] Os registros que se dão nestes experimentos, subliminares, fracos, podem formar esquemas de memória altamente instáveis que facilmente se fragmentam e são submetidos aos vários tipos de distorção e transformação mencionados[5].

A interpretação do autor, sempre fiel à teoria psicanalítica clássica, entende as imagens do sonho (nas experiências após estímulo por exposição taquiscópica), assim como os desenhos construídos em vigília, como decorrentes de transformações de um arranjo sensorial básico que reproduz, como que numa fotografia, os estímulos originais.

Ei-nos, assim, conduzidos de volta ao núcleo central das questões que vimos propondo: a hipótese empirista segundo a qual as impressões sensoriais exibem um arranjo, uma síntese original, que seria cópia dos objetos do mundo real.

No entanto, as conclusões de Fisher merecem reparos. Elas violentam as observações e os resultados de investigações modernas sobre os processos da percepção. São as pesquisas da chamada Psicologia da Forma, entendendo-se por Forma, tanto a forma espacial, quanto a sua organização (*Gestaltqualitäten*). Já Köhler, na década de 1920, ao analisar as hipóteses empiristas, segundo as quais todo fato sensorial local é estritamente determinado por seu estímulo, visa a evidenciar que, ao contrário, as características dos estímulos, nas suas relações mútuas, têm um papel central na experiência sensorial local,

> [...] de sorte que certos aspectos de seu conteúdo virão em primeiro plano, ao passo que outros serão suprimidos em grau maior ou menor. [...] [Isto] equivale a uma transformação real de certos fatos sensoriais em outros [...][6].

(Exemplos nas pp. 170-172 e 174-205 da obra citada).

Desnecessário prosseguir no exame das contribuições da Psicologia da Forma. Releva destacar, para os problemas que aqui nos concernem, as conclusões sobre o processo de percepção, que não pode ser interpretado a partir de sensações ou de arranjos sensoriais concebidos como equivalentes a mera cópia dos objetos externos.

Eu insisto neste ponto. Todos os pensadores da psicanálise entendem a percepção como reprodução sensorial. No caso da percepção subliminar, acabamos de ver, ela é vista nos mesmos termos. Primeiro dar-se-ia a reprodução e somente após é que incidiriam os dinamismos do processo primário transformando dados originais.

---

5. *Op. cit.*, p.46.
6. W. Köhler, *Psychologie de la Forme*, Paris, Éditions Gallimard, 1964, p. 169.

Nós temos de compreender, porém, que a percepção, inclusive em condições subliminares – e, aqui, de forma privilegiada –, é sempre uma criação original. Nos exemplos reunidos por Fischer (cf. *infra*, pp. 244-245), podemos claramente verificar atos de construção simbólica. Na própria apreensão sensorial já se inicia um processo de abstração que destaca, dos estímulos "objetivos", elementos básicos, pregnantes, "expressivos", que servem de fundamento para a construção imagética e suas significações emocionais. Aponto, como ilustração: um examinando denominou um setor do seu desenho "linhas de destruição", revelando, por esta forma, a proeminência expressiva assumida por uma particularidade da figura exposta, em posição correspondente ao setor apontado do desenho.

Vocês todos que estudaram o processo perceptivo lembram-se de outras experiências feitas por estudiosos através do uso de figuras. Por exemplo, uma escada é vista ora de frente, ora por trás. O mesmo conjunto de impressões sensíveis é interpretado ora de um jeito, ora de outro. Tal interpretação não é feita por intermédio de um raciocínio. O conjunto sensível é o suporte de uma apreensão de um objeto que se organiza no espaço quer de uma forma, quer de outra. Temos aqui duas significações diversas articuladas a partir de um único contexto sensível. A psicologia clássica entendia que as significações são construídas diretamente sobre as impressões sensíveis de tal maneira que impressões e significações correlatas são uma reprodução, uma cópia do mundo externo. Mas, ao contrário, nós temos razão para supor que a significação é de ordem diversa da base sensível e sensorial sobre as quais ela é construída.

Em várias passagens de sua obra, Freud propõe que as impressões sensíveis devem servir a uma cópia fiel do mundo externo a fim de permitir ao ser humano conduzir-se diante dele. Todas as alterações dessa cópia seriam decorrentes da incidência do processo primário que alteraria a organização formal e a apreensão original – que seria a verdadeira – do significado dos objetos. O que temos visto, porém, é que estímulos sensíveis e receptividade sensorial estão num plano e percepção, em outro. Mais, ainda. A Psicologia da Forma nos ensinou que, mesmo no nível da pura receptividade, os estímulos sensíveis são objeto de seleção de tal maneira que as impressões sensoriais deles advindas não se configuram como reprodução do "dado". Uma coisa é o suporte sensorial das impressões que provêm do mundo, outra coisa é aquilo que aparece para o indivíduo como sendo um objeto no mundo, uma significação construída sobre este suporte. Deste modo, frente aos estímulos externos ou internos, impulsos e cinestesias emergentes integram-se com formas externas selecionadas e compatíveis. Susanne Langer denomina-as Formas Significantes. No caso da percepção subliminar, a síntese figurativa criada resulta, assim, de um processo de análise e de abstração das formas externas que se oferecem. Por outras palavras, a imaginação cria símbolos que dão forma à experiência, símbolos que não se derivam de cópia do mundo, mas são órgãos produtores da realidade.

O que vem de ser discutido tem íntima conexão com a produção de sonhos. O caráter expressivo-emocional que perfunde os chamados "restos diurnos", os estímulos de caráter subliminar, assim como a visão periférica, desempenha papel central na constituição do conteúdo imaginário do sonho.

Se, agora, relacionarmos toda a discussão precedente a respeito do registro sensorial do "dado" com uma questão concreta da teoria e da prática da Psicanálise como a fobia do Pequeno Hans, cabe a pergunta: atuam os processos de análise e síntese, isto é, os deslocamentos, condensações, simbolizações, etc., sobre uma organização sensorial já constituída? Ou seja, sobre aquela que corresponde à representação do pai, tal como ela nos é revelada após o processo de análise psicológica?

Penso que não. Não obstante o significado estar expresso na fobia, ele não está "representado no inconsciente" como tal. Em meu entender, os impulsos emergentes se cristalizam, no momento da eclosão da fobia, *mediante* a representação imaginária do cavalo, que lhes dá condições de síntese e de subsistência. Dito de outra forma: as excitações e os impulsos sexuais do menino, os impulsos destrutivos, a obscura apreensão de movimentos da cena primária, os sentimentos de ternura, tudo isto se organiza numa síntese sensorial e de impulsos e cinestesias projetadas em direções no espaço que modelam o processo imaginário imprimindo-lhe, *ab initio*, formas que encontram no cavalo condições de representabilidade. Os impulsos que se dirigem ao mundo dos objetos vão, *originariamente*, criar o mundo imaginário com a forma e com o conteúdo que aparece para a consciência.

No meu entender, *a fobia do pequeno Hans tem por função* constituir *um determinado nível de conflito e não mascará-lo. Impulsos e sentimentos, aqui, adquirem consistência e forma definida* mediante *a criação de uma concepção, de um conteúdo de pensamento. A realidade – para nós – do significado da fobia, se faz realidade para Hans, por meio desta concepção fóbica.*

Quero ressaltar, além disto, nos fenômenos acima descritos, a analogia de processos de construção simbólica que ocorrem na percepção subliminar com aqueles que surgem na fobia do pequeno Hans.

Voltemo-nos, agora, para as formas mais precoces da percepção expressiva. As raízes do processo perceptivo na criança não são associações de "elementos" sensoriais, mas *caracteres expressivos originais primitivos e imediatos*. A percepção "primitiva" não tem por conteúdo um agregado de qualidades sensíveis ou um objeto sensível ao qual se associam sentimentos ou impulsos. Supor, como propunha a psicologia associacionista do século XIX, que estímulos "simples" seriam os primeiros a atrair a atenção da criança e que, a seguir, entrariam em outras combinações, afirma Kurt Koffka, em 1921[7]:

> [...] é contrário a toda a experiência. Os estímulos que mais influenciam o comportamento da criança não são aqueles que parecem simples ao psicólogo porque sensações simples correspondem a eles. As primeiras reações diferenciadas ao som respondem à voz humana, portanto, a estímulos altamente complexos (e "sensações"). O bebê não está interessado em simples cores, mas em faces humanas [...]. E, precocemente, já na metade do 1º ano de vida, pode ser verificado na criança o efeito da expressão facial dos pais. Para a teoria do caos, o fenômeno correspondente à face humana é meramente uma confusão das mais divergentes sensações de luz, obscuridade e cor, as quais, ademais, estão em constante fluxo, modificando-se com cada movimento da pessoa em questão ou da própria criança e com a iluminação. E, no entanto, em torno do segundo mês, a criança conhece a face de sua mãe; na metade do 1º ano, ela reage a uma face amistosa ou hostil e de uma forma tão diferenciada que não há dúvida de que o que lhe foi dado fenomenalmente foi o rosto amistoso ou hostil e não qualquer distribuição de claro e escuro. Explicar isto pela experiência, considerar que estes fenômenos surgiram pela combinação de simples sensações ópticas entre si e com conseqüências prazenteiras ou de desprazer, a partir do caos original de sensações, parece impossível [...]. Ficamos com a opinião de que fenômenos tais como "amistosidade" ou "hostilidade" são extremamente primitivos – mais primitivos mesmo que u'a mancha azul, por exemplo.

E Cassirer[8] acentua:

> [...] Quando nós procuramos retroceder aos estádios mais precoces da consciência, a visão de que o mundo é aqui experimentado como um caos de sensações desordenadas, e que em cada uma destas sensações seria apreendida uma qualidade objetiva definida tal como luz ou sombra, quente ou frio, mostra-se absolutamente insustentável. [...]

Vemos, assim, como a investigação psicológica, sobretudo entre 1920 e 1930, ao retomar o problema da percepção, é conduzida a uma profunda e radical reformulação dos pressupostos da psicologia clássica. Esse campo, afirma Cassirer, foi aberto quando a análise psicológica se libertou de uma vez por todas da teoria das "sensações" que a dominou por séculos.

Em particular, as experiências perceptivas do lactente são experiências expressivas. Elas não se dirigem para o "quê" sensível do objeto, mas apreendem o modo de sua total manifestação, de sua tonalidade expressiva específica – o caráter de prazenteiro ou maléfico, sedutor ou ameaçador, familiar ou sinistro, estranho, fantástico, misterioso, tranqüilizador ou amedrontador – que, como tal, é a essência e o conteúdo do fenômeno. O caráter expressivo não é um apêndice subjetivo acrescentado ao conteúdo objetivo do sensível; ao contrário, é ele

---

7. K. Koffka (1921), in E. Cassirer (1923-1929). *The Philosophy of Symbolic Forms*. New Haven and London, Yale University Press, vol. 3, 1957, p. 64.
8. E. Cassirer (1923-1929) *op. cit.*, vol. 3, p. 64.

o conteúdo essencial da percepção; nem é intrinsecamente subjetivo, uma vez que dá à percepção sua coloração afetiva de realidade original e faz dela uma percepção da realidade. O aparecer de "algo" se dá como pura objetivação do impulso momentâneo, numa total fusão "fora-dentro". O ser que deseja, ao mesmo tempo em que se dirige a algo externo, remove uma tensão interna e a transforma em um "objeto"[9]. A expressividade é a unidade e fusão do externo e do interno (noção que corresponde à de identificação projetiva de Melanie Klein), não é apenas o subjetivo projetado para o exterior, nem cópia do exterior; os dois aspectos se determinam, uma vez que a objetivação somente é possível em contato com formas significantes adequadas. A percepção "primitiva" é uma síntese perceptiva primordial, na qual um impulso interior se articula *por meio* da configuração de "algo" externo. Esse "algo" aparece como um conteúdo expressivo; não um conteúdo sensível (luz, som, etc.) mais expressividade. A matéria das sensações foi aqui trabalhada e integrada numa totalidade sintética interna, a qual veicula o conteúdo da experiência como *conteúdo do que aparece ali, no algo*. Se quisermos distinguir o interno do externo como momentos abstratos do processo, impõe-se compreender que o "interno" é a matéria sensorial e de impulsos, organizada em estrutura intencional – o impropriamente chamado objeto interno –, *por meio da qual* algo externo adquire existência e aparece como conteúdo de consciência – o objeto puramente expressivo. Nesse mundo da pura experiência expressiva, o dado – o ameaçador, o tranqüilizador, o terrorífico – não consiste em qualidades emocionais *e* configurações objetivas (formas geométricas, linhas, cores). O que é dado é o sentido expressivo e nele se exaure a totalidade do conteúdo do fenômeno percebido.

Como mostra, também, Susanne Langer, o medo vive em puras *gestalten*; de objetos que não têm face nem voz, mãos ou cabeça, emanam advertências ou amistosidade, dignidade ou indiferença, agouro ou terror. Tudo tem expressão para a criança. E, insiste mais, que projetar sentimentos em "objetos" externos é o primeiro modo de simbolizar e, assim, de formar e conceber tais sentimentos.

Podemos compreender, desta maneira, que as experiências do seio para o lactente não têm por conteúdo fenomenal a síntese sensorial "seio" acrescida do sentimento da experiência junto ao seio. É mera abstração a suposição de que possa haver apreensão de uma forma externa "seio", de algum modo reproduzida no inconsciente como parte integrante do mundo interno. O objeto interno aqui não é uma transposição de algo externo que inclui a forma como tal, um "aqui", "ali", redondo, ou um luzir colorido, mesmo "em si", isto é implicitamente redondo, ou algo que aparece como qualidade sensível primária ou secundária. Inútil, pois, pretender encontrar na prática analítica aquela

---

9. *Op. cit.*, vol. 1, 1953, p. 181.

unidade senso-perceptiva que chamamos de seio. Se, por outro lado, as interpretações psicanalíticas são formuladas nestes termos, elas apenas designam um contexto afetivo, num léxico privativo, ao qual não correspondem objetos fenomenais acessíveis à consciência do paciente.

Devemos a Max Scheler[10] a descrição e análise da expressividade, já em 1923. Ao examinar uma série de investigações sobre a psicologia da infância, refere, entre outras, as observações de um bebê de 25 dias que

> [...] desde essa idade, havia manifestado um certo interesse pelos rostos humanos, e isto bem antes de ter reagido às excitações produzidas pelas cores. [...] Deste fato e de outros análogos, tiramos a conclusão que a expressão é a primeira coisa que o homem percebe naquilo que existe fora dele; e que ele somente percebe os fenômenos sensíveis como representativos de expressões psíquicas. [...] Os feixes de sensações, com os quais a psicologia associativa compõe nossa imagem do mundo, são uma pura ficção. [...][11]

E, mais adiante, na "percepção do tu", na relação "Eu-Tu", escreve:

> É porque nós apreendemos "outrem", não a partir de seus fatos psíquicos isolados, mas sempre e antes de tudo na totalidade de seu caráter psíquico e de sua expressão. [...] É a unidade expressiva do olhar "que me faz ver que tal ou qual indivíduo está disposto" a meu respeito de forma amistosa ou inamistosa; e eu o sei, antes mesmo de ter percebido a cor de seus cabelos ou de sua pele, a forma de seus olhos etc[12].

Após a descrição de conteúdos de vivências que denominaríamos, hoje, de identificação projetiva e identificação introjetiva[13], Scheler se detém, novamente, na "percepção do tu"; o que nós percebemos, "em primeiro lugar", dos outros homens com os quais vivemos, são

> [...] conjuntos indivisos que nós não separamos desde o início em duas porções, das quais uma seria destinada à percepção "interna", a outra à percepção "externa". Nós podemos, secundariamente, bem nos orientar no sentido da percepção externa ou no da percepção interna. Mas esta unidade individual e corporal que nos é "dada" *em primeiro lugar* representa, antes de tudo, um objeto acessível ao mesmo tempo à percepção externa e à percepção interna. [...] [Estes "fenômenos"] entram na composição de formações e de estruturas totalmente diferentes, após terem adquirido (no ato da percepção externa) a função de simbolizar o corpo do indivíduo [...] e (na percepção interna) a de simbolizar o *eu* do indivíduo [...] É assim que, segundo a percepção esteja orientada em uma ou outra destas direções, a mesma seqüência de excitações culmina, seja na percepção do corpo do indivíduo exterior (é um fenômeno que constitui a conseqüência intuitivamente percebida das impressões do mundo ambiente), seja na percepção

---

10. M. Scheler (1923), *Nature et Formes de la Sympathie*. Paris, Petite Bibliothèque Payot, 1971, p. 324.
11. *Op. cit.*, pp. 324-325.
12. *Op. cit.*, p. 331.
13. *Op. cit.*, pp. 333-343.

do *eu* deste indivíduo (isto é, um fenômeno que constitui a conseqüência intuitivamente percebida das expressões do mundo interior). É porque é essencialmente impossível decompor a unidade de um fenômeno de expressão (um sorriso, um "olhar" ameaçador ou acolhedor ou terno) numa multidão de unidades menores e obter, em seguida, por sua recomposição, a mesma percepção que o fenômeno primitivo e total nos havia fornecido. [...][14]

Max Scheler distingue, portanto, a percepção da expressividade, ou seja, da vida interior, daquela outra forma – percepção externa – que permite apreender a coisa, o objeto do mundo físico com seus atributos. É fundamental acentuar o fato de que a diferença entre percepção externa e interna não tem por base uma diferença no material sensorial, mas, como ele nos mostrou acima, uma diferença de formação.

Quando eu olho uma pessoa e ela de repente se ruboriza, eu não tenho impressões sensíveis do vermelho do rosto, da forma, do claro-escuro; eu tenho impressões, sensações internas que são o suporte de uma apreensão de vergonha. Eu não *interpreto* o vermelho como vergonha. Eu vejo o vermelho como vergonha, *eu vejo a vergonha*. Eu tenho a apreensão imediata de uma alteridade, de um outro, na sua intimidade. O chinês, que tem uma forma de escrita diversa da nossa – a ideografia é mais próxima da experiência sensível do que a nossa escrita abstrata –, também está mais próximo da visão expressiva das coisas; ele diz: eu vejo o ódio no teu olhar. Como é que se pode ver o ódio no olhar? Eu vejo um olhar, diria a psicologia clássica, e aquilo deve exprimir ódio. É que a psicologia clássica entende que há um estado interno que determina movimentos do rosto que se exprimem como um crispar, um olhar. O ódio seria este estado interno que se manifesta externamente. Em síntese, a percepção aqui seria um momento de um processo concebido em termos de causalidade. No entanto, a seqüência causal não é a forma primordial de apreensão da realidade humana. No exemplo aqui citado, é como se olhar e ódio fossem uma coisa só que, além disto, é "objeto" de percepção expressiva.

Como vemos, Scheler toma a evidência do "tu", isto é, da apreensão expressiva e afetiva do outro, como um dado certo e irredutível. Esta forma de percepção consiste em totalidades expressivas, não em associação de qualidades sensíveis determinadas e diferenciadas. O que é percebido consiste num todo primário e indiviso que, no entanto, pode assumir formas distintas, de acordo com duas direções diferentes da consciência. Eu posso dirigir-me a outrem captando qualidades expressivas da totalidade. Eu também posso ver o comprimento do seu cabelo, a cor do rosto. Eu tenho uma série de elementos básicos sensíveis que podem servir para orientar minha consciência em uma das duas direções. Ou bem eu apreendo, através de uma totalidade expres-

---

14. *Op. cit.*, pp. 355-357.

siva, o mundo interior de outrem, ou bem eu vejo uma coisa com qualidades, isto é, tamanho da cabeça, cor dos olhos, comprimento do cabelo, cor da roupa, e assim por diante. Não é raro uma superposição desses dois planos perceptivos. O que é importante acentuar, porém, é que a primeira visão consiste na apreensão da interioridade de outrem, a outra, do corpo com suas qualidades, como coisa no espaço e no tempo. Então se pergunta, como é que, vendo o exterior, eu apreendo o interior? É porque o interior não é causa do exterior. A existência de um interior e de um exterior nos aparece tardiamente como resultado de uma nova maneira de pensar. Isto porque nós aprendemos que os objetos do mundo se movem e existem no espaço, que o tempo existe como um correr permanente. Aprendemos, guiados pela linguagem, desde pequeninos, que certas coisas resultam da integração de certas qualidades, de certos atributos e de certas propriedades. É desta maneira que organizamos o mundo das coisas. Delas recebemos informações e a nossa consciência as apreende como um conjunto de objetos com suas qualidades, ordenados no espaço e no tempo, relacionados entre si. Esta forma de perceber é o fundamento da percepção trivial, base da edificação da ciência. E há uma outra forma de perceber, em que o mundo interior se revela na sua expressão, assim chamada, externa. Porque a relação interno-externo, tal como a ciência a define, não é a forma originária da experiência humana. Na forma originária, o homem já surgiu no mundo captando as intenções do outro; porque o mundo do outro, aquilo que se chama corpo, não é, ainda, concebido como separado do espírito. A relação corpo-mente é um eterno problema da história da filosofia. Mas, quando falamos em corpo e objeto físico, nós seguimos uma ordem do pensar que já dissecou o mundo nos seus elementos básicos constituintes, para reconstruir uma síntese que se chama corpo, concebido como objeto, como coisa. No entanto, a primeira forma de percepção na história humana – quer do indivíduo, quer da espécie –, aquela que está na origem do contato primordial entre os seres humanos, foi a captação, na exterioridade, do interior, ou seja, a apreensão dos aspectos dinâmicos e expressivos do ser humano. A relação entre interior e exterior, aqui, deve ser concebida segundo uma categoria diversa da que preside a instituição das categorias científicas de causalidade, as mesmas que permitiram a edificação de uma concepção psicológica segundo a qual o homem tem um corpo em cujo interior passam-se dinamismos psicológicos e sentimentos que se exprimem no seu exterior, no seu corpo. Na verdade, porém, a relação entre interior e exterior, entre o corpo e aquilo que ele exprime, configura-se como uma unidade semântica, simbólica, e não causal.

Diz-se freqüentemente que o primitivo, nas suas concepções míticas, busca, da mesma forma que o homem civilizado, as causas, as origens. Se damos o nome de causa, assimilando a teoria das origens, própria do mito, à teoria das condições, própria da ciência, nós confundimos dois planos, duas formas de pensar distintas. O pensamento mítico consiste numa elaboração intelectual que parte de valores expressivos. E esta elaboração intelectual se faz por meio de uma concentração da experiência, da contaminação e participação do expressivo, norteando os processos de análise e síntese. Análise e síntese próprias da ciência são de categoria totalmente diversa. Aqui ocorre uma separação no mundo fenomenal e uma definição de premissas que são o fundamento da ordenação dos fenômenos; essas premissas subentendem, sempre, a construção de conceitos abstratos, de princípios ideais. Foi por meio da construção das noções de massa, de inércia, de movimento, de espaço homogêneo, e da sua correlação por equações matemáticas, que se estabeleceram, por uma série de análises e sínteses, as condições que explicam o movimento. O movimento passa a ser agora concebido como um processo de premissas e conseqüências, de causas e efeitos.

Susanne Langer[15] discute longamente a percepção expressiva mostrando que ela não se limita ao âmbito puramente social, inter-humano. Ela cita os trabalhos de vários psicólogos, mostrando que, mesmo na percepção habitual de objetos, o fenômeno de percepção "fisionômica" ou expressiva freqüentemente precede ou até substitui a percepção de formas sensíveis descritas em termos de qualidades físicas. Por outro lado, em circunstâncias normais, a passagem de uma impressão inicial de "expressividade intrínseca" à percepção de "qualidades primárias e secundárias" é automática e instantânea na maioria das pessoas. Na infância, porém, este último processo é lento. A apreensão espontânea do sentido expressivo dos objetos, sabemos, pertence a um nível precoce da experiência. A expressão dos objetos como que espelha o seu dinamismo e essa forma de apreensão persiste no ser humano; quando desenvolvida, se torna fonte de visão artística. No que diz respeito ao trabalho psicanalítico, a sensibilidade à percepção expressiva da fala desempenha papel primordial.

Estabelecidos estes pontos essenciais para a compreensão da diversidade dos atos constitutivos da percepção, cabe, agora, examinar um outro aspecto. Trata-se do problema e conceito de *função representativa* como a denomina Cassirer[16]. Utilizo-me deste termo, no presente contexto, não, apenas, na acepção de *Vorstellung* (posição, colocação de um conteúdo para a consciência ou, literalmente, "colocação na frente"), mas na acepção da *significação* que o conteúdo de representação assume ou veicula. Exemplifiquemos. Reportemo-nos à experiência perceptiva da visão da linha, descrita na Primeira Aula. A

---

15. S. Langer (1967), *Mind: An Essay on Human Feeling*. Baltimore, The Johns Hopkins Press, vol. I, pp. 175-178.
16. E. Cassirer (1923-1929), *The Philosophy of Symbolic Forms*. New Haven & London, Yale University Press, vol. 1, 1953, pp. 85-105 e vol. 3, 1957, pp. 1-41 e 107-170.

experiência perceptiva puramente expressiva da linha se dá como uma pura objetivação do impulso momentâneo, numa total fusão "fora-dentro". É o que a reflexão, agora feita sobre a experiência anterior, permite supor. Já vimos, porém, que, na sua vigência, não há distinção de sujeito e objeto, não há consciência de direção ou de qualidades sensíveis. Merleau-Ponty[17] observa que

> Na percepção não pensamos o objeto e não nos pensamos pensando-o, nós estamos no objeto. [...] Neste estrato original do sentir – no qual vivemos quando se coincide com o ato de perceber e quando se abandona a atitude crítica – vivo a unidade do sujeito e a unidade intersensorial da coisa: eu não os penso como o farão a análise reflexiva e a ciência.

A qualidade expressiva preenche a totalidade da consciência; ela não está associada a outros conteúdos de experiência que possam ser significados, ou seja, representados naquele conteúdo. O fenômeno, tal como surge, não tem o caráter de *representação*, por meio da qual outros níveis e planos da realidade se atualizam e aparecem para a consciência. Ao contrário, o que é dado é *presença* autêntica, caracterizada pelo valor expressivo inerente na aparição. Força e aparição estão fundidas. Trata-se de uma realidade mágica; o que se percebe não *representa* outras províncias da realidade, mas *é presença* atuante.

O que denominamos identificação projetiva pura está situado neste nível de organização da consciência. Este conceito, que Melanie Klein desenvolveu posteriormente – em 1946 –, bem como o de posição esquizoparanóide – após 1930 –, encontram, aqui, na análise de Cassirer, entre 1925 e 1929, sua primeira configuração conceitual e descritiva[18].

Uma vez que, como vimos, no plano da pura expressividade não há conexão com outras experiências, com outros conteúdos de consciência, trata-se de pura presença, sem remissão a outros conteúdos. Conquanto eu tenha objeções para o componente paranóide do termo esquizoparanóide, utilizado no sentido persecutório – uma vez que o

---

17. M. Merleau-Ponty (1945), *Phénoménologie de la Perception*. Paris, Éditions Gallimard, pp. 275-276.

18. A década entre 1920 e 1930 foi, na Alemanha, um período de grande efervescência nas disciplinas psicológicas. Scheler, Koffka, Köhler, Klages, entre outros, aduziram contribuições decisivas para a psicologia da percepção e para a compreensão dos estádios do desenvolvimento da consciência. A obra magna de Cassirer – The Philosophy of Symbolic Forms (1923-1929) – além de sintetizar e aprofundar os estudos nessa direção, abriu novas dimensões para o entendimento das *formas* de consciência.

São evidentes, na obra de Melanie Klein, os reflexos diretos dessas concepções. Segundo penso, o ambiente cultural de Berlim, onde viveu, impregnado dessas idéias, propiciou-lhe a oportunidade para receber aquelas influências renovadoras.

mundo das experiências expressivas de identificação projetiva exibe um sem número de outras qualidades emocionais além das persecutórias –, cabe, no entanto, destacar o sentido do "esquizóide", isto é, da separação e isolamento dos conteúdos de experiência. Por outras palavras, não há, nos estádios iniciais do desenvolvimento psíquico, estabelecimento de conexões entre experiências; tais, que uma possa representar outra. Porém, o advento de nova etapa, fundamentalmente diversa, de organização da consciência, conduz à passagem para a *representação*. É importante penetrar a diferença fenomenológica entre a forma de *consciência puramente expressiva* e a *consciência representativa*. Como vimos, somos levados a crer que as experiências mais precoces da criança consistem numa sucessão e multiplicidade de impressões expressivas; momentâneas e evanescentes, cada uma preenche a totalidade da consciência, cativa e aprisionada pelos fenômenos expressivos que a assaltam de modo súbito e irresistível. Esses fenômenos, de resto, não seguem qualquer ordem. Sem transição qualquer, a impressão do familiar, do agradável ou do protetor, pode se transformar no seu oposto, no terrível ou ameaçador. Já no segundo mês de vida, porém, as observações sugerem que as experiências expressivas, embora ainda totalmente diferentes entre si e rapidamente mutáveis, como que gradualmente se condensam em figuras separadas que revelam certa permanência. Os fenômenos expressivos preservam sua força primordial, mas se fundem. Indício nítido da fusão e permanência é, por exemplo, a reação ao reconhecimento do rosto da mãe. E o que se inicia nesta direção é completado pela linguagem, cujos esboços já se delineiam mais adiante.

É a linguagem que abre a possibilidade de *encontrar novamente* e de reconhecer fenômenos totalmente diferentes e distantes entre si no espaço e no tempo. Da totalidade de uma experiência, são destacados certos elementos, os quais, ao mesmo tempo, servem de características que são tomadas como *representativas* do todo, que, assim, pode ser novamente reconhecido.

Somente quando um fenômeno é, por assim dizer, comprimido em um de seus fatores, concentrado num *representante,* somente então ele é resgatado do fluxo temporal. O que era arrastado na constante mudança, o que aparecia confinado a um momento singular, adquire permanência. E somente então, é possível reencontrar, no *aqui* e *agora* da experiência presente, o *não aqui* e o *não agora*. Entramos no mundo do signo, do símbolo, através do qual os conteúdos da consciência são interrompidos e mantidos.

A consciência começa a opor sua própria atividade para deter aquilo que passa em fluxo ininterrupto. À mera *presença* se substitui a *representação*. O surgimento e progressiva constância do mundo perceptivo e dos objetos deita suas raízes neste ato fundamental de *encontrar de novo* em que consiste a *função representa-*

tiva. É, portanto, uma função comum que torna possível a linguagem e a articulação do mundo perceptivo. Porém, ao mesmo tempo em que o simbolismo lingüístico emergente permite diferenciar e organizar a observação e a percepção, as quais se tornam mais "objetivas", ele inaugura uma nova etapa no desenvolvimento espiritual, afetivo e intelectual. Um mundo de significados suplanta a urgência dos meros impulsos, necessidades e correlatos "objetos" evanescentes do momento vivido. As observações sobre este momento de desenvolvimento mostram que quando a *função de representação* se cristaliza, quando, em vez de ser aprisionado por um conteúdo momentâneo, o ser humano apreende este conteúdo como *representante* de outro, ele ingressa em um novo nível de consciência. Veja-se, por exemplo, o famoso relato da cega e surda Helen Keller sobre a sua experiência do nascimento da linguagem[19]. É necessário, ademais, destacar um outro aspecto de importância central. A comunidade de vida mental, que, até então, a criança experimentara com a mãe, se amplia, conduzindo a uma nova visão das relações humanas, com a própria mãe e com as pessoas próximas. O mundo *comum,* que anteriormente permeara a vida mental do bebê unicamente através da externalização e internalização das experiências emocionais vividas quase que exclusivamente com a figura materna, num processo permanente de metabolização e reincorporação (identificação projetiva e introjetiva), como que se distancia e, por isso mesmo, se amplia extraordinariamente pelo acesso a uma nova forma de apreensão do mundo emocional, das pessoas e dos objetos. Presença e ausência são vividas num novo plano, o da *representação* perceptiva e imaginária; à submissão passiva e ao aprisionamento nas tensões do momento, se substitui a possibilidade de criação ativa – na representação imaginária e no reconhecimento perceptivo – e de preenchimento da ausência por uma presença ausente. Inicia-se o processo que conduz à distinção entre o eu e o mundo, processo que, com profunda agudeza, Melanie Klein caracterizou como o da posição depressiva.

Em vez de interrogar-se sobre os processos pelos quais a psique se torna psique, escreve Cassirer[20], referindo-se aos empiristas, deve-se

[...] seguir a percepção de volta até o ponto em que ela é, não percepção de coisas, mas é puramente expressiva e onde, de acordo com isto, é interior e exterior em um. Se problema existe aqui, ele diz respeito não à internalização, mas à ininterrupta

---

19. H. Keller (1902), *The Story of My Life*. Golden City: Dobleday, Doran & Co., 1936, pp. 23-24.
20. E. Cassirer (1923-1929), *The Philosophy of Symbolic Forms*. New Haven & London, Yale University Press, vol. 3, 1957, p. 84.

externalização, por meio da qual os caracteres expressivos originais se transformam, gradualmente, em características objetivas e determinações e atributos de coisas. Esta externalização se amplia à medida que ela se move para o mundo da representação e, finalmente, de puro significado.

E Merleau-Ponty[21]:

[...] é necessário re-encontrar, aquém da idéia do sujeito e da idéia do objeto, o fato da minha subjetividade e o objeto no estado nascente, a camada primordial onde nascem as idéias assim como as coisas. [...]

Contudo, deve-se ter em mente que, embora a linguagem progrida no sentido da representação e da significação, jamais ela abandona sua profunda conexão com as experiências expressivas primárias. Nas etapas iniciais, sobretudo, isto se revela na igualdade entre conteúdo do signo e conteúdo da "coisa" (equação simbólica). Mesmo depois, porém, o simbolismo lingüístico permanecerá sempre entremeado com caracteres expressivos, os quais se mostram presentes mesmo nas realizações intelectuais supremas.

À medida que o ser humano avança para a objetividade, o extrato das experiências expressivas vai se modificando e se transformando; mas ele não é abolido, porque, se o fosse, o fenômeno fundamental da percepção da "vida" e da vitalidade desapareceriam com ele. Certas formações fonéticas, rítmicas, sonoras e melódicas revelam a íntima fusão da significação designativa e da função puramente representativa da linguagem com os aspectos expressivos. E são estes aspectos que dão aos atos de linguagem a qualidade específica pela qual se manifesta a *presença* e o valor emocional, o sentido afetivo do mundo natural e humano.

Mas, seguindo, ao mesmo tempo, outra vertente, aquela em que o ser humano progride em direção à função representativa e, por fim, puramente lógica, o mundo como que se distancia, para, afinal, se constituir, ao termo desse processo, num universo de causas naturais e de leis. O que implica uma progressiva *des-animação*, um confinamento e restrição dos valores expressivos, os quais, não obstante, perduram e permeiam o mundo, emprestando-lhe o caráter de *sentido* (*sinn*) que ele assume para o homem, em meio e ao lado dos atos teóricos de significação e designação[22].

Cabe aqui fazer um comentário sobre uma divergência fundamental entre Cassirer e Merleau-Ponty, no que diz respeito à função de

---

21. M. Merleau-Ponty (1945), *Phénoménologie de la Perception*. Paris, Éditions Gallimard, p. 254.
22. Sentido é tomado na acepção de Lyotard que distingue: sentido (*sinn*), significação (*deutung*) e referência ou designação (*bedeutung*). Lyotard, J. F. (1978). *Discours. Figure*. Paris, Éditions Klincksieck.

representação e ao papel que ela desempenha no contacto com o mundo. Nós vimos, na Quarta Aula, que, no exame dos casos da patologia, Cassirer procura evidenciar a preservação do contato vital e concreto com o mundo e a impossibilidade de transpor o nível da experiência imediata para a esfera mais abstrata de constituição de significação que ele denomina de função representativa. Já Merleau-Ponty vê nos mesmos pacientes uma deficiência primordial no plano existencial, seja do comportamento, seja da apreensão da significação dos objetos. Distintas, embora, essas duas filosofias da subjetividade se reencontram na caracterização dos fundamentos do processo perceptivo e na crítica aos pressupostos empiristas da Psicologia Clássica. Cassirer encontra na Fenomenologia um método que o conduz, a partir da percepção expressiva, ao problema da construção dos símbolos culturais e das modalidades de significação neles inerentes; Merleau-Ponty descreve e busca fundamentar a forma de experiência existencial da percepção e do comportamento humanos. Cassirer fala em percepção expressiva, em caracteres fisionômicos da percepção; Merleau-Ponty aponta os elementos fisionômicos da percepção no seu nível pré-reflexivo, existencial.

As diferenças aqui apontadas, surgidas, embora, no decorrer do exame da patologia, se estendem à psicologia normal. Por outras palavras, Merleau-Ponty vê, no contato espontâneo com o mundo (no sentir, na ação, na fala, na escrita etc), o desdobrar-se do nível existencial, ao passo que Cassirer faz intervir, nesse contato, ainda que irrefletido, a função de representação. Contudo, tais diferenças doutrinárias não diluem as convergências dos dois pensadores relativas ao nível existencial e valor expressivo das configurações da subjetividade e suas manifestações.

Efetivamente, quando se percorrem os textos destes dois autores, fica patente a proximidade entre ambos quando se trata da rica descrição fenomenológica da experiência subjetiva no plano existencial (Merleau-Ponty) e no nível expressivo (Cassirer). Vejam-se, em Merleau-Ponty, as páginas 119 a 172 e 281 a 344 da *Phénoménologie de la Perception* e, em Cassirer, os dois primeiros volumes (*Language* e *Mythical Thought*) e os capítulos 2 e 3 da parte I e capítulo 1 da parte II do terceiro volume (*The Phenomenology of Knowledge*) de *The Philosophy of Symbolic Forms* e, ainda, *Language and Myth*[23].

Extraio, desta última obra, um episódio de caráter expressivo relatado por um missionário (Spieth). Um homem da tribo dos Ewe, em Anvlo, Togo do Sul, é subitamente presa de intenso pânico ante a visão de uma enorme árvore baobá. Ao readquirir o domínio de si mesmo, dirige-se ao feiticeiro da tribo para relatar a experiência que viveu e

---

23. E. Cassirer (1925), *Language and Myth*. New York: Dover Publications Inc., 1946.

pedir uma explicação. Diz-lhe o feiticeiro que, na visão, se revelou a ele um *tró*, uma divindade pessoal, e que o medo sentido foi o sinal da revelação. O importante, aqui, é que o pânico, o terror, é objetivado, ele é uma "coisa", o terrorífico; não há consciência de árvore terrorífica, mas de puro terror como se fora algo no mundo com essa qualidade, algo que exaure a totalidade do conteúdo da consciência perceptiva. Quanto ao papel do feiticeiro, sua palavra permitiu articular num contexto significativo próprio à cultura do grupo, uma vivência puramente expressiva e, por isso, desconectada dos demais conteúdos de experiência pessoal – uma vivência esquizoparanóide. Tal como no processo psicanalítico, assistimos aqui à inclusão de certas vivências, que aprisionam a totalidade da consciência, em novas formas simbólicas da consciência, por intermédio de conexões com o conjunto pré-existente de experiências subjetivas dotado de significação.

Vamos a outro exemplo. "Vivir al Revés" é o título espanhol de um filme francês que versa sobre a história de uma desagregação esquizofrênica num jovem. Há uma cena em que o vemos absorto diante de uma imensa árvore frondosa, o sol em miríades de reverberações brilhantes através da folhagem. A câmera se desloca circundando a cena e nos contamina com a vivência de fascínio do personagem, em êxtase diante da visão inebriante. Um guarda do jardim se aproxima: "O senhor gosta de árvores? Esta é uma... (e dá o nome científico da espécie)". Nosso personagem estremece, como que acorda. E responde: "Detesto árvores".

Assim como no primeiro relato, este jovem não vê uma *árvore*. A psicologia clássica e a psicologia psicanalítica diriam que as impressões sensoriais reproduziriam subjetivamente a imagem de uma *árvore*. Como se trata de um psicótico, os processos primários desorganizariam a estrutura das impressões sensoriais originais que, fragmentadas e conectadas com determinados impulsos, dariam origem à visão fascinante. Em outras palavras, uma vivência esquizoparanóide originada a partir da desconstrução e fragmentação de uma representação "real" inicial, pela intervenção do chamado processo primário. A explicação para o processo seria a mesma que Fischer empresta às alterações nos experimentos de percepção subliminar acima citadas. A meu ver, porém, a percepção inicial dos nossos personagens é tão real quanto aquelas que ocorrem em formas simbólicas mais complexas. Eles não vêem uma *árvore que é terrorífica ou fascinante*. Eles *vêem apenas o terror ou o fascínio substantivados em algo* que absorve a totalidade de uma consciência puntiforme, na qual não há, neste instante preciso, conexões com outras experiências. É por isto que o jovem do filme, imerso no fascínio, reage irritado com o guarda florestal que o retira deste estado e o conduz de volta ao mundo dos valores triviais. É claro que estamos diante de formas de perecimento e desintegração da vida simbólica, denominadas esquizoparanóides; nestas, no entanto, encontramos formas de percepção que captam aspectos expressivos do mundo com o mesmo estatuto de realidade quanto a visão artística e mítica. É claro, também, que, na emergência da primazia assumida pelas vivências expressivas e o seu reflexo na desintegração da consciência, intervêem motivações e determinações decorrentes de relações objetais accessíveis à compreensão pelo processo psicanalítico. Mas não é deste aspecto que aqui estamos tratando e sim da falácia segundo a qual o fascínio seria ilusório. O fascínio é real e qualquer pessoa é capaz de experimentá-lo, assim como o é de outras ocorrências expressivas, em momentos múltiplos que entremeiam nossa vida trivial. Por outro lado, aquele jovem, repetimos, se distancia da vida "real" concebida como forma de integração habitual.

O que importa, aqui, é que o terror e o fascínio são puro terror e puro fascínio, são *objetos* percebidos. É errôneo aplicar os conceitos de causalidade e de determinação sensível e sensorial, segundo o velho esquema da associação de impressões sensoriais, para compreender o mundo da expressão. Recordo aqui o que examinei acima com relação à percepção dos primeiros *objetos* pela criança (seio bom e mau). Não há, nos dois episódios relatados, de um lado, *árvore percebida* e, de outro, vivência apreendida como *subjetiva*. O terror e o fascínio estão ali, são *coisas*. Para nós, observadores, existe algo exterior, mas para a consciência que vive a experiência, não há distinção, neste momento, entre exterior e interior, há fusão absoluta no "objeto". O processo aqui é análogo àquele descrito em nossa primeira reunião, quando eu os convidei a viver o movimento na linha: o movimento está lá e eu sou o movimento. Eu não vejo um objeto em movimento, mas eu vivo, eu mimo com o meu corpo o movimento, eu sou uma totalidade imersa no movimento. Para mim, enquanto observador, que depois reflete sobre a experiência, há um sujeito e um objeto, mas a experiência vivida é de comunhão absoluta entre ambos, o *sujeito* está totalmente imerso no mundo do assim chamado *objeto*. Eis o que Cassirer denomina experiência expressiva e que Melanie Klein considera como fundamento do que denominou de identificação projetiva, a qual consiste, em última análise, na apreensão de constelações emocionais de si próprio em outrem, em estádios mais desenvolvidos de maturação do ego. Considero, porém, inadequada a expressão "identificação projetiva", quando utilizada para designar o processo nos momentos iniciais do desenvolvimento psíquico, nos quais o que se projeta é apenas o impulso, uma vez que não há, ainda, estruturas subjetivas constituídas. Mas, adequada ou não a terminologia, o fundamental é entender que os primeiros objetos de uma consciência incipiente nascem sob a forma de percepções expressivas.

A consciência não tem dentro de si objetos. Ela é um ser de dupla face. Ela se ancora no corpo, do qual recebe impressões de movimentos e dos demais campos sensoriais – é o seu lado imanente, interno, base da vivência, do componente noético – e estrutura a forma de constituição dos objetos externos – do componente noemático. Os objetos externos, imaginários ou reais, nunca estão dentro. Eles são apreendidos fora. Por isso, é errôneo dizer-se que estruturas objetais internas são projetadas nos objetos externos. O que se projeta é um movimento interior, é uma intenção, é o que Freud denominou impulso. O impulso se dirige para fora, porque é da essência do movimento e do ato intencional "dirigir-se para". E ao "dirigir-se para", ele produz um objeto. Se é assim, o que se projeta é um impulso e não algo interno constituído como objeto. Há que considerar que a projeção de movimentos inclui toda a complexidade inerente à cinestesia (direção, tensão, elementos ponderais etc.). Além disto, são projetados fatores sensoriais apreendidos como tonalidade e cor, de primacial importância na determinação de qualidades afetivas do objeto.

O que vai se formando internamente é a estrutura intencional, é a organização dos impulsos. Segundo a psicologia clássica, os objetos externos são reproduzidos como imagens internas. Na verdade, porém, o mundo interno consiste em uma ordem, uma complexa organização de impulsos, uma delicadíssima organização de estruturas de movimentos intencionais que, projetados e espacializados, possibilitam a determinação dos objetos. É ilustrativo seguir este processo – como experiência fenomenológica – em qualquer conteúdo fenomenal, objetivo. Vejam-se, por exemplo, as descrições constantes da primeira aula (consciência imaginária da Argentina) e da segunda aula (descrição do *analogon* nos processos imaginários relativos a trabalhos experimentais sobre *esquemas simbólicos nos processos do pensamento produtivo*). Quero fazer menção, ainda, reportando-nos ao trabalho psicanalítico, ao exemplo clínico referido na terceira aula, através do qual podem ser apreendidos movimentos interiores que intervêm na produção de objetos imaginários (os arbustos) e na determinação de aspectos da temporalidade.

O que é o desenvolvimento dos impulsos? Os impulsos estruturam-se pela progressiva domesticação, socialização. Mas, uma vez assim constituídos, só os impulsos permanecem internos, não os objetos; não temos representações internas – no sentido preciso desse termo – dos objetos.

Há um trabalho de Freud sobre a memória em que ele vai mostrar que são as diferenças que são impressas. Eu aprendi a pegar um copo. Para pegar um outro copo maior, eu estendo a minha mão num novo movimento diferente do primeiro. Eu tenho já o copo representado dentro de mim? Se o copo estivesse representado como tal, o meu movimento natural seria aquele que eu aprendi. Por que a minha mão espontaneamente se abre num novo movimento? Eu tenho puro movimento como representação interna, como inscrição interna. E os movimentos prepostos a cada objeto, na hora em que os objetos são apreendidos, são diferentes uns dos outros. É este movimento, diferencial, diríamos, atualizado, que produz a apreensão de um objeto, tanto na percepção quanto na imaginação.

Quando eu olho um objeto eu não tenho um movimento, eu tenho uma sensação de movimento não realizado, que se traduz em intenção que participa na constituição de um objeto. Mas se quiserem continuar a falar em projeção de objetos internos, vocês estão livres... Haveria, então, um mundo de objetos externos e um mundo de objetos internos. Mas eu penso que o mundo interno é pura estrutura de intenções, *formas que ordenam as concepções*.

Retomemos as experiências expressivas. É importante acentuar, como já vimos, que a apreensão de sentidos emocionais assim objetivados é a primeira forma de constituição e de concepção de tais emoções. Isto, nos primórdios do desenvolvimento da criança. E no adulto? Aquele "primitivo" de Anvlo, no Togo, vai à caça: ele sabe contar e, se matar dois animais, ele sabe que são dois e os leva para casa. Ele constrói seus instrumentos, ele está inserido no mundo de conhecimentos práticos e técnicos da cultura na qual está integrado. Ele não se alça ao conhecimento científico, mas participa de uma realidade cotidiana que é, sob este aspecto, superponível à nossa. Em meio a isto, ele pode ter a experiência, como nós também, do fascínio, da perseguição, de um estado crepuscular de ódio, do clima passional. Eu passo numa rua, por uma construção. Cai um objeto, eu me apercebo, eu de repente fico transido, eu me desvio, ativa-se um esquema interno, próprio de uma estrutura funcional assim chamada esquizo-paranóide, para me pôr a salvo, ou eu fico paralisado, ao sabor do perigo. Eu sequer me dou conta se é um tijolo colorido, um pedaço de concreto, um caibro. Talvez eu me dê conta vagamente de uma forma, mas trata-se de uma *forma perigosa*, despojada das demais qualidades sensíveis dos objetos da percepção trivial. O que acontece neste estado? Há uma total contração da experiência, tudo o mais que pertence ao acervo subjetivo se eclipsa e desaparece, só aquele objeto é centro da minha atenção e absorve a totalidade da minha consciência.

Quero deter-me, agora, numa qualidade peculiar da percepção expressiva. Como vimos, a pura presença do que aparece contém e aponta para um conteúdo inominável – de força, de magia, de terror, de fascínio, de harmonia, de tranqüilidade, de agouro etc. – que ultrapassa o limiar do meramente sensível. Temos aqui a configuração da *pregnância simbólica* inerente mesmo nas formações expressivas mais primitivas.

É importante lembrar que as imagens do sonho exibem nitidamente um caráter expressivo. É fato corriqueiro que a multiplicidade das ações que ocorrem no sonho facilmente desaparecem da memória. Não, porém, as imagens que, por isto mesmo, contraem, em si, no próprio conteúdo imagético, as ações que se desvaneceram. E é, por isto, que as imagens oníricas, sempre revestidas de um halo de magia e expressividade, apontam para algo além do seu próprio conteúdo imagético. Este sentido, meramente sugerido, dá à imagem do sonho o seu caráter de protótipo, de forma primordial de construção simbólica. Podemos supor que as imagens do sonho, destacadas, embora, do contexto das ações nelas implícitas, constituem momentos de condensação intelectual produtoras de abstrações de puras formas que, então, podem vincular-se a percepções da vigília que mantêm, com aquelas formas, relações de identidade ou de semelhança formal ou emocional. Eis o que me parece ser o fundamento de construção da vida simbólica humana. É assim que a intuição perceptiva de forma, perpassada de um halo de sentido, passa a ser intuição semântica, intuição de significação. Acredito que, na evolução da espécie, assim como na ontogênese individual, este processo desempenha função primordial no surgimento e desenvolvimento da função de simbolização. É claro que o advento da linguagem vai, aí, constituir momento decisivo. Mas, este momento, no seu início, terá como resultado a assimilação e a inclusão, no sentido das palavras, de formas perceptivas, semelhantes e mesmo dissemelhantes, que possuam idêntico valor afetivo. Veja-se o exposto na quarta aula.

Quero fazer menção, ainda, a um outro dinamismo presente neste importante capítulo da economia psíquica que é a função de percepção expressiva. Em uma observação realizada em 1931, Wolfgang Köhler aponta para uma diferença essencial entre a percepção visual de antropóides superiores e do homem. Se eu estendo uma escada para um chipanzé, ele a segura por uma parte aleatória independente de um centro de gravidade. Já uma criança, mesmo de pouca idade, trata de equilibrá-la em torno de um centro de gravidade. Isto nos revela uma propriedade importante do campo visual humano, qual seja a de projeção nos objetos de um centro de equilíbrio. É, talvez, a expressão mais simples de projeção de tensões corpóreas e sua descarga na configuração e determinação de pontos de equilíbrio que representam descarga de tensões internas. O mesmo processo deve ocorrer, sem dúvida, na apreensão perceptiva e expressiva de objetos que, por suas características, permitem a objetivação perceptiva de outras formas de tensão do mundo interno dos impulsos que, assim projetados, conduzem a descarga destas tensões. Eis como a expressividade no objeto é o correlato de tensões internas. O que, aí, é de primordial importância, também, é a objetivação concreta das funções de sinestesia, ou seja a transferência de impressões e tensões dos diferentes campos sensoriais para a primazia da função visual.

É importante considerar, agora, ainda sob o título do que estamos tratando – a percepção expressiva – uma questão clássica da teoria psicanalítica: as recordações encobridoras. Freud entendia tais recordações como o resultado de transformações sucessivas de inscrição de acontecimentos, reais ou imaginários, em camadas diversas da memória, ocorridos em situações emocionais pregnantes, recordações que seriam, ao mesmo tempo, defesas e manifestações de conteúdos inconscientes intimamente conectados com aquelas recordações. A essência do processo psicanalítico consistiria na recuperação pela consciência dos conteúdos inconscientes, o que abriria caminho para sua integração no contexto e na seqüência dos acontecimentos da vida que, então, se completaria como história pessoal – tudo isto configurando o que se denomina construção em psicanálise. Eu, porém, entendo as recordações como momentos expressivos cujos conteúdos exibem a totalidade de sentido neles inerente e que não escondem atrás de si nenhum conteúdo inconsciente.

Quando falo em conteúdos que exibem a totalidade de sentido, não quero com isto dizer que o sentido esteja literalmente expresso. Já afirmei em outro local que tudo se revela, de modo velado, porém. Velado, aqui, significa uma forma expressiva própria, exclusiva. Como uma fala poética que, por isto, é prenhe de sentido. A forma literal, descritiva de um estado emocional, supostamente plena, não é homogênea à vida emocional. Ela é uma aquisição tardia, reflexiva; por isso, não será propriamente *revelada*, mas será edificada no decorrer do processo analítico através do surgimento de novas representações imaginárias e verbais. A palavra "velado", acima utilizada é, a rigor, imprópria e deve ser entendida na acepção precisa do que pretendo descrever. Velado é o sentido quando se pretende aferi-lo pela significação literal. Bem entendido, o literal, aqui, refere-se às representações (as supostas representações de coisa e suas cargas de impulso). Ora, o literal não existe previamente, nem na consciência, nem fora dela, como conjunto de representações inconscientes.

Tomando sempre a fobia do pequeno Hans como paradigma de nossa discussão, os vários episódios que constam do relato de Freud, as lembranças e fantasias do menino, entendidas como recordações encobridoras, nada encobrem; eles são constelações expressivas que configuram um conteúdo que a consciência cria como significação da situação emocional vivida.

Em outras palavras, um sentir adquire forma mediante sua expressão que, no caso de Hans, são os episódios acima citados, as lembranças, as fantasias e o conteúdo da fobia. Nos nossos pacientes, o sentir, expresso na fala e no relato. Mas este sentir pode transmutar-se em nova forma através do que se denomina interpretação. Esta nova forma, esta interpretação, é discursiva ou, se quisermos, literal. Sempre apoiada num fundamento expressivo, de comunicação afetiva. Além disto, a nova forma significa transformação radical em dois níveis diversos. Primeiro, significa a criação de uma linguagem comum a dois seres humanos, ou seja, uma comunhão, uma *comunicação*. Segundo, significa uma transposição de uma forma simbólica da vida emocional para uma nova forma simbólica, com enriquecimento no plano da consciência de si e, por isto, a maior distância de si. A partir desta aquisição, será possível estabelecer novas conexões com momentos diferentes, com conteúdos e expressões ainda que diversos, porém derivados de um mesmo núcleo emocional, de um fundamento comum de impulsos. E isto à parte do estabelecimento de uma paulatina correlação entre distintas constelações emocionais que integram a personalidade.

6. Sexta Aula: Retomadas e Avanços

Abordamos na nossa última reunião a função expressiva que, em síntese, dá uma cor especial, empresta um sentido emocional à percepção do mundo. Prosseguindo em nossa caminhada, retomo esta questão com vistas, agora, ao estudo do sentimento. Pudemos entender que a percepção expressiva é uma forma original de apreensão, totalmente diferente da apreensão das qualidades sensíveis dos objetos. Em contraposição a isto, nós estávamos habituados a pensar, de acordo com a psicologia clássica, que temos, em decorrência da receptividade sensorial, uma série de sensações elementares produzidas pelos objetos, as quais seriam imagens destes. Da associação destas sensações elementares básicas resultaria a constituição de um mundo de imagens e representações dos objetos com suas qualidades sensíveis às quais se vinculariam impulsos e afetos. O afeto seria, em si, um processo distinto da percepção e representação dos objetos. Antecedendo o surgimento da linguagem, e mesmo independentemente dela, eu apreenderia qualidades como cor, como forma etc. que, porém, ainda não seriam nomeáveis. O sentido afetivo de tais imagens e representações decorreria do lastro de impulsos que a elas se associa e que as impregna; assim, de acordo com as concepções ainda hoje vigentes na psicanálise, as representações mais precoces sempre conteriam elementos imagéticos, cópias das qualidades sensíveis dos objetos. Vale dizer que estas experiências, de intenso caráter emocional, incluiriam o registro de imagens tais como as de calor, cor, forma do seio. É desta maneira, também, que são concebidas as representações de objetos parciais segundo o pensamento de Melanie Klein. Há, porém, um erro fundamental na noção de que os registros sensoriais internos produzidos pelos objetos externos sejam *imagens* de suas qualidades sensíveis. Eu repito aqui o que já foi falado várias vezes ao longo deste curso. O *sensorial* e o *sensível* são de ordem diferente. A luz, a cor, são qualidades *sensíveis* dos objetos e determinam *sensações* que, em si próprias, diferem daquelas qualidades, *sensações* que não são reproduções, não são imagens. Sem dúvida, nos primeiros meses de vida, o infante apreende, sim, impressões que são profundamente matizadas de sentido, experimenta vivências de intensa significação afetiva dos objetos; mas, estes "objetos" são apreendidos exclusivamente *como* qualidades emocionais; não como representações *sensíveis* (na acepção estrita deste termo), às quais se associaria um sentido afetivo. O que fere, por primeiro, a criança é a expressividade afetiva de outro ser humano. A criança é sensível à forma, mas esta não é apreendida como tal. A forma, como linha, como contorno distinto de um fundo, assim como os elementos cromáticos, são apreendidos com sentido emocional, mobilizando impulsos.

Diga-se, de passagem, que tais valores expressivos da forma e da cor são elementos fundantes da percepção estética nas artes plásticas. Em Kandinsky, linhas e cores induzem no corpo vivências que servem a concepções irreflexivas de ritmos do espaço. Lembrem-se, também, do que eu dizia a propósito da leitura (Quarta aula), na qual a fisionomia e o valor expressivo da letra evocam a significação através da mobilização do corpo e de intenções de movimento. É esta a força primordial da letra. Os pintores modernos resgataram este sentido através da figuração de letras em seus quadros dando, assim, destaque a formas originárias de percepção. Em Paul Klee, um notório **R** convida o corpo a percorrer, num movimento virtual, a sensualidade da letra. Eis aqui manifestações similares àquelas examinadas na nossa primeira aula, a propósito da percepção expressiva de uma curva. O artista plástico descobre no mundo tensões, movimentos e dinamismos que ele exprime nas imagens que cria na pintura e na escultura. O mesmo ocorre nas diferentes formas de arte, na dança, na música, na poesia e no drama. Estes dinamismos são também inerentes às formas de articulação, ascensão e relaxamento dos ritmos próprios à vida do sentimento. Em outras palavras, a obra de arte revela uma *forma* análoga à do sentimento. Eis porque é ela uma forma de objetivação, de concepção, do sentimento humano. Costuma-se dizer que a obra de arte é uma síntese orgânica; ela revela dinamismos característicos da vida, dos seus ritmos de ascensão e decréscimo de tensões. E, por isto, também, ela é expressão da temporalidade própria à vida subjetiva, do seu ritmo, ritmo entendido como forma de movimento e suas tensões.

É esta uma problemática de importância fundamental para nós, psicanalistas. A sessão analítica não é uma obra de arte. No entanto, a semiologia da obra de arte é um instrumento valioso que nos permite compreender que a expressão dos sentimentos, na fala do paciente, obedece a conformações estruturais peculiares e análogas às que são determinantes do objeto artístico. Vale lembrar que a noção de *atenção flutuante*, cunhada por Freud, subentende a suspensão da atenção à ordem discursiva própria à sintaxe gramatical preposta à significação de referência ou denotativa, de modo a abrir a sensibilidade do analista para conexões semióticas de outra natureza, para valores expressivos reveladores de intencionalidades e sentidos afetivos, não raro inomináveis e inefáveis, sempre presentes e implícitos no dizer da fala humana. Olhar e ouvir as coisas do mundo, como se elas não mais estivessem inseridas na ordem trivial habitual, abre a percepção para um halo de sentido indizível que delas emana, seu aspecto *fisionômico* ou *expressivo*.

Eu falava das experiências expressivas primordiais e originais nas fases iniciais do desenvolvimento psíquico. Elas são dispersas e absolutamente independentes umas das outras. Não há, ainda, uma atividade coordenada interna que permita fixar uma intenção e, com isto, deter o fluxo das impressões para produzir uma apreensão estável. Trata-se, pois, de apreensões emocionais de suceder aleatório. Quando uma tensão interna se descarrega num objeto, este objeto é apreendido com qualidade expressiva. Em outras palavras, nas fases iniciais do desenvolvimento, um impulso interno, quando se dirige a algo no mundo, conduz à criação de um sentido expressivo apreendido como sendo este algo. Nesta experiência não há distância, sujeito e objeto estão fundidos, há uma unidade do interno com o externo. Para a consciência que vive a experiência, o conteúdo do que aparece, o fenômeno, é uma totalidade que a preenche, é uma totalidade expressiva na qual se exaure o sentido do que é percebido. Temos assim, nesta fase, uma permanente externalização de impulsos que levam à constituição de unidades expressivas na percepção. É desta forma que se cristalizam os primeiros conteúdos da consciência, é desta forma que nascem os primeiros *objetos* para a consciência humana. Conhecemos este processo sob a acepção de identificação projetiva, matéria que ainda discutiremos mais adiante. A mãe do bebê é que estabelece esta união do mundo interior com o exterior; o nascimento da vida da consciência se dá em contato com o mundo humano através da apreensão de qualidades expressivas.

Os sentidos expressivos primordiais são evanescentes e não recorrem de uma maneira uniforme. Nada há na vida interior que permita apreender semelhança ou diferença de experiências; nada há que possa fixar uma experiência e compará-la com outra. Estes estados incipientes da consciência são conteúdos puntiformes, vividos como momentos isolados que configuram o que se denominaria uma consciência esquizóide. Dizer que uma experiência é igual a outra implica reconhecimento, identificação, assimilação; numa palavra, implica memória. E memória é uma aquisição tardia. Há uma grave incompreensão do que é memória, que subentende a noção do surgimento da experiência interna de tempo. A "memória" que denominamos "biológica", tida como uma das funções básicas da vida orgânica, a capacidade do ser vivo de gravar impressões que acabam por determinar os padrões das condutas ulteriores, falseia a noção de memória, que passa a ser concebida como decorrência de uma sucessão de experiências e da inscrição dessa sucessão. O que caracteriza a memória não é a sucessão das representações mas, ao contrário, a *representação de sucessão*. E, representação e apreensão de uma sucessão, isto é, de uma ordem temporal, de um antes e de um depois, não tem nada a ver com a sucessão das representações. É preciso que, além da sucessão e da gravação das impressões, surja uma nova função que determine que esta inscrição seja lastreada por uma determinação de tempo, que ela seja fixada por meio de uma nova função que se chama memória. A memória não decorre meramente de um registro de impressões que se sucedem, a memória subentende uma nova função intelectual, a de ordenar e conceber a sucessão das representações; ela é uma estrutura intelectiva que permite a articulação da noção de unidade subjetiva.

Quando vocês me perguntam sobre a gênese do processo, devo insistir que não estou cuidando da gênese, mas sim do significado e descrição fenomenológica dessa função, porque só depois de compreendermos a significação desta função é que poderíamos aventar hipóteses sobre sua gênese. É que a psicologia clássica parte de uma série de premissas, sem examinar a validez e o sentido epistemológico de suas afirmações. É assim que ela passa a conceber o depósito e o ressurgimento das impressões como sendo a base fundante da memória.

E, no entanto, sabemos que uma criança de poucas semanas reconhece o sorriso da mãe. Ela, portanto, fixa experiências. Mais ainda. Com poucos meses, ela responde de forma diferente a expressões de hostilidade, de ternura e de carinho. Temos de supor que estas experiências já se fixaram e que, portanto, um determinado tipo de "memória" já existe. De que outra maneira explicar que a criança reaja de forma semelhante a expressões semelhantes? Ela reage de um modo específico a uma determinada expressão, que para nós, não para ela, é a *mesma*. Então, não devemos perder de vista que eu estou falando de uma memória articulada *como* apreensão de memória. Eu estou falando da possibilidade de localizar temporalmente experiências distintas. Nem com 2 nem com 6 meses a criança tem essa possibilidade. Para ela, simplesmente, a experiência vivida agora é um puro e total presente puntiforme. É uma ficção pretender recuperar imagens correspondentes a experiências dos primeiros meses de vida da criança. Sabemos, contudo, que, ao longo dos primeiros meses de vida uma série de experiências foi fixada. O que ocorreu? Que processo permitiu essa fixação? A mera repetição? É muito complexo o problema. A mera repetição intervém determinando modificações de respostas ulteriores. Ainda assim estamos no plano da "memória" biológica. A seguir, o início da articulação dos movimentos, da coordenação motora, sugere que a pura passividade, receptividade e sujeição ao mundo começam a ser substituídas por um esboço de atividade que se opõe à invasão do mundo, representando, já, um esboço de integração entre experiências totalmente separadas. A criança tem, ao nascimento, uma ação coordenada no plano vegetativo; não, porém, no plano ósteo-esquelético, a não ser dos segmentos corpóreos prepostos a funções vitais primordiais; ela não tem nenhum domínio dos esfíncteres nem coordenação de preensão. Mas, já aos 2 meses, começa a haver uma articulação. É possível, é até provável, que essa atividade coordenada permita fixar os primeiros objetos da consciência. Mas estas impressões são fluidas e sua analogia ou dissemelhança não é reconhecida porque não há, ainda, conexões entre elas, de modo a permitir que um conjunto de impressões possa ser apreendido como análogo a ou diferente de um outro conjunto de impressões. Cada contexto de impressões esgota-se no momento vivido. Apesar disto, tais contextos vão assumindo certa estabilidade e permanência, o que é facilmente verificável já precocemente no comportamento do infante.

A simples descarga de tensões internas vai sendo substituída pela progressiva capacidade de articulação fonética e pelo gesto de indicação que marcam o início do distanciamento e separação em relação aos objetos do mundo circundante que, porém, permanecem impregnados de qualidades expressivas. O balbucio e o início da coordenação motora conduzem, assim, à possibilidade de indicar um objeto, primórdio da função dêictica que é a essência da linguagem. Indicar um objeto, não apreendê-lo exclusivamente movido por um apetite, por um impulso, que apenas se descarrega num ato motor, é estabelecer o início de uma separação ao mesmo tempo que o objeto é indicado. A linguagem começa com lalação e indicação com gestos. Ao gesto e à lalação se substituirá a forma mais extraordinária de indicação que é a articulação fonética desenvolvida, a indicação por um mero emitir de som. A voz humana substitui a direta expressão de tensões. É a partir destes momentos, também, que a fusão afetiva, na qual não havia distinção entre sujeito e objeto, começa a ceder lugar para a apreensão de objetos externos que, embora não plenamente constituídos como tais, marcam o advento de uma nova estrutura de consciência, uma crise da consciência, em que o mundo começa a se separar, ainda que conservando caracteres de objetos animados, porque expressivos. A função expressiva continuará perfundindo a linguagem, ao mesmo tempo que uma nova vertente desta permite a construção e percepção de um mundo de objetos independentes, relativamente destacados de suas qualidades expressivas. Desta maneira, a palavra, não obstante o valor afetivo que assume na indicação dos objetos, passa a organizar, também, a percepção chamada realística, base da capacidade de reflexão e de manipulação do homem sobre a natureza. É a linguagem que possibilita a união de fenômenos diferentes e distantes entre si no espaço e no tempo, é ela que permite *encontrá-los novamente* e reconhecê-los, abrindo, assim, o caminho para a instituição da permanência dos objetos, para a memória.

A palavra cumpre, desta maneira, novas funções. Ela permitirá que um conjunto de impressões presentes possa veicular um outro conjunto de impressões não-presentes. Nisto, precisamente, consiste pensar, conceber significações, ter intuição semântica. Pensar implica tornar presente algo ausente. Quando eu digo: isto que eu palpo e vejo é uma mesa, o isto sensível presente – o duro, o marrom pálido, a forma – me remete, implicitamente, no horizonte do meu saber, à madeira, à técnica, à função, à floresta, à árvore, ao lenhador e a outros eventuais conjuntos de significação correlatos; e estes fenômenos, que não estão presentes, que não estão incluídos como elementos sensíveis na minha apreensão atual, estão, no entanto, relacionados ao conteúdo do meu pensar. Estes fenômenos estão *representados,* eles estão implicitamente incluídos, na qualidade de *significação* do ato de pensar, embora fisicamente ausentes na sua materialidade sensível. O isto sensível de agora, através do nome das coisas, estabelece conexões com várias outras, instaurando uma ordem, uma classificação e uma conexão no mundo dos objetos. Cassirer denomina *função representativa* – na acepção específica que ele empresta a esta expressão – a forma de concepção instaurada pela linguagem. Entramos, assim, no domínio do signo.

Mencionei, na quarta aula, que, no aprendizado da linguagem, a criança teria uma verdadeira *fome de nomes*. Mas, a um exame mais detido, isto se revela como desejo de saber *o que é a coisa* e não propriamente seu nome; através do nome, a criança se apropria da significação, ela ingressa no universo da intuição semântica.

No exemplo citado (representação de uma mesa), a ordem instaurada entre os fenômenos é realizada através de uma sintaxe específica de articulação da linguagem – como função representativa – que conduz à instituição de uma ordem conceitual lógico-gramatical. Cassirer e Langer denominam esta forma de integração e ordenação do pensamento discursiva. Ela é preposta à descrição dos fenômenos do mundo. Mas esta não é a única forma de estabelecimento de uma ordem no mundo psíquico. Pois, a seu turno, a função expressiva desempenha papel primordial no estabelecimento de conexões e sintaxes que põem em relevo o valor afetivo da palavra e o sentido emocional da experiência humana, suscetível de apreensão em toda experiência psíquica. É o que ocorre, por exemplo, na criação mítica e nas artes da linguagem –

poesia, prosa, drama. As formas lingüísticas que lhes correspondem são denominadas não-discursivas. Em oposição à função *representativa* da palavra, as formas não-discursivas *apresentam* a emoção. De outra parte, ainda que a forma de expressão da linguagem possa se constituir, nestes casos, segundo a sintaxe lógico-gramatical, esta própria, assim como as palavras utilizadas, servem, ao mesmo tempo, como suporte e instrumento de manifestação de valores expressivos. Em tais circunstâncias, elas atendem não, apenas, à significação que visa à descrição fenomenal, mas são, igualmente, expressão de concepções emocionais da existência humana. É o que pode ser observado, à saciedade, na sessão psicanalítica, onde podemos sempre descobrir a coexistência e integração daqueles dois planos funcionais diferentes da palavra.

Eu lembro a vocês as contribuições de Roman Jakobson no seu artigo "Linguistique et Poétique"[1], nas quais analisa a diversidade de funções das estruturas verbais, seis ao todo, das quais destaco, como matéria diretamente relevante ao conteúdo da sessão analítica, a função emotiva e a função poética da linguagem. Ele mostra, ainda, que na mesma expressão verbal participam sempre várias funções simultaneamente.

Vista no seu conjunto, a linguagem é o instrumento da humanização. Ela penetra o processo perceptivo, desde suas articulações básicas – no fenômeno expressivo –, até as realizações supremas da vida intelectual. Neste itinerário, revela-se a sua participação na constituição de objetos e realidades de ordens simbólicas diferentes. Esquematicamente, podemos distinguir três grandes ordens simbólicas. Assistimos, numa primeira, a predominância do sentido expressivo-afetivo e a submissão a forças sentidas como alheias, ainda que de caráter humano. No plano da cultura, isto se revela no mito, no ritual, nas formas religiosas, nos valores éticos e, no plano do indivíduo, em vicissitudes várias da vida das emoções (sonho, neurose, paixão, alucinação, psicose). Uma segunda classe de fenômenos culturais, ainda no âmbito das manifestações espirituais do sentimento, corresponde a formas simbólicas que visam a objetivos diversos, a objetivos de emancipação e de contemplação. Isto se realiza através da subordinação das experiências expressivas ao próprio poder criativo de que elas emanam e onde são produzidas, mas, agora, submetidas pelo ser humano: é o fenômeno da criação artística. Uma terceira ordem simbólica é aquela em que a linguagem intervém na construção da realidade fenomenal, de um mundo de objetos independentes do sujeito, ou seja, na construção da percepção de objetos com seus atributos, inseridos no tempo e no espaço físicos, fundamento da elaboração da ciência. A

---

1. R. Jakobson (1963), in *Essais de Linguistique Générale*. Paris, Les Éditions de Minuit, pp. 210-248.

autonomia humana consiste, pois, em reduzir a primazia e o impacto das experiências expressivas, em dominá-las, integrando-as em formas superiores de organização espiritual. Deve-se ressaltar, ainda, que, às três variedades de ordens simbólicas apontadas e seus objetos e realidades respectivos, correspondem formas próprias, específicas, de constituição de significação e de estrutura e articulação da consciência e da subjetividade.

Proponho reservar o termo *sentido* à forma de concepção relativa à expressividade e utilizar o termo *significação* ou *representação* para a forma de concepção veiculada pelas estruturas de sintaxe por intermédio das quais se realiza a denotação. *Significação pura* será, por fim, o nível representado, em especial, pela matemática e pelas teorias da física matemática.

A distinção entre *função expressiva*, *função representativa* e *significação pura* é feita por Cassirer ao examinar as várias modalidades de significação na obra *The Philosophy of Symbolic Forms,* que temos citado com freqüência. Por sua vez, Lyotard[2], retomando idéias de Frege estabelecidas para contexto diverso, distingue *sentido*, *significação* e *referência*. Susanne Langer fala em *meaning* e *import*, este último termo equivalente a *significance,* que ela também utiliza. Todas estas expressões têm por fim, em última análise, caracterizar uma diferença entre modalidades de constituição de significação, tomando este termo em sentido amplo. *Meaning*, de Susanne Langer, tem a mesma acepção que *significação*, de Lyotard. Estes dois termos subentendem formas de organização discursiva da linguagem e correspondem ao que Cassirer denomina *função representativa* da linguagem que, para ele, inclui a noção de *referência* ou *denotação*. Como se vê, Lyotard exclui este último atributo do seu conceito de significação. Em meio a esta multiplicidade de termos, é importante destacar o que há de comum nas reflexões destes pensadores. Todos eles distinguem as formas de constituição de significação não-discursivas das discursivas. Susanne Langer[3] denomina as formas não-discursivas *presentificadoras*. Vem, a propósito, destacar que Sartre[4], em *L'Imaginaire*, cunha o neologismo (em francês) *presentificador* para designar o sentido afetivo-expressivo da imagem mental. É assim que são equivalentes: *expressividade*, *sentido*, *import* e *significance* (próprias às formas presentificadoras, não-discursivas, na terminologia de Susanne Langer) em oposição a *função representativa*, *significação*, *meaning*, *referência* e *denotação* (próprias às formas discursivas). Susanne Langer dirá, por exemplo, que um desenho artístico tem *import*, que a música tem

---

2. J. F. Lyotard (1971), *Discours, Figure*. Paris, Éditions Klincksieck, 1978.
3. S. Langer (1942), *Philosophy in a New Key*. New York, The American Library of World Literature, Inc., Mentor Books, 1952.
4. J.-P. Sartre (1940), *L'Imaginaire*. Paris, Gallimard, 1964.

significance, não *meaning*. Lyotard, afirma, igualmente, que a música não tem *significação*, mas *sentido*. É o que corresponde à noção de sentido expressivo em manifestações culturais como o mito e a arte e que aqui tratamos de examinar no domínio da vida mental. A função expressiva nos permitirá repensar o sentimento humano. Como sabemos, Freud esposou a teoria da emoção de James-Lange, os dois pensadores que a elaboraram em 1884-1885. Segundo ele, o afeto seria a consciência das modificações corporais internas que ocorrem por ocasião da descarga dos impulsos. Sem dúvida, Freud afirma que na experiência afetiva há associação de impulsos com objetos, mas ele descreve o afeto, em si mesmo, como consciência das reverberações orgânicas internas que ocorrem nas relações com os objetos. É por isto que ele concebe a possibilidade de separação entre impulso e representação de objeto.

A teoria psicanalítica do afeto e da representação dos objetos, em Freud, revela, assim, ser tributária de certos princípios da psicologia das sensações, princípios estes que também lhe serviram de base para a sua concepção da percepção, esposando, neste particular, as idéias de Stuart Mill, a quem se refere na monografia sobre as afasias de 1891. Em suma, para ele, o afeto seria um processo interno que se associa a representações derivadas das qualidades sensíveis dos objetos. Neste sentido, afeto e representação seriam, não apenas qualitativamente heterogêneos, como, também, dissociáveis. Esta suposta dissociação, ou seja, a separação entre afeto e representação, entre impulso e representação, serviu-lhe de fundamento para a doutrina da repressão que, ao lado das suas idéias sobre a linguagem, conduziram-no à noção do inconsciente.

A partir das reflexões de Husserl[5], surge uma nova maneira de conceber o sentimento. É oportuno repetir o que foi afirmado na segunda aula. Eu dizia ali que o sentimento deve ser entendido como forma de consciência, como ato psíquico que permite apreender as qualidades afetivas do objeto. Em consonância com isto, cabe entender afeto e sua expressão objetiva como unidade indissolúvel, como percepção afetiva dos objetos. Sob este aspecto, concordo com Melanie Klein sobre a união permanente entre impulso e objeto, o que está consubstanciado na noção do que ela denomina fantasia inconsciente, que consistiria num conteúdo representativo inconsciente com qualidades afetivo-impulsivas, conteúdo ao qual igualmente corresponde a noção de objeto interno. Muito embora tais idéias, que buscam dar conta de uma verdadeira síntese afetivo-representativa, constituam um avanço em relação a Freud, elas incorrem nos mesmos vícios da psicologia acadêmica que descreve um mundo de representações e imagens

---

5. E. Husserl (1913), *Recherches Logiques*. Paris, Presses Universitaires de France, Tome Second, Deuxième Partie, 1962, pp. 191-201.

internas. É por isto que tais hipóteses kleinianas não parecem lícitas; elas não são condizentes com as reflexões da psicologia moderna relativas aos conteúdos objetivos e subjetivos da experiência psíquica. Em meu modo de ver, não há conteúdos representativos inconscientes. Tampouco, internos. Internos são os impulsos e sensações, que constituem a base de atos psíquicos, noéticos, aos quais correspondem objetos transcendentes à consciência, exteriores – noemas –, ou seja, os objetos com seu sentido afetivo.

O processo psicanalítico de análise destes conteúdos, daquilo que chamamos material clínico da sessão analítica, ou seja, a análise que leva à interpretação psicanalítica, conduziu à idéia errônea de que os produtos desta análise – impulsos e objetos afetivos – seriam inconscientes. Estes produtos são o resultado do labor analítico; não preexistem a ele. O conteúdo da sessão analítica *apresenta* os sentimentos, mas este *apresentar* realiza-se por formas específicas de expressão nos quais está inerente a totalidade do sentido a expressar. A passagem para a *significação* é uma transformação, uma transmutação de uma vivência original do sentir em uma outra *forma*, agora, reflexiva. De outra parte, insisto, é infundada a idéia da participação de componentes sensíveis, de imagens sensíveis, naqueles supostos conteúdos representativos internos. Há que considerar que a percepção de qualidades sensíveis decorre de uma análise dos objetos, análise que, na evolução psicológica individual, é realizada por intermédio da linguagem. A linguagem e os processos de abstração que ela institui conduzem a uma análise, a conexões e a sínteses que estabelecem o contorno do mundo dos objetos e ao nascimento da percepção analítica, da percepção de qualidades sensíveis. Esta forma de percepção resulta, pois, de um processo intelectual que pressupõe análises prévias e sínteses que se constituem através de elos conduzidos pela linguagem estruturada sob forma discursiva.

Retornando à idéia de consciência afetiva, torna-se claro que a percepção afetiva dos objetos é diferente da percepção das suas qualidades sensíveis como objetos do mundo físico, com determinações de tempo e de espaço. O afeto é, além disto, heterogêneo à palavra. Mas não se dirá, em oposição a esta última afirmação, que a poesia, por exemplo, exprime a vida afetiva? Sem dúvida exprime. Eu diria, mais precisamente até, que a poesia *apresenta* a vida emocional. Mas ela o faz através de uma forma que lhe é inerente, através de uma síntese peculiar de som e significação, ela o faz dizendo o indizível na sua indizibilidade, na feliz expressão de Modesto Carone[6]. Eu posso dizer

---

6. M. Carone (1974), *Metáfora e Montagem*. São Paulo, Perspectiva, p. 133. A frase de Modesto Carone é uma transposição, para a poesia, da expressão de Max Beckman, por ele citada, relativa à pintura: *tornar o invisível visível na sua invisibilidade.*

que um adágio de Mozart exprime a tristeza. Mas a palavra tristeza é meramente um nome que designa o sentimento, não o revela. Os nomes são expressão de uma síntese que pressupõe uma análise e decomposição dos objetos. No sânscrito e nas línguas a ele aparentadas (grego e latim), os nomes acabaram por indicar supostas realidades, as substâncias, elementos últimos do mundo real. Nomes e qualidades, que o discurso lógico-gramatical organiza em proposições, passaram a configurar a forma de descrever todo e qualquer processo natural. Mas esta forma de análise e de recomposição sintética não se presta à expressão da complexidade e do ritmo próprios à vida emocional. A poesia — no ritmo, sonoridade e significação da palavra – e o adágio de Mozart – na melodia, no ritmo e intensidade, nos *crescendos* e *diminuendos* da estrutura sonora – exprimem, *apresentando-as*, estruturas formalmente equivalentes à complexidade dos ritmos próprios à vida emocional. Os ritmos da vida dos impulsos e de suas expressões emocionais compreendem expansões e compressões, variações de intensidade, tensões e apaziguamentos que decorrem num fluir temporal de características muito particulares, numa temporalidade intrínseca ao desenrolar dos atos psíquicos. O objeto artístico fixa e possibilita a concepção destes movimentos anímicos que, de outra forma, seriam evanescentes. Ele reflete, nas imagens que constrói, aqueles movimentos, tornando possível sua contemplação, sua concepção afetiva. É por isto que o objeto artístico, no dizer de Susanne Langer – desenvolvendo idéias de Cassirer –, é uma forma simbólica que permite conceber a lógica própria às emoções. Como vem sendo dito, tudo isto tem diretas conexões com o trabalho psicanalítico.

Vocês chamaram a atenção para o fato de que é habitual, no processo analítico, formular para o paciente um sentimento, denominando-o e relacionando-o a supostas representações inconscientes originais que o teriam determinado. Esta maneira de pensar decorre do fato de que o sentimento em questão estaria expresso por representações e percepções conscientes substitutivas que são inadequadas e, por isto, falsas. Na verdade, porém, o sentimento é sempre expresso; ele transparece e se apresenta na própria formulação do relato do paciente. É que, em toda fala humana coabitam simultaneamente o nível denotativo, ou de referência, e o nível do sentido afetivo. De um lado, a estrutura sintática da significação nos remete aos objeto denotados. De outro, na expressão significada comparecem elementos – melódicos, rítmicos, de temporalidade e espacialidade, assonâncias, aliterações e outras constelações sonoras, oposições ou repetições de conteúdos, configurações gramaticais adversativas e pronominais etc. – presentificadores do sentido afetivo e reveladores dos atos psíquicos que o constituem. Podemos, assim, apreender a profunda imbricação daqueles dois níveis que denominamos significação e sentido.

Permitam-me transcrever um trecho do citado trabalho de Jakobson[7], "Linguistique et Poétique", ilustração magnífica do valor musical da palavra:

> Um antigo ator do Teatro Stanislavski de Moscou contou-me como, durante os ensaios, o famoso diretor lhe pediu que extraísse quarenta diferentes mensagens da frase *Segodnia vecerom*, "Esta noite", com variar-lhe as nuanças expressivas. Ele fez uma lista de cerca de quarenta situações emocionais, e então pronunciou a frase dada de acordo com cada uma dessas situações, que sua audiência teria de reconhecer somente através das alterações na configuração sonora destas duas simples palavras. No quadro das pesquisas que empreendemos (sob os auspícios da Fundação Rockfeller) sobre a descrição e a análise do russo corrente contemporâneo, pedimos a esse ator que repetisse a prova de Stanislavski. Ele anotou por escrito cerca de cinqüenta situações implicando a mesma sentença elíptica e registrou em disco as cinqüenta mensagens correspondentes. Em sua maior parte, as mensagens foram decodificadas corretamente e em detalhe por ouvintes de origem moscovita.

Arnold Pick, famoso neuropsiquiatra, descreve um doente com amusia provocada por alterações cerebrais, que era igualmente incapaz de apreender a significação intelectual de frases ouvidas. A claudicação da sensibilidade ao ritmo melódico implicava a falência intelectual. É uma experiência corriqueira para todos nós a dificuldade de compreensão de um tema exposto por um conferencista que fala com voz monótona e sem inflexões melódicas.

Sartre, em *L'Imaginaire*, destaca o fato de que trabalhos como os de Brentano, de Husserl e de Scheler fizeram surgir, na Alemanha, uma nova concepção do sentimento. Lamentavelmente, ela não penetrou o pensamento psicanalítico. Sobre o capítulo da afetividade, diz Sartre, a psicologia francesa é contemporânea de Ribot no seu *Psicologia dos Sentimentos*. O *Novo Tratado de Psicologia* de Dumas (que insisti com vocês que relessem) retoma as velhas discussões sobre a tese periférica e a tese intelectualista, variações da teoria de James-Lange. Os estudos de James e Nahlovsky contribuíram para um melhor conhecimento da fisiologia da afetividade, mas nem por isto permitiram um melhor conhecimento do sentimento em si mesmo. Dwelshaures, em concordância com a opinião geral, diz de um estado afetivo que *é o vivido*. Esta expressão, escreve Sartre[8],

> [...] tem por efeito cortar radicalmente o sentimento do seu objeto. O sentimento é apresentado como uma espécie de um estremecimento puramente subjetivo e inefável que tem certamente uma tonalidade individual, mas que permanece aprisionado dentro do sujeito que o experimenta. No fundo é ainda bem a simples tomada de consciência de modificações orgânicas. Nada mais. É a subjetividade pura, a interioridade pura. Daí todas as teses que fazem da afetividade um estado primitivo do desenvolvimento

---

7. R. Jakobson (1963), in *Essais de Linguistique Générale*. Paris, Les Éditions de Minuit, pp. 215-216.
8. J.-P. Sartre (1940), *L'Imaginaire*. Paris, Éditions Gallimard, pp. 92-93.

psíquico: neste estado, o mundo das coisas ainda não existiria – tampouco o mundo correlativo de pessoas. Só haveria estados vividos, um fluxo de qualidades subjetivas, inexprimíveis. No limite, a afetividade se confundiria com a cenestesia. Sem dúvida, reconhece-se que os estados afetivos são ligados, com freqüência, a representações. Mas estas ligações são estabelecidas extrinsecamente. Não se trata de uma síntese viva de representação e do sentimento: permanecemos no domínio mecânico das associações. A transferência, a condensação, a derivação, a sublimação: outros tantos truques de uma psicologia associacionista. A literatura não avançou mais: em reação contra a velha e profunda teoria de Pascal do amor-estima, os escritores do século XIX fizeram dos sentimentos um conjunto de aparições caprichosas que se unem, às vezes fortuitamente, a representações, mas que não têm, no fundo, relação real com os seus objetos. Melhor ainda, os sentimentos não têm objetos. O elo entre o meu amor e a pessoa amada, em essência, nada mais é, para Proust e para os seus discípulos, do que um elo de contigüidade. Chegou-se, nos psicólogos e nos romancistas, a uma espécie de solipsismo da afetividade. A razão destas concepções estranhas é que o sentimento foi isolado de sua significação.

O meu amor por alguém seria uma vivência interna, seria o *meu* sentimento – consciência de modificações orgânicas – meramente associado, segundo certas contingências, à percepção ou representação dos objetos; não seria uma vivência que ao mesmo tempo se exprime como forma de apreensão de um objeto. E ele continua[9]:

> Não existem, com efeito, *estados afetivos*, isto é, conteúdos inertes que seriam conduzidos pela corrente da consciência e se fixariam, por vezes, ao azar das contigüidades, sobre representações. A reflexão nos fornece *consciências* afetivas. Uma alegria, uma angústia, uma melancolia são consciências. E devemos aplicar-lhes a grande lei da consciência: toda consciência é consciência de alguma coisa. Numa palavra, os sentimentos têm intencionalidades especiais, eles exprimem uma maneira – entre outras – de se *transcender*. [...].

A noção de consciência implica transcendência; toda intenção visa a algo que é o objeto. A consciência se constitui como uma interioridade que, ao mesmo tempo, transcende para uma objetividade; ela é um ser duplo, interioridade e mundo correlativo. Ouçamos Sartre[10]:

> [...] O ódio é ódio *de* alguém, o amor é amor *por* alguém. James dizia: tirem as manifestações fisiológicas do ódio, da indignação e vocês não terão mais que julgamentos abstratos, a afetividade terá desaparecido. Nós podemos responder, hoje: tentem realizar em vocês os fenômenos subjetivos do ódio, da indignação, sem que estes fenômenos estejam orientados *sobre* uma pessoa odiada, *sobre* uma ação injusta. Vocês poderão tremer, brandir o dedo, gritar, vosso estado íntimo será tudo menos a indignação, o ódio. Odiar Paulo é intencionar Paulo como objeto transcendente de uma consciência. Mas é necessário não cometer o erro intelectualista e crer que Paulo esteja presente como o objeto de uma representação intelectual.

9. *Op. cit.*, p. 93.
10. *Op. cit.*, p. 93.

Representação intelectual significa, aqui, representação de Paulo com o seu tamanho, cor e outras qualidades sensíveis. Ele prossegue[11]:

> O sentimento visa a um objeto mas ele o visa à sua maneira que é afetiva. A psicologia clássica (e já Rochefoucauld) pretende que o sentimento aparece à consciência como uma certa tonalidade subjetiva. É confundir a consciência reflexiva com a consciência irreflexiva.

Quando alguém me aparece como amável, agradável, minha consciência visa a alguém que é sedutor e não a um estado interno de sentir-me seduzido por ele. Transcrevo[12]:

> O sentimento se dá como tal à consciência reflexiva, cuja significação é precisamente ter consciência *deste* sentimento. Mas o sentimento de ódio não é consciência *de* ódio. Ele é consciência de Paulo como odiável; o amor não é, antes de mais nada, consciência de si mesmo: ele é consciência do charme da pessoa amada. Tomar consciência de Paulo como odiável, irritante, simpático, inquietante, atraente, repulsivo, etc., é conferir-lhe uma qualidade nova, constituí-lo segundo uma nova dimensão. Em um sentido, estas qualidades não são propriedades do objeto, e, no fundo, o próprio termo "qualidade" é impróprio[13]. Seria melhor dizer que elas fazem o sentido do objeto, que elas são sua *estrutura* afetiva: elas se estendem inteiramente através do objeto todo; quando elas desaparecem – como nos casos de despersonalização – a percepção permanece intacta, as coisas não têm o ar de terem sido tocadas e, no entanto, o mundo se empobrece singularmente. Num sentido, o sentimento se dá, pois, como uma espécie de conhecimento. Se eu amo as longas mãos brancas e finas de certa pessoa, este amor, que se dirige sobre estas mãos pode ser considerado como uma das maneiras que elas têm de aparecer para a minha consciência. É bem um sentimento que visa à sua *fineza*, à sua *brancura*, à vivacidade de seus movimentos: que significaria um amor que não fosse amor *destas* qualidades? É, pois, uma certa maneira de me aparecer que têm fineza, brancura e vivacidade. Mas não é um conhecimento intelectual. Amar mãos finas é uma certa maneira, poder-se-ia dizer, de *amar finas* estas mãos. Além disto, o amor não intenciona a fineza dos dedos que é uma qualidade representativa: ele projeta sobre o objeto uma certa tonalidade que se poderia denominar o sentido afetivo desta finura, desta brancura. Lawrence sugere de uma maneira excelente, conquanto ele pareça somente descrever a forma e a cor dos objetos, estas surdas estruturas afetivas que lhes constituem a mais profunda realidade Eis por exemplo uma inglesa que sente o charme estranho dos hindus.
> "Era sempre o mesmo homem que falava. Ele era jovem, de olhos negros brilhantes, grandes e vivos que a olhavam de lado. Ele tinha um doce bigode negro sobre o seu rosto sombrio e um tufo de barba de pêlos raros e frisados no queixo. Sua longa cabeleira negra cheia de vida caía livremente sobre suas espáduas. Sombrio como era, ele tinha o ar de não ter se lavado já havia muito tempo".

---

11. *Op. cit.*, p. 93.
12. *Op. cit.*, pp. 93-94.
13. Sartre chama a atenção para o fato de que os termos "qualidade" e "propriedade" são inadequados à descrição da apreensão do sentido afetivo dos objetos; eles dizem respeito a formas de percepção e de atribuição de qualidades que são inerentes às formas discursivas de predicação, heterogêneas, por isto, à caracterização intrínseca do sentimento. Reporto-me ao que já discuti em várias passagens anteriores e, em especial, ao que consta na quarta aula.

Lawrence nos transmite, como vemos, através e em meio à descrição de qualidades sensíveis, uma visão afetiva de um objeto. É o que nos ensinam, de resto, a prosa literária e a poesia. É importante distinguir, aqui, eu insisto, o aspecto representativo do afetivo e caracterizar o afeto como forma de visão do objeto, como forma de consciência. Estas observações tornam-se particularmente significativas tendo em vista a noção, entre nós difundida, de uma oposição inconciliável entre mundo sensível e interioridade subjetiva, entre realidade externa sensível e realidade psíquica de qualidades e experiências emocionais. Entendo que há formas diversas de realidade externa. Ela pode ser concebida e apreendida exclusivamente como síntese de qualidades sensíveis. Ela pode, de outro lado, ser percebida como aparição de caráter afetivo, como nas artes plásticas. Ela também pode aparecer como expressão afetiva que se estrutura *através* de uma forma peculiar de descrição de qualidades sensíveis, como no trecho de Lawrence apresentado. Eis, ainda, por exemplo, Drummond, em "Corporal"[14]:

[...] e o que o corpo inventa é coisa alada.

e em "O Quarto em Desordem"[15]:

[...] a nuvem que de ambígua se dilui
nesse objeto mais vago do que nuvem
e mais defeso, corpo! corpo, corpo,
verdade tão final, sede tão vária,
e esse cavalo solto pela cama,
a passear o peito de quem ama.

Não há, pois, uma oposição entre apreensão de mundo externo e revelação do dinamismo afetivo do mundo interno. É próprio deste mundo interno aparecer, na espontaneidade primordial que lhe é inerente, como objetivação sensível de caráter afetivo. O mundo interior, o mundo dos atos psíquicos pode, sem dúvida, ser apreendido como tal, mas somente através de um ato reflexivo.

Retomo: a emoção é uma forma de concepção, concepção afetiva dos objetos. De sua estrutura participam elementos expressivos integrados na apreensão dos objetos que fazem desta uma síntese afetivo-perceptiva, não uma associação entre afeto e representação.

Os primórdios da constituição da consciência consistem, como vimos em aula anterior, em permanentes externalizações de impulsos que levam à constituição dos primeiros conteúdos *objetivos*. A primei-

---

14. C. Drummond de Andrade, "Corporal", *Boitempo & A Falta Que Ama*, Rio de Janeiro, Editora Sabiá, 1968, p. 175.
15. C. Drummond de Andrade, "O Quarto em Desordem", *Fazendeiro do Ar & Poesia Até Agora*, Rio de Janeiro, Livraria José Olympio Editora, 1954, p. 519.

ra forma de articular e conceber emoções se dá pela projeção de impulsos em objetos. Como diz Susanne Langer, de objetos que não têm rosto nem mãos emanam intenções. E mais. Aqueles mesmos *sentidos* expressivos, que, por primeiro, se constituíram como conteúdos dos estados iniciais de organização e abertura da consciência para a alteridade, participam, também, na integração e elaboração das formas mais complexas da vida do sentimento.

Estes primeiros conteúdos têm como centro a relação do bebê com a mãe, que configura qualidades expressivas incorporadas como experiência durante atos tão triviais como a amamentação e os cuidados habituais envoltos na atmosfera da musicalidade da voz e da qualidade do gesto. O que denominamos de *rêverie*, moeda corrente no linguajar atual da psicanálise, expressão, na verdade, já utilizada por Max Scheler em 1923, exprime a sensibilidade da mãe na determinação das modulações espontâneas do seu comportamento em resposta às manifestações da vida emocional do bebê, nutrindo-o com experiências expressivas que estabelecem a ponte de união do mundo interno com o externo.

Ele escreve:

> Nós temos, enfim, um caso típico de fusão afetiva nas relações existentes entre mãe e filho [...] Aqui se apresenta a nós esta particularidade que o ser amado havia primitivamente "feito parte", no sentido concreto e espacial do termo, do ser amante [...] Nas *rêveries* da mulher absorvida pela maternidade ou pela espera da maternidade futura pode se ver um estado de êxtase: mas é um êxtase, por assim dizer, intra-orgânico, no curso do qual a mulher tem a revelação da criança em via de aparecer. [...] [Mas] cometer-se-ia um grande erro admitir que se a mãe realiza os atos relacionados aos cuidados maternais, é porque ela compreende e revive empiricamente as necessidades e os estados vitais cambiantes da criança, tais como eles lhe aparecem através dos seus fenômenos expressivos. Estes fenômenos de expressão são, a meu ver, sinais físicos que chegam pouco a pouco, no curso do tempo, a estabelecer uma espécie de conexão supra-empírica entre o ritmo vital da mãe e o da criança, segundo as fases que esta atravessa. Entre o ritmo, por exemplo segundo o qual o seio da mãe se enche de leite, o que provoca a necessidade de evacuá-lo, e o ritmo segundo o qual se estabelece a fome na criança, existe certamente uma *adaptação*, da mesma maneira que existe uma adaptação entre o prazer de satisfação que a mãe experimenta em dar o seio à criança e o prazer que esta tem em mamar. Entre as manifestações do instinto de aleitamento e as da fome da criança, há uma *correspondência* que, em princípio, permite à mãe ter a intuição da fome da criança segundo suas fases rítmicas. Sob muitos aspectos, ainda inexplorados, a mãe possui uma espécie de sistema de sinais orgânicos que lhe permite seguir a evolução da vida da criança e graças ao qual ela "apreende" os estados dessa criança melhor e mais profundamente do que qualquer outra pessoa. Se a mãe acorda ao menor ruído que vem da criança (ao mesmo tempo que ela é freqüentemente inacessível aos ruídos mesmo fortes de outra proveniência), não é porque a excitação que a atinge provoque nela a imagem da manifestação que serve de meio de expressão a esta criança, e a interpretação dessa imagem: não, esta excitação atualiza, por assim dizer, diretamente o seu instinto maternal, sempre vivaz; e este instinto se transforma em uma atividade que produz uma percepção, que, em outros casos, constitui a condição prévia do ato de compreender e de interpretar. É por isto que a mãe é freqüentemente capaz, quando da doença de um de seus filhos, de formular intuitivamente prognósticos que

surpreendem o médico. É porque ainda o "amor maternal" foi sempre considerado por todos os povos e em todas as épocas, "insubstituível". [...] A separação que, desde o nascimento, se produz entre o corpo da mãe e o corpo da criança não significa uma ruptura completa da unidade psíquica e vital pré-consciente que existe entre os dois seres; esta unidade persiste e não depende unicamente da interpretação de manifestações vitais por meio de um sistema de sinais físicos[16].

Max Scheler examina ainda outras situações culturais reveladoras de estados de fusão afetiva no plano existencial como, por exemplo, a vida comunitária em grupos assim chamados primitivos e o controle de funções vegetativas e demais características do sentir existencial nas civilizações do Oriente. Os mistérios religiosos da Antigüidade nos revelam, igualmente, um sentimento de fusão com verdadeira identificação com o destino e a vida do deus; no ato ritual, os celebrantes se tornam o próprio deus. Este tema da fusão afetiva merece uma excursão mais longa através da leitura do *Group Psychology and Analysis of the Ego* de Freud[17] em que ele relata situações de verdadeira fusão afetiva patológica.

Características peculiares assumem as experiências expressivas do espaço nas concepções astrológicas das civilizações antigas do Oriente Médio, especialmente entre os caldeus e os egípcios, as vivências do espaço no esquizofrênico, a percepção expressiva do espaço noturno. Vejam, a respeito deste último item, a análise descritiva que faz Merleau-Ponty na *Phénoménologie de la Perception*[18].

Quero examinar, agora, uma situação afetiva diferente da que venho descrevendo. Refiro-me à simpatia (*sin*, *pathos*), sentir com o outro, captar o sentimento de outrem, permanecendo, porém, separado deste sentir. Max Scheler:

> Toda simpatia implica a *intenção* de sentir a alegria ou o sofrimento que acompanham os fatos psíquicos de outrem. E ela tende a realizar esta intenção enquanto "sentimento", e não em seguida a um "julgamento" ou de uma representação que possa se exprimir pela fórmula: "B sofre". Ela não sobrevém unicamente em presença ou à vista do sofrimento de outrem; mas ela é capaz, ainda, de "pensar" este sofrimento, e de pensá-lo enquanto função afetiva. [...] O sofrimento de B é concebido através de um ato de compreensão [afetiva] experimentado anteriormente, como pertencendo a B, e é sobre o objeto desta compreensão interior que se dirige a simpatia. Dito de outra forma, *minha* simpatia e o sofrimento *do meu vizinho* são, do ponto de vista fenomenológico, não um fato único [...] mas dois fatos diferentes[19].

---

16. M. Scheler (1923), *Nature et Formes de la Sympathie*, Paris, Petite Bibliothèque Payot, 1971, pp. 41-44.
17. S. Freud (1921), "Group Psychology and Analysis of the Ego". *S. E.* XVIII.
18. M. Merleau-Ponty (1945), *La Phénoménologie de la Perception*. Paris, Éditions Gallimard, pp. 324-344.
19. M. Scheler, (1923), *Nature et Formes de la Sympathie*. Paris, Petite Bibliothèque Payot, 1971, p. 24.

Eu vou ao teatro e vejo Brutus assassinando César. Eu não sinto a violência, eu concebo afetivamente a violência na vida política de Roma. Quando meu filho de 4 anos vai ao cinema e fica com medo ante uma cena de tiroteio, trata-se, para ele, de um ato real. Para mim, é a convocação da imaginação para conceber um ato irreal. O ator presentifica, no teatro, um personagem. Mas ele, ator, não vive a situação do personagem; ele concebe afetivamente, na imaginação, esta vida emocional e o seu corpo a mima. Acabaria na cadeia o ator que interpreta Otelo, vivesse ele as emoções do personagem. Costuma-se dizer que, no trabalho analítico, é necessário sentir o que o paciente vive. Se assim fosse, partilharíamos suas vivências, num ato de fusão afetiva. Nós concebemos afetivamente, por via da simpatia, a forma do sentimento, sem a carne do sentimento, a estrutura afetiva e não a matéria do sentir. E no entanto, muitas vezes esta fusão ocorre; sentimos o que ele sente ou sentimos ao invés de ele sentir – identificação projetiva.

No desenvolvimento psíquico, em contato com as figuras humanas de significado afetivo, há um constante processo de metabolização e enriquecimento das experiências emocionais primordiais do bebê que, conduzidas pelo valor expressivo da palavra e do gesto, culminam na internalização e constituição das estruturas egóicas correlatas à percepção da progressiva multiplicidade e complexidade dos valores afetivos dos objetos (processos conhecidos como identificação projetiva e introjetiva). Tais estruturas egóicas consistem em formas de organização de impulsos; elas correspondem ao que, na terminologia kleiniana, são denominados objetos internos que, mobilizados, assumem por conteúdo o que se conhece por "fantasia inconsciente", expressão que, em última análise, denota o sentido dos impulsos e o sentido afetivo dos objetos.

É oportuno discutir, aqui, mais detidamente, o significado da expressão identificação projetiva. Para Melanie Klein, autora do conceito, a identificação projetiva subentende a projeção de estruturas egóicas – para ela, objetos internos – que passam a ser percebidas nos objetos externos. Há, aqui, a presunção de que tais configurações, verdadeiras sínteses afetivo-impulsivas, contenham, também, elementos imagéticos e representativos internos que são, igualmente, projetados nos objetos externos. Nós já discutimos anteriormente esta questão. Ela é herdeira da concepção de *imanência* da psicologia clássica que descrevia a imagem como representação interna do objeto externo. Devo insistir em que não há imagens internas; a imagem e os objetos imaginados, representados ou percebidos, são sempre externos. O conteúdo do interno é constituído por sensações – intero, próprio e exteroceptivas – que integram impulsos que, estes sim, se projetam no exterior e que, no encontro com objetos compatíveis, abrem a consciência para a apreensão das qualidades emocionais e para o sentido afetivo dos objetos do mundo externo. Quando eu digo sensações, refiro-me aos componentes internos das experiências emocionais, as que dizem respeito aos conteúdos dos *vividos* no corpo, aí incluídos os sentidos vegetativos assim como aqueles que imprimem a orientação e a direção dos impulsos que irão determinar a configuração dos objetos. E é assim que o sentimento revela a qualidade afetiva dos objetos e o sentido dos impulsos internos que se projetam neles. Falar em identificação projetiva significa, pois, no meu entender, apreender, nos objetos, sentidos expressivos, emocionais, plenamente conscientes – não, porém, sob forma de saber – que se constituem mercê da projeção de impulsos que, a rigor, são constituintes da vertente interna do que chamamos ego. Estes impulsos, em última análise, caracterizam a estrutura da subjetividade e representam o objetivo central do trabalho analítico.

Instituídas no convívio social, a variedade e a riqueza dos sentimentos resultam da integração de diferentes vertentes afetivas, não raro contraditórias e conflitantes e são a expressão de processos de criação mental que conduzem à construção de autênticos órgãos de concepção afetiva, de concepção de sentido na percepção afetiva tanto do outro, nas relações intersubjetivas, quanto dos objetos do mundo. Sob este aspecto, os sentimentos representam uma forma de construção simbólica, entendido, aqui, o símbolo como instrumento de concepção. São seus elementos fundantes, sentidos primordialmente expressivos. Nesta evolução da vida emocional, cabe papel primordial à linguagem. Expressiva, de início, denotativo-expressiva, posteriormente, ela guia o desenvolvimento emocional ordenando e conduzindo à internalização de todo o ritual dos valores sociais. É ela que começa a introduzir um distanciamento onde antes havia fusão com o mundo, é ela que permite a emergência de um eu e da relação eu-tu e é ela, também, que organiza o delineamento, a individuação e a permanência dos objetos da percepção. Os momentos iniciais da memória, quando o encontrar de novo representa o acesso a um novo período da existência, são, igualmente, expressão do papel da linguagem.

Não é demais insistir que o sentimento é heterogêneo à função denotativa e de significação ideal da palavra; e, no entanto, a palavra o revela, assumindo aí função diversa, expressiva, que tem o condão de apresentar o sentimento. Esta multiplicidade funcional da palavra penetra todas as modalidades de sua manifestação, desde o linguajar cotidiano até as formas mais elevadas de expressão literária. É o que também vamos tentar examinar na intimidade da temática da sessão psicanalítica.

Assediada continuamente por uma avalanche de impressões e solicitações do ambiente físico e, sobretudo, humano, a vida mental tende a ser mobilizada por um sem-número de impulsos, a maioria dos quais é inibida no seu nascedouro por atividades psíquicas que ordenam o comportamento e a integração intelectual quando subordinados a condutas e situações privilegiadas. Parte deles, ainda que articulados no contexto destas situações, deságuam nelas, integrando-se no fluxo dos processos intelectuais em curso, sem perturbar sua ordem, emprestando-lhes, porém, nuanças de caráter expressivo-afetivo. É bom lembrar que o sentimento é expressão direta da vida dos impulsos; mobilizados, os impulsos se manifestam como sentimento. A sessão analítica é o foro privilegiado de investigação destas condições. Tais impulsos também comparecem, elaborados em conteúdos imagéticos, nas mais variadas circunstâncias como, por exemplo, no sonho e na criação artística.

Somente temos notícia de impulsos mobilizados quando se tornam acessíveis à experiência, ou seja, à consciência, aí expressos em configurações com certa estabilidade e permanência, tais como a imagem mental, a percepção, a palavra e, em geral, as demais formas de concepção que, então, assumem o sentido de expressão simbólica desta experiência.

É hora de conversarmos um pouco sobre o processo de simbolização. Freud concebe o símbolo como o objeto que substitui um conteúdo reprimido, inacessível à consciência. Trata-se, pois, de uma ampliação do conceito que é estudado na semântica, um dos capítulos da gramática. Se nesta, os dois termos em tela, o símbolo e o que ele representa, são acessíveis ao discurso, na psicanálise, o conceito foi utilizado numa acepção restritiva, derivada das noções que instituem o inconsciente como um dos setores do universo psíquico, com o fim de designar uma das formas do assim chamado processo primário, intrínseco aos dinamismos desse setor da vida mental. Na sua obra *princeps*, *A Interpretação dos Sonhos*, Freud arrola a simbolização ao lado dos outros mecanismos – deslocamento, condensação, figuração – responsáveis pela transmutação de conteúdos inconscientes em conteúdo manifesto do sonho. Para Freud e, a partir dele, para todo o pensamento teórico psicanalítico: 1. os conteúdos inconscientes que sucumbem à repressão se constituem como representações ou visam a se constituir como tais; 2. as representações inconscientes são verdadeiras imagens de objetos e situações, configuradas, porém, segundo qualidades próprias ao sentido dos impulsos internos vividos nestas situações. De acordo com isto, o símbolo está vinculado a conteúdos inconscientes reprimidos que ele substitui e representa – através de conexões desconhecidas e instauradas como que filogeneticamente, conexões distintas daquelas que, por via associativa, se estabelecem nos processos de deslocamento e condensação que, estes sim, contêm sempre como que fragmentos dos conteúdos reprimidos ou com estes mantêm vínculos semânticos ou analogias de estrutura.

A teoria do símbolo, no entanto, sofreu transformações radicais, transformações que se inserem no contexto mais amplo de uma revolução epistemológica no campo da semântica, com reflexos profundos nas mais variadas disciplinas científicas. A partir de suas investigações sobre o problema do conhecimento nas ciências físicas e matemáticas, Cassirer retoma criticamente conceitos clássicos – como o de substância – mostrando que são construções ideais, símbolos criados que permitem articular e organizar a experiência. As questões desenvolvidas num livro de 1910 com relação aos conceitos de função matemática e de substância serão retomadas numa obra de 1921 tendo por objeto a teoria da relatividade de Einstein[20]. Citemos o tradutor que, no prefácio, à p. V, afirma:

> De acordo com a máxima fundamental do seu método crítico, o Professor Cassirer baseou a sua análise, em 1910, no estado histórico da ciência, que era ainda dominada pelas concepções newtonianas de espaço e tempo. Com base na mesma máxima, ele tomou em consideração a nova teoria da relatividade e, desde então, encontrou, nesta última, com boa justificação lógica, o desfecho e a realização da tendência histórica que ele descrevera em suas obras anteriores. A filosofia do Professor Cassirer pode ser considerada como uma fundamental "teoria da relatividade" epistemológica que põe em destaque um ponto de vista filosófico geral, a partir do qual a teoria de Einstein surge como o mais recente e mais radical preenchimento dos pressupostos inerentes nas ciências matemática e física como tais.

Os mesmos princípios epistemológicos – relativos a formas de significação e, em conseqüência, à constituição de formas de pensamento na qualidade de símbolos que permitem conceber e ordenar a experiência – serviram a Cassirer de fundamento metodológico para a análise das formas culturais. Na citada obra, *The Philosophy of Symbolic Forms*, são desenvolvidas as teses relativas à construção da *forma* dos símbolos próprios à linguagem, ao mito e ao conhecimento científico.

Eu já me referi anteriormente a estas questões (segunda e terceira aulas); elas assumem, para nós, relevo especial no que diz respeito às inovações na psicologia – particularmente no capítulo da percepção e da imaginação –, na mitologia e na estética. Examinadas no seu conjunto, as investigações que, no campo da significação, trazem novas luzes para a compreensão da linguagem, do mito e da arte, têm seu ponto nevrálgico na análise crítica da percepção e das teorias da psicologia clássica que lhe serviram de pressupostos. Avultam, a este respeito, as obras que temos repetidamente citado. Veja-se a relação destas obras na segunda aula.

Estas concepções inovadoras impõem conseqüências que conduzem a uma reformulação radical dos princípios fundamentais nos quais se assenta a disciplina psicanalítica. É o que tenho feito ao longo de um percurso que vem desde 1959 e que procurei resumir nas diferentes aulas do presente curso. Elas dizem respeito, em essência, ao in-

---

20. As duas obras estão reunidas em E. Cassirer (1910, 1921). *Substance and Function & Einstein's Theory of Relativity*. Chicago, The Open Court Publishing Company e New York, Dover Publications Inc., 1953.

consciente e à metapsicologia, à distinção entre mundo externo e mundo interno, ao sentimento e à diversidade de significado da produção simbólica.

Se voltarmos ao exame do símbolo, cabe entender, sob este conceito, um órgão intelectual que, ao mesmo tempo, articula e permite a formulação da experiência: o conteúdo do símbolo é a expressão do conteúdo da experiência. O conteúdo da experiência é, sempre, um patrimônio da consciência; não necessariamente, do saber, privativo, este, de certas formas, determinadas, da consciência. Em particular, a expressão da vida emocional e de suas projeções na imaginação, heterogêneas que são à forma de linguagem do discurso, manifestam-se por formas simbólicas não-discursivas. Elas veiculam a totalidade de sentido de que são a expressão; ou seja, não há, por trás delas, ocultas, ou reprimidas, significações, supostamente verdadeiras, de que sejam a manifestação falseada. O que Freud concebia como o sentido inconsciente aparece expresso nas articulações não-discursivas da linguagem. Examinamos, já, ainda que sucintamente, estes aspectos.

Sobre a questão das relações entre mundo interno e mundo externo. O mundo interno é o lado interno da consciência, um mundo de sensações e pulsões que, articuladas, postas em jogo, determinam, no contato com as influências recebidas do mundo externo, formas específicas de realidades. A consciência revela este duplo aspecto: uma interioridade de impulsos e uma exterioridade de formas de mundos constituídos. O mundo dos objetos não está reproduzido na consciência. O mundo tem uma existência independente da consciência, mas a diversidade das suas significações é produzida por ela; o mundo e suas significações aparecem *para* a consciência. Os significados dos objetos do mundo físico, dos objetos míticos, religiosos, estéticos, oníricos, persecutórios, são objetivações de formas de ser da vida dos impulsos e da consciência, e neles se manifestam as formas de constituição da vida simbólica humana.

Eu resumo: a revolução semântica do nosso século revela uma ampla gama de formas de constituição de significação a que correspondem realidades diferentes. Em outras palavras, a criação de ordens múltiplas do real se faz por intermédio de formas específicas de significação. A noção de uma realidade acabada que precede o conhecimento, e que este deve refletir, cedeu lugar a uma análise crítica sobre as formas do ato que tornam possível a emergência de qualquer realidade. Esta análise, que na modernidade se inicia com Kant, adquiriu, no presente, uma extensão considerável. Ela permitiu compreender que ciência, arte, mito, direito, história e demais formas culturais representam a produção de universos distintos articulados por *formas simbólicas* próprias. No campo estrito da psicologia, ela conduziu à descrição de formas diversas de percepção e de estruturação da consciência. A percepção expressiva, o sentimento, a imaginação, a senso-percepção trivial – da *coisa com atributos* –, subentendem atos distintos, correspondentes a formas específicas de significação e de expressão simbólica.

O conteúdo e as direções diversas de sentido e de significação dos objetos e do mundo percebido e pensado são o indício da diversidade dos processos de criação simbólica. Nessa diversidade encontramos os graus mais primitivos, desde aquele em que o Ego está imerso no objeto e totalmente presente nele, até o distanciamento do mundo, tal como o concebemos na ciência. Dito de outra forma, os modos de existência e de significação dos objetos indicam o tipo de objetivação da experiência humana e o grau de independência do interior em relação àquilo em que ele se objetiva. Escrevia Cassirer que não são modos diferentes nos quais uma realidade independente se manifesta, mas caminhos diversos de criação da realidade.

Hoje, no término do nosso curso teórico, eu quero falar a vocês da sessão analítica. E retomo, antes das observações finais, o trecho que encerra o trabalho que nos serviu de roteiro.

O destaque dado ao fenômeno da expressividade na arte obedece a dois motivos. Em primeiro lugar, mostrar a autonomia de sua forma como veículo de expressão de um setor específico da relação homem-mundo e sua irredutibilidade ao discurso do saber. Em segundo lugar, mostrar que essa forma é da mesma ordem que a dos acontecimentos da sessão psicanalítica.

A expressividade, movimento inicial e básico da vida mental, alimenta todas as formas de construção simbólica. Ela lhes dá o caráter de vivência e permite apreender o mundo exterior em referência ao mundo interno. Não somente na situação analítica, é claro, mas em todos os momentos da vida humana. Na sessão analítica ela pode ser "objeto e sujeito". Aqui podemos redescobrir sua emergência e seu desdobramento no próprio movimento por meio do qual o Ego agora constitui os seus objetos. Situações existenciais importantes se entreabrem para o paciente na sessão analítica. É um presente absoluto que adquire forma mediante os conteúdos do pensar, imaginar e de comunicação expressiva que se articulam nesse contexto humano. "Algo" presente, ainda não cognoscível: o fluir dos impulsos que se articulam no contato entre dois seres humanos, se traduz em múltiplos conteúdos (às vezes, pura vivência de angústia ou terror, sem conteúdo de representação). Uma imagem de algo que surge "lá fora", um acontecimento de "ontem", são a expressão final dos movimentos emergentes dos impulsos e do sentir que se condensam nessas imagens. O paciente se projeta em direção ao objeto "lá fora" ou ao "ontem". Mas esse objeto, ou o passado, em cujas direções o pensar se lança, são pontos momentaneamente estáveis por meio dos quais a totalidade do presente se projeta numa estrutura de impulsos despertada pela experiência humana agora vivida; para o paciente, ela adquire fixidez, forma e sentido no conteúdo do que lhe aparece. "Algo" presente se transforma num pensar. Assim constituído pelo paciente, este pensar é a forma por meio da qual ele organiza a sua experiência presente; é a construção simbólica que a configura e lhe dá expressão.

Na textura íntima dos objetos criados, o analista vai apreender o sentido das vivências. As características e o valor que os objetos assim criados têm para o paciente, a estrutura da comunicação, a apreensão do seu sentido expressivo, permitirão ao analista captar a angústia, a trama de intenções e os seus desvios, os planos de intersecções de defesas, isto é, os movimentos interiores por meio dos quais as pulsões despertadas na relação interpessoal se configuram no contexto final do relato do paciente. A projeção da vivência criada e o modo dessa projeção são funções do que ela desempenha no mundo interior: é assim que o mundo interior se articula e se expande num pensar; desviando-se, embora, do "aqui-agora", dá forma e conteúdo ao "aqui-agora".

Numa palavra, o tipo de universo simbólico que surge na sessão analítica emerge como um mito por meio do qual a personalidade dá expressão e sentido ao que experimenta. Cabe ao analista desvelar esta correlação. O segundo momento, o da comunicação do analista é que vai criar a cisão, vai introduzir o movimento do retorno do pensar, que está todo no objeto, para a intenção subjetiva que o constitui.

No seu campo, o processo psicanalítico tem por objetivo a transformação da consciência do objeto em consciência de si, que participa na constituição dos seus objetos. Se assim é, podemos ver como nos distanciamos da concepção clássica: a consciência, como estratégia do disfarce de impulsos e de objetos inconscientes, cede lugar à noção de consciência produtora de suas intenções e das formas de pensar correspondentes. Por isto, também, a psicanálise não se insere no âmbito das ciências da natureza. Por suas características, ela pertence ao domínio das disciplinas fenomenológicas.

Na história da técnica analítica podemos observar uma gradual mudança de objetivos, condizente com a apreensão implícita dos problemas aqui discutidos: voltada, inicialmente, para a busca de conteúdos infantis reprimidos, presentes hoje, ela se dirige, atualmente, para a apreensão dos sentidos vividos, visando à transformação das estruturas de impulsos e das formas de simbolização da consciência. As vivências são desarticuladas no nível da sua objetivação e apreendidas a certa distância, agora como intenção do Ego. A transposição ao discurso é expressão desse distanciamento. Mas o instrumento que põe em marcha o processo é a comunicação recíproca de experiências no nível da expressividade.

Importante, porém, ter em mente que a sessão psicanalítica não é um campo de observação; paciente e analista são participantes e são envolvidos pela trama de impulsos e reações emocionais recíprocas. Sensível ao clima único que imanta o encontro de dois seres humanos, cabe ao analista apreender o sentido e transformá-lo em condições de acesso à palavra. A proposta de Freud, da "atenção flutuante", sugere um estado de consciência que permite uma apreensão não "horizontal". Nessas condições, podem ser percebidas conexões verticais paratáxicas, reveladoras de formas expressivas de constituição de sentido. O desenvolvimento da técnica permitiu elaborar de forma bem mais precisa e minuciosa os problemas aí envolvidos. Identificação projetiva, do paciente e do analista, contratransferência, *rêverie*, são, hoje, moeda corrente nos meios psicanalíticos.

Cabe, por fim, acentuar a função expressiva na comunicação do analista. Também invadido pela experiência emocional, o analista enfrenta uma dupla exigência: aceitar a invasão, acolhendo-a, a fim de poder, a seguir, apreender o seu sentido e formulá-lo numa interpretação.

O paciente, acolhido com compreensão, poderá, agora, ouvir a si próprio falado por outrem; poderá se "re-conhecer" "dentro" e através do outro, numa nova fusão, desta vez simbólica, que é, também, uma das realizações supremas do dizer humano. Mas é fusão com "visão", o que implica distância. Eis porque estes momentos constituem experiências de intenso caráter estético. Elas criam condições para a emergência de novas correntes intersubjetivas, para o distanciamento – por liberação de ansiedade – e para reintrojeção de novas formas de simbolização. À semelhança do que se passa na construção poética, a interpretação psicanalítica e seu efeito de mudança resultam da união do sentido expressivo e da significação, do som e da letra, do poder musical e designativo da palavra.

Quanto às *formas* particulares que a expressão da vida emocional assume no temário da sessão, matéria central da prática e da reflexão psicanalíticas, permito-me apontar, num primeiro breviário, alguns pontos em torno dos quais se desenvolvem e tomam forma núcleos e constelações emocionais. É evidente que se trata, aqui, de um primeiro esboço de análise estrutural e um convite para investigações mais abrangentes e sistemáticas. São eles:

1. A sessão psicanalítica deve ser vista como uma totalidade contextual. Seus componentes parciais adquirem sentido quando examinados a partir daquela totalidade.
2. A sessão se articula, tanto no seu conteúdo, quanto na sua forma, como um mito. Manifestam-se, nela, situações bipolares e ambivalentes, associações por contraste, união de oposições, inversões, repetição de temas, tudo isto revelando a forma peculiar do trabalho mental inerente à articulação da multiplicidade, diversidade e contradição de vertentes que integram o ato emocional. Deve-se, por isto, considerar a sessão como uma partitura musical, o que subentende o exame da direção horizontal, melódico-sintagmática

e o da vertical, que desvela, como a harmonia em música, conexões significativas.
3. Ela também pode ser vista como um drama cuja ação aparece nas intenções pulsionais das emoções que aí se articulam. Com freqüência o tema que abre a sessão não é meramente um preâmbulo introdutório, mas é uma síntese condensada do que será desenvolvido a seguir, através de novas manifestações das diversas nuanças emocionais implícitas na comunicação inicial.
4. A temática da sessão deve ser compreendida segundo dois planos. Primeiro, o da referência às situações imaginárias que comparecem no relato – conteúdo do enunciado – e o do sentido dos movimentos intencionais em meio aos quais emergem. Segundo, o da análise no âmbito da forma de enunciação, com todas as tensões que, porventura, integrem a construção morfológica e sintática como, por exemplo, subordinação, complementaridade, presença de adversativas e conectivas etc.
5. Particular atenção merecem o ritmo melódico, pausas, assonâncias, aliterações, paronomásias e outras configurações fônicas.
6. Há uma determinação recíproca profunda nos atos psíquicos e respostas entre paciente e analista.

Parte II

Lições Clínicas

Preâmbulo

> *Uns, com os olhos postos no passado,*
> *Vêem o que não vêem; outros, fitos*
> *Os mesmos olhos no futuro, vêem*
> *O que não pode ver-se*
>
> *Por que tão longe ir por o que está perto –*
> *A segurança nossa? Este é o dia,*
> *Esta é a hora, este é o momento, isto*
> *É quem somos, e é tudo.*
>
> *Perene flui a interminável hora*
> *Que nos confessa nulos. No mesmo hausto*
> *Em que vivemos, morremos. Colhe*
> *O dia, porque és ele.*
>
> RICARDO REIS[1]

    O dizer do poeta traz à presença a vida. O dizer do poeta é visionário e faz ver. Ei-lo, aqui, o poeta, Fernando Pessoa, que se diz Ricardo Reis, no seu dizer vidente do que o psicanalista vê e diz.

    Assistimos, na história da técnica, à progressiva assimilação do princípio segundo o qual as mudanças visadas no processo analítico são criadas na experiência emocional da sessão, no presente vivo da relação intersubjetiva. O retorno a este tema – mencionado já, no final

---

1. A. N. Fernando Pessoa, "Uns, com os Olhos Postos no Passado..." (28.08.1933). In: *Ficções do Interlúdio – Odes de Ricardo Reis*. Rio de Janeiro, Companhia Aguilar Editora, 1960, p. 290.

da Parte I deste livro – tem o propósito de fixar certos pontos que se diriam doutrinários. É, igualmente, opinião prevalente, senão universal, a nortear a técnica analítica, que, a partir do presente, tomado como forma modelada no passado, há que remontar a este e buscar, a fim de revelá-las, as constelações de representações afetivas reprimidas, nele inscritas, tidas como núcleos constitutivos importantes da configuração da personalidade.

Todavia, consoante o pensamento desenvolvido nos estudos aqui apresentados, o presumido passado reprimido, inconsciente, é, muito mais, uma estrutura emocional, uma forma ordenadora da apreensão afetiva do mundo, do que, propriamente, uma teia de representações empíricas discretas, registradas como engramas e destituídas de conexão com a palavra. Se é verdade que o homem é um ser histórico, sua história e sua temporalidade são *expressas no seu presente*. Não devem ser buscadas a título de passado impresso em camadas alheias ao seu estar-presente no mundo. O presente, no seu fluir, contrai, em si próprio, o presente do passado – a memória –, o presente do presente – a percepção –, e o presente do futuro – a expectativa –. A dimensão temporal do homem – e é ela que constrói a unidade e a essência do seu ser – contém um único tempo, que se abre naqueles três vetores simultâneos.

Se este modo de entender se afigura válido, a experiência íntima do tempo, encarnada nos conteúdos em que se manifesta, deve ser olhada em nova perspectiva. Na prática clínica, os momentos evocativos, a irrupção de lembranças, devidamente tomados no conjunto da sessão analítica em que emergem, assumem significação peculiar, e é esta significação a que deve ser objeto de atenção, antes mesmo da consideração dos elementos mnêmicos como pretérito a ser analisado. É que a memória é um ato simbólico criador. Ela se constitui como forma de intelecção, como espontaneidade de movimentos intencionais, que, acionados pela situação presente, voltam-se ao acervo da experiência pregressa e dele extraem materiais propícios à concepção e expressão do presente. Eis porque cabe levar em conta primeiramente este, sem, no entanto, descurar daquele. Será dado a observar, por esta forma, que o significado atual empresta a sua marca e permite destacar sentidos pregnantes em acontecimentos do passado, revelando o porquê do seu ressurgimento. O presente, assim ampliado, servirá à integração subjetiva, na marcha para a consecução de uma história pessoal e do projeto existencial nela implícito.

Estes comentários sugerem, pois, como procedimento metodológico, que a investigação da gênese psicológica das representações deva ser precedida pela análise da significação do momento presente.

Ilustração clínica do que vem de ser exposto é apresentado na terceira aula da Parte I.

Outras modalidades narrativas preenchem funções análogas. Trata-se, em suma, de formas de elaboração da subjetividade comuns na vida da consciência. A estrutura de um contexto emocional é, com freqüência, altamente complexa, seus ritmos são polimorfos e múltiplas as vertentes afetivas que entram na sua constituição. Esse conjunto de fatores mobiliza a imaginação produtiva na sua criativa excursão em busca de episódios que, percorrendo durações e espaços inerentes nas formas narrativas, servem de suporte à textura dos movimentos anímicos contidos naquelas emoções e distendem no tempo os momentos simultâneos em que se cristalizam. Acrescentem-se a tais itinerários da vida imaginária as ressonâncias expressivas que emanam da palavra e ter-se-ão os principais componentes que participam da criação de formas de expressão próprias da vida emocional. No correr dos Seminários, várias ocasiões se oferecerão para análise destas questões.

Inúmeros outros problemas de técnica, de relevante importância, mereceriam destaque. Dentre eles, o do acolhimento emocional por parte do analista, o da atenção aos brotos de potencialidades em busca de expressão e de florescimento – o anelo pelo futuro –, ainda quando velados por manifestações das mais proteiformes, inclusive – e especialmente aí – na revolta e na violência. Todavia, seu exame transcende os objetivos de um preâmbulo introdutório, seja pela extensão da empresa, seja pela falta de concretização exemplar imediata. Surgirão, também, as oportunidades de examiná-los no decorrer dos Seminários.

Uma última discussão sobre tema de teoria da técnica, antes de adentrar os domínios dos Seminários Clínicos.

Trata-se do exame de idéias que tomaram corpo em bom número de psicanalistas, em nosso meio, e fora dele, também. Elas são expressas num jargão especial: "o voltar-se para o sensório" – termo inadequado para designar as coisas mundanas, os sensíveis – como recurso psicológico defensivo ante a recusa a apreender a "realidade psíquica" e sua dinâmica própria, objeto primordial da atividade psicanalítica. A "realidade psíquica", dizem, situa-se em plano que "transcende o sensório", ainda que a ele esteja conectado. Por tal motivo, chegam a afirmar alguns, a observação estritamente psicológica não é acessível a relato fiel, prerrogativa de que pode valer-se, por exemplo, a observação direta, a percepção sensível.

Tais alegações são altamente discutíveis. Pode se afirmar, mesmo, que são falaciosas. Pois, se é lícito distinguir o mundo psíquico em contraposição à realidade externa, inserida na ordem espácio-temporal, não se segue que aquele seja inacessível à descrição, ainda quando expresso em coisas sensíveis. Veja-se a prosa literária; e a poesia, que articula os objetos mais triviais para criar o patos, mesmo em três ou quatro versos; e a música, pura estrutura sonora, capaz de veicular e comunicar a concepção dos mais sutis matizes da vida do sentimento; considere-se a representação plástico-espacial do sonho. Consiste o sonhar em fuga para o "sensorial"? A visão estética de uma paisagem, a contemplação de uma obra pictórica ou de uma tragédia de Shakespeare, reduzem-se à apreensão do "sensorial"?

Possa o psicanalista colher, na seara do poeta, o dom da visão do seu dizer. Ele será novamente ouvido – como no início deste preâmbulo – lá no fim, no último Seminário, o poeta, Garcia Lorca, vidente que faz ver, nas imagens do seu dizer, o pensar do sentir humano.

Na verdade, a difusão, em nosso meio psicanalítico, de um certo modo de pensar e do seu dialeto, decorre da falta de clareza e de precisão de conceitos. Confunde-se o plano lógico-discursivo, o qual ordena a realidade segundo a categoria do objeto com seus atributos no espaço e no tempo físicos, e o plano não-discursivo, ou expressivo, que configura uma realidade de natureza diversa, de significado emocional. Ora, a atenção do psicanalista não se volta para o caráter "literal" ou "objetivo" do relato do paciente, mas, visa a captar as vibrações expressivas que perfundem o discurso narrativo e nele imprimem a forma da produção imaginária, a função das figurações, as peculiaridades sonoras da palavra e das articulações sintáxicas, por cujo intermédio manifesta-se a significância emocional que assumem pessoas, objetos e situações. Construídos pela espontaneidade criativa do momento vivido, acionados por forças afetivas, eles se movimentam num cenário cuja dimensão é dramática, muito distante daquele onde a valência "objetiva" estrutura o prosaico cotidiano.

Eis, assim, o sensível, depositário e receptáculo da vida psíquica; e, como tal, susceptível de revelá-lo. Quanto à intimidade da vida interior, do "eu" ativo produtor dessa vida e da coloração afetiva que impõe sua marca no mundo dos objetos, eles serão desvelados em momentos subseqüentes, como formas superiores de auto-consciência, alvo supremo do labor analítico.

Em síntese, para concluir este tópico, não há razões que justifiquem a impossibilidade de relato minucioso do material clínico. É claro que a intuição artística, assistida pelo manejo inventivo da língua, é instrumento privilegiado para dar forma à infinda riqueza e às nuanças da vida psíquica. Mas não é disso que se trata aqui. Não se pretende que o analista brinde seu ouvinte ou leitor com uma descrição artística, mas, tão somente, insistir no fato de que a estrutura da sessão, a minuciosa articulação de conteúdos, a seqüência de falas de paciente e analista, constituem-se na matéria-prima insubstituível para a comunicação e transmissão da experiência e da técnica analíticas.

Seminário 1

DISCUSSÃO DE UMA SESSÃO PSICANALÍTICA ENVIADA, POR ESCRITO, POR UM COLEGA

Transcrição da Sessão:

– "Huum... Aqui está quentinho..."
Seguiu-se um pequeno silêncio, que foi interrompido por mim ao fazer ruído por me movimentar e trocar de posição em minha poltrona. Denotando que o ruído não lhe passara desapercebido, ela disse:
– "Me passou a idéia de que, *por eu ter dito que estava quentinho aqui, você sentiu calor e tirou o paletó.*"
Interpretei-lhe que ela tinha manifestado a crença de que me comandava, me provocava sensações e atitudes só pelo que falava.
Ela não fez comentários e depois acrescentou:
– "Se eu lhe der uma carta pra ler, você lê? Analista pode fazer isso? Recebi uma carta do 'X' (a pessoa por quem está apaixonada) e queria que você a lesse. *Assim, você acredita no que eu digo sobre ele, sente o que eu quero dizer.*"
Seu pedido era singular porque a ela não bastava fazer-me ciente do conteúdo da carta, nem bastava ler-me a mesma. Ela queria que eu tivesse a carta em minhas mãos e fizesse eu mesmo a leitura. Duas idéias a respeito me ocorreram no momento. A primeira foi a de que a paciente queria que eu participasse materialmente daquela relação que ela tinha com *"X"*, pegando seus objetos, conhecendo sua letra, absor-

vendo diretamente suas idéias. Queria, enfim, que eu estivesse pactuado com ela e envolvido no mundo dos seus objetos. A segunda idéia foi a respeito da função dessa fantasia. Pareceu-me que, através desse envolvimento com a produção de *"X"* (suas palavras escritas), *eu sentiria o mesmo que ela*. Por essa nossa identificação de sentimentos já não haveria mais risco de distância entre nós, divergência de idéias, dúvidas e mal-entendidos. Estaríamos fusionados e ela garantida de compreensão e acolhimento.

Em termos simplificados procurei lhe transmitir essa explicação de sua atitude.

Não sei se ela "ouviu" o que eu lhe disse; a seguir, pegou a bolsa, remexeu-a toda, mas não encontrou a carta. "Deixei-a em casa", foi a explicação. E falou o seguinte:

– "Ele disse que precisávamos nos ver, que separação é violência. Andei pensando: se ele gosta de mim, fico feliz, mas não quero ser salvação de ninguém. Já o *'Y'* representa pra mim outras coisas, como segurança. Será que ele representa meu pai? Os dois têm coisas em comum. Hoje passei por um lugar onde nos encontramos algumas vezes. Fico pensando que preciso resolver por mim mesma."

Fez um silêncio e acrescentou:

– "Tenho a impressão de que minhas idéias estão soltas. E você? Não fala nada?"

Respondi mais ou menos o seguinte:

– "Suas idéias você vai depositando em mim, esperando que elas se unam, que eu as cole como se fossem coisas e que depois as devolva de forma compreensiva, pronta para seu uso. Por isso, precisa que eu esteja sempre em condições de fazer essa 'devolução' que você espera, na hora que você determina."

Novo silêncio e veio uma pergunta inesperada e impulsiva:
– "Você anota na sessão o que eu digo?"

No primeiro momento tive a sensação de ser invadido pela pergunta. O "zoom" estava funcionando intensamente.

Respondi, simplesmente: "Não!"

A sua reação me foi mais surpreendente do que a pergunta:

– "Não?!! Mas ouvi dizer que o Freud (nota minha: reparem a intimidade) recomendava anotar. Então você não anota?"

Interpretei então que ela só podia conceber uma relação comigo através de elementos muito concretos, que suas palavras eram como pedaços seus que eu, anotando, adquiririam qualidades físicas e poderiam não só ficar comigo, mas também fazer parte de mim.

A questão da carta, que eu precisaria ler, estava nessa mesma linha de fantasia. Sua leitura por mim seria uma forma concreta de eu me identificar a ela, de eu *estar vivendo a situação que ela vivia*. Só assim teria garantia de acolhimento e alívio para sua intensa ansiedade.

Aliás essa paciente, via de regra, fica alimentando a crença de que eu vivo em continuidade com ela. E essa continuidade é "obtida", no mais das vezes, através do recurso à palavra. Exemplo disso foi a sua impressão no início, de que eu tinha tirado o paletó *porque ela falara* que estava quente. Esse jogo em nível de processo de alucinose me lembra agora o dispositivo de controle remoto com que podemos comandar os nossos aparelhos de televisão.

No parágrafo anterior referi-me à "intensa ansiedade" da paciente. Nesta fase de nossa relação analítica essa ansiedade está muito relacionada a situações de separação, as quais são vividas com muito sofrimento, confundidas que ficam com situações análogas muito primitivas que viveu em seu passado. A sessão que estou comentando recolocava para a analisanda essas vivências de separação pelo motivo de se realizar *numa sexta-feira*, próxima portanto de uma interrupção maior de nosso contacto. Parte de suas atitudes nesse dia podem ser compreendidas à luz dessa situação ansiógena.

Procurei dizer-lhe como a molestavam situações como estas, que lhe faziam ver que éramos duas pessoas distintas, com vidas próprias, o que proporcionava oportunidade de desencontro, separação e frustrações.

A analisanda ouviu, mas aparentemente manteve o mesmo ritmo tumultuado de atuação. Mais para o fim da sessão passou a falar pausado e senti que algo diferente estava ocorrendo no seu interior.

Após um pequeno silêncio, disse algo que me pareceu o seu primeiro momento de elaboração nesta sessão:

– "Concluí que é mais importante estar bem com alguém que estar ao lado dessa pessoa."

Respondi-lhe que ela estava podendo perceber que uma relação com alguém pode existir e se manter mesmo sem a presença concreta da pessoa e que havia outros tipos de presença que se faziam dentro da gente através dos sentimentos. Nesse caso, uma interrupção formal do nosso contacto no fim de semana não significaria necessariamente perda da relação.

Minha referência à nossa relação parece que encontrou a mente da paciente em condições de elaborar algo a respeito daquele momento, pois ela logo acrescentou:

– "Agora não preciso ficar *falando tudo* que vem à cabeça quando estou com você."

Essa observação reafirmou em mim a sensação que vinha tendo a respeito do sentido de muitas falas dessa paciente, objeto desses comentários no início. A palavra, tanto a oral quanto a escrita (lembrar o episódio da carta), era um instrumento concreto de enlace com o outro, maneira importante de fazer penetrar no outro os seus conteúdos, de estabelecer uma continuidade como forma de relação. Naquele momento, abria-se a possibilidade de ela conceber e arriscar uma outra maneira de viver a situação comigo. Ainda que frágil, fugidia, essa possibilidade era aquilo com que podíamos contar para dar àquela experiência outros rumos. As sessões seguintes vieram mostrar a precariedade desses recursos.

COMENTÁRIOS

Início pela primeira intervenção do analista, quando ele lhe diz que:
"ela tinha manifestado a crença de que me comandava, me provocava sensações e atitudes só pelo que falava."

É possível e é compreensível que o analista não se tenha dado conta, logo no início da sessão, daquilo que, mais adiante, se configura como a "intensa ansiedade da paciente" que, "nesta fase de nossa relação analítica", "está muito relacionada a situações de separação", as quais, como nota ele, a sexta-feira faz reemergir. Tivesse ele tido essa convicção ou, dito de outra maneira, a de que a primeira manifestação da paciente exprime uma união que é a garantia contra a separação, talvez tivesse sido diferente sua interpretação inicial. Ao que tudo indica, o problema da ansiedade de separação foi se tornando claro para o analista à medida que a sessão decorria. Ainda assim, penso que a primeira fala do analista, em resposta à da paciente, é inadequada. Mais que isto, representa para ela uma violência, por motivo de resultar de não acolhimento e rejeição de um apelo inicial. Explico. Afinal de contas, todo movimento intencional humano é resultante de um fino jogo de forças e cabe, a cada instante, interrogar-se sobre as múltiplas motivações, ressonâncias e reverberações que a fala, esse delicado instrumento, acaba, sempre, por exprimir. Assim, pois, se a paciente tem a crença de que o analista sente o que ela mesma sente – calor –, essa vivência representa a síntese final de complexo processo mental que contém outros ingredientes que não, apenas, a convicção da identidade de estados corpóreos. Por outras palavras, essa identidade exprime uma proximidade que visa a resolver e que recobre uma ansiedade mais profunda. Assim, ainda que não se saiba qual o sentido da ansiedade, cabe acolher e respeitar a crença na identidade de sensação de calor como manifestação e tentativa de solução – ainda que estranha – de conflito vivido naquele instante. Ora, a fala do analista visa à descrição da defesa; ela se dirige a uma suposta intenção da paciente – a crença de comandar o analista –, sem propor uma possível função dessa intenção, adquirindo, por essa forma, caráter acusatório. É o que logo veremos.

Retomemos o material clínico. Após a sua primeira intervenção, afirma o analista que
"Ela não fez comentários e depois acrescentou:" o pedido da leitura da carta.

O analista nos faz ver, a seguir, que esse desejo da paciente resulta de sua necessidade de união e identificação com o fim de suprimir qualquer distância ou conflito entre ambos, o que representa, para ela, a garantia de "compreensão e acolhimento". Também penso assim. Mas há mais. O analista não teve ouvidos para outros componentes do apelo, contidos na frase

"Assim, você acredita no que eu digo sobre ele, sente o que eu quero dizer."

Ei-nos, pois, diante de um pedido para que o analista *creia*, tenha *crença* na verdade do que ela diz, repetindo, observe-se, termo de que ele próprio se utilizara ao formular a "crença de que me comandava".

Tenho, para mim, que a questão da carta que a paciente traz, ao contrário do que o analista supõe, *é um comentário*, é *comunitário*, é algo *comum*, *diz respeito a ambos* e se refere a acreditar; o que a paciente revela, nesse desejo, é o ansioso sentimento de que o analista não crê nela, uma vez que ele apontara apenas uma necessidade de controle. Insisto. Não ponho em dúvida o fato do recurso a mecanismos de fusão e de identificação projetiva. Trato, isto sim, de pôr em relevo que o apelo à crença, através do manuseio da carta, exprime nova tentativa de fusão, em seguida à identidade inicial, malograda, porque rejeitada pelo analista. Porém mantida e reforçada pela intervenção dele. O desejo da paciente se nos mostra, aqui, novamente, ser o resultado final de um jogo de forças que inclui, agora, a luta contra um aspecto reintrojetado provindo do analista.

Prossigamos. Como se viu, o analista, após o tema da carta, e sensível ao que percebeu ser decorrente de ansiedade de separação, procura transmitir-lhe

"essa explicação de sua atitude".

A seguir, a paciente fala da violência que é a separação, da necessidade de *"X"*, da segurança com *"Y"*. Notemos que ela apõe a conjunção "Já", com função gramatical adversativa, de modo a contrapor diferenças e oposições entre as figuras de *"X"* e *"Y"*. E diz mais que

"Fico pensando que preciso resolver por mim mesma."

Fica em silêncio e, em seguida, acrescenta:

"Tenho a impressão de que minhas idéias estão soltas. E você? Não fala nada?"

Eu diria que a interpretação anterior a essa fala da paciente ajudou-a e fê-la compreender – é o que transparece na oposição entre as duas figuras de *X* e *Y* – o confronto e o dilema entre duas formas de vivência: a necessidade absoluta de presença em oposição à segurança, a separação violenta em oposição à tranqüilidade. Pela primeira vez, na sessão, ela se dá conta dessas duas possibilidades. Mas terá ela de resolver isso por si própria? Ela silencia. Suas idéias estão soltas. Ela não pode reunir vivências tão contraditórias. Ela não tem recursos, sozinha, para enfrentar o impasse. E ela clama por

socorro. É preciso que o analista fale, que ele a ajude. E ele diz, novamente, que
   "precisa que eu esteja sempre em condições de fazer essa 'devolução' que você espera, na hora que você determina."
   Vemos, aqui, repetir-se, a situação do início. O analista mostra a peremptoriedade e exigência da paciente, mas não inclui a ansiedade e a falta de recursos ante esse conflito, nem se apercebe que é essa ansiedade que se *transforma* na imperiosa exigência de prontidão do analista. Reitero, pois, o que já apontei antes. É perfeitamente compreensível que o analista não possa seguir toda a trama complexa dos sentidos das vivências que vão se articulando a cada instante. Devo reconhecer, também, que, à distância da sessão viva, é mais fácil pôr-se a cavaleiro da situação de confronto e violência a que o paciente nos induz e pontificar livremente sobre o material clínico. Contudo, minhas observações não se dirigem, simplesmente, à adequação da interpretação ou à compreensão mais ampla da multiplicidade dos aspectos em jogo. O que se me afigura fundamental é que o analista, atento, exclusivamente, ao impulso que se desencadeia como exigência de que ele fale, devolve à paciente, apenas, o seu aspecto descritivo, sem a devida consideração à possibilidade de que ele se constitua em apelo imperativo de ajuda contra uma nova ansiedade que emerge neste momento. E porque o analista vê apenas exigência e não pode acolhê-la, aceitando-a, não pode, tampouco, transformá-la em compreensão do seu sentido e da sua motivação.
   Por tal razão, em meu entender, em resposta a essa intervenção do analista, vem a pergunta da paciente sobre anotações durante a sessão. Bem viu ele, como nos esclarece, que ela repetia, com isto, a situação que surgira, poucos instantes antes, quando lhe pedira que lesse a carta de *"X"*. Parece-me a mim, porém, que não se trata, *somente*, como nos sugere, da necessidade de
   "uma relação comigo através de elementos muito concretos."
   Suspeito que, além destes fatores, os dois momentos de "concretude" (a leitura da carta e as anotações) se *concretizam* após as falas em que o analista aponta, exclusivamente, a exigência da paciente.
   Continuo. Após o problema das anotações durante a sessão, pôde o analista, novamente, incluir, em sua interpretação, a necessidade de identificação como
   "garantia de acolhimento e alívio para sua intensa ansiedade",
   e relacionar tais vivências com a separação e o fim de semana. Acrescenta ele que procurou mostrar à paciente
   "como a molestavam situações como estas, que lhe faziam ver que éramos duas pessoas distintas, com vidas próprias etc."
   "A analisanda ouviu, mas aparentemente manteve o mesmo ritmo tumultuado de atuação. Etc."
   Eu pergunto: O que ouviu a analisanda? O que significa, para ela, fazê-la ver que "éramos duas pessoas distintas, com vidas próprias,

etc."? Pode ela aceitar e suportar essa proposta para enfrentar a separação? Penso que não. Razão de ter mantido "o mesmo ritmo tumultuado de atuação". Situação análoga àquela que se seguiu à descrição de *"X"* e de *"Y"*, quando ela diz que
"fico pensando que preciso resolver por mim mesma",
e que culmina numa quase confusão e inopinada investida contra o analista para que ele fale, descritas acima. O importante, segundo o meu modo de ver, não é propor que analista e paciente "são duas pessoas distintas, com vidas próprias" – concepção de realidade que só existe para o analista mas vivida pela paciente como exigência imposta a ela –; o importante, parece-me, é tentar transmitir, numa interpretação, o medo que tem a paciente de que ele não compreenda nem sinta quão terrível é a separação, de que ela teme que ele talvez não se dê conta do seu sofrimento e de sua incapacidade de suportar, sozinha, sem recursos, tal situação.

Suponho que, através de uma formulação próxima a essa, pode o analista transmitir à paciente que apreendeu o que ela sente. Nisto, a meu ver, consiste a questão do acolhimento de uma identificação projetiva expresso em uma interpretação. Digo numa interpretação, porque há outras formas de acolhimento, independentemente de transmissão verbal.

Eu sintetizo. Detive-me na discussão mais pormenorizada da dinâmica dos mútuos processos de identificação projetiva de analista e paciente, com o intuito de focalizar e pôr em relevo um viés "interpretativo" infelizmente freqüente em nosso meio psicanalítico. Ele consiste em transmitir ao analisando, em determinadas situações, um aspecto isolado, puramente descritivo, de atuação, como se isso pudesse permitir transformá-la ou compreendê-la. Insisto em que o resultado acaba por se tornar justamente o oposto. O paciente introjeta um novo sentido – agora acusatório e violento – de um ato intencional originariamente seu; porém, desligado do contexto de motivos e ansiedades que determinam sua emergência como manifestação defensiva, tal ato intencional reintrojetado é vivido como um novo perigo para a coesão mental, razão porque aciona novos mecanismos de atuação, em busca de liberação de ansiedades agora ampliadas. Tudo isso ocorre porque, também o analista, profundamente mobilizado pelas exigências do paciente, sente-se invadido na sua individualidade e liberdade e reage, expulsando de si aquela intrusão lesiva, sem poder suportá-la e acolhê-la; acolhimento que implica deixar-se contaminar pela ansiedade e pela exigência do paciente, condição indispensável para poder pensar a sua própria experiência, a fim de transformá-la em interpretação. Se essa interpretação puder incluir os aspectos defensivos da atuação e os motivos que a determinam, então, sim, poderá aliviar ansiedades; porque, agora, acolhido com compreensão, o paciente talvez seja capaz de ouvir a si próprio, falado pelo analista, através de nova dimensão da palavra que reúne, como concepção emocional, a denotação e a aceitação de aspectos conflitivos aparentemente paradoxais; o paciente poderá, talvez, se "re-conhecer", porque se sentiu aceito; poderá olhar e ver a si próprio "dentro" do outro, numa nova fusão, desta vez simbólica, que é, também, uma das realizações supremas do dizer humano.

Seminário 2

DISCUSSÃO DE DUAS SESSÕES PSICANALÍTICAS ENVIADAS, POR ESCRITO, POR UM COLEGA

Sessão de 3ª Feira

Vou chamar o paciente na sala de espera. Este me acompanha. Ao adentrar o consultório, ao invés de deitar-se no divã como habitualmente faz, pára no meio do consultório, sacode o ombro e suspira. Sua expressão é de sofrimento e desânimo.

PACIENTE – "Preciso falar com o senhor."
Pequena pausa.
PACIENTE – "Vou parar a análise."
Não me detenho para conversar com ele tal qual eu faria se fosse uma relação social. Dirijo-me à minha poltrona e sento. Mantenho-me prestando atenção à sua pessoa.
Olha-me com olhos súplices e parece aflito. Parece surpreso e hesitante no meio do consultório, em pé, frente à minha postura que não diverge da habitual.
Aproxima-se do divã; não deita, senta.
Sua fala tem um tom lamurioso.
PACIENTE – "Foi lá em baixo, na sala de espera... de repente... tomei a decisão de parar."
ANALISTA – "Quando algo o incomoda você quer livrar-se."

PACIENTE – "Não agüento esta análise... ultimamente não sinto o menor progresso... estou parado há meses... não faço aqui outra coisa senão queixar-me de mim... é insuportável depois o que sinto... Não durmo. Minha mesa é uma bagunça. Não consigo disciplina. Não me organizo. Não consigo trabalhar direito. Acho que não tenho saída. Tenho vontade de abandonar tudo e desaparecer. Fico vendido."

ANALISTA – "Sim. Vejo que quando você se decepciona consigo, fica vendido à mercê de um desespero e de um ódio a si mesmo."

PACIENTE – "É que não consigo outra coisa que *queixar-se de mim*. É intolerável o que sinto depois da sessão. Não suporto mais. Quero parar a análise."

ANALISTA – "É que você pensa que é a análise que o está enlouquecendo. Não se dá conta do modo como se trata e de como está usando a análise."

PACIENTE – "Estou desanimado. Não suporto perceber que não saio disto. Sinto que estou parando. Não adianta fazer análise se não consigo sair de onde estou."

ANALISTA – "Você se desespera de verificar que não pode livrar-se de você, como poderia livrar-se da loja e da análise. Teria como alternativa aceitar-se e aprender a ser compreensivo com você."

PACIENTE – "É verdade. Muitas vezes amaldiçoei meu negócio. Punha a culpa nos empregados e na queda das vendas. Mas hoje me dou conta que a questão não é com ninguém, porém comigo mesmo. Agora está pior. Percebo minha bagunça, minha falta de concentração e a facilidade com que eu explodo. É pior sentir que é comigo. Não consigo mudar. Fico na mesma. Não agüento mais."

ANALISTA – "Vejo que você não é paciente com você e não se dá tempo. Exige mudanças sem ter tempo para que elas possam acontecer."

PACIENTE – "Não saio disso. Só me queixo. Estou desanimado."

ANALISTA – "Parece que você pensa que através de suas queixas eu vou lidar com suas emoções por você? Não se conforma em que eu não o substitua e que você tenha que aguardar melhores condições para lidar com suas experiências emocionais."

PACIENTE – "Isto é que me enlouquece mais. Antes eu não sabia que tinha dificuldades. Agora sei e não consigo dar um passo. Só me queixo. Não suporto mais verificar a falta de progresso."

ANALISTA – "Se você nega a realidade você fica desesperado pelo que você fez com o nosso trabalho, como você fez mais de uma vez com seus negócios quando aos berros ameaçou seus empregados de fechar a firma."

PACIENTE – "Isto que é pior. Perceber que a questão é comigo. Não sair mais destas malditas queixas."

ANALISTA – "Se você só vê o que ainda não conseguiu e nega o que já foi feito, você fica aterrorizado com o que está vivendo aqui."

Paciente – "Como assim?"
Analista –"Quando você iniciou análise comigo você não percebia como está podendo perceber agora as suas dificuldades."
Paciente – "Isto é verdade. Mas eu não saí delas. Só me queixo. Não tolero mais este trabalho. Eu queria modificar e progredir."
Analista – "Você é exigente. Quer modificar e progredir sem se dar tempo de evoluir, do mesmo modo que em seus negócios você só quer ganhar dinheiro e fica revoltado cada vez que não consegue manter a mesma taxa de lucro."
Paciente – "Isto é verdade."
Analista – "Você repete aqui na análise o que você faz na firma. Você não olha que você era empregado e hoje é proprietário de uma firma com imóvel próprio e sólido capital de giro."
Paciente – "Minha firma cresceu 300 vezes em 10 anos."
Analista – "No entanto você nega o reconhecimento pelo que já conseguiu e fica amaldiçoando o que ainda lhe falta."
Paciente – "É. Infelizmente eu sou assim."
Analista – "Aqui também você fica só salientando o que falta para crescer e não consegue contentar-se com o que já foi possível."
Etc... etc.

A sessão prossegue num tom mais tranqüilo e reflexivo. Mas o paciente continua sentado até o fim da mesma. Ao chegar o término da sessão sorri, sacode o ombro, pede-me desculpas, pede para eu esquecer o que ele havia me dito e termina dizendo que resolveu prosseguir o trabalho.

Digo que ele sente-se reconciliado e reconfortado consigo, mas que também sente receio que eu possa ter ficado magoado com ele.

Sessão de 5ª Feira

Paciente volta a deitar-se no divã como habitualmente fazia. Dá um risinho. Faz comentários sobre a última sessão, em parte se justificando e em parte se explicando. Seu tom de voz tem o calor morno da inflexão que dialoga e medita sobre o ocorrido. Nem por isto deixa de expressar por mais de uma vez que tem um demônio dentro de si.

Seria extenso enumerar todas as associações. Uma delas tem o caráter de um esclarecimento:

Paciente – "Eu li uma reportagem sobre uns executivos que venceram sozinhos na vida e partiram do nada. Apenas com a vontade eles se fizeram na vida. Eu também queria vencer."
Analista – "Você também ganhou dinheiro."
Paciente – "Mas eles venceram sozinhos. Eu pensei que levando à risca o que você já me disse eu estaria pronto para ser bem sucedido.

Julguei que eu não precisava mais de análise. Pensei que pudesse ser um novo homem e dispensá-lo."

ANALISTA – "De fato você não precisa de mim para viver, tanto assim que o que você conseguiu na vida não depende de mim. Você só precisa de mim para analisá-lo."

PACIENTE – "Pensei que com seus 'conselhos' eu poderia ser um homem organizado, tranquilo e eficiente. Mas hoje chegou um fiscal na firma e tive que pedir para outra pessoa atendê-lo por medo de me descontrolar. Aborreço-me que não progredi tanto assim."

ANALISTA – "Você vive nos extremos; de um lado pensa que com minhas colocações pode se transformar na eficiência, sem ter que levar em conta um gradual processo de elaboração; de outro, às vezes sente-se tão desamparado que empurra os outros para fazerem o seu papel."

Um outro tipo de associação que este paciente trouxe nesta sessão foi sobre as dúvidas que está vivendo em relação à compra de um terreno industrial para servir de depósito à sua firma. Detalha em minúcias as vantagens e desvantagens de cada um. Diz-se dividido entre os dois, que está há quase um ano procurando um terreno para comprar e até tem perdido negócios bons porque sempre fica em dúvida.

Interpreto que ele me diz que não quer comprar nenhum terreno à venda, mas o que ele gostaria que existisse.

COMENTÁRIOS

(Observação: A grafia em itálico nas transcrições acima são do autor deste livro).

Inicio destacando as falas iniciais do paciente e do analista. Após dizer que precisa falar com o analista e que pretende parar a análise, o paciente se senta e prossegue:

PACIENTE – "Foi lá embaixo, na sala de espera... de repente... tomei a decisão de parar."

ANALISTA – "Quando algo o incomoda você quer livrar-se."

PACIENTE – "Não aguento esta análise... etc. Não faço aqui outra coisa se não queixar-me de mim... etc."

ANALISTA – "Sim. Vejo que quando você se decepciona consigo, fica vendido à mercê de seu desespero e de seu ódio a si mesmo."

PACIENTE – "É que não consigo outra coisa que queixar-*se* de mim. É intolerável o que sinto depois da sessão."

ANALISTA – "É que você pensa que é a análise que o está enlouquecendo. Não se dá conta do modo como se trata e como está usando a análise."

O paciente diz que lá, na sala de espera, de repente, decidiu-se a parar a análise. Ora, é quando vai para a sessão, quando vai ao encon-

tro do analista, é que não suporta continuar. Talvez se possa ouvir aí uma queixa, senão um apelo. O paciente não agüenta encontrar-se com o analista. Ouvir e acolher essa queixa, a angústia de se defrontar com o analista, assumir-se como o objeto que angustia o paciente, é que significa ser continente. Suspeito que quando o paciente diz que não faz outra coisa senão queixar-se de si próprio, revela que não tem meios de queixar-se do analista, porque este não lhe permite. Efetivamente este lhe reponde que
– "Quando *algo* o incomoda *você* quer livrar-se."

"Algo", é impessoal, e significa, neste contexto, subsumir a pessoa do analista e o encontro na categoria das situações indefinidas veiculadas pela palavra "algo"; além disto, o analista faz recair sobre o paciente a responsabilidade pelo desejo de evasão; assim, frustrado na tentativa de projetar no analista a dificuldade vivida – porque este se recusa a aceitar a projeção – o paciente ao ouvir essa fala, reintrojeta sua queixa e violência e a vive contra o próprio *self*.

– "Não faço outra coisa senão queixar-me de mim."

"Obedece" ao analista, queixando-se de si próprio. Não lhe resta outro caminho. Por isto mesmo, a tensão aumenta.

– "É intolerável o que sinto *depois da sessão*."

Atente-se, agora, para a frase do paciente, na forma como consta nas anotações do analista:

PACIENTE – "É que não consigo outra coisa que queixar-*se* de mim. É intolerável o que sinto depois da sessão."

Lapsus linguae do paciente ou *lapsus calami* do analista? Pouco importa. A construção anômala desvela o feitio singular dos dinamismos psicológicos em jogo: dita pelo paciente, a partícula reflexiva *se* faz provir a queixa como vinda do analista; como, porém, o paciente não teria se dado conta do erro gramatical, pensa que se queixa de si próprio – *identificação introjetiva do paciente*. Mas, escrito, de fato, pelo analista, o *se* inadequado se inscreve numa suposta fala do paciente e *registra* um sentimento atribuído por este ao analista. De um lado, o lapso revela sensibilidade e permeabilidade à angústia vivida pelo paciente; mas, porque o analista rejeita esse registro e *não se apercebe dele*, pensa que o sentimento é do paciente – *identificação projetiva do analista*.

Se as considerações que vimos desenvolvendo são procedentes e descrevem, de forma aproximada, o clima afetivo, transferencial e contratransferencial da sessão, eu diria que a angústia do paciente tem por núcleo seu ressentimento por se ver responsabilizado pelo seu estado psíquico e medo de acusar o analista. Interpretar a ansiedade, conduzindo a acolhimento e contenção, consistiria, aqui, parece-me, em formular para o paciente o medo que tem de que o analista talvez não aceite sua raiva e acusação.

O que se passa, a seguir, no entanto, é que o analista, tendo banido de si aquilo que a sua espontânea vibração afetiva e aptidão para *rêverie*

apreenderam, devolve ao paciente uma fala muito diversa da que poderia conduzir a uma elaboração emocionalmente menos tempestuosa da identificação introjetiva e projetiva aí atuantes:
– "É que *você* pensa que é a análise que o está enlouquecendo. Não se dá conta *do modo como se trata* e de *como está usando a análise.*"

Cabe entender que, se o paciente sente que a análise o enlouquece, tal modo de pensar e sentir, por irracional que aparente ser, deve ter suas motivações. Elas não se modificarão através de sua mera menção. Pelo contrário, eu suponho que o analista poderá contribuir para o agravamento da tensão do paciente ao atribuir, novamente, a este próprio, a responsabilidade da situação.

O que pretendi destacar neste contexto, é que não basta compreender teoricamente o conceito de *rêverie* e de "continência". Ser continente implica receber a projeção, por-se em situação, acolher a queixa ou a acusação, formulando-a de modo a permitir ao paciente projetar determinada fantasia que poderá, assim, ser elaborada pelas *duas* pessoas do encontro, de forma a conduzir a uma reintrojeção cujo valor afetivo será diverso do inicialmente projetado. Trata-se, afinal, de um encontro (não dirá o P., pouco adiante, de sua falta de concentração? "Concentração=encontração").

Prossigamos.

Mais tarde, quando o analista mostra ao paciente que ele "não se dá tempo", acena com a esperança de mudanças; igualmente, ao apontar-lhe que progrediu, que passou de empregado a proprietário, o paciente concorda que sua firma cresceu 300 vezes em 10 anos (?!). Com isto, o paciente se acalmará progressivamente e, aparentemente reconciliado, termina por dizer que resolveu prosseguir.

A sessão seguinte traz, também, a meu ver, indicações preciosas sobre a dinâmica da inter-relação paciente-analista, manifestada na forma peculiar em que ela se constituiu, em decorrência do modo de trabalho do analista.

O paciente fala de executivos que venceram sozinhos na vida. E, também:
– "Pensei que levando à risca o que você já me disse eu estaria pronto para ser bem sucedido. Julguei que eu não precisava mais de análise."

Responde o analista que
– "De fato você não precisa de mim para viver, tanto assim que o que você conseguiu na vida não dependeu de mim. Você só precisa de mim para analisá-lo".

Tenho para mim que essa história dos executivos que venceram sozinhos é a solução encontrada pelo paciente, em atendimento à declaração do analista de que tudo se passa nele, paciente. O analista concebe o paciente como um ser cuja dinâmica de forças é puramente interna; se projeções e identificações projetivas se dão, ele entende ser necessário apontá-las para o paciente como movimentos que se passam exclusivamente no âmbito de sua expontaneidade. O papel do analista se centra e se limita ao de *descrever* o que se dá *no* paciente, na suposição de que ele próprio, analista, não concorre, como depositário, na articulação das vivências do paciente. Ora, isto significa retirar-se do encontro e não ser verdadeiramente continente, ao que o paciente responde também com uma retirada:

– "Mas hoje chegou um fiscal na firma e tive que pedir para outra pessoa atendê-lo por medo de me descontrolar. Aborreço-me que não progredi tanto assim".

Em meu entender, "fiscal", "paciente" e "outra pessoa", são figuras que, metaforicamente, representam as personagens que dramatizam, plasticamente, o analista e o paciente, este cindido entre aquele que se preserva calmo na sessão e aquele que poderia se descontrolar, em fúria contra o fiscal-analista. Eis aí como a "realidade sensorial" se configura como o continente representativo das tensões deflagradas pelas forças afetivas em causa.

Em síntese:

O paciente, premido por uma "voz" interna, exige de si o sucesso de vencer com os próprios recursos; o analista, de sua parte, concorre em sentido análogo, ao induzir o paciente a pensar que tudo resulta de seus conflitos internos. Coibido, pelo refreamento de suas tentativas de projeção, de elaborar, no analista e, por intermédio dele, os seus conflitos, há, no entanto, momentos de apaziguamento. É o que ocorre, por exemplo, quando, na primeira sessão relatada, o analista, movido pelo sofrimento do paciente, sugere esperanças de melhor futuro e conduz à reconciliação havida. Mas o paciente vive uma paz precária. De fato, vamos encontrá-lo na sessão seguinte, tranqüilo; porém, à custa da cisão de aspectos opostos e conflitantes. Pode conviver, por ora apaziguado, com o analista, porque fiscaliza e elimina de si próprio um lado beligerante e furioso.

Podemos visualizar, desta maneira, como se fundem, revigorados por sua identidade, um fiscal-paciente e um fiscal-analista; por vezes introjetados e em violenta oposição ao *self*; outras, como no último exemplo, alienados em "outra pessoa", visando à defesa do *self* e da relação objetal, porém com empobrecimento do próprio mundo interno.

Seminário 3

Isaias – Vocês estavam discutindo a forma de apresentação e eu gostaria de lembrar que é hábito no nosso meio que colegas, ao dirigirem seminários, peçam apenas o material, não querem saber a história clínica. Sob determinado aspecto, isto é muito interessante. É interessante porque, como teremos oportunidade de ver, há sempre, a partir da história, uma ordenação da mente obedecendo a certas linhas norteadoras e diretrizes que podem vir a bloquear um impacto emocional suscitado pelo contato direto com a situação, o qual pode se constituir como instrumento fundamental de apreensão.

Por outro lado, este viés de trazer exclusivamente o material e viver sob o impacto deste enigma inicial, não corresponde muito à vivência que temos com seres humanos. A gente vê um rosto, o que permite um contato expressivo; além disto, sabe-se se o paciente é homem ou mulher, se a idade está entre 3 e 10 anos ou entre 40 e 50, e tudo isto permite também ao analista nortear as suas formulações. Há, assim, vantagens e desvantagens em uma e outra maneira de nos aproximarmos do paciente.

Diante do interesse da analista em relatar a história por ela coletada, assim procederemos. Isto servirá de introdução para o relato de uma sessão que examinaremos, então, detidamente.

Analista – "No final de junho do ano passado foi-me encaminhado um menino que chamarei J, com 6 anos de idade. Chegou-me com a informação de não conseguir acompanhar a classe na alfabetização, condição essencial para ser admitido na escola de escolha de sua família. Testes psicológicos revelaram inteligência normal. Como se pôde observar depois, apesar do grau de inteligência, ele ainda não aprendera sequer os números de 1 a 10 ou os rudimentos do alfabeto.

A primeira sessão foi memorável. O menino parecia um ser extraterrestre: era extremamente magro, tinha uma cor de quem tem câncer, um moreno cinza canceroso, com enormes olhos azuis, um rosto bem fino, olheiras enormes. Então ficavam só olho e pernas compridas e finas.

Nesta sessão fui buscar o menino e ele só quis entrar acompanhado pela mãe, comportamento que perdurou durante algum tempo.

Na segunda sessão ele usou um ardil muito interessante. Entrou e de repente jogou uma pedrinha para um jardim interno e eu o convidei para buscar a pedra. Ele estava no colo da mãe e desceu, me deu a mão, saímos e ele passou a deixar a mãe na sala de adultos e ficava comigo trabalhando ou na sala de crianças ou no jardim. Pareceu-me um jeito inteligente de ele deixar a mãe para trabalhar comigo e a mãe então ficou perto-longe. Ao longo da análise era freqüente que a mãe, na sala de espera, se queixasse: 'ele que já era impossível antes de começar a análise, agora está insuportável, ele ficou incendiário (eu trabalho com fósforos), ela vai perder as empregadas, ele vai mal na escola, ele não quer fazer as lições'.

Falava tudo isto na frente da criança, freqüentemente antes das sessões, mas, às vezes, no fim também.

O tema das sessões era construção e destruição de casas através de incêndios, terremotos e inundações, comportamento que vem se mantendo até o presente. Sua freqüência às sessões era irregular. Eu tentava tratar deste assunto com ele, mas parecia que ele não tinha compreensão do que eu falava, parecia que o tempo tinha para ele um significado muito diferente que para nós. Diferentemente de crianças até menores do que ele, J não se dava conta dos dias de análise. Tentava perguntar se ele não se lembrava de que 3ª-feira ele teria análise, mas 3ª-feira não significava nada para ele; nem 4ª nem 5ª-feira. Mas o paciente adorava vir e sempre queria ficar um pouquinho mais. Nas sessões, o menino se mostrava sempre muito ligado e trabalhávamos intensamente.

Chegamos ao final do ano e não aprendera ainda os números de 1 a 10 nem o a, e, i, o, u. Por isto foi o único aluno a ser reprovado.

Numa das primeiras sessões após as primeiras férias, J pede para eu ler jornal, o que fiz. Ele risca um fósforo e põe fogo no jornal, eu me assusto, com o que ele se mostra muito contente. Sugiro que chamemos os bombeiros e ele responde: 'É. Chame os bombeiros'.

E me pede para eu ler novamente. Pego de novo o jornal e pergunto a ele: eu sou o papai? Ele confirma. Aí ele pôs fogo no jornal do papai. Eu sou mamãe? Ele responde, bem baixinho como para ninguém ouvir, que não. Então sou sua irmã? Falo com ele sobre sua inveja de quem sabe ler e escrever e acho que foi importante poder falar com ele sobre a inveja.

Ele falta à sessão seguinte e na outra pede que eu repita a leitura do jornal – eu como papai, eu como irmã e como mãe. A seguir, pede para falar parecido com a sessão anterior e repito mais ou menos o que disse a respeito da inveja do pai, da irmã e da raiva que ele tem porque os outros entendem as letras e os números e ele não e que, quando ele sente estes sentimentos, ele sofre muito e quer acabar com este sofrimento destruindo e queimando todas as letras e números, queimando o que ele não aprende.

Em seguida, ele vai para o jardim e dirige-se a um bambuzinho ao qual ateia fogo com satisfação e fascínio. Digo a ele que ele queima a planta que ele acha que me representa, algo cheio de vida.

O reflexo disto tudo foi muito importante, pois na sessão seguinte ele pegou a caixa de jogos e, pela primeira vez, pediu-me que lhe ensinasse aquele jogo (xadrez). Disse-lhe que era muito difícil jogar xadrez, mas perguntei se ele queria jogar com as brancas ou pretas. Escolheu as brancas. Separei as peças e, à medida que eu as colocava no lugar, ia nomeando-as. Ele parecia outro menino. Para minha surpresa, ele aprendeu o movimento das peças e jogamos xadrez a sessão inteira. Surpreendeu-me que ele, incapaz de qualquer abstração, consiga isto e não saiba contar de 1 a 10".

Isaias – Acho que você deu a ele duas coisas que ele está esperando há anos na vida. Você deu os fósforos e uma outra maneira de ele poder mostrar que é capaz de conceber coisas e de estabelecer um outro tipo de contato com o mundo. Acho que estas duas coisas são absolutamente marcantes. O xadrez, que não figura nos cânones habituais do aprendizado, não é a ordem numérica, não é a alfabetização.

Analista – "Ele já havia usado esta caixa, mas, apenas para a construção de casas que ele construía e destruía em todas as sessões. Os dominós, os blocos e as peças de xadrez eram usados como tijolos. Ele também não conhecia o jogo de xadrez. Na casa dele não se jogava xadrez."

Isaias – Você disse, referindo, na primeira pessoa, o falado pela mãe, "agora ele virou incendiário; ele que já era impossível antes da análise, agora está insuportável". Como se ela estivesse aí falando. Logo em seguida, falando da mãe, você faz diferentemente, você diz: "ela vai perder as empregadas". Ou seja, você já a pôs em terceira pessoa, você já a pôs a distância. Você sente que esta mãe perturba o menino.

Você também disse que se surpreendeu muito por ele captar logo os movimentos do xadrez. Por que você se surpreendeu? Porque há uma grande mudança no fato de ele se dispor a usar seus recursos pela primeira vez. Porque recursos ele tem. É um menino que pega uma pedrinha e joga no jardim, episódio que, como vimos, serviu para iniciar uma relação com a analista. Ele concebe um mundo e está inscrito na linguagem. Ele é meio "ET" porque ele está fora de uma inserção de integração social, emocional, mas não de uma concepção intelectual. Ele entende o que você fala. Porque é extraordinariamente complexo ele propor-lhe que você leia jornal e ele fazer um drama com você. Pegar uma caixa de fósforos, abrir, pegar um palito e acender, já é uma atividade prática extremamente complexa. A integração neste nível de praxia, de psicomotricidade e de concepções intelectuais, este menino tem perfeitamente.

Ele agora tornou-se incendiário, diz a mãe, e você nos descreveu que você tem uma caixinha de fósforos, e com uma caixa de fósforos dá para fazer grandes incêndios. Você está, felizmente, propiciando um grande incêndio na vida deste menino e na sua vida familiar. Talvez seja muito mais complexo ele te propor ler e queimar, num jogo dramático, porque ele sabe que você vai se defender, que você não vai se deixar ser queimada como o bambuzinho do jardim.

Analista – "Parece-me que ele tem um gosto pela destruição."

Isaias – Você disse que o dominó e os blocos ele usa para construir e depois destruir. Mas o que é que você chama destruição?

Analista – "As casas são destruídas de três jeitos: inundando com água, com terremotos, ele mexe e abala o conjunto construído e nunca é assim muito depressa, porque ele está querendo entender um processo."

Isaias – Isto! Porque para construir é preciso destruir. Na vida animal, quando surgem os primeiros elementos construtivos, nos pássaros, a visão e a construção andam juntas. O primeiro momento de organização sociofamiliar, que surge nos pássaros, mostra bem que, para construir o ninho, o pássaro tem o bico que o ajuda a destruir, analisando, isto é, separando coisas – gravetos, folhas – para poder retirar e montar o ninho. Assim também, no ser humano, o processo de análise, que é um processo intelectual, está montado sobre a destruição, ou seja, a separação das coisas, o que leva a descobrir os elementos de que as coisas se compõem. O menino se utiliza de elementos isolados, ele os une e depois ele abala este conjunto no que se chama destruir tudo. A gente não sabe o que significa isto como relacionamento de objeto, mas é preciso separar as coisas para poder unir. Que ele tenha uma plena noção do que é construir com movimentos, nos mostra este jogo de xadrez e a construção de casas com blocos de dominó. Então, a capacidade de abstração existe neste nível. Quer dizer, a capacidade de abstração não pode se separar de níveis primordiais de atividade impropriamente chamada de primitiva, para se liberar, sublimada, para outros componentes ideativos. Que é a numeração, a numeração de 1 a 10? É um processo muito mais complexo do que aprender os movimentos do xadrez, porque os movimentos do xadrez são concretos. Há um nível de abstração quando você diz: o cavalo anda deste jeito, ele sabe o que é para a frente e para trás. Ele pode não saber o que é uma semana atrás, mas as costas, a posição espacial do tempo, ele sabe que está para trás, ele não sabe quando, porque a ordem temporal ainda não está ordenada através dos números. Eu não sei se uma criança de 6 anos tem realmente a seqüência das semanas. O tempo, dependendo de quanto tempo atrás, está localizado atrás da pessoa, indo para uma obscuridade do passado. Ele também, um menino de 6 anos, teria dificuldade de dizer quando foi ontem, quando foi que eu estive lá. Então, aprender de 1 a 10 é muito mais difícil do que aprender os movimentos das peças do jogo de xadrez porque 1 a 10 é independente de coisas concretas e jogar xadrez é uma atividade abstrata concretizada num movimento de um jogo que tem um elemento lúdico importante e elementos lúdicos são usados também para que as crianças aprendam a seqüência numeral.

Passemos agora à sessão que vamos examinar e discutir mais longamente.

ANALISTA – "Ao abrir a porta, vejo a mãe na sala de espera contando dinheiro e J não está ali. Ela diz baixinho que ele está escondido e ele grita de dentro do banheiro ao lado: 'Estou aqui, mas não posso sair porque fiz cocô na cueca, acho que estou doente da barriga de novo.' A mãe dirige-se ao banheiro e diz alto: 'Ah! J deixe de ser hipocondríaco', e vai cuidar dele.

Com as mãos cheias de carrinhos, J fecha a porta e vai entrando e dizendo: 'preciso achar um bom lugar'. Pega os fósforos trazidos por ele na sessão anterior e continua: 'viu como é bom ser prevenido?'. Isto porque, quando ele voltou, depois das férias, eu me esqueci de repor os fósforos. Ele se dirige para o jardim e pede que eu me sente. Sento-me à sua frente. Ele está dispondo os carrinhos de polícia e fixa sua atenção no único carrinho que está quebrado e olha para mim e fala: 'Sabe, fulana, é de eu jogar no chão com força'. Fala como que se desculpando. 'Fulana será que você pode me ajudar a consertar?' Digo-lhe que vamos estudar juntos como se faz para arrumar e, como ele mesmo costuma fazer, eu vou acompanhando a pesquisa com palavras: hum! esta saliência... entra nesta reentrância...

Ele começa a dispor os carros: 'este é a polícia, este é a ambulância'. Aí eu vejo passar pelo chão uma formiga saúva grande, ele a vê também, leva um pequeno susto. Rapidamente, pega um palito de fósforo e persegue a formiga com o fogo até queimá-la. 'Viu como é grande?'

Ele examina com curiosidade aquela coisa retorcida, a mesma curiosidade com que tantas vezes já o vi olhar as folhas anteriormente verdes e, agora, reduzidas a cinzas, os papéis queimados, outras formigas extintas, as construções desfeitas. E eu não vejo a menor culpa ou angústia.

(A sessão prossegue num desdobramento e multiplicidade de atividades e jogos do menino. Final da sessão: Ele sai correndo, abre a porta, pega a mãe pela mão. A mãe diz: 'vamos andando, você hoje tem lição para fazer. Até logo, fulana')."

Isaias — Vou deter-me no que considero mais significativo para o nosso trabalho. Como veremos, isto diz respeito à parte da sessão acima transcrita, deixando na obscuridade as seqüências apenas apontadas, porém, não relatadas.

Vamos começar por examinar a situação de a analista acolher este menino por quem parece ter muito interesse pessoal. Chamou-o de ET, quer dizer, que vive em outro mundo, parecendo que dá a idéia de que tem uma vida mental toda separada, *sui generis*. Na verdade, apesar deste primeiro contato aparentemente difícil, esta criança nos revelou várias possibilidades criativas.

Você como que joga com ele, brinca com ele e isto deve ter dado a ele a possibilidade de entrar neste mundo com você como uma professora que vai cuidar dos problemas dele e de vez em quando você fala da inveja, das relações pessoais dele com as pessoas da família. Além disto, em certos momentos, ocorre a você tentar fazer algumas formulações a respeito do significado das fantasias impulsivas dele, mas você, talvez preocupada em não causar muita ansiedade, contém-se.

Predomina aqui um aspecto de interpelação lúdica mais do que o de cuidar especificamente de certas ansiedades que brotam nos conteúdos que vão surgindo. É compreensível esta dificuldade. É de se perguntar se isto constitui um desdouro do seu trabalho. Acredito que não, porque talvez este jogo tenha se tornado necessário em situações particularmente difíceis de contato.

Nesta sessão que você está apresentando parece que aconteceram tantas coisas e é possível que haja uma certa correlação significativa entre os vários momentos; mas, é possível, também, que a predominância do jogo e do brinquedo tenha conduzido a uma dispersão de situações emocionais cuja seqüência e conexões se perderam.

Podemos ver agora a importância em dar atenção à emergência das coisas concretas que surgem numa sessão, deixando de lado a preocupação de estabelecer conexões com toda a história da análise e com a história de vida. Por exemplo, dar a devida atenção ao início da sessão que estamos examinando. Este menino entrou nesta sessão estando fora. Ele gritou para você que ele está fora, mas quer te ver. Eu não posso ir ao seu encontro — é o sentido que tem o seu grito: "Estou aqui, mas não posso sair porque fiz cocô na cueca, acho que estou doente da barriga de novo." Poderíamos até perguntar por que fazer cocô na cueca o impede de sair? Para ele, impede, porque ele tem uma configuração psicológica tal que ele fazendo cocô, não pode sair, ele tem plena noção dos mandamentos de higiene pessoal e de conduta consentânea com os mandamentos de controle de esfíncteres.

Depois ele entra, diz que precisa achar um bom lugar. Ele estava num mau lugar, ou seja, ele estava doente, separado de você, estava gritando que queria te encontrar, mas que não podia porque tinha acontecido uma coisa terrível para ele, ele estava doente de novo. Agora ele está no bom lugar. Uma primeira conexão deve ser captada na oposição entre o bom e o mau lugar e ser formulada para o paciente. A segunda coisa que ele vai dizer é a questão dos fósforos. Ele pega os fósforos trazidos por ele na sessão anterior e ele diz: "Viu como é bom ser prevenido?". Esta frase é de uma importância muito, muito grande. Ela nos revela que um menino, tido como atrasado e com tantas dificuldades, é capaz de conceber e dizer para você que ele tem de se prevenir, uma vez que você não cuida destas coisas que cabe a você cuidar. Então ele tem que cuidar. Isto faz parte da relação de vocês porque você mesma disse que não havia posto a quantidade necessária de fósforos. Eis aqui uma segunda conexão que deve ser formulada.

Retomemos estes três momentos: o grito dele no banheiro, a alusão a procurar um bom lugar e a questão dos fósforos. O grito dele no banheiro, com o qual ele se faz presente, mesmo não podendo comparecer imediatamente porque alguma coisa impede que ele vá ao seu encontro, e o fato de ele agora estar procurando um lugar adequado para o que vem a seguir, para que as coisas que estão aí com ele aconteçam, estes dois problemas deveriam ser formulados porque lhe permitiriam imediatamente reunir acontecimentos aparentemente distintos, expressos de uma forma espontânea e natural. Acontecimentos e expressões que têm uma determinação absoluta, um sentido pleno, o de ele estar gritando para encontrá-la, para mostrar-se presente, o de ele estar doente sem poder ter acesso a você. Depois, quando ele entra e fecha a porta, vai ter sua intimidade com você e para isto precisa achar um bom lugar.

Mesmo que as conexões acima apontadas não tivessem sido apreendidas, eu tomaria a questão do bom lugar para formular, ainda que tão-somente para dirigir a atenção dele. Eu quero dizer com isto que a fala do menino, neste instante, evoca uma porção de coisas. Nós sentimos coisas sem saber o que são. Uma coisa é viver uma situação, outra é poder concebê-la, nomeando-a em todos os seus aspectos de intenções múltiplas. Na mera vivência, há uma concepção, uma apreensão de tipo expressivo de uma situação; já o saber desta situação, desta vivência, realiza-se pelo discurso, por uma relação predicativa. Mas ambas as formas de concepção são produto de sínteses elaboradas pela consciência. Insisto nesta questão uma vez que, para Freud, o que está fora do discurso do saber encontra sua significação em articulações que se dão no âmbito inconsciente.

Voltando ao nosso material, é preciso permitir-se ser acionado pela fala do menino. Se nos detivermos, pensando que cada palavra, cada frase, é prenhe de sentidos múltiplos, mesmo que não se saiba quais sejam, reunindo estas frases e formulando-as para ele, vamos permitir que elas se preencham de novos conteúdos de representações, de fantasias e de concepções imaginárias que vão enriquecendo, com novas tintas, a complexa relação emocional estabelecida neste momento.

Acho muito importante fazer um trabalho minucioso de captação de todos os elos faltantes numa situação afetiva que desperta ressonâncias emocionais cheias de lacunas no saber, porque estas lacunas, podendo ser vividas como lacunas, é que induzem o trabalho criativo da gente. Ele é quebrado, ele é cheio de vazios, mas é acionado por ressonância das poucas frases ditas por este menino. O sentido está aí, mas ele não está sabido. Ele é vivido sem ser sabido.

Voltemos à questão dos três momentos iniciais da sessão. As intenções do menino, nesta situação, começam a se articular – e podemos percebê-las quando a gente se detém para ouvir os ecos da fala – quando o menino grita para a analista: "Estou aqui, eu não posso sair porque estou com cocô na cueca". Porque não dar atenção a isto? Logo depois, ele fecha a porta e diz: "Eu preciso achar um bom lugar". Então, alguma coisa está aí para ser posta em um bom lugar porque ele ainda não estava num bom lugar. Agora, que ele fecha a porta, ele vai construir o ninho dele com ela. É aqui que o drama, já esboçado, vai se passar. Além disto, ele pega os fósforos, que ele mesmo trouxe na sessão anterior, e diz: "Você está vendo como é bom ser prevenido?" Você não cuida de mim. Você não deixou aqui os fósforos sabendo que eles são muito importantes para mim e eu tenho muito a fazer com eles.

PARTICIPANTE – "Eu gostaria de fazer uma tentativa de estabelecer uma conexão entre a mãe e a analista. Há duas interferências da mãe. Ela não presta atenção às coisas do menino tanto no começo quanto no fim da sessão. No início, ela diz para ele deixar de ser hipocondríaco e no final diz para deixar de bobagem que ele tem de estudar. Parece-me que esta necessidade do menino encontrar um ninho, de ser entendido, poderia ter o sentido de que ele busque com a analista algo que ele não pode encontrar com a mãe."

ISAIAS – Eu não poria a mãe no contexto porque tudo o que ele vive com a mãe ele também vai viver com a analista. Não me parece ter sentido dar destaque a uma eventual oposição entre o que a analista é para ele e o que é a mãe, o que não me parece ocorrer neste instante. Simplesmente dizer que a mãe o chama de hipocondríaco e a analista não, eu acho arriscado porque pode confundir a emergência de ansiedades que, afinal, têm a ver com a estrutura dos objetos e da organização de vida imaginária e dos impulsos que ele traz consigo e que provêem das relações com seus familiares. Por isso, fazer tal oposição não acho bom nem útil. Pode perturbar a apreensão das ansiedades dele.

Insisto, porém, em que se dê atenção às falas iniciais do menino. Sua fala de como é bom ser prevenido pode ter aqui muitas outras nuanças; por exemplo, suprir a deficiência da analista não significa que ele esteja apontando um erro dela ou que ela não cuide bem dele. Ela cuida dele, mas não o bastante. Cabe a ele suprir estes cuidados. Ele é capaz de cuidar de si, de prover coisas que lhe faltam, com a ajuda dela. Isto no fundo significa que ele sente que é capaz de aproveitar a companhia dela para certas realizações próprias.

Além disto, é importante não examinar todas estas situações sob o habitual ângulo das ansiedades paranóides e persecutórias, dando ênfase aos aspectos destrutivos. Predominassem aqui os elementos destrutivos, não haveria contato com esta criatura. O que se aprende com toda a orientação técnica e teórica de Melanie Klein exige muito cuidado. Ela, num certo momento do pensamento teórico psicanalítico, pôde captar aspectos extremamente hostis e destrutivos, mas dar destaque a isto é ir só a meio caminho da verdade emocional. Toda a vida emocional tem componentes ambíguos e complexos. Ele gritar para a analista que ele está todo perdido, doente, com cocô, mas que ele está pensando nela e quer ir ao encontro dela, procurar um bom lugar para se reunir a ela, dizer dos fósforos que trouxe, tudo isto contém um mundo de dados emocionais que devem ser minuciosamente elaborados e propostos a ele.

Repito: é fundamental deter-se nisto e esperar o que vai acontecer a seguir e não pretender ver toda a série de acontecimentos desta sessão.

A esse respeito, é importante considerar as intervenções de várias pessoas que, neste instante, chamam a atenção para novos momentos que surgem na seqüência da sessão.

Um dos participantes propôs examinar a questão do conserto do carrinho. Outros colegas se detêm para tentar investigar outras falas. Mas a pergunta é a seguinte: uma vez que, agora, o paciente quer cuidar do carrinho quebrado, deve o analista abandonar tudo o que ele nos disse até aqui? Da mesma forma como apontei, anteriormente – uma possível dispersão no decorrer do jogo com a analista –, repito, agora, que é preciso ter em mente que a seqüência ininterrupta de atividades vai tornando difícil estabelecer as conexões significativas entre os vários momentos.

É preciso evitar que todas as atividades dele se desmanchem numa continuidade de coisas cuja conexão vai ficando extremamente difícil.

Ao contrário, é preciso estar atento aos ecos da fala dele. O grito dele de que está doente é expressão, ao mesmo tempo, do impedimento e do desejo de ir ao encontro da analista. A busca do bom lugar e a alusão aos fósforos, também. São três momentos de prenhez de significado que vão se perdendo porque, de repente, caminhamos para outras coisas, para os carrinhos.

Chegados aos carrinhos, também surge um outro problema. Agora não é ele quem está doente e precisa ser cuidado, mas é o carrinho, porque foi jogado com muita força no chão. Se ele é o carrinho que foi jogado com muita força e ficou doente com dor de barriga, porque ninguém cuidou, ou se ele precisa cuidar de si mesmo, já que você não cuida de todas as coisas que ele quer, porque ele é muito destrutivo, resta ver.

Mas, uma alusão a tudo isto está se esboçando já no começo da sessão. Porém, ao dar ensejo à multidão de coisas que vão se produzindo ficamos perdidos, e o menino também, num jogo permanente, porque ele encontra novas estruturas simbólicas para estas ansiedades. O nosso paciente é acionado permanentemente a perdurar nesta situação, para a qual ele encontra novas expressões, uma vez que ele é compelido a vivê-las. Até o momento dramático da formiga.

Todos nós fomos profundamente tocados pela formiga que ele queima e a gente quer muito saber o que é, mas vamos saber, primeiro, o que é gritar para você que ele está doente e que ele está aí, apesar de estar doente, vamos dar atenção a ele. Aí, depois, se pudermos explorar isto e trabalhar isto, começam a surgir coisas que ajudam a montar esta casa, porque ele vai montando alguma coisa. No entanto, ele é inundado por novas ansiedades, nada acontece e tudo se perde. É o que vai acontecer no final desta sessão, quando as ansiedades se manifestam concretamente em novos conteúdos que são inundados por novas ansiedades e a coisa fica perdida.

PARTICIPANTE – "Quando o menino propõe o conserto do carrinho, acho que houve um movimento, uma proposta à analista para a realização de algo juntamente com ela. Acho que ocorreu alguma coisa que não deu para verbalizar, mas deu para ser feita. Qual é, então, a distância entre a não verbalização e esta situação onde a coisa é executada. Eu cuido ali com você, nós dois estamos cuidando, você traz uma coisa para nós cuidarmos juntos."

ISAIAS – Há uma distância, evidentemente. Uma é pensada como um movimento a distância e outra é feita diretamente, intuitivamente vivida. Ele traz os fósforos que ela não pôde trazer para ele, sem poder pensar o sentido que isto tem. Ele não pôde pensar nisto, ela também não pôde pensar. Ele vive a situação atuando, ela vive a situação de uma maneira benéfica para ele porque completa as coisas. Então ela vai realizando, em ação vivida emocionalmente, aquilo que é captado por ela, mas que precisaria ser pensado e expresso em palavras. Isto traz para nós um problema: em que medida a interpretação se torna imprescindível e em que medida uma atuação pode ter um papel interpretativo-terapêutico? A experiência emocional transposta num dizer é de nível diverso do que o meramente vivido. A formulação da experiência vivida implica maior distância que a vivência. É uma reflexão sobre a vivência, o que permite um destacar-se sem ser compelido, necessariamente, à ação.

Com relação aos fósforos, não é toda a verdade que ele esteja chamando a atenção dela para uma coisa incompleta dela. Isto é um lado da coisa. Porque ele também diz que é capaz de pensar nisto e prevenir deficiências, sem que se perturbe a relação entre ambos. Sem cortar tudo, sem que tudo fique quebrado. E é este lado positivo do que ele tenta fazer e construir com os objetos humanos dele que não pôde ser levado a bom termo no seu desenvolvimento psicológico. Então ele não se destaca deste nível concreto de ansiedade para poder usar este poder criativo de ação outros níveis mais abstratos como letras e números.

ANALISTA – "E ler e escrever, para este menino, é muito perturbador, razão por que, penso eu, ele destrói o jornal que vê o papai ler, que a irmãzinha lê."

ISAIAS – Deve haver vários níveis neste ler... Do que o adulto é capaz de fazer, do que não é... Do que o adulto exige dele... Do que o adulto significa no plano de despertar ansiedades tão brutais nele que faz com que ele exerça sua capacidade buscando destruir o jornal. Então, dirigir todo este montante de destrutividade e construtividade para letras é um nível muito complexo. Porque é necessário remover das coisas as vivências destrutivas e as ansiedades nelas contidas para poder considerar estes objetos livremente, para poder concebê-los numa outra relação e poder entender o que é a numeração, o que são as letras. Para este menino as letras estão imbuídas de coisas destrutivas; as relações psíquicas com as letras se objetivam em carrinhos, em jogos de xadrez, em fósforos, diretamente. Não há, então, condições de se destacar para considerar um objeto puramente, esteticamente, na sua liberdade, na sua alteridade, para poder começar a concebê-lo como um objeto independente. É isto que é necessário para aprender, começar a aprender a letra, o número...

Depois de termos examinado uma sessão, consideremos o tipo de problemas que a teoria e a prática psicanalíticas nos propõe. Um sonho, quando é relatado por um paciente, mesmo com uma configuração sintática ou lógico-formal adequada, sabemos que é apenas uma justaposição de ideogramas ou de imagens isoladas cujo sentido não pode ser apreendido através do mero exame das conexões horizontais da mesma forma que vocês apreendem o sentido da minha frase.

Há um quadro de Magritte em que ele pinta um homem com uma maçã na cabeça, há um quadro de De Chirico em que há uma estátua da Grécia clássica e uma locomotiva num espaço ocre. O que o surrealismo pôde trazer para a gente é uma quebra da sintaxe. Sintaxe é *sintaxis*, como já sabemos, reunião numa determinada ordem.

A pintura clássica anterior à metade do século passado pintava personagens num espaço para nós acessível como compreensão. Quando Monet começa a produzir suas telas, voltado a criar grandes espaços pictóricos quase sem tema, quebram-se as sintaxes da pintura clássica.

Mallarmé cria, na poesia, figurações espaciais; figuras com sílabas e palavras grafadas em tipos maiores ou menores, pondo em segundo plano a sintaxe habitual. Isto é desglosar as coisas de sua inserção no cotidiano, no habitual, na forma habitual de pensar.

O que a pintura e a poesia moderna nos ensinam, o que a teoria dos sonhos nos ensina, o que a teoria psicanalítica nos ensina – seguindo toda uma tendência nova do pensamento moderno que vem se desenvolvendo há cerca de 100 anos – é que, desglosadas as coisas do seu contexto, produzem-se surpresa e choque. Choque é impacto emocional. Quando se vê um relógio de Dali dobrado sobre a aresta de uma mesa, posto num espaço infinito, todo mundo vai buscar o relógio, mas é um relógio que não é mais um relógio. A maçã de Magritte na cabeça do personagem faz com que se olhe esta maçã como se fosse no primeiro dia da criação de um objeto. É por isto que alguns grandes artistas fizeram os objetos *ready-made*, toma-se uma maçaneta e se coloca num quadro. Isto produz um impacto porque a pergunta é: "o que é?" O "o que é?" já é uma tentativa de nos afastarmos para recobrar uma integridade que é rompida pela proposta.

A mesma atitude eu proponho para o analista: deixar-se penetrar por um caos inicial quando este menino grita: "Fulana, eu estou aqui". Nada mais natural que o menino, sujeito a uma diarréia, esteja lá no banheiro, ele ainda sabe se compor, ele não costuma fazer cocô na cueca. Mas, se pusermos de lado toda esta seqüência de ações, afinal triviais, e nos ativermos ao grito lancinante do menino: "Fulana, eu estou aqui", talvez, então, a gente possa ouvir mais do que isto. Isto é, ele está aflito porque ele não pôde ir ter com a analista, porque está paralisado pelo cocô, e se torna presente pelo grito.

Se agora nós quisermos articular numa nova sintaxe não mais um menino que não pode entrar na sala porque fez cocô, mas o grito do menino "Fulana, eu estou aqui, eu fiz cocô na cueca" com as falas "eu preciso de um bom lugar" e "como é bom ser precavido" mostrando uma caixa de fósforos, talvez, então, seja possível apreender uma nova conexão de significação que nos permita penetrar no mundo de intenções e de emoções expressas na sucessão destas três frases. Mas para isto é preciso deixar-se contaminar por este grito do menino de que ele está inerme, paralisado.

Creio que, dando-se conta do sentido destas falas, é possível ao analista intervir e formular alguma coisa para este menino. E formular algo no sentido de dizer que ele gritou para ela quando ele não podia entrar, quando ele estava presa de um grande mal-estar, prisioneiro do próprio corpo que ele não podia controlar e que ele agora dá a entender que ele é capaz de controlar e, ao contrário, cuidar das coisas que ela não pode cuidar.

É isto que me parece dinamicamente importante trazer para a reflexão. No decorrer da nossa discussão eu trouxe a vocês algumas reflexões a propósito de alguns ensinamentos da arte moderna que, ao quebrar o processo de organização sintática da frase, da pintura, da poesia, nos revela um novo mundo quando conseguimos desinserir do contexto discursivo certos acontecimentos, para considerá-los, recebê-los e deixar-nos penetrar por eles segundo novas regras que fogem aos padrões clássicos de conhecimento.

O papel da psicanálise é quebrar o conhecimento discursivo. É claro que nós queremos recapturar aquilo que escapa ao discurso, o impacto emocional, e reorganizá-lo de novo para aprendermos o que é a vida emocional. Mas isto nós só podemos fazer depois. No momento em que sofremos o impacto da situação emocional, é fundamental não ter memória e não ter desejo. E isto só é possível quebrando todos os vínculos com o sentido cotidiano das coisas, deixando-nos penetrar pelo caos emocional que irrompe a cada instante, para, só depois, recapturar o sentido deste caos e estabelecer uma nova estrutura de significação como, por exemplo, a que se articula nos primeiros momentos da fala do nosso pequeno paciente.

Tudo o mais que se passou na sessão é, sem dúvida, importante, mas é extremamente complexo porque, cada momento, cada comportamento, cada jogo havido nesta sessão com a participação da analista e do paciente, já nos trazem mil outros problemas que talvez seja possível organizar numa totalidade, mas acho que é muito mais complexo. É bom, aqui, a distância da sessão, seguir o desabrochar, o abrir-se da comunicação emocional e das situações de grande tensão criadas pela primeira fala e do que vem a seguir, para poder captar a sucessão das tensões emocionais e organizá-las numa apreensão sintética a fim de poder transmiti-las ao paciente.

Seminário 4

Trata-se de uma nova sessão do mesmo paciente do seminário anterior.

ANALISTA – "É uma sessão de 3ª-feira. O paciente vai brincar com o Castelo e a Família e eu quero explicar do que se trata.

Castelo: Trata-se do castelo do mal. Faz parte do brinquedo do herói He man. Tem uns 70 cm de altura, é dividido em duas partes, uma anterior e outra posterior, ambas com algumas aberturas. As duas partes encaixam-se formando uma espécie de face-crânio de caveira. Na face há uma bocarra, que é a porta de entrada, com assustadores dentes. Há dois buracos correspondentes ao lugar dos olhos e um buraco correspondente ao nariz. Na parte posterior há buracos verticais que lembram serpentes. Este castelo foi trazido pelo paciente na sessão anterior.

Família: Compõe-se do pai, do menino, da menina e dois amigos. O pai, o menino e um amigo são do tipo *play mobil*, têm movimento e o menino é uma exata miniatura do pai. O outro amigo tem cabeça de Pato Donald e a menina pertence a uma outra categoria de brinquedos de plástico, também tem mobilidade e é mais forte e gorda que o menino e é a única loira entre eles. Na sessão anterior, à medida que fui percebendo, fui nomeando suas identidades. O menino é o paciente, a menina é sua irmã, o pai é o papai, os amigos são auxiliares do pai.

Castelo e Família já haviam sido trazidos pelo paciente na sessão anterior na qual o paciente disse que 'a mãe não veio porque está doente'. Eu não acho que ele use o castelo como o castelo do mal do He Man, ele usa como um novo jeito. Eu só expliquei assim para o grupo saber de que se trata.

Vamos então à sessão.

Mãe e filho na sala de espera. Ela sentada, ele de pé, perto da porta de entrada de minha sala. J está tentando fazer algo com as mãos, mas não percebo o quê. Rapidamente ele pega o enorme castelo de plástico, bem como a família, e entra dizendo zangado, 'merda'.

Coloca-os em cima do divã com cuidado, fecha a porta, pega o pai – que aí eu percebo estar sem o braço esquerdo –, tentando colocar seu braço na articulação correspondente (compreendo agora que está continuando os movimentos que fazia com as mãos ainda na sala de espera).

Digo: Mas o quê foi que aconteceu?"

Paciente – (Com linguagem infantil e entre raivoso e angustiado). "Agora não vai dar para ter o pai, ele quebrou o braço, não dá para arrumar."

ANALISTA – "Você está muito aflito porque acha que fez estragos no papai que são irreparáveis e você gostaria que tivesse jeito de reparar os estragos (suas tentativas não têm êxito, o braço recolocado escorrega e cai)."

PACIENTE – (Repetindo, agora com pesar.) "Agora não vai poder ter o pai, só o irmão, a irmã e os amigos."

ANALISTA – "E por que não pode ter o pai com o braço quebrado?"

PACIENTE – "Porque ele fica fraco e não serve, ele morre, ele não me agüenta."

ANALISTA – "Igual à mamãe que você acha que não serve porque ficou doente?"

PACIENTE – (Sua fala não está mais infantil.) "É, fulana, a mãe já morreu. Não tem mãe nesta história, só o pai, o filho, a filha e os amigos."

ANALISTA – "Já que você diz que tem pai, eu posso tentar arrumar seu braço?"

PACIENTE – (Entre ansioso e esperançoso.) "Por favor, mas acho que não dá."

ANALISTA – "(Eu tento e não dá mesmo, mas tenho uma idéia médica.) Que tal enfaixar o braço com durex?"

PACIENTE – "Ótimo."

ISAIAS – Vamos parar um pouco para examinar o que temos até aqui. Cabe dizer inicialmente que a analista está seguindo atentamente o que o nosso pacientezinho diz e faz. Ela, sem dúvida, capta as ansiedades do menino, mas tenta resolvê-las por meio de um determinado tipo de comportamento que eu não sei se é o mais condizente com o que seria desejável em uma análise.

Vamos recapitular o material.

O menino tenta consertar o pai que quebrou o braço. Ele entra dizendo "merda".

Após uma pergunta da analista ("Mas o que foi que aconteceu?"), ele diz que "agora não vai poder ter o pai, ele quebrou o braço, não dá para arrumar". Então ela diz: "você está muito aflito porque acha que fez estragos no papai que são irreparáveis e você gostaria que tivesse jeito de reparar os estragos".

Aqui ela está bem mais próxima do que é o sentido deste material embora, talvez, já formular para o menino que foi ele quem fez estragos no papai, ainda não sei se é o dinamicamente mais aconselhável. Não que isto não possa corresponder ao sentido do que esteja ocorrendo. O menino continua a tentar, não tem êxito nas suas tentativas, o braço recolocado escorrega e cai, e ele repete, agora com pesar, "agora não vai poder ter o pai, só o irmão, a irmã e os amigos".

Então o que o menino está dizendo, desolado? Que ele não pode contar com a presença deste boneco-pai.

E o que a analista diz para o menino? "E por que você não pode ter o pai com o braço quebrado?"

Bem, acho que você pode dizer isto para ele, mas devemos nos perguntar se é o mais indicado, do ponto de vista analítico. A meu ver, o importante é seguir, passo a passo, o sentido das coisas que o menino está exprimindo. Porque ele está exprimindo e atualizando, em palavras e gestos, os momentos de maior tensão. Primeiro, ele está muito bravo porque ele não tem um dos bonecos inteiro, o pai. Depois, ele tenta consertá-lo e, a seguir, diz que não vai poder ter este boneco. Ele está, inicialmente, irritado; depois ele tenta um conserto e, por fim, ele fica desolado e aborrecido. Então o que está aflorando aí é uma mudança de tonalidade emocional a partir de um momento de intempérie, de tempestade afetiva, muito bravo porque um dos bonecos está quebrado. Com quem ele está bravo? O que é esta braveza? O que é esta tristeza por não poder contar, agora, com a presença desta figura que está quebrada. Então é esta tristeza que deve ser formulada para ele e não: "por que não podemos ficar com o pai com o braço quebrado?"

O que nos ensina o caminho a seguir é a seqüência de atualizações, de ações, como num palco, das tensões que são vividas nas relações dele com as figuras projetadas, as quais representam, por sua vez, as várias concretizações destas emoções. O mundo interior dele é esta exteriorização nestas figuras. Não cabe ao analista minimizar as ansiedades dele propondo, quase num convite: "podemos ter o pai com o braço quebrado". Não é nosso papel o de deixá-lo aliviado momentaneamente. Passando ao largo destas ansiedades, não penetrando na sua determinação dinâmica ou fazendo com que elas, naquele momento, diminuam de intensidade, nós fazemos com que elas naufraguem. Perdemos com isto a possibilidade de penetrar na estrutura íntima da construção destas situações emocionais que estão aparecendo diante dos nossos olhos.

PARTICIPANTE – "Com relação à pergunta da analista que o Isaias está discutindo, eu pensei em outras possibilidades. Eu pensei que a pergunta pode ter o sentido de ela convidá-lo a pensar se ele não estava exigindo um pai muito perfeito, muito idealizado. Se a resposta do menino fosse usada neste sentido determinado – desenvolvendo a idéia de tornar consciente para o menino que ele exige um pai muito perfeito – talvez pudéssemos encaminhar a reflexão do menino para uma mudança com relação a esta exigência."

ISAIAS – Em meu modo de entender, a pergunta da analista – e o seu desenvolvimento eventual proposto pela participante – não corresponde à realidade do menino. A realidade do menino é que ele está desolado porque esta figura está perdida. Por isto não devemos propor a ele algo diferente do que ele mesmo está vivendo. Ele vive uma tristeza porque não pode ter esta figura inteira. Esta é que é a situação que nós devemos apreender como existente nele e propor para ele. Que ele está triste. E não propor a ele: olha, não faz mal, tem tanta outra coisa boa, você não é tão ruim, não tem importância, o mundo não vai desmoronar... Desmoronou! Como é que não? Pois ele ficou triste! Como é que não desmoronou?

Eu quero acrescentar a estas observações a presunção – a meu ver inadequada –, difundida entre alguns analistas, de que a abertura de novas possibilidades do pensar – neste caso o convite a pensar na possibilidade de se dar conta do grau de idealização que envolve o desejo de ter um pai perfeito – talvez pudesse permitir romper este tipo de idealização supostamente patogênica, com acolhimento de novas constelações afetivas. Trata-se de uma elaboração que pretende ser sutil, expressa em linguagem que pretende ir a uma das funções primordiais do desenvolvimento humano – o pensar – para abrir-lhe novas rotas insuspeitadas. Tenho para mim – qualquer que seja a formulação utilizada – que este tipo de procedimento em nada difere de uma técnica de tipo sugestivo.

Voltemos à seqüência da sessão.

É importante dar atenção àquilo que a analista nos informa que "ele diz com pesar": "Agora não vai poder ter o pai". Não é só a fala, o pesar também se transmite e isto pode e deve ser formulado para o menino a fim de que ele possa reincorporar esta vivência como própria dele. Em outras palavras, como já discutimos na sessão anterior, transformar uma vivência em reflexão, transformar a consciência que vive em consciência que sabe o que vive.

Continuemos. Cabe considerar também que, felizmente para nós, nem sempre aquilo que a gente faz perturba o caminho espontâneo da criação e do que está em jogo dinamicamente. De fato, não obstante a pergunta da analista, aquilo que é mais forte no paciente determina o que vem a seguir: "Porque ele fica fraco e não serve, ele morre, ele não me agüenta".

Aqui já vem uma coisa mais complexa ainda. O menino diz que o boneco "fica fraco" e, ficando fraco, ele "não serve, ele morre, ele não me agüenta". E, talvez, o pesar possa ser ligado a este fato de ele dizer que o boneco morreu, o pai morreu e que não o agüenta porque ele fez ou vai fazer coisas com o boneco. Agora ele fornece elementos suficientes para incorporar uma experiência não mais alienada no boneco, mas posta nele mesmo. Porque o menino se põe como sujeito. O boneco-pai não o agüenta. Neste momento a analista introduz na situação a figura da mãe, o que, a julgar pelo contexto do material, não é relevante. Cabe considerar, ademais, que, durante o trabalho vivo na sessão, devemos ficar atentos à produção de fantasias, tratando de evitar interferências na espontaneidade do paciente.

Quanto a uma pergunta vinda do auditório: "Se a analista relatasse a sessão espontaneamente, sem anotações, será que a coisa se passaria desta forma?"

Isto não tem muita importância. Tem importância aquilo que se criou espontaneamente na analista quando ela coligiu estes dados porque, a rigor, nós não temos o paciente. Temos, isto sim, uma profunda união entre paciente e analista e o caminho que ela viveu e que nos transmite.

Cabe dizer, porém, que nós estamos discutindo num seminário. Nós estamos, todos, a cavaleiro da situação. Menos a analista, que está na berlinda. É, sem dúvida, mais fácil, longe do impacto emocional vivido durante a sessão analítica, examinar o fluxo do material clínico e proferir, magistralmente, a distância entre o certo e o errado. Quem de nós é magistral na sessão viva, em todas as sessões de uma biografia analítica?

O menino falou pai, ele produziu uma fala e devemos ficar atentos a ela. Não tem muita importância que a nossa interpretação e a possibilidade de desnudar as ansiedades e de resolvê-las não sejam bastante profundas. Tem importância mantermo-nos prisioneiros do texto para captar o desdobramento destas constelações emocionais e não ir muito além delas a não ser quando for possível apreender defesas e impulsos a fim de incluí-los numa interpretação. Quero dizer com isto que atentar para a ansiedade, mesmo sem captar toda a trama de defesas e todo o movimento complexo de que resulta a fala, é melhor do que deixá-la de lado e perder este veio rico que é a fala de uma pessoa. Eu acho até que é muito mais fácil seguir isto num trabalho com uma criança do que com um adulto. O adulto é muito mais sujeito à ordem do discurso e à reorganização através do cotidiano e do trivial, o que dificulta captar as situações emocionais emergentes.

O menino diz – com pesar – "agora não vai dar para ter o pai" e depois – após nova pergunta da analista – "porque ele fica fraco e não serve, ele morre e não me agüenta". A gente fica até surpreendido de ele falar o "não me agüenta" depois, porque se ele morre seria de esperar que não faz sentido dizer que não vai agüentar mais. Isto do ponto de vista factual. Por isto mesmo é que podemos ver como o discurso e a seqüência lógica dos acontecimentos não nos ensinam nada. É muito mais interessante ficar atento a esta forma peculiar de sucessão das exclamações formuladas por ele, de que o pai fica fraco e não serve, ele morre e não me agüenta. Qual é a ansiedade fundamental? É, primeiro, que o menino diz com pesar que ele não tem mais esta figura e, depois, ele sente que esta figura é fraca e que não serve para ele.

Pelo menos, repetir isto para o paciente – que ele não vai poder ter o pai, que o pai fica fraco e não o agüenta e que ele diz isto com pesar –, dá condições para estabelecer um vínculo entre a fala do paciente e o sentimento captado pela analista deixando claro para ele que a analista é capaz realmente de monologar com ele, não dialogar. Dialogar significa propor a fala do outro e monologar é devolver a própria fala do paciente ouvida por outro. Aí sim, o paciente começa a ouvir-se falado por um outro.

E se esta fala do outro puder incluir, como componente expressivo da mensagem, acolhimento, ou seja, a vivência de estar dentro do outro, poderemos esperar mudanças emocionais.

Mais adiante a analista intervém: "Já que você diz que tem pai eu posso tentar arrumar o seu braço?" Eu diria que mais importante que consertar o braço é examinar a situação na qual uma figura quebrada é vivida diretamente como alguém com quem ele não pode mais manter contato; ele, com pesar, tem de abdicar de um contato com alguém que ele gostaria de manter inteiro, mas que agora ele tem de abandonar porque não serve mais para ele, não o agüenta. Este "não me agüenta" sugere que há muitas coisas que ele quer fazer com esta figura que, por isto, deveria ser forte mas que não vai agüentá-lo. Ele está pesaroso... Tem muitas coisas acontecendo, não necessariamente que ele esteja culpado porque ele quebrou esta figura. Ele pode estar sentido por não poder continuar a exercer o jogo dele, a briga dele com uma figura que seja capaz de agüentá-lo. Talvez ele busque o prazer em poder exercitar toda a força dele com alguém que o suporte. É possível até que a dor devida à figura quebrada seja por frustração daquele prazer e não por culpa.

Aí, talvez, se nós tivermos a paciência de agüentar com ansiedade "não saber", talvez, então, seja possível clarificar se a ansiedade dele é porque ele fez os estragos ou porque ele não pode continuar a quebrar este pai que ele pretende que seja sempre uma Fênix que renasça das cinzas. Mas é preciso agüentar não saber. É preciso agüentar que esta criança esteja quebrada e não pode brincar da maneira como quer.

Então é importante dizer a ele que ele precisa de um pai inteiro que o agüente para que ele, a partir disto, tenha condições de dar forma imaginária e de representações àquilo que o pai tem de agüentar dele. É bom insistirmos um pouco mais nesta questão. O que o menino busca no pai (acalmia de culpa ou possibilidade de identificação com uma figura rediviva) ainda não adquiriu forma, ainda está dissolvido, como mera virtualidade, na frustração de um prazer. Mas, se puder emergir como forma imaginária, passará a constituir um novo acervo simbólico que poderá ser incluído como patrimônio na teleologia da consciência. E poderá, também, servir para novos desdobramentos, seja na investigação da dinâmica, seja na determinação do desenvolvimento emocional desta criança através do ato analítico. Cabe, além disto, considerar que as construções simbólicas referidas não perduram, necessariamente, como conteúdos de representação consciente permanentemente presentes, mas depositam-se numa totalidade de experiência e de modo de ser pessoal. Elas também podem ser atualizadas pela reflexão, embora esta atualização não desempenhe mais papel significativo na edificação da personalidade que, no entanto, incorporou a experiência e a mantém como "forma" construída.

O jogo com a criança deve servir como instrumento de compreensão para tais objetivos.

Captamos certos movimentos do paciente, como, também, da analista. Ela é tocada pelas ansiedades do menino e imediatamente tenta ajudá-lo na superação dessas ansiedades fazendo com que elas quase desapareçam, atenuando os momentos do jogo dinâmico efetivo que pode acontecer no nível analítico. Então fica um nível de atuação emocional mútua, perdendo-se certos momentos de prenhez analítica.

O importante seria destacar-se da participação emocional e captar esta participação, agora como compreensão das próprias vivências, que passam a servir como instrumento para a análise.

Voltemos à sessão, no momento do jogo médico de enfaixar o braço.

ANALISTA – "Então o pai já não é mais o pai, ele é o amigo. (Trata-se do boneco com o braço enfaixado, agora utilizado na continuação do jogo.) J. está colocando bonecos dentro e fora do castelo e diz que eles vão escalá-lo. O amigo Pato Donald sobe pela frente e seu rosto é encaixado num dos buracos orbitais de forma que todo o corpo é assim sustentado. O outro amigo, no outro buraco. Ambos olhando para dentro do castelo. A irmã faz a escalada por dentro, olhando para fora através da janela-nariz onde é encaixada. O pai-amigo vai para o ponto mais alto onde fica o radar. Neste castelo há uma arma pontuda que é a catapulta, mas para o menino aquela catapulta é um radar. Então, o pai vai para o ponto mais alto, onde fica o radar. Os olhos do pai não alcançam o horizonte. J utiliza então um banquinho do mobiliário de papelão que eu tinha feito a seu pedido na sessão anterior, em cima do qual coloca o pai.

O bonequinho que representa o menino está no tapete, ao lado do castelo. Então o menino diz orgulhoso:"

PACIENTE – "Viu, todos estão nos seus lugares, todos podem ver e ninguém caiu."

ANALISTA – "Eu vejo que todos, menos um, o menino, tinham feito a escalada e antes que eu tenha feito qualquer observação verbal, J pega-o e o faz penosamente escalar pelo mesmo trajeto que o do pai, só que simetricamente oposto. O menino chega ao topo, só que lá não há onde se sustentar. Então ele diz:"

PACIENTE – "Que tal você fazer um chão igual àquele de ontem, que você fez para o meu pai?"

ANALISTA – "Eu falo entre séria e brincando: Você está querendo ser poderoso como o pai, ver longe como o pai, num lugar próprio como o seu. Precisamos trabalhar mais, não é? Então ele diz:"

PACIENTE – "Tive uma idéia."

ANALISTA – "Desloca um dos amigos para uma seteira, na parte posterior do castelo e coloca o menino na sua vaga que é o buraco ocular. Ele exultante diz:"

PACIENTE – "Tive outra idéia. Você faz um chão grande aqui."

ANALISTA – "Entre os buracos dos olhos e do nariz. Eu começo a recortar no papelão o futuro assoalho do mezanino e aviso que o tempo está acabando."

PACIENTE – "Rápido!"

ANALISTA – "Colocado o chão, ele desloca toda a família para o mezanino e freneticamente começa a lutar derrubando os dois amigos que caem, gritando, lá de cima. Depois luta com o pai que é o tal do pai-amigo que foge para o seu antigo lugar que é junto ao radar.

Primeiro ele derrubou os dois amigos, depois ele luta com a menina que foge, depois luta com o pai e ele faz o pai fugir para o seu antigo lugar junto ao radar e luta com a menina que foge para o castelo. O menino sobe atrás do pai e lá o engana com uma conversinha amena. O pai, distraído pela fala mansa do menino, é bruscamente empurrado lá de cima estatelando-se no chão. O menino procura pela irmã para matá-la também, mas J a esconde. O menino procura, mas não a encontra. Digo que a sessão terminou. Ele me olha e diz com orgulho: 'ela é muito forte'.

Falo que dentro dele há uma multidão de sentimentos que brigam entre si e que ele fica contente em encontrar pessoas fortes que o ajudem.

Ele sai como menino competente, destranca e abre as portas, mas, duas passadas após, quem se achega à mãe é um menino-bebê que diz com fraca vozinha infantil:"

PACIENTE – "Mamãe, eu não consigo arrumar as coisas no castelo."

ISAIAS – Muito interessante. A sessão termina com o paciente querendo ter as pessoas inteiras para continuar infinitamente esta coisa terrível de luta. Quando as coisas ficam quebradas ele fica muito assustado. Repete-se a mesma situação do começo da sessão. Parece que ele realizou um pouco esta fantasia de onipotência de repetir a quebradeira toda dele. Cada um é posto em seu lugar e ele vai buscar um por um para quebrar, lutar, brigar, matar. Mas as figuras não podem ficar destruídas. Acho que somos reconduzidos ao início da sessão. Em suma, a ansiedade deste menino diz respeito à sua destrutividade e ao temor de viver uma situação irreparável.

A frase: "todos estão nos lugares e ninguém caiu" pode servir como síntese desta sessão. Este "ninguém caiu" repete a negação de uma situação que está superada porque, "ninguém caiu", é, no início da sessão, expressa como "... ele quebrou o braço...". Primeiro raivoso, depois pesaroso. Porque ele não serve mais, ele não pode continuar a agüentar o jogo destrutivo do menino. Agora todos estão nos seus lugares e ele pode voltar a fazer o jogo desta raiva toda, cuja razão não fica imediatamente clara. Agora ele colocou todos inteiros nos seus lugares, vai brigar com todos, vai chegar até lá em cima, vai derrubar todos, menos uma que se esconde. Vai brigar com estas figuras, inteiras, que podem, agora, sofrer todas as vicissitudes de sua raiva. Quando ele sai da sessão, porém, assistimos a uma transformação; aparece um outro lado seu, alquebrado e perdido: "mamãe, eu não consigo arrumar as coisas do castelo".

Ele não está mais na sessão, mas ele está propiciando ainda um material. Ele está alquebrado e perdido quando termina a sessão. É extraordinário que esse menino precise manter as figuras inteiras para poder descarregar todo o seu ódio. Ele vai ficar com raiva e assustado quando uma das figuras se quebra (no começo da sessão). Depois que a analista arruma essa figura, ele recoloca tudo num outro contexto que é igual ao primeiro, para fazer de novo todo o jogo do ódio, de quebrar as coisas, de buscar cada um no seu lugar para derrubar, para fazer toda a briga destrutiva de novo. É isto que é o essencial da sessão. Seria fundamental transmitir-lhe que ele quer todas as figuras inteiras para descarregar toda a raiva que ele tem por alguma razão. Ele poderá, então, propiciar outros elementos imaginários do porquê de cada uma dessas figuras suscitar tanta raiva. Cada uma ocupa um lugar determinado nesta estrutura. Ele incorporou uma visão de uma ordem dramática desta família, um está aqui, outro está ali, outro está lá em cima, outro escondido e ele é capaz de perceber os lugares ocupados por cada um e vai buscar um por um para derrubar, para brigar. A que está escondida é uma menina e ela é muito forte.

É importante viver este impacto de uma situação muito rica de significação e que não se pode pôr em palavras. Eu não sei o que quer dizer "todos podem ver". É bom não saber, é bom sentir uma tensão terrível diante de uma situação que está se articulando e que não se sabe o que é. Porque este menino está sempre avassalado por forças que ele não conhece, ele ainda não pode incorporar o que ele é.

Acho que devemos terminar. O que podemos aprender desta sessão é que este menino tem uma imperiosa e avassaladora necessidade que o compele a criar situações permanentes de luta frenética com todas estas figuras e uma situação de muita raiva alternada com dor moral, com pesar, quando uma figura está quebrada. Isto não deve nos induzir ao erro de pensar que este menino tem culpa ou tem necessidade de reparar e manter inteiras suas figuras. Ao contrário, tudo é muito mais sugestivo de uma estrutura dinâmica desta personalidade em que lutar permanentemente com figuras que devem permanecer inteiras talvez seja um momento imperioso e fundamental para o seu desenvolvimento. É fundamental, pois, mostrar para o menino as razões da permanente luta com estas figuras. O que, habitualmente, chamamos de destrutividade, pode ter um sentido muito diverso neste menino; ele exerce uma destrutividade imperiosa e fundamental para a criação e descoberta de novos objetos que lhe são indispensáveis a fim de atingir novas posições de desenvolvimento. É uma falácia pensar que seu mundo interno, seus objetos estejam destruídos. Ao contrário. É preciso destruir para poder construir novas formas de relacionamento humano em determinados estágios do desenvolvimento.

Seminário 5

Analista – "Estou chamando de Regina uma pessoa com 38 anos de idade que está comigo desde 1976, desculpem-me, 1986. Ela deve ter começado comigo em maio, junho de 1986. Trata-se de uma intelectual, com título de pós-graduação. Submeteu-se a análise anteriormente.

Seus conhecimentos se estendem a vários setores da arte. A análise começou numa situação bastante intelectualizada: relata sonhos que tenta analisar.

Suas relações afetivas estão prejudicadas. Ela própria se ressente do fato de dedicar-se à produção intelectual em detrimento das relações humanas e das realizações pessoais no plano amoroso.

Desde cedo, a mãe destinou-a à vida intelectual, pois, segundo ela pensava, esta filha era parecida com o pai. Já a outra filha, que puxou o caráter da mãe, poderia voltar-se à constituição de família e de um lar.

A paciente me vê como uma analista inusitada pelo fato de eu não atentar, por exemplo, para quem deve entrar primeiro na sala. Eu posso entrar primeiro, ela pode entrar primeiro. Eu nunca presto muita atenção nisto e ela acha isto muito singular. Não há um ritual como havia na análise anterior da paciente."

Isaias – Mas não há uma tópica de movimentos? Você a deixa passar por você, às vezes?

Analista – "Há uma tópica de movimentos. Às vezes eu a deixo passar, às vezes eu já estou na sala e só chamo e ela entra. Ela leu livro que eu conheço e a gente conversou a respeito. Ela acha isto absolutamente inusitado também.

Há períodos da análise em que a paciente tem faltado e outros em que a análise parece ser a única coisa importante na sua vida.

Ela começou com 4 vezes por semana; por problemas de trabalho, passamos a 3."

Isaias – Que dias ela tinha sessões?

Analista – "Ela tinha 2ª, 3ª, 4ª, e 6ª e agora ela tem 2ª, 4ª e 6ª. Quando ela me procurou, estudava o dia inteiro e publicava um trabalho atrás do outro. Seus interesses concentravam-se na publicação de trabalhos e em sonhar ir para o exterior porque ela achava isto aqui um horror.

Ultimamente, está percebendo mais o que tem feito de sua vida, o que tem sido muito angustiante para ela. Teve alguns casos amorosos que, de alguma forma, terminaram. Na sessão de 2ª-feira está muito irritada e inquieta porque, atualmente, não se interessa mais por estudar; só pensa em sua análise e isto é muito desconfortável. Começou a fazer um curso de psicanálise ao qual dedica bastante tempo, mas, que, afinal, não a atrai tampouco, não obstante tratar-se de matéria que já foi centro de interesses e dedicação. Ela está muito irritada porque, anteriormente, em qualquer curso tinha de ser a primeira, fazer trabalhos incríveis, ser a melhor; agora nem isto."

Isaias – A redução de 4 para 3 sessões coincidiu com o início do novo curso?

Analista – "Acho que o início do curso foi um pouquinho depois, mas acho que o interesse dela talvez tenha coincidido, não sei. O interesse dela começou quando... A coisa é tão violenta... Ela traz um sonho e analisa o sonho. Então os sonhos que eu posso analisar são os sonhos que ela não entende, ou porque são loucos, ou porque não têm pé nem cabeça."

Isaias – Isto é presente, atual, ou sempre foi assim?

Analista – "É atual e sempre foi assim e eu acho que algumas vezes eu embarcava porque ela trazia tudo bonitinho e, de repente, eu percebia que estava lá tendo uma discussão intelectual com ela, como se fosse a respeito de uma terceira pessoa. A coisa chega a tal nível que um dia ela trouxe um sonho com várias alternativas de interpretação, e quando eu propus o meu entendimento do sonho, diferente das alternativas que ela trouxe, ela achou que fazia sentido, mas queria saber de onde eu tinha tirado tudo aquilo, 'como é que você chegou a isto?' Uma coisa parecida com: 'como é que você chegou onde eu não consegui chegar?'

Eu disse que tirei da cartola porque ela não admitia que eu apreendesse alguma coisa que ela não soubesse. É mais ou menos isto.

Aconteceu uma situação muito desagradável há uns dois meses atrás que, a meu ver, desencadeou a fase em que ela está agora.

Depois de receber alguns telefonemas que me deixaram muito confusa durante o intervalo anterior, fui à sala de espera e encontrei, além de Regina, outra paciente. Não sabia quem chamar. Voltei para minha sala para olhar a agenda. Como Regina tinha mudado há pouquíssimo tempo de hora, chamei a outra."

Isaias – Mas era hora de quem?

Analista – "Era hora desta, Regina. O horário era dela, mas eu chamei a do horário seguinte. Ela falou: 'acho que é o meu horário...' Entramos. Foi uma barra pesadíssima, uma confusão... Ela achou que eu inconscientemente gostava mais da outra, preferia a outra. Nesta fase, há dois meses atrás, ela quase foi embora.

A sessão que eu trouxe é de uma 4ª feira pouco após os acontecimentos que acabo de relatar."

Paciente – "Ontem aconteceram algumas coisas interessantes. Estava pensando nelas. Estou precisando terminar um trabalho e ontem não estava conseguindo escrever, continuar este trabalho. Aí resolvi sair e ir a um cinema, perto da minha casa, onde está passando uma retrospectiva dos filmes do ano passado. Fui assistir *Nunca te Vi, Sempre te Amei*. Não sei se você viu. É a história de uma escritora que se corresponde com um livreiro de Londres a quem encomenda livros. Surge uma ligação muito forte entre ambos. Eles se correspondem por 40 anos. Eu me identifiquei muito com a mulher. Ela vivia entre os livros e sentia muito prazer nisto. Aparecem também no filme muitos lugares de Londres e Nova Iorque. Tive muita vontade de estar lá, de viajar. Aí aconteceu uma coisa muito estranha. Uma amiga me ligou e eu falei a respeito do filme. Ela vai para Londres em julho, vai tirar férias separada do marido, e me convidou para viajarmos. Ficamos falando disto, da vontade de viajar... Dez minutos depois ela me ligou novamente oferecendo o lugar dela numa viagem já programada. Aconteceu, então, uma coisa estranha. Eu falei de um desejo e logo em seguida, de uma forma mágica, ele podia se realizar. E aí esfriou tudo em mim. Acabou o desejo."

Analista – "Parece que quando o sonho pode se tornar realidade, já não tem graça, me parece que você tem medo de sair do sonho. Porque isto?"

Isaias – Vamos interromper um pouquinho? O que está acontecendo aí? É uma longa dissertação. Vocês se lembram da seqüência das falas? Por que será que a analista resolveu prestar atenção à parte final da fala onde um desejo de viajar pode se concretizar numa viagem turística? A seguir, a paciente comenta que algo estranho ocorreu: ela falou de um desejo que pode ser realizado de uma forma mágica, mas o desejo então desaparece.

Mas isto é uma parte só da fala. A fala é muito mais longa. Ela começa falando de um outro assunto: "Ontem aconteceram algumas coisas interessantes. Eu estava pensando nelas. Eu estou precisando terminar um trabalho e ontem eu não consegui escrever".

Ora, o que são *"coisas interessantes"*? Hoje eu tive um acidente de automóvel. Isto é muito interessante. Vocês não acham interessante um acidente de automóvel? Temos falado, aqui, de um personagem trágico de um filme. Não é *interessante* um personagem trágico?

É interessante ouvir a seqüência: "Aí eu resolvi sair e ir a um cinema perto da minha casa. É um cinema em que está passando uma retrospectiva dos filmes do ano passado."

Vocês não acham muito interessante uma pessoa não conseguir escrever um trabalho e sair para ir ver uma retrospectiva em um cinema?

E a última *retro-spectiva* dela qual é?

Ou seja, em que consiste a *última retro-spectiva* dela, *ver* o que aconteceu *antes*? Na última sessão, 2ª feira o que ela *viu*?

ANALISTA – "Que ela estava muito irritada e inquieta. Ela está no limbo. Eu tirei o gosto dela pelo trabalho, ela está obsedada pela análise."

ISAIAS – Ela estava muito irritada e inquieta. porque, atualmente, não se interessa mais por estudar; só pensa em sua análise e isto é muito desconfortável. Ela não está nem no sonho – a viagem a que a analista se refere na sua intervenção – nem no paraíso que ela imagina poder alcançar fazendo análise, embora ela persiga este sonho-paraíso que se transforma num verdadeiro pesadelo porque ela sente que está muito irritada, muito inquieta, não tem mais interesse em estudar. É só análise, só análise. Então é uma coisa obsedante, ela está obsedada.

Muito *interessante* – para usarmos a fala dela.

A paciente vive uma situação vulcânica. É um vulcão aparentemente inativo, mas não extinto. O que a paciente denomina "retrospectiva", ou seja, a vivência de irritação e inquietude da 2ª feira, é uma erupção vulcânica. Ela é prisioneira de um desejo obsidente que é um verdadeiro pesadelo. Esse pesadelo é expresso como sendo *"interessante"*; é *"interessante"* a gente ser um vulcão: "Estou precisando terminar um trabalho e ontem eu não estava conseguindo escrever, continuar este trabalho". O que ela nos diz é que ela está irritada, precisando terminar um trabalho e encerrar uma situação extremamente desconfortável e perturbadora que é viver um pesadelo, prisioneira da análise, impelida a vir à análise sem poder pensar em qualquer outra coisa.

O qualificativo *interessante* é utilizado pela paciente em referência à dificuldade no trabalho e aos personagens do filme a que assistira na *retro-spectiva*. Mas, quando tratamos de apreender a fala no contexto da situação vivida, podemos perceber que se trata de locução através da qual a paciente transforma uma vivência dramática de insatisfação numa observação de caráter intelectual.

Esta mulher vive entre os livros, ela pensa no filme *Nunca te Vi, Sempre te Amei*, ela se vê em Londres, mas todas as suas viagens são feitas aqui, na análise, na qual se sente aprisionada.

Nunca te Vi, Sempre te Amei. Eu não sei se você viu o que está acontecendo com ela. Quanto a ela, não é que ela não possa *ver* o que está acontecendo; ela, sim, *vê*, porém a uma certa distância, na referência ao filme, na viagem a Londres. O que está acontecendo com ela é absolutamente consciente, porém expresso de uma forma particular, não numa seqüência discursiva denominada literal. O que a psicanálise por tradição considera inconsciente é essa forma de expressão literal. Mas a situação emocional vivida não é inconsciente porque, de fato, se manifesta numa forma expressiva que lhe é própria. Se não estivesse expresso nós não poderíamos captar. Não podemos captar um sentido além da expressão. Em outras palavras, o aqui-agora se manifesta numa expressão que lhe é própria.

O que sucede é que o ego não pode se apreender como agente ativo que se realiza nas figuras imaginárias por ele criadas, nem pode se apreender *sabendo* que suas emoções e concepções são expressão da realidade imediata vivida na sessão. Na interpretação, no processo analítico, damos uma outra forma expressiva àquilo que já está expresso. E esta nova ordem expressiva permite ao ego apreender como sendo seu, no aqui e agora, aquilo que aparece como ocorrendo nos objetos imaginários que o ego cria, como ocorrendo num outro espaço – no cinema –, num outro tempo – "2ª feira eu estava irritada e inquieta".

Então, esta ebulição interna e este sentimento de estar aprisionada, enredada numa camisa de onze varas, numa armadilha que é a paixão dela por você, está expressa. Só que não está expressa diretamente assim: *eu percebo que sou prisioneira aqui*. Está expressa, dizendo: "Ontem aconteceram algumas coisas interessantes. Estava pensando nelas. Estou precisando terminar um trabalho e ontem não estava conseguindo escrever, continuar este trabalho. Aí resolvi sair, e ir a um cinema perto da minha casa, onde está passando uma retrospectiva dos filmes do ano passado. Fui assistir *Nunca te Vi, Sempre te Amei*. Não sei se você viu." Em outras palavras, ela está irritada porque não consegue livrar-se da situação passional na análise e retorna a isto, a *retrospectiva* está sempre presente.

PARTICIPANTE – "Mas onde está escrito tudo isto?"

ISAIAS – Tudo isto está escrito, o que podemos verificar computando as anotações que a analista nos traz. Além disto, a nossa concepção da situação emocional da paciente surge a partir da consideração da fala, das vivências que esta fala veicula, em suma, decorre da apreensão global da forma expressiva de vida que aí se manifesta. E é a totalidade desta forma expressiva que dá sentido aos elementos que a integram. A sessão presente, o relato da paciente tomando por objeto os acontecimentos do passado imediato – acontecimentos *interessantes* de ontem, a última sessão da 2ª feira – formam essa totalidade. Sabemos, além disto, pelo que a analista nos pintou em tintas muito rápidas, do imenso interesse desta mulher pelo processo analítico.

A forma expressiva opõe-se à forma causal. A primeira é própria à manifestação e à apreensão da vida emocional humana; a segunda é própria às ciências da natureza.

Nestas, a categoria da causalidade conduz à explicação da sucessão linear dos fatos, vincula efeitos a causas determinantes. Além disto, causas e efeitos decorrem de princípios gerais abstratamente criados: o princípio da inércia e os conceitos de movimento, de velocidade, dele decorrentes, por exemplo. Tais princípios conduzem à construção de experiências e à interpretação matemática dos fatos, conduzem à elaboração das leis naturais, de cujo conjunto deriva a visão global do universo físico.

No universo humano, ao contrário, dominam outros princípios. O conhecimento nas disciplinas humanas – Sociologia, História, Política, Psicologia, Arte – segue um caminho diverso do da ordem causal. Aqui é a apreensão global da totalidade que permite o entendimento dos elementos que a constituem, os quais somente adquirem significado quando referidos ao contexto em que ocorrem. No caso particular da comunicação humana – concebida como relação intersubjetiva –, a apreensão global é correlata à própria forma de manifestação. A vida humana se manifesta por Formas Expressivas, por totalidades expressivas. O conhecimento dos fenômenos isolados somente é possível em função do papel que assumem em relação à totalidade da situação em que estão inseridos.

Voltemos à fala de nossa paciente. Vocês podem ver que este ato de linguagem veicula uma forma de relação humana, uma forma expressiva. As palavras, aqui, não devem ser compreendidas segundo o léxico trivial, segundo a sua definição que se encontra no dicionário, segundo aquilo que denominamos o nível literal de significação. O dizer desta fala manifesta um momento pregnante desta vida humana. O aspecto literal das palavras, aqui, deve ser posto entre aspas porque, na verdade, as palavras reverberam com ressonâncias que despertam múltiplos sentidos, remetem a situações várias que se integram numa totalidade. Tudo isto pode ser apreendido quando se dá ouvido à palavra e se pode recuperar o poder original dela, a origem de que ela emana e que lhe empresta sentido e forma.

Repito. Acontecimentos interessantes, dificuldade de concentração para produção de um trabalho científico, ida ao cinema, retrospectiva, todas estas palavras estão inseridas num contexto de vivências que se articulam numa totalidade de relação intersubjetiva.

Sem dúvida, estou destacando um aspecto significativo que é a situação quase passional de imersão da paciente na análise. De fato, aparecem, na fala, sugestões e indícios de um sentimento muito mais complexo que, como todo sentimento, contém elementos ambíguos e contraditórios. Porque, ao mesmo tempo em que ela se sente aprisionada na análise, ela quer terminar um trabalho. Ela se refere à produção de um trabalho intelectual; esta expressão, no entanto, veicula o seu desejo – permeado de conflitos – de terminar e levar a bom termo o trabalho que vem realizar na análise. Um trabalho cheio de coisas estranhas e complexas. Por exemplo: quem é quem? Quem ensina quem? Quem aprende melhor do que quem? Quem é realmente o mestre e orientador e quem é orientando em psicanálise? Quem traz os sonhos e os analisa? Quem tira as interpretações da cartola e como é que as tira?

Sabemos que a paciente já havia se submetido à análise anteriormente durante vários anos. Cabe lembrar, além disto, o ato falho da analista ao nos informar, no início do seu relato, que a paciente estava em análise há 13 anos. De fato, são três. A analista exprime, desta maneira, que esta paciente é só análise, ela só viveu análise. Toda esta coisa cheia de caminhos complexos, opostos e concomitantes, aparece nesta fala e nós não a tiramos de nenhuma cartola. É que esta fala é posta no cinema, num ontem; porém, como o ontem está ligado ao anteontem, trata-se de uma erupção vulcânica permanente. O que sucede é que todas essas vivências estão condensadas, ao mesmo tempo que expressas no aqui-agora.

Em síntese, a intensidade passional das vivências projeta-se num mundo imaginário criado no aqui-agora (cinema, trabalho inconcluso etc.) que vai buscar no acervo mnêmico episódios que permitam dar forma ao presente. A memória é o ato criador que serve para configurar o momento presente. Imerso nas vivências, o paciente não tem à disposição a plenitude de seus recursos de análise e abstração intelectual, de modo a poder conceber como um saber sua relação com a analista. Essa concepção se dá, mas sob forma imaginária, "alienada", tal como surge na fala da paciente.

O analista, porém, quando for capaz de captar essa totalidade condensada na produção do aqui-agora, em conexão com momentos pregnantes diversos da história do paciente, poderá exprimir, sob forma de saber, numa seqüência discursiva, o significado, agora literal, da situação emocional do paciente. A isto chamamos interpretação. É importante acentuar, contudo, que não se trata meramente de um ato intelectual discursivo: embora a interpretação obedeça à forma de concepção discursiva, ela deve estar embebida de expressividade, de maneira a poder veicular, igualmente, acolhimento e compreensão com relação aos diferentes movimentos pulsionais em jogo e defesas correlatas.

Repito. O ser humano é uma continuidade permanentemente atualizada no aqui-agora. De todos os componentes deste feixe imenso de interesses, de vivências, de relações emocionais, alguns aspectos tomam proeminência num determinado momento. Estes aspectos têm conexão com momentos diversos de uma história cujo sentido é configurado através do presente. É necessário acentuar este aspecto: é o presente que dá sentido ao passado, não o contrário. A interpretação, amparada em acolhimento e compreensão, é uma fala literal que permite ao paciente ter uma nova visão daquilo que ele vive neste instante. Uma *retro-spectiva*. Mas, uma retrospectiva que incorpora o sentimento de ser compreendido e aceito. É desta forma que a visão que a paciente passa a ter de si mesma, embora referida às vivências que vêm de ocorrer, configura uma nova constelação e simbolização emocionais.

Dizíamos que a paciente modula uma vivência dramática de insatisfação com observações de caráter intelectual. Isto talvez configure uma dominante do caráter desta personalidade. O exame intelectual detido dos vários episódios descritos – filme, viagem, Londres – tem por função realçar o valor emocional desses episódios. Mas este valor emocional nasce no convívio com a analista; ele é um produto do aqui-agora que, como vimos, *não é sabido*. Mas não sabido não significa inconsciente. Os vários episódios descritos pela paciente não constituem deslocamentos de supostos conteúdos inconscientes que seriam as representações "reais" do aqui-agora. E, no entanto, tudo deriva do aqui-agora. Mas este aqui-agora se expressa no conteúdo que já descrevemos e não existe como concepção "real" inconsciente, nem é inconscientemente representado. A concepção "literal" resulta de uma construção e é produto final da análise e não prévia a ela.

Cabe a esta altura uma reflexão de caráter técnico. A paciente vive suas emoções referidas aos episódios nos quais, como dissemos, a consciência se "aliena". Era costume considerar a trama destes episódios como uma estrutura defensiva que impede ao ego apreender um aqui-agora supostamente inconsciente. A rigor, porém, essa suposta "alienação" é vicissitude inexorável da consciência, criadora de mundos imaginários como condição de dar forma ao presente. Repito: o presente pleno – literal – resulta de uma exaustiva construção.

Assim sendo, cabe a pergunta: será lícito dizer à paciente que "ela põe à distância, como num filme, suas paixões e acha tudo isto interessante?" Ou que "ela faz isto para se defender da violência dessas paixões?" Esta fala pode assumir um sentido acusatório. Não se trata de defesa, mas de uma forma de constituir o presente. Penso que ao formular a interpretação é necessário tato e acolhimento, de modo a transmitir compreensão e aceitação para estes brotos de efervescência da vida emocional. É preciso compreender também que os acontecimentos criados pela imaginação não têm por fim criar uma barreira defensiva ante a violência das vivências emocionais do aqui-agora. Os episódios imaginários são produto original da espontaneidade da consciência. Quando atingimos uma nova versão, como resultado final do trabalho analítico, quando a consciência se apreende como criadora daqueles episódios, quando ela se vê como consciência vivendo as paixões do aqui-agora, é que se instaura a violência e a surpresa de uma auto-consciência mais plena. É nessas situações que o trabalho analítico se torna particularmente delicado, demandando tato, sensibilidade e acolhimento para a elaboração adequada da intensa mobilização emocional liberada.

Mas, é importante retornar à sessão. O prosseguimento da fala da paciente nos permite vislumbrar o desdobramento do cenário dramático acima descrito e apreender a multiplicidade de forças afetivas em jogo. A situação passional da nossa paciente ressurge na alusão à mulher que ama os livros; esse episódio exprime, ao mesmo tempo, a ligação perturbadora com a analista e a inserção da paciente na vida intelectual. A paciente relacionou o amor aos livros com a vontade de viajar (nós sabemos que ela própria ama os livros e hoje nos falou de um desejo de viajar. Isto se repete na descrição da personagem do filme: uma mulher apegada aos livros que, por fim, viaja para recriar as lembranças de um encontro.) Surge aqui o desejo de se desprender da analista e de viajar para um outro mundo, também feérico e onírico – mas pacífico – que a atrai muito, porém existente em outro local e não aqui. A paciente anseia por férias porque está imersa em São Paulo; a menção às férias é uma tentativa de formular, pelo seu contrário, a vivência de aprisionamento aqui. Ou seja, a paciente vive a ambigüidade do desejo de permanecer ligada e de libertar-se.

É preciso também ficar atento a esta questão porque ela pode estar vinculada à interrupção da análise, como a analista comentou a propósito da sessão em que houve troca de horários. Trata se de uma pessoa que se liga intensamente e que talvez também se desligue facilmente. As vicissitudes terríveis deste pesadelo de ligação podem ser de tal monta que poderiam até levá-la a sair da análise.

Vamos continuar a ouvir. Diz a paciente que viu o filme *Nunca te Vi, Sempre te Amei* e acrescenta: "Não sei se você viu". Notem como a questão do "ver" se repete. Inclusive na palavra retro-spectiva. Eu pergunto: A paciente fica deitada?

ANALISTA – "Ela se deita."

ISAIAS – Ela nunca te vê e sempre te amou.

PARTICIPANTE – "O que você formularia para a paciente?"

ISAIAS – Eu tentaria formular para a paciente que ela é o centro de todos os acontecimentos descritos vividos no presente em relação à analista. E os descreveria da mesma forma como estamos analisando desde o início.

ANALISTA – "Eu, na realidade, tenho uma certa noção deste vulcão, desta angústia, desta violência que ela está vivendo ali comigo. Mas eu não conseguia formular alguma coisa; eu ficava tirando coisas dela. Eu poderia ter dito que sei o que ela está dizendo, eu me dou conta da violência do que ela está vivendo, mas não pude formular para ela de uma forma que pudesse fazê-la perceber o que se passa claramente."

Isaías – Você sente, você vive, você capta isto na sua sensibilidade... Esta é a diferença entre as duas formas de consciência a que me referi tantas vezes. Uma é a expressão passional de um estado e outra é a expressão discursiva desse estado passional.

Como podemos aprender aqui, a analista é engolfada pela atmosfera emocional. A expressão discursiva pode assumir um caráter interessante porque é distante. É na terceira pessoa. Quando eu me destaco suficientemente das coisas animadas do mundo, terroríficas ou fascinantes, é que posso ver que uma coisa é interessante. Quando estou imerso na vida do sentimento, eu vivo intensamente e as coisas aparecem pelos seus caracteres expressivos que me aprisionam. Quanto à paciente, ela vive os aspectos expressivos do mundo, que ela chama interessantes. Isto aponta para o distanciamento que ocorre nas sessões quando, por exemplo, ela se põe a fazer uma análise do próprio sonho. É desta forma que esta pessoa consegue realizar um relativo distanciamento da situação vulcânica que vive.

Ela encontra uma situação tranqüilizadora quando esta análise não é uma análise, ou seja, esta análise é um mundo de livros onde se pode discutir sobre psicanálise. Ela preserva esta ligação tão intensa, que fica permanentemente distanciada e extremamente interessante, porque fica aparentemente apaziguada numa pesquisa num mundo de livros. O mundo de livros é uma das resultantes possíveis do mundo passional, com distanciamento e alienação, mas não com apaziguamento. Porque ela não encontra paz.

Dizíamos acima que o distanciamento não deve ser visto meramente como defesa. Trata-se de uma forma de constituir o presente vivido. Expliquemos melhor. É hábito considerar-se a defesa como um dique para a contenção de impulsos. Na situação que estamos examinando, seriam consideradas defesas o amor pelos livros, a "alienação" nos episódios do cinema etc. Estas defesas estariam atuando contra a situação passional com a analista (amor, inveja, competição). Eu entendo, porém, as "defesas" como sínteses do ego, como resultantes finais de um jogo complexo de impulsos. Os impulsos aqui atuantes, no contexto da vida imaginária da paciente, têm, por conteúdo específico, essa própria vida imaginária. Quanto aos impulsos em relação à analista, supostamente objeto das defesas, não existem como tais, por trás das "defesas". Esses impulsos são virtuais, somente adquirem concreção e realidade após o trabalho de interpretação e de aceitação da interpretação pelo paciente. Eles surgem, se articulam, são criados, mercê da maturação e da ampliação da autoconsciência; não existem previamente à análise. É necessário entender também que impulso subentende "forma"; o chamado "impulso optativo" inclui uma "opção", uma abertura para a ação. Ele somente adquire existência quando se objetiva e esta objetivação subentende um conteúdo. Freud concebia tal conteúdo como "representação", julgando ser possível a separação entre impulso e representação. A rigor, porém, a hipótese de que impulso e representação formam necessariamente uma totalidade única e indivisa é mais consentânea com os achados da investigação e descrição fenomenológicas. Não é aqui o momento de examinar esta questão com mais pormenores. Digamos, apenas, que os impulsos que atuam na determinação do mundo imaginário da paciente, tal como surgiram na sessão, são diferentes daqueles que serão o resultado de uma análise quando bem sucedida.

Nós amadurecemos reunindo e elaborando novos impulsos e emoções; nisto consiste o desenvolvimento da vida emocional. Emoção subentende concepção, concepção emocional dos objetos do mundo. Nós nos desenvolvemos ordenando impulsos e adequando-os às relações com os objetos humanos por meio de concepções emocionais condizentes.

Os especialistas que trabalham com a prova de Rorschach conhecem bem estes problemas. As respostas de claro-escuro, as respostas de movimento humano, animal e inanimado, dão conta das questões de desenvolvimento de *concepção emocional* que estamos examinando.

ANALISTA – "A propósito do filme, ocorre-me que a paciente tem um vizinho por quem está apaixonada, mas de quem não consegue se aproximar. Ela fica espionando para ver se ele já chegou, se tem luz no apartamento. Eu já interpretei o fato dela também me espionar de longe e não fazê-lo aqui. Penso que ela vive situações violentas que ela traz para a sessão e acho que ela sofre muito ali comigo. Ela, porém, é uma pessoa fascinante. Muitas vezes a sessão se transforma em entretenimento e eu me pergunto porque eu deixo acontecer isto. Parece-me que as emoções ficam fora. Nesta sessão, a propósito do filme, ela acrescenta uma seqüência que eu achei muito bonita."

PACIENTE – "No filme a mulher vê, pela janela, o parque. Percebe que é primavera, vê os casais se beijando e diz que vai pedir livros de poesia e depois fica lendo no parque."

ANALISTA – "Você, como a mulher do filme, só pode viver seus sentimentos através dos livros e dos filmes. Porque suas emoções lhe causam tanto medo?"

ISAIAS – Ela não sabe porque. Por que perguntar? Você quer que ela te explique isto? Você quer que ela te diga o inconsciente dela? O que se chama inconsciente está expresso aqui. Tudo isto Freud chamava de inconsciente. A meu ver, porém, é aquilo que aparece, não, porém, como expressão literal. A expressão literal seria: "Eu amo fulano". "Que maravilha, as flores estão saindo e ele está enamorado de mim". Mas não é isto o que sucede com a paciente. Freud diria que ela não tem consciência dos verdadeiros objetos dos sentimentos. Entendo que ela tem plena consciência porque o sentimento é consciência. É consciência do desabrochar das flores, do cheiro da primavera, do verde colorido novo. Isto é uma forma de consciência. É uma outra forma de dizer: eu estou amando alguém. As duas formas não se equivalem.

A consciência do objeto "verdadeiro", "real", deve ser construída, não está por trás do que foi expresso. Então não há este inconsciente que é: eu vou espiar e fico à distância e tenho muito medo. Quando isto puder se concretizar, vai ocorrer numa forma de consciência expressa em várias figurações. Em terror, por exemplo; ou tristeza.

Ela *vive* o estado dela. Vive plenamente sentimentos. As falas dela se referem aparentemente a acontecimentos vividos fora. O que nós podemos mostrar à paciente é que não se trata só do filme. Podemos mostrar que o filme é uma forma de ela poder exprimir, sem se dar conta plenamente, o que ela está vivendo agora, aqui, com a analista. Então isto é formular, é transformar o assim denominado inconsciente, em consciente. Mas não basta isto. Resta o problema de como dizer. Acho que cada um de nós precisa encontrar a sua forma, pois cada um de nós dispõe de recursos expressivos que serão o fundamento do ato de interpretação.

Participante – "Não seria importante considerar a transferência e a revivescência de situações do passado no presente, relacionando passado e presente?"

Isaias – Não interessam para nós as coisas do passado. Porque este passado vivido com os pais, passado que estruturou esta maneira de ser, poderá surgir em vários momentos, mas o mais importante não é ir para o passado e sim ir para o presente. É este que está sendo objeto de vários "mecanismos de defesa", que está sendo expresso e que deve ser interpretado. Então, o que se poderia dizer neste momento? Eu tomaria momentos da fala dela, lembraria para ela tudo o que se produziu na imaginação e na memória, a fim de formular o sentido que assume neste instante.

Eu diria: "Você falou que aconteceram várias coisas interessantes ontem e o que tinha pensado a respeito. Que você não consegue se concentrar no trabalho segundo o seu desejo, que uma inquietação muito grande apodera-se de você. Então você vai ao cinema. Você se lembra de que na 2ª feira você disse que estava muito inquieta porque a análise te aprisiona obsidentemente e parece ser o ponto nevrálgico e central da sua vida e isto, ao mesmo tempo, é muito desconfortável. Então quem sabe se este desconforto que você sentiu ontem exprime uma situação atual e permanente em que você é presa de sentimentos tão intensos e perturbadores na sua convivência comigo. Vamos relembrar o que você falou do filme que é a história da escritora... Então quem sabe, você que há pouco se mostrou tão aflita e ao mesmo tempo tão atraída por esta situação, pode perceber laços poderosos que unem você a mim. Que coisa tão intensa, talvez muito perturbadora. Você não sabe como escapar disto e é isto que te perturba, é isto que te intranquiliza, e você não pode dar uma solução adequada a isto que você toma como um objetivo para você se apaziguar aqui e ir embora."

ANALISTA – "Acho que saber por que, seria uma outra forma de apaziguar isto, quando ela souber porque ela poderia controlar, e sair..."

ISAIAS – Isto depende da experiência de análise havida, do que se concretizou em imagens e expressões verbais e que pode ser o suporte da visão que o analista capta. Tudo isto ainda disperso no mundo de representações da paciente: as análises anteriores, os momentos poéticos da análise quando falam de livros, o interesse pela analista como profissional, o estudo dela e a competição e a admiração e a inveja e mil coisas. Depende do montante de experiência de vida juntas, para a analista poder formular tudo isto que vai brotar nela como as folhas de uma árvore, vai se sintetizar numa unidade. Mas, repito, isto demanda que estas coisas tenham brotado, que tenham aparecido como material, que tenham suscitado produções imaginativas e falas da paciente e que elas tenham se depositado no analista como sementes para poder utilizá-las.

Consideremos, por exemplo, a referência da paciente ao filme, aos casais se beijando e à mulher que, ao invés de ter esta relação do casal, vê a primavera e o amor despontar e vai ler livros de poesia. E é isto que passa a ser *interessante*, quando, na verdade, o que lhe interessa é a vida dela em confronto com a sua. Não só porque você é casada, caso ela saiba disto, mas porque você é tudo aquilo que ela não é. Aquilo que é a aspiração dela ser e que se realizaria por meio de você. Ao mesmo tempo esse confronto é penoso, vulcânico, cheio de competições e perturbações e que, se se transformasse em poesia, quem sabe ela poderia continuar a ler em paz. Então eu diria tudo isto que estou dizendo, mas não desta forma triunfal que estou usando que visa a tornar isto claro para vocês. Para a paciente esta forma seria inadequada, penosa, não acolhedora.

Retornemos à última fala da analista.

ANALISTA – "Você, como a mulher do filme, só pode viver seus sentimentos através dos livros e dos filmes. Por que suas emoções lhe causam tanto medo?"

PACIENTE – "Eu tenho ido muito ao cinema, 3 a 4 vezes por semana. Lá eu sinto, eu me emociono, eu choro. Lá eu não sinto medo."

ANALISTA – "Lá no cinema você pode soltar sua emoção. Lá tem o controle de estar vendo que é um filme. Saber que tem hora para terminar. Aqui também nós temos visto que você está podendo vivenciar suas emoções, mas fica muito amedrontada com isto. O que acontece?"

PACIENTE – "Tenho medo de explodir, de ficar sem controle. Olha, eu estou chorando, eu não sei porque eu choro, isto me assusta, não sei o que se passa."

ANALISTA – "Parece que você sente medo da força com que suas emoções aparecem e nem se dá conta de que de alguma forma está podendo vivê-las aqui comigo."

Paciente – "Me dá medo isto tudo. Não ter mais vontade de ler, de escrever. Só me interessar em vir aqui. Estou perdendo minhas referências. Acho que é por isto que não posso viajar. Ir para lá é reviver e reviver muitas coisas que estão enterradas, coisas que não devem ser mexidas."

Isaias – O que a gente poderia pensar, o que está se passando durante estes últimos momentos do diálogo? A paciente diz que tem ido muito ao cinema, 3 a 4 vezes por semana, e nós sabemos que ela tem vindo para as sessões, 3 a 4 vezes por semana. Ela diz também que lá ela sente, emociona-se, chora. Lá não tem medo. Neste ponto a analista intervém afirmando que a paciente vive situações na análise que a amedrontam, ao que a paciente responde dizendo que tem medo de explodir e de perder o controle. E chora, acrescentando que está assustada, que tem medo e que não tem outra vontade que a de vir aqui. Perdeu a vontade de ler e de escrever. Podemos ver aqui que as emoções em relação à análise são diretamente vividas na sessão. Aquilo que no início da sessão está expresso em relação ao cinema, ao filme, no ontem, em suma, uma emoção cuja concepção é posta num outro local e num outro tempo, agora está posta aqui. Neste momento, você diz para a paciente: "Parece que você sente medo da força com que suas emoções aparecem e nem se dá conta de que de alguma forma está podendo vivê-las aqui comigo." Talvez você pudesse ter acrescentado, para minorar a ansiedade que vem num crescendo: "você sente que algo pode acontecer e você tem medo de que eu não me dê conta do seu sofrimento para poder te ajudar a agüentar tudo isto e não explodir."

Analista – "Eu acho que a paciente só pôde viver isto na hora em que acolhi e trouxe para dentro..."

Isaias – Acho que você tem razão porque ela disse isto no momento em que você disse "aqui nós temos visto que você pode viver tudo, mas porque você fica com tanto medo?"

A paciente, além disto, acrescenta que não pode viajar. Que aqui está perdendo as referências; mas que lá também perde as referências porque vai reviver coisas enterradas que não devem ser remexidas. Então este lá não é bem lá. É um lá que contém certas coisas daqui, coisas como o filme, as análises anteriores, que nunca foram resolvidas, e que vêm voltando à tona aqui.

A sessão prossegue.

Analista – "Estas coisas têm de ficar no arquivo. O arquivo acaba funcionando como uma referência para você e aí você pode fazer dele e da sua vida o que quiser, podendo fugir para o sonho sem tem de viver a aflição de ter de se sentir no limbo, como você dizia na 2ª."

Isaias – A analista esclarece que o limbo é esta situação de angústia que ela está vivendo, como ela descrevia na 2ª feira – "Eu estou no limbo..." –. Ela não se interessa mais pelas coisas pelas quais se interessava antes e ela está perdida, ela está solta no mundo. É isto que é o limbo.

Paciente – "Eu vejo que eu criei um personagem para mim, eu o construí. Foi um rapaz que estava de passagem por aqui. Eu me correspondi com ele por uns 6 anos. Ele me escrevia, mandava livros, eu lia, escrevia para ele comentando o que achei, mandava outro livro e assim por diante. Numa de minhas viagens ele foi passar um fim de semana comigo. Eu gostei muito. Saímos, conversamos e eu achei muito divertido. Eu adorei. Depois, ele passou a me telefonar. Nosso contacto continuou e eu comecei a achar um saco quando ele ligava. Até que terminou."

Isaias – Acho que, provavelmente, o contacto direto com o rapaz deve ter despertado muita ansiedade nela. Este "saco" surgiu posteriormente. Ainda falta bastante material para a analista examinar com a paciente uma questão tão importante como a relação com um homem. Temos, por ora, que a sexualidade é uma coisa que só pode se realizar quando o homem morre, quer dizer quando não existe mais o perigo do encontro. Quando já vão passando os anos... Ela nunca fala da idade e do drama que sente pela proximidade dos 40 anos. Além disto ela afirma que a mãe destinou-a à vida intelectual, porque era parecida com o pai. A irmã, sim, poderia constituir família. Porque puxou a mãe. Ela imagina que, com você, o fundamental é ter esta relação passional que é possuir todas as suas coisas maravilhosas para ser analista, quando, na verdade, o que ela mais deseja e teme são outras coisas que a analista possui, ou seja, viver uma relação com um homem. Isto ela busca através da relação com a analista, como mulher que é. Podemos compreender agora outros fatores de inveja.

Analista – "Interessante é que ela fez análise somente com mulheres. Ela relatou um episódio que sugere uma crítica dela ao procedimento de uma analista por ocasião do casamento desta. Enquanto esperava sua sessão, a analista vai à sala de espera entrega-lhe um cartão e diz: 'Agora eu mudei de nome e você passa a me chamar Dra...'. Volta à sala de atendimento, espera a meia hora que faltava para o horário e chama a paciente para a sessão. Eu discuto tudo com ela durante a hora analítica."

Isaias – Só temos mulheres aqui, analistas, mãe, irmã. O relato da paciente configura uma situação que ela vive como se a analista-mulher-casando lhe dissesse: "eu vou me casar, além de analista sou mulher. Enquanto isto, você espera aqui até eu poder te atender, você é apenas paciente, limite-se a fazer análise."

É importante, a esta altura, relacionarmos tudo isto com a história familiar da paciente. Poderíamos supor que a paciente como que obedece ao mandamento materno. Votada à vida intelectual, à análise, abdica, na aparência, ao casamento, à sexualidade. Mas só na superfície.

Tudo levaria a crer que se repete, no presente, um passado que a paciente supõe ter-lhe sido imposto.

Com efeito, as relações emocionais com a analista dão oportunidade a uma reconstrução hipotética e plausível de um passado cujos traços fundamentais seriam os seguintes: a paciente obedece à sua mãe e volta-se para a vida intelectual; ela se torna como o pai, abdicando, na aparência, de tomá-lo como objeto da sexualidade; mas, inconscientemente, tem ciúmes e inveja da mãe que possui o pai; constrói para si uma figura idealizada de mulher que supera a figura materna e aspira à posse do homem, posse prenhe de ansiedade. E assim, fica configurada a situação edipiana infantil.

Entendo, porém, que é a compreensão do presente, das nuances da vida emocional da paciente, das suas relações com a analista e com os homens que conheceu que abrem um leque de possibilidades de construção do passado. Mais. Interpretar o presente referindo-o ao passado, não somente atribui a este um sentido supostamente desvelado, mas, em verdade, cria uma significação plausível que não corresponde necessariamente ao que se considera verdade histórica.

Além disto, as mudanças do paciente são decorrentes das vicissitudes emocionais durante o convívio analítico (compreensão, acolhimento, configuração de significações, acesso ao presente da relação vivida de competição, inveja, admiração). A translação ao passado pode ter, ademais, a função de diluir ansiedades que fluem no presente. O processo psicanalítico consiste numa reeducação por transformação emocional do presente.

Encerramos aqui a supervisão. Acredito que pudemos trazer à luz rasgos essenciais do dinamismo psíquico da paciente.

Seminário 6

DINÂMICA DO INÍCIO DE UMA SESSÃO PSICANALÍTICA

ANALISTA – "Acho que devíamos começar pela sessão. É uma paciente de 28 anos que está comigo há um ano e oito meses com 4 sessões semanais às 2ªˢ, 3ªˢ, 5ªˢ e 6ªˢ feiras. Esta é uma sessão de 6ª feira.
    Eu ia relatar a sessão, mas preciso fazer uma observação. Chego para esta sessão bem em cima da hora e sinto um cheiro de gente no corredor. Isto já havia acontecido antes, duas semanas atrás, quando a paciente tinha descido e me esperado em baixo. Foi uma sessão em que ela se atrasou pois ficou me esperando na porta do prédio e eu entrei pela garagem."

    Neste momento, interrompi o relato da analista, assediando-a com uma série ininterrupta de perguntas que visavam a estabelecer um itinerário menos impreciso da paciente por andares, corredores e portas até a sala de análise. A razão para as perguntas pareceu-me decorrer da imprecisão descritiva da analista que aludia ora à garagem, ora ao corredor, ora a várias portas cuja topografia não me era clara. Vários colegas reagiram com perguntas do mesmo teor.
    Compreendi, a seguir, que eu próprio vivi um impacto emocional e reagi a ele tentando figurar uma seqüência. As perguntas: – como é que foi? Entrou por onde? Fechou? Abriu? Onde é a sala? – buscavam uma reconstituição: fui para lá, voltei, fechei a porta, saí de novo, senti

o cheiro. Somente então me situei. Imediatamente entendi que antes, estava perdido. E este meu entendimento de estar perdido foi suscitado pela maneira como a analista formulou o que me parecia uma insólita sucessão de lugares e situações. Como vemos, o estabelecimento de uma conexão significativa de lugares e movimentos é buscada de modo a permitir que nos refugiemos num sentimento de compreensão: "Ah! Agora sei onde está a paciente, como ela chegou, onde estava." Pude articular o meu pensamento numa seqüência compreensiva. Porém, assim fazendo, deixo de compreender a paciente. Encontro-me, mas perco a paciente. E de que maneira isto se faz? Faz-se, porque meu pensamento persegue, em imaginação, um ser humano, até entrar em contacto com outro numa sessão psicanalítica. Quero ter, quero apreender, pelo menos na imaginação, a posição de cada personagem. À falta disto, o que sucede? Por que surgiram as perguntas em mim? Porque estou num caos momentâneo, o mesmo caos vivido por vários participantes que o manifestavam por expressões de espanto.

Buscando amparo no conhecimento prévio de movimentos e situações, rejeito, pondo à distância, o caos que se insinua, quando, na verdade, este caos é o fundamento da apreensão. Como veremos, o caos ressurgirá logo no início da sessão, mas não é ali que ele se instaura. Ele se instaura já no relato da analista que precede a sessão e que induziu minhas perguntas.

Vamos à sessão.

A sessão, datilografada, revela uma espontaneidade da escrita que pode nos encaminhar para algumas considerações que me parecem muito interessantes: a analista é identificada por dois pontos (..), a paciente por dois traços (--).

Não fica claro, de imediato, a razão deste procedimento. Ele causa um impacto emocional e deve ter um sentido que não consigo formular. Quem me dera fosse ele claro, como em alguns casos de Melanie Klein em que ela pôde compreender, já no início, o sentido de certas dificuldades de seus pacientes com a grafia de letras.

O que nós sabemos pela analista é que ela não quis escrever paciente e analista porque isso criaria uma distância que não reconhecia no seu contato com esta paciente. É sabido que a falta de distância obscurece nossa apreensão. Não obstante este esclarecimento da analista, suspeito que há outros sentidos mais profundos que não me são, por ora, acessíveis.

De todo modo, vou transcrever a sessão, atendo-me à grafia original da analista: 2 traços (--) significa paciente e 2 pontos (..), analista.

-- "Cheguei... Cheguei antes de você chegar. Você chegou faz tempo?" |----|

.. "Há poucos minutos."

--"A porta estava fechada, então fiquei sem saber... fiquei cheia de dúvidas. Dúvida de tudo. Uma vez eu vim no meu horário e você não

estava. Tinha uma mulher varrendo o corredor. Perguntei para ela as horas e fui embora. Depois você disse que tinha estado e eu fiquei duvidando de mim..."
.. "Duvidando...?"
--"Duvidei de tudo. Duvidei que tudo existisse. Me deu desespero, como quando minha mãe não estava e demorava para chegar. E eu sentia falta, muita falta... muita falta de gente..."
.. "e muito medo de que ela não chegasse (de que se fosse...)"
-- "As pessoas sabem se preservar e eu não. A situação agora em que estou é muito difícil... Tenho muitas dúvidas. Dúvida da minha capacidade de raciocinar, sem saber o que faço para sair da turbulência. Estou fazendo um estudo para a montagem de um cenário."

ISAIAS – Trata-se de uma sessão interessantíssima. Ela faz brotar várias manifestações de impacto emocional em todos nós. Vimos acima o clima dos primeiros momentos de encontro-desencontro, antes mesmo da entrada da paciente na sala de atendimento, e nossa reação de angústia diante do caos que se instalava e de rejeição a ele.

Mas este caos prossegue nos primeiros momentos do encontro propriamente dito. Vejamos como.

A paciente diz "cheguei". A analista acrescenta reticências. Então a analista sentiu que há, entre a primeira e a segunda palavra, um mundo de intenções não expresso literalmente, mas expresso nas reticências. Intenciona-se dizer algo que não pode ser dito, que não tem linguagem.

Eu não me atreveria a dizer que essa paciente tem dificuldade em exprimir, quase numa queixa, numa lamúria ou acusação, que ela chegou antes da analista. Não. Ela chega a manifestar isto pouco depois. Mas o sentido que tem para a paciente esse momento de desencontro, de não encontrar a analista, este sim, está expresso nessas reticências. "Você chegou faz tempo?" Então o que ela quer saber? Será que ela quer saber se foram 5 minutos ou 12 ou 13? Porque a analista também nos contou que isto se passou num átimo de tempo.

O que sucede é que a paciente não tem mais uma precisa seqüência de duração porque, pelo que se passa logo depois, vemos que ela se sente perdida e essa perda é expressa também numa impossibilidade de articular adequadamente a sucessão temporal. Ela não sabe mais durante quanto tempo ocorreu esse desencontro, e isto está expresso em palavras: "Será que você chegou há muito tempo?", o que mostra uma perda da noção da seqüência do tempo, da integração de momentos distintos da sucessão temporal, fator de unidade do mundo interno.

A seguir, a analista faz um traço, proporcionando-nos elemento pictórico expressivo altamente rico para podermos discutir. Ela faz um traço e diz que houve pausa: "uma pausa interpelativa".

Quer dizer que, superficialmente, seria assim: a paciente acabou de falar, agora está esperando a analista falar. Ela fez uma pergunta à analista, ela passou-lhe o ponto, a analista tinha de falar. Então, por que essa pausa? Eu me pergunto. Por que esse sinal? Porque esse sinal marca, de novo, uma parada e uma separação e uma não separação, porque para mostrar que um fala e outro fala não é necessário marcar isto. Já está marcado pelos pontos e traços. Por que, então, a nova marca, da "pausa interpelativa"?

Porque, na pergunta há um vazio a ser preenchido. A analista informa que a paciente dificilmente faz perguntas. E você (dirigindo-me à analista) não sente que esta pergunta tem uma demanda? Que nessa pergunta há uma tentativa de se rearticular no mundo?

ANALISTA– "Sim, e é por isto que eu respondo."

ISAIAS– Então o que a analista responde é: olha, eu cheguei há poucos minutos, você não está perdida, isto não aconteceu num tempo infinito como o que você viveu. Foi por isto que você respondeu. Você captou a desorientação da paciente. E por que a analista tinha de responder? O que a impeliu? É isto o que temos de buscar à exaustão.

Esta primeira frase, no contexto da seqüência dos acontecimentos da sessão, contém uma riqueza extraordinária de vivências. Por que ela escreveu este traço? Por que ela se sentiu impelida? Por que? Por que? Por que?

Para poder ajudar a paciente a se situar. Porque a analista captou que ela estava perdida e foi profundamente tocada por ela se sentir absolutamente perdida em relação a tempo e lugar e você veio em socorro dela. Em outras palavras, você faz isto dizendo que está presente e chegou há poucos minutos.

"Cheguei... Cheguei antes de você chegar." Isto ela sabe. Ou ela está totalmente louca e não sabe que ela chegou antes? Ela sabe porque ela foi ter à porta e a porta estava fechada. Ela então saiu e deixou cheiro de gente.

A fala da analista teve a finalidade de resgatar a paciente deste caos inicial, das reticências, desta ausência de seqüência temporal. Eu sou eu, eu sou idêntico a mim, eu tenho identidade porque em cada momento junto todos os momentos passados num presente que apreendo, e me projeto numa ação futura que tem a ver com um passado presentificado que é o meu presente. "Cheguei... Cheguei antes de você chegar." É uma coisa trivial, comum, mas pelo amor de Deus, não nos deixemos levar pelo trivial, pondo-o de lado. Estamos vendo, ao contrário, quando nos detemos, a pletora de sentidos deste dizer cheio de reticências, os ecos do dizer nos silêncios da fala.

"Cheguei... Cheguei antes de você chegar." Mas por que eu, paciente, não posso chegar antes dela? Porque o problema não é do posso ou não posso, mas do que eu quero e do que eu vivo.

"Você chegou faz tempo?"

Porque se você, analista, tivesse chegado faz tempo e eu, paciente, cheguei antes de você e você chegou já faz muito tempo, então eu não sei mais o que aconteceu. Porque se você chegou faz tempo e eu cheguei antes de você, qual é este tempo em que nós estamos imersos, esse terrível túnel do tempo em que tudo está se desfazendo porque não há encontro?

O que ela poderia dizer não nos interessa nesse momento. O que interessa, o que é realmente candente, é permanecer com a atenção presa ao valor intrínseco dessa primeira frase e poder apreender todos seus valores expressivos.

"Cheguei..." Ela não diz numa seqüência, numa boa, assim: poxa, hoje eu cheguei antes de você. Eu tive um paciente que se isto tivesse acontecido diria: "É, pois é, não dá bola mesmo." E, logo depois, irromperia o caos na personalidade dele, uma desvalia total, que ninguém dá importância para ele, ninguém dá nada. Como uma queixa, uma agressão, uma lamúria. Totalmente diferente desta paciente que não chega a poder articular isso, fazer-se inteira e realmente combater contra o mundo. O que acontece é o contrário. Por isto está cheia de reticências, de dissolução no tempo, porque ela não pode pegar todos esses fragmentos e se sentir inteira e reagir de alguma forma.

Então a analista diz: "Há poucos minutinhos." "Ah! Mamãe chegou, já, já, não é?" Foi como ela pôde ajudar. Então, a paciente pôde ter uma fala mais seqüente; foi capaz, com maior inteireza, de exprimir o grau de caos que se passa nela. Quase que a distância de si aumenta, graças à intervenção da analista. "Há poucos minutos." Isto faz a paciente poder realmente se recuperar e fazer uma fala seqüente que termina com uma coisa muito dolorosa. Então, depois de um momento de quase dissolução grave, a paciente, queixosamente, *fala* da dissolução que acontece.

Antes, essa dissolução se exprime numa vivência de desarticulação interna, com escassa capacidade de reflexão sobre si mesma. E, agora, graças à intervenção da analista com uma fala acolhedora, reconfortadora, e que permitiu uma certa recomposição interna, a paciente pôde elaborar essa experiência, passando a poder descrever o próprio estado.

Senão, vejamos.

A porta estava fechada e ela ficou quebrada. Estar quebrada é uma maneira de viver, de exprimir diretamente, sem mediações, a quebra. Outra coisa é conceber que está quebrada. Então ela diz: "A porta estava fechada, então fiquei sem saber..." A coisa já está posta no passado imediatamente anterior, seguido de reticências. "Fiquei cheia de dúvidas. Dúvida de tudo. Uma vez eu vim no meu horário e você não estava. Tinha uma mulher varrendo o corredor." Eu acho essa imagem da mulher varrendo o corredor uma coisa terrível! Algo como um fim de festa, de 6ª feira à noite, sábado, não para nós, mas para quem está absolutamente sozinho, e vê o varredor, o lixeiro, impessoas...

A instauração deste clima vazio, de desorganização interna, de perda de inserção no mundo, de perda da seqüência temporal e de uma relação firme com os próprios objetos, tudo isto está expresso na frase "e eu fiquei duvidando de mim..." Aqui, ela fala. Ela fica duvidando. Mas ela esclarece, apesar desta coisa profundamente dramática, ela exprime o próprio estado. Ela se dá conta do que acontece com ela. Ao passo que na primeira frase isto está atuado, está vivido.

Não sei se consigo acentuar a diferença entre viver o estado de intemporalidade e exprimí-lo em palavras. Não exprimir o próprio caos temporal, mas exprimir em palavras que há caos, que houve um caos que está ali, mas que pôde passar e que está, portanto, sempre prestes a explodir de novo.

"Fiquei duvidando de mim." Vocês não querem falar nada?

PARTICIPANTE – Quando a analista não está, ela não consegue esperar e vai embora, um atraso que ela não pode esperar e que mostra um tormento muito grande.

ISAIAS – É uma turbulência, mas resta ver como é. Se ela não pode esperar ou se já não há o que esperar. Não poder esperar, poderia indicar uma certa força de se opor e ir embora, como aconteceu no primeiro atraso da analista. Agora, se eu vou embora porque estou perdida e vou continuar perdida ainda não sabemos. O fato é que naquele episódio; "Uma vez eu vim no meu horário e você não estava. Tinha uma mulher varrendo o corredor." É uma coisa horrível. Lembra-me Fernando Pessoa falando do mar de lágrimas de tantas mães portuguesas. "Perguntei a ela as horas e fui embora."

É uma situação dramática para a paciente. "Perguntei para ela as horas e fui embora. Depois você disse que tinha estado e eu fiquei duvidando de mim..." Ela dá a entender que, se você não está, ela é varrida. Como é que você pode estar e não estar? Se você não está, eu estou perdida. Posso dizer, agora, do meu sofrimento. Mas eu não sei mais o que é estar e não estar. Quando é que você está e quando é que você não está? Por que é que você se esconde?

Ela não tem condições de figurar a diferença entre presença e ausência. O tempo dela é sempre antes porque há uma ausência fundamental que é a ausência do outro. Esta ausência se preenche no encontro, mas está sempre prestes a irromper uma perda total de si mesma quando o outro não está. A dissolução da estrutura de unidade, de continuidade interna, faz dela uma pessoa inteira somente quando o outro está presente. Quando ela diz que veio e foi embora, isto é extremamente sofrido para ela, e o que ela encontra são outras pessoas perdidas na rua, varrendo corredor, final de festa, não existe mais nada. Ela descreve isto, mas ela lembra também que você disse que estava. Então é uma coisa ainda mais dramática: "você está, mas para mim não está". Penso que isto é o que poderia ser dito à paciente, tudo isto que estamos falando.

PARTICIPANTE – "Nesta fala você se referiria ao primeiro momento da sessão ou juntaria tudo? Porque são dois momentos diversos. O primeiro já foi, acabou. Ela está no segundo que é a narrativa do primeiro."

Isaias– Se depois do primeiro já desse para falar... O problema é saber se uma interpretação do que se passa no primeiro momento pode amparar a paciente para outros momentos desse tipo de experiência dramática. Se a paciente é capaz de vivê-los concebendo o que se passa ou não. Eu não sei. O que eu sei é que outra forma que não uma interpretação, mas uma intervenção, depois do traço, em que a analista diz: – "Há poucos minutos" – teve essa condição, esse papel. A minha pergunta é se este tipo de intervenção –"Há poucos minutos" –, ou seja, uma fala do analista que tivesse a mesma função que teve esta última, repetida em momentos dramáticos, em contextos diferentes, poderia permitir à paciente sair do caos e ir para a reflexão.

Uma questão importante é saber se eu posso formular toda essa dissolução como sendo motivada pela minha ausência, pois é muito complexo dizer que quando eu não estou acontece isto ou aquilo. No entanto, *é importante transmitirmos ao paciente o seu temor de não nos darmos conta do que ele sente em virtude da nossa ausência ou em virtude da sua solidão. É este um outro plano da nossa fala, extremamente importante; é desta maneira que transmitimos ao paciente que podemos compreender o seu sentimento de solidão. Mas, ao mesmo tempo, transmitimos o sentimento de que ele está presente no meu espírito e de que eu me dou conta do grau do seu sofrimento e do seu medo de dissolução. Isto tem o efeito de produzir no paciente o sentimento de que ele está presente dentro do outro.*

No caso de nossa paciente, o que ela vive é uma integração não suficientemente estruturada e é por isto que os elos entre várias experiências se desfazem e se perde a noção de uma unidade e seqüência temporal.

No primeiro momento da sessão, a ausência continua sendo muito sofrida e ela descreve o que a ausência fez, mas esta ausência foi modificada por uma presença. E qual foi esta presença? Foi a fala da analista. Se não dermos atenção a esta fala não podemos captar que a segunda fala é uma transformação profunda da dinâmica interna dessa personagem, graças à fala da analista, graças a esta ter-se introduzido dentro do paciente.

Participante – "Isto é psicoterapia, esse é o poder mágico de um ser..."

Isaias – Perfeitamente, mas a questão é que, teoricamente, é mais psicanalítica uma fala mais completa. Estamos sempre discutindo a validez da fala do analista, psicanalítica ou não. Porque queremos investigar se há possibilidades de mudanças internas com determinados tipos de fala mais que com outros.

Seminário 7

ANALISTA – "Vocês querem saber a história da paciente ou entro diretamente na sessão?"
PARTICIPANTE – "Eu quero ouvir."
ISAIAS – Eu não quero ouvir. Mas eu quero saber alguma coisa sem que seja necessariamente a história. Quando você entra em contato com uma pessoa você sabe se se trata de homem ou mulher, adulto ou criança. A expressão do rosto e da voz comunicam muito. E eu gostaria de ter estes elementos que para nós podem ser significativos, mesmo independentemente do relato da história.
ANALISTA – "É uma moça de 30 anos. Eu acho muita coisa estranha, confusa. A sessão de hoje é um pouco diferente de outras. Ela deitou-se e foi falando. Antes, no começo, ela não falava. No início, havia longos silêncios. Ela entrava na sala como que se esgueirando. Presentemente, ela vem falando mais. É estrangeira, passa períodos aqui no Brasil, em São Paulo, outros períodos na Inglaterra e retorna à sua terra, para depois voltar ao Brasil."
ISAIAS – Há quanto tempo ela está em análise?
ANALISTA – "Começou há três anos. Ficou uns oito meses em análise e viajou de volta à terra dela. Demos por terminado o trabalho. Uns quatro ou cinco meses depois, ela me telefona dizendo algo assim: 'Eu cheguei anteontem. A gente poderia recomeçar? A gente podia voltar a ter análise?' E é assim. Faz um período longo e depois interrompe e retorna para a terra dela. Aí ela volta e reiniciamos. A família vive no exterior. Tem pai, mãe, duas irmãs e um irmão, todos casados, que moram todos próximos aos pais."

Isaias – Trata-se de uma moça abastada?
Analista – "Não. Ela até que se veste simplesmente. Tinha um primo em São Paulo. Era homossexual e morreu de Aids. Ela o assistiu, embora vivesse em outro apartamento. Tem um namorado, aqui em São Paulo, há vários anos já. Vai casar-se com ele. Estão vivendo juntos, maritalmente, já faz algum tempo. É um rapaz um pouco mais jovem do que ela, filho de gente rica, que está se exercitando para cuidar dos negócios da família. E agora vão se casar. Faz tempo já que ele quer casar com ela. Agora ela concordou. O casamento será uma cerimônia simples. Não vão fazer festa. A mãe dela queria vir, mas ela não quer. A mãe, então, disse que festejariam o casamento lá no exterior, coincidindo com o casamento dela aqui e, na mesma ocasião, telefonariam para cá.

Ela contou então, nesta sessão, que na firma do namorado estavam realizando uma festa de encerramento de atividades do ano. De início, não queria ir. Acabou indo. Em certo momento, o namorado saiu da sala onde estavam, com outras pessoas, e se dirigiu para outra sala. Foi à procura dele. Encontrou-o juntamente com outros convidados e um grupo de mulheres que eram manequins, ali presentes, para um desfile que fazia parte da festividade. Notou que uma das mulheres talvez estivesse mais próxima do namorado. O namorado saiu e também essa mulher que estava próxima dele. A paciente, pouco depois, tornou a procurá-lo. Conta que, quando entrou nesta sala com as mulheres, sentiu-se mal. Conversando com ele, ele perguntou: 'Você se sentiu humilhada?' 'É, eu me senti humilhada, percebi que fiquei humilhada. Estávamos no carro. Eu chorei, mas ele não viu.'

Eu (analista), então, perguntei: Mas vocês não estavam na festa? E agora você está dizendo que estavam no carro? Mas, então, o que aconteceu?

É assim que ela fala. Ela conta episódios desligados uns dos outros. Eu não entendo o que se passa, fica tudo confuso, eu não me dou conta das situações e trato de me orientar a fim de poder dizer alguma coisa para ela. Ela é sempre assim: o relato é confuso. Tenho de fazer perguntas para ter uma idéia. Eu nem sabia se ela estava humilhada, enciumada... Só então ela me explica que, depois da festa, estavam voltando, já no carro. E no carro é que conversaram. Reconheceu, quando o namorado disse que ela tinha se sentido humilhada.

É uma moça muito bonita, linda mesmo. Tem os olhos azuis, ela é toda clara. A beleza dela chama a atenção. E ela fala sempre dessa forma. Eu sempre tive dificuldade de entender. Então trato de perguntar. Desta vez, notei, após as minhas perguntas, uma certa irritação da paciente. Eu disse para ela que notei que ela talvez tenha sentido alguma coisa, alguma irritação. Ela confirmou. Eu lhe disse que é assim mesmo, que eu pergunto para podermos conversar. Que assim pode estabelecer-se um diálogo. Depois de eu entender o que ela está me contando."

A analista silencia, como que procurando rememorar. Depois continua.

ANALISTA – "O namorado dela... Eles não têm relações sexuais. Ele tem uns amigos esquisitos. Ele já cheirou. Às vezes, amigos homossexuais freqüentavam a casa dele... Vejam. É difícil entender o que ela fala. Ela tem uns olhos verdes."

ISAIAS – A analista interrompe o relato como que terminando. Mas, já a seguir, busca outros episódios para relatar, como que para transmitir uma visão mais ampla que está sempre incompleta.

PARTICIPANTE – "Mas ela vai se casar com um homem sem ter relações sexuais com ele?"

ANALISTA – "Antes eles tinham relações, até intensamente. Foi naquele período em que ele cheirava, tinha contato com aqueles amigos. Um período de grande agitação. Na terra dela, ela tem quatro namorados. Tinha relações com todos. Tinha um, bem mais velho que ela, que toma ares paternais com ela. Aconselha-a, diz que é bom ela se casar."

ISAIAS – Vamos ouvir as impressões que cada uma de vocês tem.

PARTICIPANTE – "Minha impressão é a de que, quando você (analista) fala com ela ou pergunta o que o namorado fez ou disse, ela é posta de lado, você não considera as emoções dela, você não sabe o que ela mesma sente nestas situações. É estranho ela se casar com um homem sem ter relações sexuais com ele."

PARTICIPANTE – "Eu me perguntaria o que há com ela, o que a leva a fazer com que você fique procurando, fazendo perguntas. É isto que chamou minha atenção, mas não consigo elaborar isto melhor."

PARTICIPANTE – "Eu estive pensando que se trata de uma mulher muito bonita. Imaginem uma criança linda, de olhos enormes. Na rua, ela desperta atenção. Todo mundo pára para olhar. A paciente deve sentir que todo mundo está interessado nela."

ISAIAS – Você, então (dirigindo-se a M), está pensando em sedução. Mas aqui não se trata disto. S notou que você, analista, fazendo perguntas sobre os episódios na festa da firma, falando do namorado, deixa a paciente de lado e não considera as emoções dela, não dá oportunidade a que apareçam as emoções dela nos vários episódios e na sessão.

De fato, as emoções dela aparecem. Aparecem na forma truncada do relato em que se exprimem. Os momentos aparentemente desconexos, sem continuidade linear, é que são justamente os momentos pregnantes em que a paciente aparece. Você, analista, desculpe-me a rudeza franca, ao perguntar, é que desvia a paciente de um caminho próprio dela. Você exige dela uma visão de continuidade que ela não tem, que ela não vive. Ela vive momentos de vazio e volta a episódios intensamente significativos que aparecem da forma como são comunicados. Quando você trata de estabelecer, para si própria, uma visão global e contínua – necessária para você, para o seu entendimento –

você transmite à paciente o desejo que você tem de que ela siga um caminho determinado, de que ela lhe forneça as conexões para a sua compreensão. Em outras palavras, você está estabelecendo uma direção que, em seu entender, a paciente deve seguir; você não permite à paciente seguir a própria espontaneidade.

    Atingimos aqui o núcleo central da dinâmica psíquica desta pessoa. O relato da paciente confunde você. Ela é confusa, diz você. E você fica confusa. Ora, é a confusão da paciente que se comunica a você. E você se recusa a vivê-la. Você expulsa a confusão que invade você fazendo perguntas. Você busca respostas porque você está confusa e as respostas, espera você, trarão uma luz que ilumine o seu caminho. Um caminho sem confusões. Assim fazendo, você traça um caminho que a paciente deve seguir. O seu caminho, não o dela. Você não permite à paciente ser o que ela é. Mas, é justamente esta a tragédia desta paciente. Ela é de um jeito que você não aceita. É por isto, também, que a paciente vive em peregrinação da sua terra para o Brasil, daqui para a Inglaterra, de lá de volta à casa dos pais. É por isto que ela vive durante um certo período com você, em análise, para interromper a seguir. Ela tenta voltar à análise, assim como ela volta à casa paterna. Mas ela não consegue continuar permanentemente num mesmo lugar, ela não encontra lugar. Eu acredito que isto aconteça, porque em nenhum lugar ela encontra quem a aceite integralmente. Integralmente, quer dizer aqui poder viver aos pedaços, confusa. E ser acolhida desta maneira.

    Eu entendo que a analista, ao expulsar de si a confusão despertada pela paciente, perde a força da comunicação que nasce naquele mesmo instante, transmite-se à analista e poderia servir para uma compreensão efetiva. Se você se permitisse viver a confusão despertada pela paciente, viver a ansiedade deste caos, esperar um pouco, suportar, para então perguntar a si própria o "o quê" do seu sentir, antes de tentar expulsá-lo – exigindo da paciente sair da própria confusão, exigindo da paciente seguir um caminho, o seu – então, sim, você poderia transformar sua confusão em instrumento de apreensão e de compreensão. E acolhimento. Então, sim, você poderia compreender como vive, na intimidade de si própria, e na relação com o outro, esta paciente.

    Ela vive uma eterna busca. Ela tem cinco namorados. Quatro lá fora e um aqui. Ela acabou por encontrar, neste, alguma coisa. Não sabemos o que é. Mas, seguramente, uma aceitação do seu modo de ser. É ele quem insiste em casar-se. Vocês podem achar que é um casamento louco. Sob certo aspecto, talvez seja. Mas, devemos ficar atentos ao que significa, na fala da paciente, o fato de este namorado insistir em casar-se com ela. Faz tempo, já. Você, S, deixou escapar: "Mas esta mulher vai se casar com um homem que não tem relações com ela?" Assim dizendo, você faz aqui uma pergunta de forma análoga às perguntas que a analista faz durante a sessão. O que equivale a dizer: "Como esta paciente, uma mulher tão bonita, não segue o caminho da mulher?" Você, também, quer que ela siga um itinerário de vida, aquele que brota da sua espontaneidade.

Enfim, todo mundo espera dela uma forma de comportamento, de vida, uma forma afetiva de ser. Que ela não pode assumir, que não é própria dela. Mas ela está em eterna busca. É possível que ela tenha encontrado, no namorado, acolhimento para o seu modo de ser. E isto significar para ela mais do que a relação sexual. Nós não sabemos.

Quero lembrar a vocês que, quando a analista nos descrevia, inicialmente, a paciente, ela falou nos seus olhos azuis. Mais adiante, os olhos não eram mais azuis, eram verdes. Isto não é ocasional. Esta confusão insere-se num contexto mais amplo: a analista não está segura do que vê; não sabe como a paciente é. E esta vivência da analista nos remete, novamente, para o problema mais abrangente que é transformar uma confusão de apreensão – de que a analista não tem notícia – em instrumento de compreensão.

Vamos resumir. A paciente buscou análise. Ela quer ajuda. Em que consiste esta ajuda? A paciente deve ter aspirações, certos desejos. Nada sabemos disto. Digo mais. Devemos matar em nós o desejo de saber se ela tem ou não aspirações, desejos. Outros, que aqueles que ela nos transmite espontaneamente. Devemos, isto sim, acolher e procurar compreender o que a paciente é, subentendendo-se com este termo uma totalidade dinâmica, uma estrutura dinâmica de conflitos. A fim de penetrar neles, é previamente necessário acolher este ser humano e transmitir, a seguir, aceitando-os, os vazios, as necessidades, dores, angústias, confusões, frustrações, que a cada momento estão sendo expressos. Seguramente, é uma pessoa infeliz. Por isso nos procurou. Poderíamos imaginar, seguindo certos padrões teóricos – e mesmo clínicos – que a paciente, inconscientemente, induz em nós o impulso que nos leva a propor questões, perguntas para ela. Que, por baixo da confusão, haja uma intenção inconsciente de nos confundir. Mas eu não penso assim. Eu penso que tudo se revela, de modo velado, porém. Velado, aqui, significa uma forma expressiva própria, exclusiva. Como uma fala poética, prenhe de sentido por ser poética. A forma literal, descritiva, de um estado emocional, supostamente plena, não é a forma adequada de expressão da vida emocional. Ela é uma aquisição tardia, reflexiva.

Por isto mesmo, a estrutura dinâmica determinante do modo de ser não será propriamente revelada, mas adquirirá nova forma, a de representabilidade imaginária e verbal, ambas edificadas no decorrer do processo analítico.

Quero dizer uma palavra, ainda, sobre as relações, sobre as conexões entre momentos pregnantes da sessão, ou seja, da relação intersubjetiva e da história pessoal. Eu falei aqui das peregrinações da paciente, do eterno ir e vir, da casa dos pais, dos namorados. Mas eu não estabeleço conexões entre o que sucede aqui-agora e acontecimentos fora daqui, pregressos ou do passado-presente próximo. As conexões que eu estabeleci são entre falas da analista no relato de hoje. Tudo se passa como se estivéssemos numa sessão analítica. A analista relembra episódios, pensando nos acontecimentos. Mas o que é importante, a meu ver, é considerar, não os acontecimentos – que, sem dúvida, ocorreram ou podem ter ocorrido –, e sim, o seu relato, a forma de sua emergência, o sentido que assumem como formulações múltiplas de núcleos centrais de sentido. As conexões que assim estabelecemos são decorrentes de motivação única, de um *leitmotiv* central que se exprime em conteúdos diversos de um mesmo aqui-agora. Isto é válido para a paciente. Mas também para a fala da analista.

Para terminar, repito, insistindo, que é necessária uma sintonia analista-paciente, com respeito ao modo de ser do paciente, que é necessário deixar-se penetrar pelas oscilações e vazios do fluxo de consciência desta paciente a fim de poder transformar a própria confusão em instrumento de trabalho analítico. Observação, de resto, válida para situações emocionais das mais diversas, desta paciente ou de qualquer paciente, uma vez que a comunhão de sentimentos por fusão afetiva é a forma universal de comunicação. Quando eu digo, porém, que é necessário deixar-se penetrar, compartilhando os sentimentos do paciente, não pretendo sugerir que o analista simplesmente se utilize de qualquer sentir seu como conteúdo de uma interpretação. Ao contrário, pretendo destacar a necessidade do exame reflexivo do próprio sentir, após a disciplinada imposição e permissão da emergência deste sentir, guiado por algumas interrogações. Senti algo estranho? O que eu sinto? De onde provém este sentir? Trata-se de reação minha ao paciente, ou trata-se do paciente? É este itinerário que pode transformar o caos em visão.

Seminário 8

O RELATO CLÍNICO E OS PROBLEMAS TEÓRICOS DA TÉCNICA PSICANALÍTICA[1]. DINÂMICA PSICOLÓGICA DO INÍCIO DE UMA SESSÃO

A apreensão do sentido de um relato clínico coloca o problema da possibilidade de uma teoria das formas de expressão da vida emocional, ou seja, de uma semiologia das formas de expressão das emoções. Como primeira aproximação a essa questão poderíamos lembrar o método criado por Freud para a compreensão de um sonho – tema que, da perspectiva da técnica, evoluiu muito, desde seu ponto de partida, como as associações que conduzem às interpretações, até o valor temático do relato de um sonho no decorrer da sessão, emergindo como matéria pregnante na articulação do aqui e agora. Freud propunha uma leitura vertical e não horizontal, norteada por uma forma muito peculiar da atenção – a atenção flutuante –, procedimento que ele considerou também válido para o entendimento do relato clínico. A atenção flutuante, evidentemente, não é aquela que voltamos ao entendimento de um discurso, de uma conferência, da leitura de um livro, não obstante o fato de que, na leitura de um romance, conexões paratáxicas e verticais encontrem seu caminho como expressões de ressonâncias afetivas.

---

1. Extraído do *Jornal de Psicanálise*. Sociedade Brasileira de Psicanálise de São Paulo, São Paulo, 31 (57): 45-52, set. 1998.

Com relação ao sonho, há que considerar, inicialmente, a figuração e a reunião não-discursiva de imagens, tomadas separadamente, apreendidas em conexões verticais de significação, e sua reconstituição posterior. Algo análogo à leitura que faz o regente de uma partitura musical. De um lado, da linha melódica horizontal, de outro, das relações verticais de caráter harmônico, que também estabelecem elos de significação na determinação do sentido musical da obra. Fórmula preconizada, também, por Lévi-Strauss, na introdução de *O Cru e o Cozido*, na tentativa de organização sistemática da compreensão e constituição de um mito.

O que é atenção flutuante? É um convite à suspensão da compreensão própria aos valores semântico-referenciais do discurso, com sua organização sintáxica horizontal. Ela permite abrir a sensibilidade para relações outras, assonâncias de termos, repetições, oposições. Relações que, de certa forma, correspondem às que Freud considerava inerentes às articulações do processo primário, onde as ambivalências são diretamente expressas e podem coexistir; como no sonho, por exemplo, pelo comparecimento concomitante de elementos opostos.

A partir daí, minha reflexão voltou-se para a busca de eventuais analogias das formas expressivas que encontramos na sessão analítica com as presentes em outras manifestações. Encontro formulações análogas em Jean-Pierre Vernant que, na análise dos mitos gregos, descreve certas características do pensar mítico, como, por exemplo, polaridades e oposições, associações por contraste, inversões e repetições temáticas. Problemas que vão ser objeto, também, de reflexão de outros pensadores, como Barthes ou Cassirer que, em sua alentada obra *The Philosophy of Symbolic Forms*, no segundo volume, dedicado ao pensamento mítico, o concebe como uma forma de pensamento – um desafio aos meios acadêmicos. É o que Freud já havia afirmado, assimilando a forma de pensar do sonho à do mito e da neurose. Freud dirá, no prefácio à oitava edição da *Interpretação dos Sonhos*, que o sonho é uma forma particular de pensamento, própria do estado de sono.

Tudo isso me levou a procurar esboçar uma teorização dos elementos fundantes da expressão afetiva no relato clínico. Procurei reunir, num rápido breviário, alguns fatores, como convite a uma reflexão a ser ampliada.

Em meu entender, a sessão analítica deve ser vista como uma unidade contextual. Como essa unidade só vai poder ser apreendida *a posteriori*, proponho considerar a fala inicial do paciente – à semelhança da abertura de uma ópera – como a condensação de vertentes afetivas, cujas nuanças e particularidades serão explicitadas no decorrer da sessão. Às vezes temos a felicidade de ver confirmar-se esta hipótese. Proponho, ademais, que o relato seja considerado um mito. Isto é, como uma ficção, cujo sentido vai desvelar a articulação de impulsos e do sentido emocional da relação humana que se configura naquele instante. Insisto, também, no fato de que, na sessão analítica, duas consciências se confrontam e suas forças se interpenetram. Estamos diante de um mito e de um drama. Considerada como uma apresentação dramática, isto é, como uma ação em curso, vemos a sessão analítica como estrutura verbal onde comparecem inúmeros elementos expressivos, denunciadores de intenções com significado emocional, que incluem o gesto, a conformação expressiva, a fisionomia. É um drama presentificado, articulado como um mito, que se aproxima daquilo que nós imaginamos ser a maneira segundo a qual se estrutura um sonho. O sonho se apresenta como enigmático porque não há uma ordenação discursiva entre os seus elementos integrantes, ao passo que o relato clínico não é um sonho, muito embora certos elementos estabeleçam conexões de sentido formalmente análogas às do sonho. A consciência de vigília estrutura os fatores emocionais na forma do discurso. Mas, aqui, trata-se do discursivo e do não-discursivo; os dois planos se imbricam. A interpenetração desses dois fatores foi, para mim, a pedra de toque do que presumo ser a regra fundamental na tentativa de compreensão de um relato clínico: a articulação lógico-discursiva do sentido emocional dos objetos imaginários.

Anteriormente eu estabelecia uma distinção entre o discursivo e o não-discursivo, entre o representativo e o não-representativo. Eu via o valor afetivo e a descrição racional como polaridades em oposição que deviam ser buscadas em elementos diferentes do relato clínico. Penso hoje de uma maneira muito diferente. Há uma perfusão, uma superposição e um comparecimento simultâneo do não-discursivo emocional permeando o discursivo.

Esta questão pode ser examinada, igualmente, em produções poéticas, tal como o fez Roman Jakobson, ao analisar o que denomina função poética da linguagem, que não se reduz só à forma poética. Utilizando o lema de propaganda da campanha política do presidente Eisenhower – *I like Ike* –, chama a atenção para o ritmo da frase, composta de um monossílabo e dois dissílabos. *I*, ditongo, aparece nas três palavras. Em *like*, revela o sentido de '*eu estou no meu sentir*' e em *Ike*, o de que '*eu estou no meu objeto*'. Esta fórmula é ilustrativa do poder de atração emocional exercido pela função poética e do seu efeito propagandístico. Encontramos um exemplo da mesma ordem na última estrofe de "O Corvo", de Allan Poe, de que já me utilizei em outros trabalhos. E verificamos que, assim como na poesia, essas aliterações e assonâncias não são infreqüentes nos relatos clínicos. Freud ensinou-nos a dar-lhes atenção.

Eu resumo. A temática de uma sessão merece uma reflexão especial, no sentido de nos proporrnos compreendê-la como um sonho, como um mito, como uma forma muito específica de articulação da vida emocional e de relação intersubjetiva. Uma sessão analítica se estrutura, no plano de significação literal, como um discurso, mas deixa entrever pontos nodais cujas conexões podem ser pensadas como aquelas que ocorrem no sonho ou no mito. Um relato em vigília não é um sonho, embora os elementos subjacentes, fundamentais, que interessam ao desvelamento psicanalítico, devam ser apreendidos da mesma maneira como aqueles que comparecem num sonho ou num mito – bipolaridades, oposições, associações por contraste, união e complementaridade de opostos, repetições de temas, assonâncias, aliterações, paronomásias, entre outras formas possíveis.

Vamos, agora, para um exercício clínico, com a discussão da dinâmica psicológica do início de uma sessão.

Analista – "Menina de 10 anos. Tem dois irmãos, 23 e 21 anos. Boa aluna, apesar das dificuldades de relacionamento com professores e colegas. Mãe diabética, obesa; por vezes é internada com fins a emagrecimento. Os pais têm formação universitária. Longos períodos de desemprego do pai. A mãe trabalha de dia e, com freqüência, também à noite. Quando a mãe trabalha à noite, o pai faz companhia para a menina. O irmão mais velho esteve internado em várias ocasiões em decorrência de 'surtos' com alterações mentais e crises de intensa violência. Os dois irmãos trabalham. O atendimento é feito duas vezes por semana. A analista pôs à disposição da menina uma caixa de brinquedos. Desde o início, a menina se utilizava de folhas de papel sulfite nas quais sempre desenhava um cão com dentes arreganhados e aspecto feroz. Ela se acocorava no chão, dando as costas para a terapeuta enquanto desenhava. Terminado o desenho, estendia-o para a analista, com um comentário plácido e pacífico: 'é um cão'. Às sucessivas intervenções da analista seguia-se um distante 'não sei'. A situação descrita prolongou-se, imutável, por longos meses.

Somente ao final do primeiro ano de trabalho, a paciente passou a distinguir, entre os bonecos da caixa, fadas e bruxas."

Isaias – A configuração do comportamento da paciente no período inicial de terapia sugere que ela como que "dá as costas" para situações com significativo lastro emocional; como que "esconde", de si própria e da analista, aquilo que se esboça como potencialidade de vivência emocional, mas que comparece como mera virtualidade. Além disto, ao estender o desenho, cujo conteúdo aparente é o de um cão feroz, exibe uma estranha quietude e uma calmaria com indiferença que exprimem um brutal contraste em relação a uma tempestade que não se desencadeou e que é vista à distância.

Não vou me deter aqui na tentativa de formular eventuais interpretações cabíveis para esta situação, aqui descrita de forma muito genérica e desvinculada de um contexto específico.

Analista – "Reinício da terapia após as férias de janeiro. É o terceiro período semestral de interrupção por férias, desde o início do trabalho. A paciente foi a uma primeira sessão, faltou a três, comparecendo à seguinte, que vamos relatar. Ela é levada às sessões pelo pai ou pelo irmão mais velho."

PACIENTE – "Minha mãe mandou dizer que eu não vim porque não havia quem me trouxesse. Ela também mandou dizer que mudou o endereço do trabalho dela...
Eu fui à casa de uma amiga e comi várias coisas. Me fizeram mal. Senti dor e vomitei. Depois passou. Em casa, meu irmão fez uma macarronada com carne. Eu comi e gostei muito...
Quando eu viajei com minha mãe para visitar meu irmão, eu me sentava atrás e ficava comprimida; era muito apertado. Depois, quando estávamos só nós duas, eu me sentava na frente e me sentia livre. Era bom."

ISAIAS – Já a primeira fala é reveladora do modo peculiar como a paciente vive e apreende as ações que se irradiam do seu ego: "a minha mãe mandou dizer que eu não vim..." e não, por exemplo, "eu não pude vir..." Ela vive injunções e determinações de ação que provêm de outrem, às quais obedece passivamente. Dito de outra forma, o ego, ao invés de surgir como centro de espontaneidade de impulsos apreensíveis como próprios, mostra-se bloqueado e substituído por determinações alheias ao próprio ser psíquico que, no entanto, se configuram como pertencendo a uma instância já internalizada. Efetivamente, a expressão utilizada pela paciente, inusitada, nos mostra que, na própria constituição do ato psíquico que diz respeito às faltas, a ação não decorre do sujeito, mas depende de forças alheias, forças que, porém, aparecem como constitutivas do próprio ego.

Em oposição à forma de vivência de aprisionamento do ego descrita até aqui, as duas falas seguintes são reveladoras de conflitos e de impulsos que emergem como experiências afetivas espontâneas de uma subjetividade própria. E, mais que tudo, de conflitos, impulsos e afetos que dizem respeito à relação com a analista e ao aqui-agora do presente vivo (reencontro com a analista após um período de férias) que contrai em si o passado-presente imediato (ausência) e a expectativa do futuro próximo.

Efetivamente, as duas últimas falas relatam uma oposição entre situações de sofrimento e de prazer. A primeira estabelece uma nítida seqüência e oposição entre sofrimento somático produzido por ingestão alimentar e prazer oral; na segunda repete-se uma oposição entre desconforto corpóreo e liberdade de movimentos, acrescentando-se a esta última o prazer de uma companhia humana exclusiva.

A articulação das três falas constitui, no meu entender, precioso exemplo de manifestação expressiva de um complexo de sentimentos, de uma unidade de sentido criada pelo processo imaginário. Ausência e presença, vividas no presente, opostas entre si, são apreendidas pela paciente como termos de uma relação expressos através de uma sucessão de estados anímicos e corpóreos que teriam ocorrido em outro tempo e outro espaço. Eis aqui, exemplificada, a função de abstração – parte essencial da simbolização –, presente não apenas nos processos intelectuais racionais, mas também, nos processos imaginários e nas concepções emocionais a eles vinculadas. Dor e prazer, situações correlativas, surgem como uma seqüência abstraída do acervo mnêmico de modo a simbolizar, em figuração imaginária, o presente vivo da sessão analítica: *comi-coisas-que-me-fizeram-mal / macarronada-do-meu-irmão-de-que-gostei e viagem-atrás-que-apertava / viagem-na-frente-boa-sozinha-com-a-mãe*, repetem, acentuando, o sentido emocional de separação e reencontro com a analista.

Finalmente, deve-se destacar uma profunda mudança no que diz respeito à integração do ego da paciente no trânsito da primeira fala para as seguintes. A sessão se inaugura com "a mãe no interior do ego da paciente" transformando-a em serva alienada; surge, a seguir, uma paciente que sofre e tem prazer. Aqui, porém, trata-se "dela própria". Eis, novamente, uma seqüência reveladora de vicissitudes de desintegração e de integração, sem dúvida também vinculadas à ausência e presença de contacto com a analista.

Não se deve pensar, porém, que as duas últimas falas, reveladoras, como expressão simbólica, das vicissitudes de contacto vivo com a analista, ou seja, de ausência e presença, se constituam como manifestação consciente substitutiva de representações inconscientes reprimidas, que teriam por conteúdo o anhelo da presença da analista. Este anhelo pode talvez existir como conteúdo da consciência vinculado a uma série de outras representações e situações (a paciente pode ter apreendido, em ocasiões diversas das que estamos analisando, o prazer que sente no contacto com a analista). O que acontece é uma ausência de conexões e de estabelecimento de elos de significação entre as hipotéticas situações que acabamos de figurar e as vivências da sessão presente. Isto decorre do fato de que ausência e presença não foram perpassadas pela análise que o processo da linguagem estabelece, de modo a permitir a denotação lingüístico-expressiva do sentido da ausência nas diferentes situações. Resta entender o porquê do fato de as duas últimas falas efetivamente exprimirem conteúdos afetivos que lhes são aparentemente alheios (vivências corpóreas como expressão simbólica de contacto humano). Em outras palavras, que espécie de vínculos existem entre estas duas ordens de experiências subjetivas? A resposta a esta questão deve ser buscada na forma peculiar de constituição de sentido pela consciência. Ante uma situação significativa, a consciência se distende na busca de conteúdos objetivos para preenchimento dos impulsos mobilizados. Mas, os objetos que ela assim cria não se configuram, necessariamente, como percepções "literais", frutos tardios que são estas, de processos de análise e síntese conduzidos pela linguagem denotativa, que leva à constituição de novas formas de significação simbólica. Mobilizada por impulsos que provêm do interior, a consciência exerce sua espontaneidade na produção de sentido, conformando objetos que são criados como a melhor expressão dos impulsos e da relação com o mundo. E é aqui que intervém a riqueza e a forma específica de produção imaginária da consciência. Pensemos, por um momento, na forma que seria a mais adequada para exprimir o sofrimento psíquico de uma ausência que é equivalente a uma dor física pungente. Esta menina de 10 anos, com certeza, não tem, a seu dispor, recursos de linguagem que signifiquem propriamente situações psicológicas como as presentes. Ela não pode dizer, por exemplo: "Sua falta é uma facada" ou "a falta me dá uma dor aqui como uma cólica". De resto, cabe dizer que tais recursos, não apenas na situação aqui analisada, mas, de um modo geral, nesta paciente, assim como em qualquer ser humano, resultam do amadurecimento afetivo e do desenvolvimento de concepções emocionais que ocorrem simultaneamente com a capacidade de introspecção e de consciência de si próprio. Mesmo, porém, quando isto se dá, as manifestações da vida afetiva não se fazem através da linguagem puramente denotativa e sim por meio de formas lingüístico-poéticas, formas propriamente expressivas. A função denotativa da linguagem visa ao conceito; ela se afasta dos conteúdos sensíveis concretos, particulares, e é por isto distante e alheia ao universo afetivo, que ela apenas designa. Já a linguagem poética, perpassada que é pela função expressiva, é da ordem da vida afetiva porque emana diretamente dela.

Seminário 9[1]

Início de uma sessão psicanalítica apresentada no 8º Congresso Brasileiro de Psicanálise, realizado em 1980, no Rio de Janeiro.
A sessão é de 2ª-feira. O paciente, que vem de uma cidade próxima, diz:

PACIENTE – "Faz mais ou menos um tempo bom, cheguei tarde pela névoa e o caminho muito molhado... bom... lembrando-me que você me tinha oferecido atrasar uma hora, não sei se seria possível faze-lo agora. Vamos ver se é possível começar uma hora mais tarde, assim evito..."
ANALISTA – "Uma hora só não me será possível."
PACIENTE – "Não?"
ANALISTA – "Talvez duas horas mais tarde, sim, mas por enquanto teremos de continuar com o mesmo horário."
PACIENTE – "Você me disse primeiro às 8, creio, e depois às 9 (pausa). Ih... bom... então lembrando-me da última sessão, então no sábado... ih... bom... na qual me imaginava de novo uma imagem anterior que era a de um barco enorme... que estava situado aqui na rua Alsina, ih bom, você me havia perguntado se podia ser, digamos, a casa, isso o que... (pausa)."
ANALISTA – "Como? Que casa?"

1. I. Melsohn (1989), extraído do artigo "Sentido. Significação – Sonho e Linguagem – : Reflexões sobre as Formas de Consciência no Processo Analítico". *Rev. Bras. Psicanálise 23(3):65-7*. Também: *Rev. Latinoamericana de Psicoanálisis* 1(2):113-20, 1996.

PACIENTE – "Bom, a pergunta a casa, e aqui interrompeu a sessão, então bom... fiquei pensando, bom, justamente isso, que casa, que podia ser esta casa, que podia ser minha casa, bom pode ser uma casa qualquer... e me imaginava algo assim como o fato de pensa-lo como um barco situado numa rua, como, digamos, algo como um meio de transporte que se encontra anormalmente em um lugar, isto é, normal da situação... ou como... ih digamos assim... isto, levado pela imaginação como um barco encalhado que não tem líquido suficiente para que possa utilizar, este, seu sistema próprio para avançar ou para mover-se. E o peixe que tinha imaginado que estava na borda do barco possivelmente como uma idéia... (pausa)."

ANALISTA – "Então o barco encalhado, sem líquido para poder avançar pode representar o seu pensamento etc."

Note-se o clima de ansiedade revelado na primeira fala do paciente e o alheiamento do analista, cujo pronunciamento resvala para o nível referencial da comunicação do paciente, negando a este, por tal forma, qualquer acolhimento e elaboração adequada da angústia vivida.

A fala seguinte, mormente a referência ao barco encalhado, despertou a intervenção de vários analistas. Houve quem sugerisse, com base em ensinamentos de Chomsky, que caberia talvez inquirir o paciente sobre o sentido do barco, aguardando associações sugeridas pelo termo.

Entendo, porém, que a lingüística pode ser de valia ao psicanalista para o aprimoramento de formulações teóricas, para guia-lo na educação da sensibilidade ao lhe desvendar formas de articulação semiótica, teoricamente descritíveis; já o trato concreto dessa forma única de experiência que é a sessão psicanalítica subentende essa sensibilidade concretamente vivida. A imersão no clima de pânico, de terror, de sedução ou de êxtase em que se distende uma sessão psicanalítica é compartilhada pelos dois protagonistas e a possibilidade de aceitação dessa invasão emocional da parte do analista, seu relativo distanciamento por recuperação reflexiva dessa invasão, sua "audição poética" e sensibilidade aos ritmos vivenciais, são os instrumentos fundamentais da profunda comunicação requerida pela situação.

Ouçamos, pois, com ouvido poético, a fala do paciente:

– Vim pelo caminho da névoa, úmido...
....
– Barco encalhado, aqui, na rua, na casa, nesta rua Alsina...

Talvez se possa ouvir, então, que a angústia nevoenta, úmida, escorregadia e "aquosa" do primeiro verso culmina, ante a incompreensão violenta, no barco encalhado. A água, elo implícito nas conexões aniquiladas da estrutura simbólica inicial, indica, em negativo agora, o ponto de inserção da alteração do conteúdo temático: a transmutação do caminho angustiante e escorregadio no prosseguimento impossível do "barco"-vida. E, se dúvida houvesse, ela se dissipa diante de Alsina, anagrama de Anális(e).

A fala do analista, vivida como irrupção violenta, produz o encalhe do frágil contato do paciente, agora sufocado como "o peixe na borda do barco", esvaindo-se paralisado.

Não que o analista devesse responder ao problema da hora, mas a ele cabe ser continente adequado para a ansiedade expressa na primeira fala do paciente; cabe-lhe, sobretudo, aceitar viver a situação e refletir em palavras o clima de encontro-desencontro violento, expressiva e intensamente manifestado.

Assistimos, aqui também, à emergência, nesta consciência despedaçada, de imagens prenhes de sentido: ato criador de uma consciência – produtora, embora, de linguagem de referência, objetiva – que se crispa no pólo da subjetividade e que transforma o caos de uma invasão angustiante em produção mítico-poética.

Seminários 10 e 11

CONTRIBUIÇÃO PARA A SEMIOLOGIA DA SESSÃO
PSICANALÍTICA[1]. *FORMA* NA ARTE E *FORMA* DA
EXPRESSÃO EMOCIONAL NA SESSÃO PSICANALÍTICA
DUAS SESSÕES ILUSTRATIVAS

Quero expor a vocês algumas particularidades das formas de expressão emocional que compareçam na atividade clínica psicanalítica.

Inicialmente, quero dizer que há modalidades originalmente diversas de constituição da consciência. Vou discutir alguns aspectos destas modalidades que distinguiremos, inicialmente, sob o nome de vivências mítico-religiosas, artísticas e discursivas. Cada uma delas ancora-se em funções distintas que atendem a destinos diversos da consciência.

Eu trouxe aqui um quadro de Pancetti que eu já havia trazido em reunião anterior. É uma marinha dos anos 40.

Se observarmos esse quadro, ele tem um tema. É uma marinha. Tem o mar, tem uma parte de terra, tem um navio, pedras e o céu.

É essa a essência do quadro?

Não é.

---

1. I. Melsohn (1997), extraído do artigo "Contribuição para a Semiologia da Sessão Psicanalítica", in *Bion em São Paulo. Ressonâncias*. M. O. A. F. França (org.). Acervo Psicanalítico da Sociedade Brasileira de Psicanálise de São Paulo. São Paulo, 1997, pp. 347-363.

A reflexão permite apreender e elaborar discursivamente esta estrutura espacial e colorida. Esta análise nos mostra que o espaço é dividido, horizontalmente, em dois outros, de extensão quase igual. Cada um deles é, igualmente, dividido em duas partes. Descobrimos, assim, imediatamente, uma determinada simetria na organização espacial. Ademais, há estreitamentos e alargamentos das superfícies coloridas que obedecem a uma organização simétrica e de oposição.

Tudo isto que venho descrever, sou capaz de captar independentemente da palavra. O meu corpo reage movido pelas variações ponderais da extensão e pelas solicitações emocionais da cor. Algo semelhante ocorreu quando eu pedi a vocês que se sentassem mais próximos, preenchendo as primeiras fileiras. Esta nova organização deste espaço humano me é mais familiar e mais grata.

No quadro, esta massa que está aqui, na porção superior da faixa de terra, à direita, é equilibrada por uma massa que está ali, à esquerda. O mesmo passa-se com as porções relativas de água e céu. Todas as simetrias são especulares. Mas do que se trata, aqui? São meramente divisões que separam porções de água, terra e céu? Não. Estas divisões do espaço pictórico e as superfícies coloridas determinam ritmos de movimento, de organização rítmica do espaço e solicitações emocionais que eu apreendo diretamente, sem palavras.

Esta apreensão sem palavras – o sentido do quadro – é uma concepção da consciência e a ela corresponde *uma das formas de estruturação da consciência*. O mar, a marinha, o barco, as pedras dizem respeito ao que Volpi denominava o tema que, no entanto, como ele bem frisava, não constitui a essência da pintura. Esta pintura é uma organização significante capaz de articular em mim uma forma específica de apreensão e de vivência objetivada no quadro. O quadro possui, como qualidade intrínseca, uma organização *análoga* à de certas emoções e ele é, por tal motivo, um instrumento lógico que permite conceber tais emoções; ele é um *símbolo* da vida emocional, de ritmos de vivências corpóreas, símbolo que, como tal, constitui uma concepção emotivo-intelectual não discursiva, não mediada pela palavra. Adiantemos, ainda, que, diversamente da análise pelo discurso – que apenas se refere ao seu objeto –, este símbolo *apresenta* a expressão objetivada da vida emocional, sua forma.

Se alguém disser: Mas, qual é o sentido? O sentido é este que acabo de descrever. Mas, vejamos bem. O *sentido* é o da vibração do meu corpo, *simbolizada* no próprio quadro. Eu fico imantado, cativado, encantado. Entre mim e o quadro estabelece-se uma relação de encantamento e, ao mesmo tempo, de liberdade em relação a este objeto. Ele me revela uma dimensão objetiva, um ritmo do mundo que é, ao mesmo tempo, objetivação de formas emocionais da vida humana, *apresentadas* pela obra de arte. Aqui não há denotação das emoções, mas concepção emocional da sua *forma*. O que é *denotar as emoções*?

É descrever, recorrendo ao papel analítico da palavra, a minha vivência. Esta descrição, realizada mediante o discurso de *significação*, introduz um distanciamento da experiência vivida; ela visa ao sentido emocional, mas toma-o, vimos, como *referência*, como objeto do pensar. O sentido emocional, anteriormente inerente no universo expressivo que lhe é próprio, não habita mais o discurso de referência. Estamos, agora, num plano que Cassirer denomina de *função representativa* da linguagem, diverso daquele que apontamos acima, de função expressiva ou *presentificadora* da vida emocional. Em outras palavras, o sentido, quando analisado pela palavra, abandona o universo expressivo para transmutar-se em significação e referência. Estas observações aplicam-se, igualmente, a todos os domínios da expressão sensível na arte e não apenas à esfera visual, aqui examinada a propósito da pintura.

E o que é *forma* da emoção? A emoção tem uma estrutura temporal e qualitativa; tem um ritmo de ascenso e decréscimo, uma *ordem* em meio a oposições, ambiguidades e contrastes. Tudo isto constitui sua *forma*. Contudo, a menção a tais elementos ainda não nos basta para a compreensão do que seja a *forma* da emoção. Eu exemplifico. Eu vou com o meu filho de 6 anos ao cinema. Quando o bandido vai matar o mocinho pelas costas, meu filho se assusta e faz menção de alertar o herói. Sua emoção e a minha são diferentes. Ele concebe a situação emocional exposta na tela, sua *forma*, mas também vive a *carne*, a *matéria* da emoção. Um complexo emocional tem, pois, *forma* e *matéria*. A arte é um instrumento para a concepção da *pura forma* das emoções humanas.

Ora, o que tem a ver tudo o que foi exposto até aqui com o trabalho psicanalítico? No que diz respeito à distinção entre *forma* e *matéria* da emoção, compreende-se, de imediato, que cabe ao analista conceber a *forma* da emoção que o paciente vive. Sabemos, por outro lado, que é este um objetivo ideal, pois o analista, em ocasiões inúmeras, é *contaminado* pela situação emocional e entra em fusão afetiva com o paciente. Quando, em tais circunstâncias, o analista recupera sua capacidade reflexiva, os momentos anteriores de fusão podem servir de poderoso meio de compreensão. Veremos, mais adiante, em dois exemplos clínicos, momentos de fusão, caos e distanciamento vividos pelo analista.

Antes, voltemos ao quadro. É importante frisar que o sentido do quadro não é inconsciente. Ele é plenamente consciente, ele se articula, ao mesmo tempo em que se manifesta diretamente mediante uma forma específica de expressão.

Como vemos, há formas diversas de percepção e de apreensão do espaço. Uma delas nos permite perceber e conceber um espaço homogêneo, um espaço no qual todos os pontos têm igual valor e são definíveis pela posição que ocupam; é o espaço cartesiano, matematicamente definível. E há outros espaços. Por exemplo, o pictórico, o da arquitetura, que aparecem como totalidades indivisíveis, orgânicas, de valor estético. E há, ainda, o espaço mítico, qualitativo, povoado de forças e valores mágicos, sacros.

A estrutura simbólica de consciência, na apreensão de um objeto que me encanta, que é independente de mim, *um objeto livre do meu apetite* – no dizer de Hegel, em 1810, ao caracterizar o objeto estético –, encontra correspondência no que Melanie Klein e suas seguidoras, sobretudo Joan Riviere e Hanna Segal, formularam como concepção de um objeto total, produto da criação espiritual de um homem livre e destacado do objeto.

Ora, esta maneira de conceber a percepção – do quadro, do sonho – vai contra a teoria segundo a qual ocorreria uma apreensão original, que seria reprodução do real, e sua transformação em decorrência do processo primário, tal como é classicamente aceito pela psicanálise. Diversamente disto, assistimos aqui, nas diferentes situações examinadas, a formas de percepção e de concepção denominadas expressivas, formas originais de produção da consciência. Diante do real, a consciência produz concepções imaginárias que exprimem, na realidade que ela cria, o sentido do mundo com o qual ela se defronta.

Devemos incluir, ainda, no rol destas formas de produção da consciência, a poesia, ilustrando nossa discussão com a estrofe final de *O Corvo* de Poe. Roman Jakobson[2] a examina, num dos seus trabalhos sobre a linguagem, ao definir o que ele denomina *função poética*, que comparece tanto na poesia quanto em outras formas de construção lingüística.

> And the raven, never flitting, still is sitting, still is sitting
> On the pallid bust of Pallas just above my chamber door
> And his eyes have all the seeming of a demon's that is dreaming
> And de lamp-light o'er him streaming throws his shadow on the floor
> And my soul from out that shadow that lies floating on the floor
> Shall be lifted nevermore

Note-se *Raven*, contíguo a *never*, imagem especular deste "jamais"; ele acentua o desespero eterno ante a presença insólita e infinda do sinistro hóspede, desespero que se consuma pelo decreto inexorável do *nevermore* que encerra o poema. Aliterações, reforços silábicos, rima em eco, apreendidos de forma subliminar, acentuam o caráter expressivo da construção fônica. Atente-se, por exemplo para a sonoridade *pallid-Pallas*, fundindo num todo orgânico a estátua-pouso contaminada pelo corvo terrível, que impregna, agourento, o busto, transmutando a deusa luminosa do Olimpo num espectro pálido e mortiço.

---

2. R. Jakobson (1960), "Linguistique et Poétique", *Essais de Linguistique Genérale*, Paris, Les Éditions de Minuit, 1963, pp. 210-248.

Eis, portanto, no campo da poesia, vivências articuladas por configurações sonoras veiculadas pelos elementos verbais, mas independentes do conteúdo de significação destes componentes verbais. Idêntica significação pode ser articulada com outras palavras; não, porém, o sentido, instaurado por meio da integração da constelação sonora na significação léxica.

Aqui, novamente, assim como no quadro, o sentido é plenamente consciente, ele é dado na expressão. A configuração expressiva do poema adquire valor *presentificador*.

Insisto com vocês na importância de voltarmos nossa sensibilidade para estas formas de articulação da expressão. Outra não era a proposta de Freud ao conceber a noção de atenção flutuante: privilegiar formas paratáxicas de construção expressiva.

Como sabemos, Freud nos brinda, propiciando-nos inúmeros exemplos, com formas de construção verbal análogas às da produção poética, em atos falhos, sonhos, como, também, no material clínico de pacientes.

Ora, o que eu pretendo destacar é que a forma de percepção e de consciência que ocorrem em diferentes universos da vida psíquica, como a vivência estética – aqui exemplificada na pintura e na poesia –, a percepção subliminar, o sonho, são análogas às formas de concepção na fala do paciente, assim como na apreensão e na fala do analista na sessão analítica.

1ª SESSÃO ILUSTRATIVA

No VII Congresso Brasileiro de Psicanálise, em 1978, um analista relata a sessão cujo início é reproduzido a seguir.

O paciente entra na sala, tira os sapatos, junta-os e coloca-os em direção à porta. Deita-se no divã e diz:

PACIENTE – "A maioria dos meus sapatos é do tipo mocassin, só um par com cordões. Isto me ocorreu na sala de espera (o analista comenta que se sentiu inundado). Este fim de semana eu lia, no Suplemento Cultural do Estado de São Paulo, um artigo que dá destaque a dois contistas de ficção: Clarice Lispector e Júlio...hmm...hmm..., um homenzarrão de nacionalidade argentina, de 2 metros de altura. Embora eu privilegie os dois contistas, fiquei ansioso após a leitura".

ANALISTA – "Também neste momento você está ansioso e com expectativa de que eu possa acompanhá-lo nos espaços em que você se aventura sozinho e teme se perder. Não lhe ocorre uma semelhança entre a história dos sapatos e um conto infantil de um personagem que usa sapatos especiais?"

PACIENTE – "É, tem a história da Cinderela que precisava encontrar o seu par de sapatos de cristal para voltar a viver em harmonia ao lado do seu príncipe amado. Eu me lembro de dois professores do ginásio, de química e de português. O de química tinha o mau costume de mandar copiar a tabela de Mendelejev. E depois ele pegava um lápis de ponta bem afiada e furava os quadrinhos no papel. O de português aconselhava que os alunos estudassem várias línguas, até japonês, e depois dizia que a gente falasse desassombradamente dezasseis, dezassete, e acentuava o za. Para assombrar os ignorantes, que imaginavam saber tudo. Lembrei, agora, do nome do outro contista – Cortazar. Cortazar é corta azar, cortar as asas para não me perder em fabulações".

Quero sublinhar a atmosfera ritual, mágica com que se inicia a sessão: a retirada dos sapatos e o seu alinhamento em direção à porta. Assistimos, aqui, a uma verdadeira reorganização do espaço, na passagem da vida habitual para uma imersão numa ordem de caráter mítico que marca o encontro.

Vejamos, agora, a fala do paciente. As expressões utilizadas permitem, desde logo, assinalar várias conexões através da estrutura fonético-silábica do texto:

Sap (de "sapato") e enza (de "homenzarrão"), fazem sapenza. O nome do analista, grande, alto, um homenzarrão, é Sapienza – sabedoria.

Moca (de "mocassim") é uma aliteração de mica que, por sua vez integra a palavra "química".

Cort, em "Cortazar", é aliteração de ctor em "Lispector" e homófono de cord, por sua vez contido em "cordões".

"Sala de espera", sal'espera, contém Sa de Sapienza e lespe, próximo de lispe de "Lispector". Lespe, lispe aproximam-se de aliteração de "lápis".

"Mendelejev" contém men de "homenzarrão" e remete-nos, assim, novamente, através de enza, a Sapienza.

Por fim, "japonês" que, aliterado, dará sapenja, próximo de sapenza, Sapienza. A notar, ainda, a acentuação da sílaba za em "dezasseis" e "dezassete" e sua presença no nome do analista.

Retomemos a sessão. Refere o analista que se sentiu inundado após a fala dos sapatos, uma invasão que significa caos e estranheza vividos pelo analista. Por sua vez, o paciente vive um clima de mistério ritual, expresso na colocação dos sapatos, e de ansiedade, na referência a dois contistas que se celebrizaram pela atmosfera de estranheza que criam.

Notemos, ainda, o esquecimento do nome "Cortazar" e sua substituição por "homenzarrão". É, pois, neste momento, que claudica a função mnêmica do paciente; a consciência se dirige para algo ("Cortazar") e encontra, em seu lugar, um "homenzarrão", que outro não é senão o analista. Este esquecimento, porém, é revelador, ele desvela e não oculta.

Em síntese, a sessão analítica cria um mundo mágico-mítico do qual não estão ausentes atos rituais. A menção aos escritores e a peculiar relação com os professores nos revela, na sua singular construção fonética, a espontaneidade do exercício da função poética[3]: vozes silábicas, num emaranhado de múltiplas e recorrentes conexões, põem a nu as vivências do paciente na sua relação com o saber de Sapienza, seu analista. Estranheza ("Cortazar" e "Lispector") e pequenez ("homenzarrão"), submissão e queixa (lápis do professor de química a perfurar a tabela de Mendelejev), ideal de poder e saber (exortação do professor de português), todas estas emoções, despertadas no presente vivo da sessão, somente podem ser articuladas e concebidas mediante a criação de personagens e peripécias vinculadas entre si numa forma específica de expressão.

Vamos, agora, retomar os problemas propostos. A analise deste último material clínico segundo os cânones da teoria clássica do inconsciente considera as palavras como coisas. A partir daí, a inscrição inconsciente Sapienza seria desfeita na sua articulação original e os seus elementos se reconstruiriam em inúmeras outras conexões. Além disto, toda a trama de impulsos e vivências em relação ao analista seria sujeita, através dos dinamismos do processo primário, a transmutações que conduziriam ao conteúdo consciente.

A meu ver, porém, o processo de abstração intelectual na concepção emocional é de natureza diversa daquela descrita pela psicologia das sensações, a psicologia que serviu de fundamento epistemológico para a elaboração da teoria do inconsciente de Freud. Já abordei esta questão a propósito da percepção do quadro de Pancetti, da percepção subliminar e do poema de Poe. Quando o pintor contempla a natureza, ele não vê objetos com qualidades físicas, ele não vê o espaço homogêneo que a física e a matemática clássicas descrevem. Ele vê e apreende ritmos, volumes, cores, e, nas imagens que ele cria, na linha que desenha, no contraste de cores que utiliza, ele fixa e expressa o que ele capta. Não cabe pensar que sua visão consciente seja ilusória, que ele não perceba o mundo real, ou que o mundo real, registrado no inconsciente, tenha sido transformado pelo processo primário. Não. Sua percepção visa a um real, mas este é de natureza diferente daquele que é objeto da sensopercepção trivial. O processo de abstração segue caminhos diversos de análise e síntese nestas duas ordens de percepção.

Passando ao que ocorre na sessão analítica, é necessário compreender que a abstração intelectual tem, aí, também, características especiais. A plena noção literal do sentido que Sapienza assume na sessão, não existe para o paciente, nem consciente nem inconscientemente. Ela será o resultado final do processo analítico ou da sessão, e não preexiste a eles. Iniciada a sessão, o sentido das vivências despertadas

3. *Op. cit.*

encontra, através de conexões fonéticas e percorrendo as séries mnêmicas, as figurações adequadas à articulação, concepção e expressão do presente, inexistente de outro modo. Sa, sap, enza constituem como que pontos nodais dentre os conteúdos desta consciência – em torno dos quais irradia-se uma constelação emocional – e que, analogamente à visão do pintor, nos transmitirão a plena reverberação emocional do que vive.

O clima de magia que surge na sessão subentende a transformação de uma consciência que passa de uma forma de organização voltada para o mundo das significações triviais, cotidianas, para uma outra em que imperam valores expressivos, que abrem a sensibilidade para o sentido original das palavras, para os ritmos sonoros, paronomásias e seus poderes figurativos. O que aprendemos aqui é que os fundamentos básicos da percepção, da concepção e da expressão, muito longe de estarem constituídos como coisas ou como palavras, extraem sua matéria prima das fulgurações expressivas do mundo, que marcam com selo mágico-mítico-poético as pulsações mais profundas da vida emocional do homem. São estas que irrompem no discurso e produzem criações imaginárias. É o que também nos mostra Jean François Lyotard[4] em seu *Discours, Figure*.

2ª SESSÃO ILUSTRATIVA

Vou transcrever, aqui, esta sessão, na mesma ordem geométrica em que foi apresentada pela analista em suas anotações.

Rapaz de 20 anos, residindo na cidade há mais ou menos 6 meses, estudando em curso superior. Em análise há dois meses. Atualmente tem vindo 6 vezes por semana.

Sessão de sábado:

Sempre pontual, chega atrasado 5 minutos. Pela primeira vez encontra aberta a porta da sala. Entra e vai logo sentando-se no divã.

ANALISTA – "Por favor, você pode fechar a porta?"

Parece desconcertado ao notar que deixou a porta aberta. Habitualmente sou eu quem abre e fecha as portas. O paciente deita-se no divã.

PACIENTE – "Aquele carro azul, amassado é o seu? É o único carro do estacionamento. Meu irmão me telefonou de São Paulo e me convidou para passar uns dias com ele. Meus dois irmãos telefonaram para saber se eu estava bem".

---

4. J. F. Lyotard (1978), *Discours, Figure*, Paris, Éditions Klincksieck.

ANALISTA – "Vejo que está satisfeito porque seus irmãos lhe telefonaram, hoje é sábado e está aqui comigo. Sente que sábado é um dia especial porque acredita que só atendo a você".

PACIENTE – "Hoje à noite tem concerto. Você vai estar lá? Não importa, você é tão grande que eu vou achá-la. Se você for. E desta vez eu vou falar com você".

ANALISTA – "Parece que me perdeu, agora, de tanta vontade de me encontrar".

PACIENTE – "Desde ontem, consigo me concentrar melhor" (diz isto bocejando). "Desde ontem, consigo me concentrar melhor" (sem bocejar). "Estou cansadíssimo".

Quero destacar, nas falas de analista e paciente, as palavras:
(A) *desconcertado*,
(P) *amassado*,
(P) *concerto*,
(A) *encontrar*,
(P) *concentrar*.
Observe-se, ainda,
1. a homofonia do par *concerto/conserto*;
2. a conexão *conc(s)erto/amassado*;
3. a relação de *amassado* com *massa* (figura avantajada da analista);
4. a série *encontrar/concentrar/concerto/conserto*, com aliterações e homofonias.

Até aí nada de importante. Vemos isso em muitas sessões. Temos isso analisado à saciedade por Freud no famoso ato falho do Signorelli.

Esclarece-nos a analista que este jovem iniciara a análise em surto psicótico. Estabeleceu um excelente e profundo vínculo com ela, dando mostras de grandes melhoras, assim como de expansão de suas capacidades artísticas para as quais era bastante dotado. Alguns dias depois da sessão aqui relatada, o paciente informou à analista que deplorava ter de deixar a análise pois teria de acompanhar a família que iria residir em outra cidade. Ele já sabia dessa mudança no dia daquela sessão, mas não se sentiu em condições de comentá-la na ocasião.

Tentemos, agora, formular, em forma de discurso de significação, o sentido dos comportamentos e das falas ocorridos na sessão. Ou seja, apreender a constelação emocional, o sentido, em meio aos níveis de significação e de referência do diálogo. Assim fazendo, seguimos o mesmo itinerário que acima percorremos com relação à pintura e à poesia.

A analista nota o paciente *desconcertado*. Ela apreende, pois, na própria expressividade gestual do paciente que ele está descomposto, perturbado, desarranjado, *desconsertado*.

Mas a própria analista nos informa de uma mudança na ordem dos seus comportamentos nesta sessão: *Pela primeira vez encontra aberta a porta da minha sala* e depois: *Habitualmente sou eu quem abre e fecha as portas*. Caberia, pois, nos interrogarmos sobre o sentido dessas mudanças e sobre a relação entre o desconcerto do paciente e a modificação do ritmo de ação da analista que é, afinal, modificação de uma ordem habitual e, pois, uma desordem, um *desconserto* da analista. Eu não me aventuro a sugerir a qual dos dois participantes cabe o papel determinante na emergência do *desconcerto/desconserto*; significativa, aqui, é a comunicação mútua, por via expressiva, dessa vivência. E podemos dizer mais; para nós próprios, que assistimos ao desdobramento da trama emocional desta sessão, permitir-nos um não-saber o papel determinante, suspender a ânsia de saber, implica abrir-nos para acolher um momento de caos que contém em si o reflexo de uma situação de intenso valor emocional, cuja compreensão plena somente surgirá mais adiante.

O paciente, a seguir, alude ao carro *amassado, desconsertado*, estragado. E esta vivência de ruína, que, num primeiro momento, se objetiva na visão do carro *amassado*, cede lugar à busca de um encontro, incerto, com a analista, figura avantajada, u'a *massa*: P – *Hoje à noite tem concerto. Você vai estar lá? Não importa, você é tão grande que vou achá-la. Se você for. E desta vez vou falar com você*. Podemos dizer que *...hoje tem concerto...* implica a voz equívoca, *equi-voca*, de busca de apaziguamento, de *conserto*.

Note-se que esta última fala do paciente segue-se imediatamente a uma intervenção da analista sobre *satisfação* do paciente e sua crença em que, nesse *dia especial*, sábado, somente ele é atendido. Mas o paciente como que desconsidera esse atendimento presente; o seu dizer exprime, ao invés disto, o movimento da imaginação que o lança para um futuro do presente (*Hoje à noite tem concerto...*) na busca de um encontro incerto (*...você é tão grande que vou achá-la. Se você for...*). Assistimos, pois, na articulação destas duas falas de analista e paciente, ao perecimento da presença do analista, simultaneamente à ânsia de um encontro.

A fala seguinte, da analista, é profundamente significativa: *Parece que me perdeu agora, de tanta vontade de me encontrar*. A analista capta uma perda e fala na ânsia de encontro utilizando um vocábulo – *encontrar* –, aliteração de *concerto/conserto*. Eis, aqui, nova manifestação concreta, na expressão da analista – que, já no início da sessão, comentara que o P. *encontra aberta a porta e parece desconcertado* –, da profunda comunicação de experiências emocionais entre analista e paciente.

O paciente, por fim, diz que '*...consigo me concentrar melhor...*', onde *concentrar* é próximo de *concerto/conserto/encontro*. E mais: *consigo* é, também, em sua companhia, com você.

Agora, quando sabemos que o paciente terá de interromper a análise, nos damos conta da dramaticidade desse encontro, diretamente manifesta no candente poder expressivo de um dizer articulado em forma análoga à da produção poética. Mas, independentemente do conhecimento desta circunstância, o dizer da fala da sessão nos conduz, *per se*, ao clima de perda e de busca salvadora, vividos pelo paciente como, também, pela analista.

Voltemo-nos agora para um outro aspecto, bastante singular, que merece relevo especial: a organização espacial que a analista criou, de modo inteiramente espontâneo, para configurar sua transcrição da sessão. Chama a atenção a variação do intervalo espacial entre várias passagens da expressão gráfica da sessão. Um primeiro distanciamento maior ocorre entre os comentários iniciais da analista (*Sempre pontual etc.*) e sua primeira fala (A: *Por favor etc.*). Ora, vimos acima o clima de desconcerto e de mudanças de comportamentos recíprocos que abrem a sessão. A analista, também imersa nesse clima emocional, vive um impacto que transcende e se objetiva numa configuração espacial através da qual se desenha um momento de retirada e de distanciamento.

Analogamente, intervalo maior aparece entre a segunda fala da analista (A: *Vejo que está satisfeito... ...está aqui comigo...*) e a segunda fala do paciente (P: *Hoje à noite...*). Vimos que o paciente desconsidera o encontro presente e se lança para uma busca futura. Tenho para mim que a analista captou, durante a própria sessão (veja-se a fala seguinte da analista: *Parece que me perdeu, agora, de tanta vontade de me encontrar.*), que sua fala não vibrou em ressonância com a situação emocional do paciente. Em outras palavras, a analista sentiu que, naquele momento, o paciente distanciou-se dela, situação que se exprimiu, na transcrição, por aumento da distância entre aquela sua segunda fala e a seguinte, do paciente. Efetivamente, examinando o contexto da sessão desde o seu início até o momento presente, o paciente, *desconcertado*, havia se referido ao *carro amassado*. Criação metafórica original para exprimir o estado de ruína em que se encontrava. E polissêmica, pois a *massa-do* é o vocábulo que também subentende a analista, *a massa*, *o único carro do estacionamento*, a única pessoa em relação à qual vive a perda e a única que ele buscará para *concerto/conserto*. Ele acrescenta que um irmão o convida para estar com ele e que os dois irmãos querem saber se ele está bem. Tudo isto sugere que ele está só, não está bem, e por isto não pode concordar com a analista que assevera que ele *está satisfeito*. É o motivo do seu afastamento.

Estes comentários me parecem pertinentes quando se confronta a expressão figurativo-espacial que emerge como criação espontânea da analista, com certos procedimentos dos poetas concretistas, procedimentos que encontramos, como já foi referido, nos albores da poesia moderna, em Mallarmé, em seu famoso *Un Coup des Dés*.

Retomemos, agora, ainda que brevemente, algumas questões que dizem respeito a representações inconscientes. Seriam inconscientes as diferentes representações – na acepção de *representação de coisa* – que resultaram da análise precedente destas duas sessões? Eu entendo que não. A meu ver, o sentido se manifesta plenamente na expressão. As representações iniciais da fala dos pacientes constituem produção original e espontânea da consciência; elas não são o *conteúdo manifesto* resultante de transformações de conteúdos inconscientes reprimidos. Cabe acrescentar, ainda, que as expressões dos analisandos obedecem plenamente à estrutura sintática do discurso e assumem função indicativa, denotativa. Mas, a escolha dos termos, o ritmo das frases, as assonâncias, as aliterações, obedecem a determinações que são do domínio da intersubjetividade e, por isto, se organizam segundo formas expressivas e peculiares. É desta maneira que a função expressivo-poética da fala embebe o discurso da comunicação trivial. Os processos linguísticos que intervêm na construção da expressão, assim como os motivos subjetivos e intersubjetivos aí presentes não são objeto de um saber, mas isto não quer dizer que estas determinações se constituam como representações inconscientes. Elas se exprimem no próprio discurso de denotação que contém, como acabamos de ver, nele impregnados, elementos expressivos com sentido específico. Os valores denotativos e expressivos do discurso integram a forma que a consciência encontra para exprimir a situação vivida. Eu insisto. A situação vivida é expressa. Esta situação pode estar representada por conteúdos diferentes, por expressões diferentes, embora com o mesmo sentido, fazendo parte do acervo da experiência consciente. Isto sucede, sem dúvida, com o paciente da última sessão discutida. Ele vive a perda e tem plena noção dela. O que ele talvez não saiba é que o sentido da expressão da sessão equivale ao sentimento de perda de que ele tem plena notícia em outros momentos – o que corresponderia, durante a sessão, ao que Freud denomina de conteúdo latente –, porque não se estabeleceram as conexões que permitiriam a reunião, numa totalidade significativa única, das diferentes expressões.

Talvez o mesmo ocorra com o primeiro paciente. É possível que ele tenha plena noção, já na própria sessão ou fora dela, da situação emocional que impregna suas relações com a figura do saber que, para ele, representa o analista. Esta questão não diz respeito ao problema que estamos discutindo. Ainda que o paciente não saiba – isto é, que esta situação emocional não esteja configurada em expressão literal –, eu entendo que: 1. a situação emocional é plenamente acessível a uma formulação literal numa interpretação; 2. ela não constitui um conteúdo reprimido.

Deve ser ponderado, de outra parte, que o problema do Inconsciente, tal como é classicamente concebido, refere-se a conteúdos de representação infantis reprimidos; esses é que constituiriam os fatores primordiais na determinação dos conteúdos latentes. Mas a discussão dessa questão não cabe no âmbito do presente texto, que tem por finalidade o exame de formas de expressão da experiência emocional. Essa discussão consta de trabalho anterior[5].

Para terminar. Procurei mostrar, nos exemplos clínicos aqui arrolados, que o sentido é inerente na expressão. Não na forma literal, ou seja, de significação e referência. É por meio de uma objetivação em imagens mundanas que a consciência veicula sentidos emocionais cuja transposição à ordem da significação e valor de referência – próprias ao âmbito do saber – lhe são, inicialmente, inacessíveis. Somente nesta acepção é que se pode dizer que tais sentidos não são objeto de um saber da consciência. Penso, também, que a expressão *a consciência se aliena nos objetos que constrói* é inadequada. É destino dela realizar-se, inicialmente, na alienação. O retorno a si própria, numa auto consciência que recupera os motivos da subjetividade, é fruto de momentos posteriores de reflexão no transcorrer do processo analítico e realiza-se por intermédio da forma do discurso predicativo próprio da linguagem denotativa e do saber, porém embebida por componentes expressivos da fala do analista. Na história do indivíduo, o aprendizado desta forma de linguagem permitirá o assenhoreamento do mundo fenomenal, ou seja da percepção trivial, da técnica e, por fim, da construção do mundo da ciência. Mas, aquelas outras formas expressivo-poéticas, embora de formação anterior, perduram e não devem ser consideradas de caráter primitivo. Elas têm o mesmo estatuto e o mesmo privilégio. São formas de criação original da consciência, presentes na pintura, na poesia e na arte em geral, tanto do criador quanto daquele que usufrui do objeto estético. E, como forma de produção imagética e da palavra, também constituem a substância de expressão das relações intersubjetivas. Além disto, como vimos, intervêm na produção de imagens e significações na percepção subliminar, no sonho, no ato falho, no sintoma neurótico.

Eu entendo que podemos sempre ver a sessão analítica estruturando-se em dois planos: num plano de significação literal e num plano mítico-onírico. Por vezes, o conteúdo da fala assume dimensões expressivo-poéticas, como nos exemplos acima. Mesmo, porém, naquelas cujo conteúdo parece ser simplesmente trivial, impregnado de significações denotativas, nos é dado apreender o sentido imanente, os valores emocionais – sempre presentes nas expressões criadas *ad hoc* pelo paciente –, quando voltamos nossa atenção para o clima intencional, para o sentido da história relatada, para o valor primevo das palavras utilizadas, para a sua articulação no contexto do relato e para a sua conexão com o passado-presente próximo. Em outras palavras, um

---

5. I. Melsohn (1988), "Uma Alternativa para o Conceito de Representação Inconsciente: A Função Expressiva e a Constituição do Sentido. Sentido e Significação". (Cf., *infra*, Parte III).

conteúdo de linguagem incorpora, ao mesmo tempo, vários níveis funcionais; o nível propriamente *representativo* – aquele que conduz o pensamento para os objetos referidos na representação – coexiste e se imbrica com a função e o nível *presentificador*, próprio à expressão da vida emocional que se articula no presente vivo da sessão psicanalítica.

Seminário 12

POESIA E PENSAMENTO. SENTIMENTO E FORMA

Este seminário constitui um exercício sobre uma obra poética e destina-se a ilustrar o afirmado nestas Lições Clínicas com respeito às relações simbólicas entre expressão e vivência. Ao longo deste livro tem sido frisado que a Arte é expressão da *Forma* do sentir humano. O presente exemplo visa a revelar o poder que tem o Poeta de conceber e comunicar, para a nossa contemplação, a *Forma* do pensar humano ante o impacto de uma situação trágica como a morte.

Vamos, pois, aos ensinamentos de uma poesia – o poema de Federico Garcia Lorca, *Llanto por Ignacio Sánchez Mejías*, Pranto por Ignacio Sánchez Mejías[1].

Compõe-se o poema de quatro partes, *La Cogida y la Muerte* (A Pegada e a Morte), *La Sangre Derramada* (O Sangue Derramado), *Corpo Presente* (Corpo Presente), *Alma Ausente* (Alma Ausente). Quatro momentos dramáticos. Uma consciência atônita que se contorce entre uma profusão de imagens e o aprisionamento no tempo estancado pela morte. A recusa da perda. A lamúria ante a lousa tumular. O triste renascer evocativo da nobreza da figura perdida. Eis como o poeta nos faz ver o suceder dos movimentos da alma enlutada em direção a uma inexorável submissão à dor da renúncia.

---

1. F. Garcia Lorca (1935), "Llanto por Ignacio Sánchez Mejías", *Obras Completas*, Madrid, Aguilar, 1955, pp. 465-473.

Vamos deter-nos, apenas, na primeira parte. Ela é transcrita no original espanhol e em versão em português. Vamos ouvir em espanhol para um contato com a música das palavras.

LA COGIDA Y LA MUERTE	A PEGADA E A MORTE
A las cinco de la tarde.	Às cinco da tarde.
Eran las cinco en punto de la tarde.	Eram cinco em ponto da tarde.
Un niño trajo la blanca sábana	Um menino trouxe o branco lençol
a las cinco de la tarde.	às cinco da tarde.
Una espuerta de cal ya prevenida	Uma porção de cal já preparada
a las cinco de la tarde.	*às cinco da tarde.*
Lo demás era muerte y solo muerte	O mais era morte e apenas morte
a las cinco de la tarde.	*às cinco da tarde.*
El viento se llevó los algodones	O vento arrebatou os algodões
a las cinco de la tarde.	*às cinco da tarde.*
Y el óxido sembró cristal y níquel	E o óxido semeou cristal e níquel
a las cinco de la tarde.	*às cinco da tarde.*
Ya luchan la paloma y el leopardo	Já lutam a pomba e o leopardo
a las cinco de la tarde.	*às cinco da tarde.*
Y un muslo con un asta desolada	E uma coxa por um chifre destruída
a las cinco de la tarde.	*às cinco da tarde.*
Comenzaron los sones del bordón	Começaram os sons do bordão
a las cinco de la tarde.	*às cinco da tarde.*
Las campanas de arsénico y el humo	As campanas de arsênico e a fumaça
a las cinco de la tarde.	*às cinco da tarde.*
En las esquinas grupos de silencio	Nas esquinas grupos de silêncio
a las cinco de la tarde.	*às cinco da tarde.*
¡Y el toro solo corazón arriba!	E o touro só ímpeto no coração!
a las cinco de la tarde.	*às cinco da tarde.*
Cuando el sudor de nieve fue llegando	Quando o suor de neve foi chegando
a las cinco de la tarde,	*às cinco da tarde,*
cuando la plaza se cubrió de yodo	quando a praça se cobriu de iodo
a las cinco de la tarde,	*às cinco da tarde,*
la muerte puso huevos en la herida	a morte pôs ovos na ferida
a las cinco de la tarde.	*às cinco da tarde.*
A las cinco de la tarde.	Às cinco da tarde.
A las cinco en punto de la tarde.	Às cinco em ponto da tarde.
Un ataúd con ruedas es la cama	Um ataúde com rodas é a cama
a las cinco de la tarde.	*às cinco da tarde.*
Huesos y flautas suenan en su oído	Ossos e flautas soam-lhe no ouvido
a las cinco de la tarde.	*às cinco da tarde.*
El toro ya mugía por su frente	À sua frente o touro já mugia
a las cinco de la tarde.	*às cinco da tarde.*
El cuarto se irisaba de agonía	O quarto se irisava de agonia
a las cinco de la tarde.	*às cinco da tarde.*

A lo lejos ya viene la gangrena	Já surge ao longe a gangrena
a las cinco de la tarde.	*às cinco da tarde.*
Trompa de lirio por las verdes ingles	Trompa de lírio nas virilhas verdes
a las cinco de la tarde.	*às cinco da tarde.*
Las heridas quemaban como soles	As feridas queimavam como sóis
a las cinco de la tarde,	*às cinco da tarde,*
y el gentío rompía las ventanas	e as gentes rompiam as janelas
a las cinco de la tarde.	*às cinco da tarde.*
A las cinco de la tarde.	Às cinco da tarde.
¡Ay qué terribles cinco de la tarde!	Ai que terríveis cinco da tarde!
¡Eran las cinco en todos lo relojes!	Eram as cinco em todos os relógios!
¡Eran las cinco en sombra de la tarde!	Eram as cinco da tarde em sombra!

Vejamos o que nos diz, a nós psicólogos e psicanalistas, essa primeira parte. O poeta não descreve. Pintor-poeta, seu dizer convoca os acontecimentos. Ele detém o tempo, e nos detém, transidos, nele.

Às cinco da tarde. Eram cinco em ponto da tarde. Um menino trouxe o branco lençol *às cinco da tarde.* Uma porção de cal já preparada *às cinco da tarde.* O mais era morte e apenas morte *às cinco da tarde.* O vento arrebatou os algodões *às cinco da tarde.* E o óxido semeou cristal e níquel *às cinco da tarde.* Já lutam a pomba e o leopardo *às cinco da tarde.* E uma coxa por um chifre destruída *às cinco da tarde.*

O pensar, lançado numa miríade de imagens, num desfilar de cenas que respiram o halo da destruição e do perecimento é, no mesmo instante, recapturado pelo grito do coro – *às cinco da tarde* – . Dois temas compõem a elegia funérea. O olhar que se evade, mergulhando no mundo, e o chamamento ao terror da lucidez. A fuga e alienação na iridescência da imagem e o confronto inapelável com a voz muda da morte que ressoa no tempo das cinco. Tudo se passa às cinco da tarde. E o lamento doloroso – *Ai que terríveis cinco da tarde! Eram as cinco em todos os relógios!* –, se volta, desesperado, para o tempo aniquilado. Debalde a procura. *Todos os relógios,* imóveis e imutáveis. Não há antes nem depois. Passado e futuro extinguiram-se neste presente. O humano tempo, um passado que vive num presente, que flui ansiando por um futuro, esse tempo humano, o da vida, cede a sua marcha, arrebatado pela morte. Nunca mais haverá algo a colher da semente da vida.

E, desta maneira, o poeta mostra, concretizada nas imagens que o seu dizer cria, a *Forma Emocional* do pensar, a *Forma Emocional* de pensar o pensamento e a temporalidade. Ele traz à presença o pulsar da vida, espelhando nas coisas os ritmos, as intensidades e as tensões da vida das emoções. Ele nos faz sentir, não a emoção do luto vivida na sua materialidade, mas a pura *Forma* dessa emoção.

O que é *Forma* da emoção? Múltiplas são as acepções do vocábulo. Forma exterior, configuração, manifestação, estado, estrutura, arranjo e estilo em composição literária, musical ou plástica, princípio constitutivo que confere a um ser sua natureza própria. E, diretamente relacionada a essa última, *Forma*, em sua origem, significa Idéia, do grego *Idéa*, *Eîdos* – visão mental –, que provém de *Ideîn*, ver. A emoção é *Forma*, é um *Eîdos*, é concepção, que subentende, igualmente expressão. *Forma* e expressão são constitutivos do sentimento. Sentimento sem *Forma* é uma abstração vazia. Da mesma maneira, não há *Forma*, de uma parte, e expressão, de outra. A locução *Forma e Expressão* da emoção designa uma conexão, uma relação, de natureza semântica, simbólica, a mesma que existe, por exemplo, entre som e significado da palavra. Distinguíamos, há pouco, a emoção vivida na sua materialidade daquilo que é pura *Forma* da emoção. É claro que a primeira também possui *Forma*. Viver a matéria e a *Forma* das emoções é experimentá-las como sujeito, envolvido pelos acontecimentos, prisioneiro deles, padecendo-os. Ao passo que conceber a pura *Forma* das emoções é contemplá-las, emocionalmente, sim, mas a respeitosa distância. Essa distância entre *conceber a Forma do sentir* e *viver a matéria do sentir* é o que nós, psicanalistas, buscamos atingir.

Mas, continuemos um pouco mais. Este seminário colhe, do domínio da grande poesia, uma citação exemplar para submetê-la à interrogação psicanalítica. E por que fomos ter à grande poesia? Não será igualmente possível extrair, de poesia menos sublime, matéria para o fazer psicanalítico? Sim. Mais simplesmente ainda, não constitui a palavra trivial da sessão psicanalítica a substância habitual desse fazer? Sim. Por que, então, fomos ter à grande poesia? Não vimos, já, o que ela tem a mostrar? Sim, e ainda não. Compreendemos o poema, mas, isso ainda não basta. Vamos, por isso, prosseguir na inquirição. O que pode nos ensinar, a nós, psicanalistas e psicólogos, a palavra do poeta? Em que consiste o seu dizer e qual a relação desse dizer com o método de investigação da palavra inaugurado pela Psicanálise?

Consiste o dizer do poeta na rica exploração e no domínio da gramática e do vocabulário da língua? São suas palavras extraídas do léxico segundo a significação que lhes confere o dicionário? Ou, ao contrário, é o dicionário que entesoura a riqueza depositada na língua pelos grandes poetas e prosadores? O poeta não utiliza meramente vocábulos, mas cria *A Palavra*, dá nascimento a sentidos originais da linguagem, fratura e recria a língua. Já nos detivemos, na introdução aos seminários 10 e 11, em discussões desta ordem. Procurávamos destacar a noção de *sentido*. No exame da última estrofe de *O Corvo*, de Poe, por exemplo, ênfase era posta em questões de *Forma*. Aliterações, paronomásias, rimas, conjuntos peculiares de sonoridades, enfim, assumem ali preeminência. Mas, é bom esclarecer. À leitura do poema nós não ouvimos sonoridades, nós captamos *sentidos*. As rimas em *O Corvo* e a eterna repetição do *às cinco da tarde* em Garcia Lorca *articulam e comunicam* e o sincopar rítmico de batimentos emocionais; elas veiculam reverberações do dizer que não têm linguagem; elas dizem o indizível na sua indizibilidade, na frase já citada de Modesto

Carone[2]. Tomemos duas passagens de *La Cogida y la Muerte*. O branco, que percorre, unindo-os, o lençol, a cal, os algodões, a lividez da morte. E o verso *Trompa de lirio por las verdes ingles* – a trompa vermelha da corola do lírio, o jorro do sangue na virilha, o florir da vida, o verdor da juventude, o esverdeado mortiço da pele exangue, tudo isto posto em quatro imagens que o verso desfila. Eis-nos em pleno processo de condensação que o gênio de Freud descobre na imagem do sonho e na concepção poética. Um sentimento, encarnado na forma imagética do pensar, é articulado pelo dizer de uma metáfora original. Trata-se, portanto, de uma forma de concepção, de uma forma intelectual de conceber, por via da imaginação, o sentimento humano em sua concretude. A grande obra de arte, a poesia, em particular, tem esse condão, o de se constituir como *forma* privilegiada de excelência da concepção e expressão do sentir como pura *Forma*. Fomos, por isso, ter à grande Poesia. Ela nos incita a aprender o que é a palavra e a linguagem do sentimento.

Chegamos, por fim, ao objetivo final deste seminário. O espaço de jogo da linguagem na espontaneidade do dizer criativo que se articula no encontro humano *sui generis* da sessão psicanalítica. Trata-se, aqui também, de apreender o sentido original do dizer. É aqui que os movimentos sutis da alma imprimem na palavra, na frase, na totalidade da fala, as vibrações de um dizer único. É aqui o lugar para recuperar o valor primevo da palavra, aquém do hiato que a gramática introduz entre as categorias, o lugar onde a palavra é, ainda, ação e expressão de ação.

Terminamos, assim, nosso curso e os seminários que a ele se seguiram, na esperança de que eles tenham servido como convite ao rito iniciático de uma heresia exposta neste livro. São muitas as heresias e as religiões. Todas elas dizem *o mesmo*, o que não significa *o idêntico*.

---

2. Ver *infra*, 106.

Parte III

Uma Alternativa para o Conceito de Representação Inconsciente: A Função Expressiva e a Constituição do Sentido. Sentido e Significação

Preâmbulo

A teoria psicanalítica subverteu as noções filosóficas de consciência e de sujeito. Ela consistiu, fundamentalmente, numa nova concepção do problema da significação: uma teoria sobre a vida psíquica e a consciência, sobre a significação dos seus conteúdos e sobre os atos psíquicos que elaboram essa significação. A terapia, seu objetivo inicial, foi modelada neste quadro referencial.

Seguindo orientação totalmente distinta, os estudos semânticos que emergem nos séculos XIX e XX conduziram a investigações sobre a significação que apareceram de forma mais ou menos independente em vários domínios. Eles resultaram em aquisições importantes como a lógica simbólica na matemática, o positivismo lógico e a significação das proposições, a teoria do signo e do ícone em Peirce, a lingüística estrutural moderna, para citar somente uns poucos exemplos.

Como desenvolvimento independente, a partir da Fenomenologia de Husserl, Max Scheler[1] descreve, em 1923, os fenômenos de fusão afetiva e a relação simbólica entre "expressão e sentido" na vida intersubjetiva.

Mas o exame sistemático das formas de constituição da significação, na linguagem, no mito e na religião, na arte e no conhecimento científico, foi empreendido, em extensão enciclopédica, por Ernst Cassirer, entre 1923 e 1929[2].

---

1. M. Scheler (1923), *Nature et Formes de la Sympathie*, Paris, Petite Bibliothèque Payot, 1971.
2. E. Cassirer (1923-1929), *The Philosophy of Symbolic Forms*, New Haven &

Susanne K. Langer, discípula de Cassirer e introdutora do seu pensamento nos Estados Unidos, volta-se para o simbolismo na arte. Seu primeiro estudo, *Philosophy in a New Key*[3] é publicado em 1942; seguem-se *Feeling and Form*[4], de 1953, que trata das várias formas artísticas e *Mind: An Essay on Human Feeling*[5], no qual examina especificamente a relação simbólica entre "forma" na arte e "forma" dos dinamismos vitais inerentes nos impulsos e atos, ou seja, dos dinamismos vividos como sentimentos, a evolução mental e os símbolos, e a estrutura moral do ser humano.

Cabe mencionar, ainda, *L'Imaginaire* de Sartre, de 1940[6] e as contribuições de Merleau-Ponty, *La Structure du Comportement* de 1942[7] e *Phénoménologie de la Perception*, de 1945[8], esta última representando um dos estudos magnos sobre o assunto.

Como se vê, múltiplas e importantes investigações se voltaram, neste século, para questões fundamentais de epistemologia e de teoria psicológica que são, também, comuns à psicanálise: simbolismo e significação, percepção, imaginação e sentimento.

Digamos, desde já, que esses estudos conduziram a uma profunda reformulação de certos princípios básicos da psicologia do século XIX, princípios que, não obstante, perduram imodificados na teoria psicanalítica e são a razão de sua estagnação.

Uma análise detida dos temas discutidos pelos autores mencionados, particularmente dos ensinamentos de Susanne Langer, sobre as formas simbólicas de expressão da vida emocional e, principalmente, dos de Cassirer, sobre as diferentes modalidades da percepção, da imaginação e da concepção, ampliaram, para mim, como psicanalista, as possibilidades de reflexão sobre a teoria e a prática da psicanálise.

Este artigo é resultado dessa reflexão. Com esse fim, a exposição se detém na descrição de idéias sobra a percepção, a imaginação e a vida emocional vigentes à época das principais elaborações teóricas de Freud e implícitas nestas. Ela prossegue no exame sucinto das modalidades de constituição da significação em diferentes formas de percepção e estágios evolutivos da consciência, bem como em diferentes

---

London, Yale University Press, vol. 1 *Language*, 1953; vol. 2 *Mythical Thought*, 1955; vol. 3 *The Phenomenology of Knowledge*, 1957.

3. S. K. Langer (1942), *Philosophy in a New Key*, New York, The New American Library of World Literature, Mentor Books, 1952.

4. S. K. Langer (1953), *Feeling and Form*, New York, Charles Scribner's Son.

5. S. K. Langer (1967-1972-1982), *Mind: an Essay on Human Feeling*, 3 vol. Baltimore & London, The John Hopkins Press.

6. J.-P. Sartre (1940), *L'Imaginaire*, Paris, Éditions Gallimard.

7. M. Merleau-Ponty (1942), *La Structure du Comportement*. Paris, Presses Universitaires de France, 1967.

8. M. Merleau-Ponty (1945), *Phénoménologie de la Perception*, Paris, Éditions Gallimard.

formas de organização da consciência, tais como o pensamento racional e o sentimento. No decorrer desse exame surgem questões: o que podem ter em comum e em que divergem modalidades do pensar tão diferentes entre si como uma simples soma aritmética e um sonho, como a função designativa de um nome e o valor expressivo do seu esquecimento, como a percepção desapaixonada dos objetos cotidianos e a angústia pela percepção de um objeto fóbico? Trata-se da apreensão originária de uma mesma realidade, elaborada pelo pensamento em forma de soma aritmética, num caso, e em forma de sonho, pela intervenção do processo primário, no outro? Incide o trabalho do sonho, o processo primário, sobre um extrato original de percepção, deformado por esse processo primário e transformado no conteúdo manifesto? Há, durante o sonhar, um conteúdo latente?

O presente trabalho visa a propor subsídios para respostas a essas questões. Mas respostas diversas daquelas que Freud ofereceu, respostas que implicam uma revisão crítica de certas noções centrais da teoria psicanalítica sobre as representações e o inconsciente, e sobre o sentimento, aqui examinados dentro dos limites impostos pela extensão desta exposição.

NOTA SOBRE O LÉXICO

Os termos "representação", "representar", "representativo", comparecerão no texto com significados múltiplos, consoantes os utilizados pelos autores referidos na bibliografia. Tornam-se, por isso, oportunas, as observações seguintes:

Preferimos representação para o inglês *presentation*, de que o tradutor se serve na passagem mencionada de Freud sobre "O inconsciente" e, a seguir, até o final do artigo. A expressão alemã é *Vorstellung*, a qual abrange os vocábulos ingleses *Idea* – que aparece como tradução em trecho anterior –, *Image* e *Presentation*. Este último parece-nos, como versão inglesa, mais próximo de *Vorstellung*, que veicula o significado de "colocação em frente", "ter diante de si" (um conteúdo psíquico). Freud se utiliza, também, do termo *Bild*, na acepção de imagem.

É corrente, porém, em português, o uso de representação com o sentido de *Vorstellung*. Contudo, cabe ter em mente que "representação" estende-se, para Freud, a várias outras noções diferentes: representação como nova apresentação psíquica; representação psíquica do instinto, na acepção de representante psíquico de forças orgânicas – Freud usa, nesse contexto, a expressão *Repräsentant*, habitual em linguagem jurídica, substituindo-a, também, por *Repräsentanz* –; aparece, ainda, em outros trechos, o composto *Triebrepräsentanz* para designar representante de impulso; já no texto original do artigo para a Enciclopédia Britânica aparece *Vertretung*, próximo a representação por procuração, por delegação.

Husserl, referindo-se ao equívoco do termo "representação", enumera não menos do que 13 significados[9].

Por tais motivos, cabe distinguir, no presente trabalho, acepções essencialmente diversas do termo "representação" e de seus derivados:

1. Representação no sentido de registro ou de traço mnêmico inconsciente. Assim, por exemplo, as expressões *representação de coisa* e *representação inconsciente*, utilizadas por Freud.
2. Representação como apreensão consciente: objeto percebido ou imaginário. Também representabilidade consciente. É o sentido habitual do termo.
3. Representar com a significação de constituir a base ou o suporte da apreensão imaginária: por exemplo, no exame da contribuição de Sartre, a imagem, *stricto sensu*, é o suporte, representa a coisa imaginada.
4. Representar designando seja a base sensorial (sensações), seja a apreensão de qualidades sensíveis, umas e outras servindo de matéria para a estrutura da percepção como um todo original; é nesta acepção que Scheler descreve os fenômenos sensoriais: representam a base, são representativos como mero apoio.

    Eu usarei "sensível" para designar estímulos, objetos ou fenômenos externos e "sensorial", significando fenômenos internos.
5. Representação no sentido de função representativa, na qual um conteúdo, uma apreensão consciente, representa e significa outros conteúdos conscientes correlatos. É o significado em Cassirer, ao tratar da *função representativa* da linguagem.

---

9. E. Husserl (1913), *Recherches Logiques*, Paris, Presses Universitaires de France, Tome Second, Deuxième Partie, 1962, pp. 315-324.

1. O Inconsciente e a Representação dos Objetos. Pressupostos Epistemológicos

Os escritos que Freud reúne na Metapsicologia constituem um *primum movens* teórico, cujos alicerces fundamentais perduram nos termos em que foram formulados em 1915; apesar de toda a evolução da Psicanálise e das novas dimensões de compreensão da vida mental, retorna sempre o espectro dos fundamentos quando se trata de configurar em estrutura conceitual o observado e captado.

Afirma Freud[1] que o inconsciente é constituído pelas *representações de coisas*; ele contém as "cargas dos objetos", ou seja, "as primeiras e verdadeiras cargas dos objetos". A representação consciente compreende a representação da coisa mais a correspondente representação verbal. A repressão nega às representações sua tradução em palavras. A representação não concretizada em palavras permanece, assim, reprimida no inconsciente.

E, nas New Introductory Lectures on Psycho-analysis[2], continuará a descrever o Id como o setor psíquico constituído de impulsos, de representações e impressões reprimidas.

Sabemos de que forma, como correlatos e conseqüências necessárias, se derivam as noções de simbolização e as funções e significado da consciência.

---

1. S. Freud (1915), "The Unconcious". *S. E.* XIV, pp. 201-202.
2. S. Freud (1933a), "New Introductory Lectures on Psycho-Analysis". *S. E.* XXII. Lecture XXXI.

Freud é filho de sua época e sua elaboração teórica tem, necessariamente, por referência, a estrutura do saber inerente ao seu tempo. De um lado, a psicologia empírica do século XIX foi especialmente influenciada por determinadas hipóteses – os conceitos de impressão e sensação – desenvolvidas por Locke e Hume, nos séculos XVII e XVIII. Pressupostos básicos da filosofia empirista, levaram à construção da "teoria da cópia do real" pela representação mental, que tem na percepção o seu modelo. A representação mental é concebida como um processo que tem por fundamento arranjos e associações sensoriais, decalques do já "dado" no exterior, que permitem reproduzi-lo. Quando há infração da adequação do subjetivo ao objetivo, cabe à psicologia investigar o processo mediante o qual resulta a transformação das experiências sensoriais originais que culminam na representação falsa.

Ao mesmo tempo, porém, novas orientações filosóficas e psicológicas, voltadas para a forma dos processos mentais e da cultura humana, visavam a apreendê-los em sua totalidade original e segundo novas modalidades de significação.

Os reflexos desse dualismo se manifestam diretamente na obra de Freud. É com base nos fundamentos empiristas dos psicólogos associacionistas que aspira a construir um edifício teórico compatível com as significações recém descobertas mediante a aplicação do novo método de análise psicológica. Assim, por exemplo, se a investigação clínica descobre o sentido do comportamento mórbido, a função da fobia ou do ato compulsivo; se a fobia do pequeno Hans se revela exprimindo a trama das relações conflitivas com os pais, se o cavalo assume o sentido do pai; se portanto, na *realidade*, os sentimentos de Hans têm por objeto os pais e não o cavalo, impõe-se a Freud a conclusão de que a representação fóbica consciente somente pode ser ilusória, consistindo no falseamento de uma realidade que deve estar *representada* no inconsciente. Pois outra não é, para ele, a função da mente senão a de ordenar o fluxo e o impacto dos impulsos, relacionando-os a representações do real, cujo sentido foi descoberto, impressas em camadas da personalidade que o reproduzem; função da mente que se coordena e se complementa com a de transformação desses conteúdos de representação inconscientes naqueles outros, conscientes, que assumem o papel, seja de símbolos, seja o de representações substitutivas por deslocamentos ou condensações.

Em outras palavras, está implícita nessa concepção a idéia de que *aos objetos reais* – conhecidos através do processo de análise – corresponde *um conjunto de representações inconscientes, registros reais daqueles*. Do jogo de impulsos e representações inconscientes – seqüelas de percepções ou de criações imaginativas anteriores – e de suas associações, sujeitas ao processo primário e secundário, resultam as representações patológicas conscientes. Afeto e representação, impulso e conteúdo ideativo, são considerados qualitativamente diferentes e sofrem vicissitudes diversas no processo repressivo.

A Escola kleiniana, apesar dos novos horizontes que descortina na técnica e na teoria, mantém inatacada e inexpugnável aquela mesma posição, decorrente, em última análise, do esquema com que se concebe a repressão a partir da Metapsicologia. Apesar das idéias extraordinariamente fecundas sobre a percepção primitiva e sobre o nível esquizoparanóide do desenvolvimento da criança, a noção de representação inconsciente é expressa nos mesmos termos empiristas da apreensão sensorial sintética de um objeto "dado", uma parte do corpo, por exemplo, configurada como *tal*. A qualidade fantasmagórica da representação ou da "fantasia inconsciente" proviria do lastro de impulsos que vão caracterizar as "relações de objeto"; essa qualidade, no entanto, se associa, segundo esse modo de ver, ao caráter sensível intrínseco do "dado". Em outras palavras, a noção de "fantasia", de "relação de objeto" e de "objeto interno", que permitiu uma nova compreensão da dinâmica do processo mental, contém, por contaminação com os conceitos clássicos, um reduto sensorial, cópia do objeto externo, supostamente integrado na fantasia inconsciente.

No entanto, a teoria da imagem e da consciência com representações internas (através da análise crítica de Husserl[3], mais tarde seguido por Sartre), assim como a teoria da percepção, especialmente da percepção "primitiva" ou primária (através das investigações de Cassirer e, posteriormente, de Merleau-Ponty), foram, a partir do início deste século, objeto de profunda e total reformulação. Analogamente, Max Scheler se devota à minuciosa análise dos caracteres expressivos da percepção.

---

3. E. Husserl (1913), *Recherches Logiques*. Paris, Presses Universitaires de France, Tome 2, Première Partie, 1969, pp. 149-155 e Tome Second, Deuxième Partie, 1962, pp. 147-151, 167-178 e 228-231.

2. O Problema da Constituição do Sentido e da Significação

O que chamamos de mundo perceptivo não é "dado" e auto-evidente a partir de seu início, mas ele se constitui, como nos mostra Cassirer[1], segundo atos básicos que o determinam em planos especificamente diversos de sentido e de significação. Restringindo-se, em princípio, aos dados da sensação, a teoria da associação e certas correntes do positivismo desconheceram o fator característico por meio do qual a percepção difere da mera sensação e a ultrapassa. A análise mais detida demonstra que, mesmo aquilo que é considerado o "dado", o sensorial, já é o resultado de certos atos de síntese prévia. Somente o que é *formado* nestes atos "aparece" como fenômeno[2].

2.1. A IMAGINAÇÃO

A antiga noção de um processo perceptivo do qual resultam "traços mnêmicos" criou a falsa idéia de imagens encerradas no interior da consciência. Vejamos, porém, se esta hipótese é sustentável. Sigamos o raciocínio de Sartre:

[...] quando eu produzo em mim a imagem de Pedro, é Pedro que é objeto de minha consciência atual. Enquanto esta consciência permanecer inalterada eu bem poderei

---

1. E. Cassirer (1923-1929), *The Philosophy of Symbolic Forms*. New Haven & London, Yale University Press, vol. 3 *The Phenomenology of Knowledge*, 1957, pp. 1-57.
2. *Op. cit.*, vol. 1: *Language*, 1953, pp. 73-114.

dar uma descrição do objeto tal como ele me aparece em imagem, mas não da imagem como tal. Para determinar os caracteres da imagem como imagem, é necessário recorrer a um novo ato de consciência: é necessário *refletir*. Assim a imagem como imagem somente é descritível por um ato de segundo grau, pelo qual o olhar se desvia do objeto para se dirigir sobre o modo pelo qual este objeto é dado[3] [...].

Vale dizer, não se deve confundir Pedro imaginado com a estrutura e as características da consciência imaginária *através* da qual apreendo Pedro imaginado. Como o termo "imagem", nos diz ele, "[...] tem seus longos anos de serviço, nós não podemos rejeitá-lo completamente [...]"[4], embora a expressão "imagem mental" se preste à ambigüidade. O termo imagem deveria designar

[...] uma certa maneira que a consciência tem de se dar um objeto. [...]
   Quando percebo uma cadeira, seria absurdo dizer que a cadeira está *na* minha percepção. Minha percepção é, segundo a terminologia que adotamos, uma certa consciência e a cadeira é o objeto dessa consciência. Agora fecho os olhos e produzo a imagem da cadeira que acabo de perceber. A cadeira, que agora se dá em imagem, não poderia, mais que antes, entrar na consciência. Uma imagem de cadeira, não é, não pode ser uma cadeira. Na realidade, que eu perceba ou imagine esta cadeira de palha sobre a qual estou sentado, ela permanece sempre fora da consciência. Em ambos os casos ela está lá, *no* espaço [...] que eu perceba ou que eu imagine esta cadeira, o objeto de minha percepção e o da minha imagem são idênticos: é esta cadeira de palha sobre a qual estou sentado. Simplesmente a consciência se *relaciona* a esta mesma cadeira de duas maneiras diferentes [...].
   E o que é, então, precisamente, a imagem? Não é, evidentemente, a cadeira: de um modo geral, o objeto da imagem não é, ele próprio, uma imagem. [...][5]
   [...] Nós pensávamos, sem mesmo nos darmos conta, que a imagem estava *na* consciência e que o objeto da imagem estava *na* imagem. Nós nos figurávamos a consciência como um lugar povoado de pequenos simulacros e estes simulacros eram as imagens. Sem dúvida alguma, a origem desta ilusão deve ser buscada em nosso hábito de pensar no espaço e em termos de espaço. Nós a denominaremos: *ilusão de imanência*. Ela encontra em Hume sua expressão mais clara[6].

Consideremos, agora, uma outra reflexão. Desejo lembrar-me do rosto de um amigo a quem não encontro há anos. Olho uma fotografia e nela "vejo" o amigo. Sem dúvida, ali, ele aparece diferente, mas recomponho as lembranças, o rosto do amigo ressurge em imagem. Descubro, agora, uma caricatura deste amigo feita por um artista. As peculiaridades do rosto, o tamanho do nariz, a boca, são exagerados. Contudo, reconheço nela o rosto do amigo. Não se trata, em todos esses reconhecimentos, de percepções. Através do retrato ou da caricatura, reconheço o rosto, o qual me aparece em imagem. O retrato, a caricatura, são a *matéria* que veiculou a imagem. De que *matéria* se

---

3. J.-P. Sartre (1940), *L'Imaginaire*, Paris, Éditions Gallimard, p. 13.
4. *Op. cit.*, p. 17.
5. *Op. cit.*, pp. 16-17.
6. *Op. cit.*, pp. 14-15.

trata? Em si mesma, nos dois casos considerados, *a matéria* poderia, também, ser percebida pelo o que ela é, em si própria. A foto é uma coisa, o papel e os traços da caricatura também. Neste caso tratar-se-ia da constituição de uma significação perceptiva. Ao passo que, como *matéria* que veicula e é substrato externo do objeto imaginário que eu constituí, a maneira de organizar a *matéria* dada é especificamente diversa. O que se passa, agora, quando, independentemente de qualquer estímulo material externo, eu imagino algo? Quero imaginar, neste momento, a Argentina. É possível dizer-se que a Argentina que me aparece em imagem está na minha mente? Claro que não. No próprio ato imaginário eu a "vejo" fora de mim, lá onde a geografia me ensina que ela está. No entanto, ela ficou "presente", ao mesmo tempo que tenho consciência de sua ausência. Se eu refletir sobre o que mais me apareceu, descubro, agora, que, simultaneamente à Argentina imaginada, apreendi uma cinestesia que surgiu espontaneamente em mim, articulada num movimento de cima para baixo, conjuntamente a uma "visão colateral de um triângulo alongado, de ápice voltado para baixo". À semelhança do processo imaginário que tinha por suporte a foto ou a caricatura, no caso presente o objeto é apreendido por meio de um "conteúdo" puramente psíquico, uma *matéria* mental: a cinestesia, articulada no momento da intenção que visa ao objeto, projetada como forma triangular. A imagem é esta matéria mental. A ilusão de imanência consiste, afirma Sartre, em transferir ao conteúdo psíquico transcendente (isto é, que se projeta como forma triangular)

[...] a exterioridade, a espacialidade e todas as qualidades sensíveis da coisa. Essas qualidades ele não as tem: ele as representa, mas à sua maneira[7].

Os psicólogos e filósofos, em sua maioria, adotaram aquele ponto de vista – *a ilusão de imanência* –, o que levou a manter, por séculos, o erro que consiste em ter assimilado implicitamente as características da imagem mental às do objeto que ela representa e em considerar o objeto imaginário interior.

Após essa longa digressão, podemos retornar ao problema inicialmente proposto: o da relação da imagem e do seu substrato sensorial com os "dados" da realidade que este substrato permite representar.

No exemplo citado por último, podemos estabelecer uma nítida relação de semelhança entre a organização formal da imagem – a síntese sensorial projetada como forma triangular – e a do objeto – a forma da Argentina.

Consideremos, agora, algumas observações singulares sobre as conexões entre estímulos objetivos, organização do campo sensível e reprodução perceptiva ou imaginária.

7. *Op. cit.*, pp. 75-76.

Charles Fisher[8], a partir de 1943, retoma as experiências sobre a simbologia onírica, tal como Schroetter[9] as realizara em 1911 valendo-se da hipnose. Posteriormente, em 1956 e em 1957, prosseguiu em suas investigações, utilizando-se da exposição taquiscópica, técnica empreendida inicialmente por Pötzl, com vistas a estabelecer relações entre a psicologia experimental e a psicanálise. O núcleo dos descobrimentos com as exposições taquiscópicas consistiu na verificação de que estímulos não percebidos claramente pela consciência – estímulos subliminares – eram registrados. O artigo de 1957 é, para nós, particularmente instrutivo[10].

Em seguida à exposição taquiscópica (1/100 a 1/500 de segundo), as pessoas submetidas à experiência eram convidadas a realizar desenhos livremente imaginados e a descrever seu significado. No experimento n. V, por exemplo, figuram, na exposição subliminar, os algarismos 2, 4 e 6 e as palavras EXIT MINK STAR.

Interrogada após a exposição, a pessoa em questão informou que viu, apenas, uma luz momentânea. No desenho livre que se seguiu, traçou uma figura de um 2 alongado, *porém em sentido invertido*, segundo um eixo vertical de rotação, ou seja, um 2 em imagem especular. O desenho foi descrito como sendo o de um meteoro ou de cometa que se afasta. Revelam-se, aí, nítidas relações de estrutura espacial bem como conexões semânticas entre palavras-estímulos e respostas.

Outro desenho da mesma pessoa exibe uma letra N com particularidades análogas às do traçado desta letra na palavra MINK utilizada como estímulo, embora sem reprodução da letra inteira. Nas demais experiências não surgiram relações entre significado do relato e das palavras expostas; as formas desenhadas, por sua vez, são reproduções parciais ou apenas conservam relações espaciais, mas são sempre derivadas das figuras geométricas expostas.

Afim de explicar estes últimos resultados, Fisher recorre à clássica teoria das distorções decorrentes do processo primário: condensação, deslocamento, fragmentação, rotação espacial, transformação simbólica etc. Segundo ele, os desenhos mostram que o registro sensorial dos objetos-estímulo "[...] pode se dar em uma forma altamente fotográfica [...]"[11]

Quando isto não sucede (como nas experiências VI e VII, por exemplo), ainda assim, pensa ele, pode ter-se dado o registro total;

---

8. L. Farber & C. Fisher (1943), "An Experimental Approach to Dream Psychology Through the Use of Hypnosis". *Psa. Quart.*, 12:202-16.
9. K. Schroetter (1911), "Experimental Dreams", *Organization and Pathology of Thought. Selected Sources*, New York and London, Columbia University Press, 1965.
10. C. Fisher (1957), "A Study of the Preliminary Stages of Constructions of Dreams and Images", *JAPA*, 5(1):5-60.
11. *Op. cit.*, p. 45.

porém, em virtude do caráter subliminar da exposição, vulnerável aos processos de distorção,

[...] Os registros que se dão nestes experimentos, subliminares, fracos, podem formar esquemas de memória altamente instáveis que facilmente se fragmentam e são submetidos aos vários tipos de distorção e transformação mencionados[12].

Ora, o que significam essas afirmações? Se as distorções ocorrem *após o registro*, isso implica em que a receptividade sensorial primária, a função receptiva, seria totalmente permeável: as impressões procedentes das figuras e objetos externos seriam gravadas, inicialmente, segundo a forma real inerente nestes objetos. Os órgãos sensoriais, tanto os periféricos como os seus correlatos campos centrais de projeção se abririam, passíveis, a um primeiro registro, cópia dos objetos.

Eis-nos, assim, conduzidos de volta ao núcleo central das questões propostas no início deste trabalho: a hipótese empirista segundo a qual as impressões sensoriais exibem um arranjo, uma síntese original, que seria cópia dos objetos do mundo real.

No entanto, as conclusões de Fisher merecem reparos. Elas violentam as observações e os resultados de investigações modernas sobre os processos da percepção.

Essas investigações dizem respeito, em seu sentido mais amplo, a fatores de "formação" que serão mais bem explicitados na seqüência deste artigo. Os primeiros trabalhos experimentais sistemáticos sobre a organização dos campos perceptivos referem-se à percepção do movimento (com Wertheimer, em 1912) e à percepção de formas espaciais e sonoras. São as pesquisas da chamada Psicologia da Forma, entendendo-se aí por Forma, tanto a forma espacial quanto os processo de "formação" (*Gestaltqualitäten*). Já Köhler, na década de 1920, ao analisar as hipótese empiristas, segundo as quais todo fato sensorial local é estritamente determinado por seu estímulo, encontra evidências de que, ao contrário, as características dos estímulos, nas suas relações mútuas, têm um papel central na experiência sensorial local. Há, escreve ele, "de início o que se chama hoje *a organização* da experiência sensorial[13]."

E, mais adiante, referindo-se aos campos sensíveis, diz:

Estes campos não aparecem nem como contínuos uniformemente coerentes, nem como tipos de elementos privados de relações mútuas[14].

Ele examina modificações na organização do campo sensível

---

12. *Op. cit.*, p. 46.
13. W. Köhler (1964), *Psychologie de la Forme*, Paris, Éditions Gallimard, p. 122.
14. *Op. cit.*, p. 122.

de sorte que certos aspectos de seu conteúdo virão em primeiro plano, ao passo que outros serão suprimidos em grau maior ou menor[15].

Há, pois, situações que conduzem a mudanças na organização do campo, o que "equivale a uma transformação real de certos fatos sensoriais em outros."[16] (Exemplos nas pp. 170-2 e 174-205).

Desnecessário prosseguir no exame das contribuições da Psicologia da Forma. Releva destacar, para os problemas que aqui nos concernem, as conclusões sobre o processo de percepção, que não pode ser interpretado a partir de sensações ou de arranjos sensoriais concebidos como equivalentes a mera cópia dos objetos externos.

Podemos retomar, agora, alguns dos exemplos mencionados acima. No experimento V citado, do trabalho de Fisher, a inversão de direção no desenho evocado pela figura "2" é explicada pelo autor por rotação espacial de registro inconsciente da direção real. Intervém, aqui, nos diz ele, o processo primário. Analogamente ao que ocorre no sonho, o conteúdo que tem acesso à consciência resultaria da transformação e deformação do conteúdo inconsciente. O capítulo IV da Interpretação dos Sonhos, que trata dessa distorção – *Entstellung* –, visa a mostrar que ela decorre da "censura". A "censura", pertencente a uma das instâncias psíquicas, atua sobre um conteúdo de desejo que nasce em outra instância psíquica por meio dos processos de condensação, deslocamento etc., que serão estudados no capítulo VI. Conclusão difícil de aceitar. Pois se a censura, que é da ordem do Pré-consciente, compreende o sentido do sonho – compreensão sem a qual não poderia haver censura –, não há mais razão de ignorar o texto. Nem razão de alterá-lo.

Talvez seja possível superar essa contradição, sugerindo que a matéria prima do sonho, os supostos "pensamentos latentes", não consistem em enunciados, em formas lingüísticas, mas são, desde o início, materiais figurativos, pertencem à ordem do imaginário. Se assim for, podemos supor que o mundo interno dos impulsos, ao ser mobilizado, se projeta privilegiando direções do espaço que criam figurações que melhores condições ofereçam à expressão emocional do momento vivido.

Eu diria que o mesmo processo ocorre no desenho do "2" invertido. Impulsos e cinestesias emergentes integram-se com formas externas selecionadas e compatíveis. Susanne Langer denomina-as Formas Significantes. A síntese figurativa criada resulta, assim, de um processo de análise e de abstração das formas externas que se oferecem. Por

---

15. *Op. cit.*, p. 122.
16. *Op. cit.*, p. 169.

outras palavras, a imaginação cria símbolos que dão forma à experiência, símbolos que não se derivam de cópia do mundo, mas são órgãos produtores da realidade.

Examinemos, novamente, a evocação imaginária da Argentina. No decorrer do processo de aprendizagem e de conhecimento, as sucessivas percepções do objeto conduziram a uma síntese sensorial, a qual produz, no ato imaginário presente, uma cinestesia atual. Essa cinestesia, projetada como uma forma triangular, é o conteúdo propriamente psíquico – a imagem *stricto sensu* – que serve de suporte para a apreensão imaginária do objeto. No transcurso do aprendizado, inúmeras cinestesias diferentes, assim como sensações ópticas etc., se organizaram, foram clivadas, transpostas, condensadas, novamente reunidas; os variados e múltiplos atos psíquicos, conduzidos pela linguagem, consistiram em análises e sínteses dos processos sensoriais e os submeteram a deslocamentos, condensações, transposição de relações espaciais etc., que, por fim, produziram as sínteses mais recentes.

Vamos nos deter agora, na zoofobia do pequeno Hans, que tomamos como paradigma da noção de inconsciente. Ela decorre, também, de atos da linguagem, mas de atos *sui generis*, uma vez que os processos de análises e sínteses que culminaram na fobia não foram guiados pela linguagem direta, literal, isto é, pela linguagem que exprime a significação da fobia. Como sabemos, impulsos vários agitam-se na obscuridade, múltiplos, contraditórios. Como, pergunta-se, assume forma o complexo edípico? Quais são os processos formativos que conduzem à síntese que é o seu substrato sensorial, o qual se manifesta nos objetos de consciência correlatos? O inconsciente, nos diz Freud, é constituído pelas *representações de coisas*, "as verdadeiras cargas de objetos", destituídas de representações verbais. A representação objetiva "verdadeira", no caso de Hans, seria o pai, não o cavalo.

Porém, cabe a pergunta, atuam os processos de análise e síntese, isto é, os deslocamentos, condensações, transposições, fragmentações, simbolizações etc., sobre uma organização sensorial já constituída? Ou seja, sobre aquela que corresponde à representação do pai, tal como ela nos é revelada após o processo de análise psicológica?

Penso que não. Não obstante o significado estar expresso na fobia, ele não está *representado no inconsciente* como tal. Em meu entender, os impulsos emergentes se cristalizam, no momento da eclosão da fobia, *mediante* a representação imaginária do cavalo que lhes dá condições de síntese e de subsistência. Dito de outra forma: as excitações e os impulsos sexuais do menino, os impulsos destrutivos, a obscura apreensão de movimentos da cena primária, os sentimentos de ternura, tudo isto se organiza numa síntese sensorial e de impulsos e cinestesias projetadas em direções no espaço que modelam o processo imaginário imprimindo-lhe, *ab initio*, formas que encontram no cavalo condições de representabilidade. Os impulsos que se dirigem ao mundo dos objetos vão, *originariamente,* criar o mundo imaginário com a forma e com o conteúdo que aparece para a consciência.

2.2. A PERCEPÇÃO

Vejamos, num outro exemplo, desta vez no campo da percepção, os indícios dos processos de formação sintética. Tomemos uma estrutura ótico-espacial como uma linha (o exemplo é extraído de Cassirer[17]): Podemos olhá-la exclusivamente de acordo com o seu sentido puramente expressivo. Se imergirmos no desenho e o reconstruirmos segundo a sua direção, de repente nos aparece um caráter fisionômico presente nela. Uma tensão peculiar é expressa nessa direção: o evoluir para cima e para baixo inclui u'a mobilidade interna, uma ascensão dinâmica e uma queda, uma vida própria. Não lemos, aqui, apenas nossos estados internos, arbitrariamente, na forma espacial; a forma por si própria se oferece como uma totalidade animada. Ela pode ser tranqüila ou violenta, dura ou macia, tudo isto como característica intrínseca de sua natureza objetiva. Essas qualidades imediatamente desaparecem quando a olhamos de outra maneira, como uma figura geométrica. Ela agora se torna a expressão de uma estrutura matemática, de uma lei de uma curva no espaço. Tudo o que aparece como traço individual é insignificante e desaparece da visão. Onde antes víamos um ritmo interno do objeto, agora percebemos uma representação gráfica de uma função matemática. E, novamente, estamos numa esfera diferente da visão quando a apreendemos como símbolo mítico ou ornamento estético. No primeiro caso, ela aparece sob um halo mágico, transmite um poder de atuação, atemoriza, augura, não apenas como sinal, mas como uma força diretamente contida nela. Deste poder, a visão estética não conhece nada. O sentido do desenho se revela, agora, como um ritmo e u'a melodia independentes, que se articulam no conjunto de uma atmosfera total de vibração e encantamento livres.

Igualmente, se nos limitarmos a uma única esfera de significação, a da senso-percepção "ingênua", por exemplo, podemos observar o mesmo processo de diferenciação pelo qual "algo" assume significações muito diferentes. Podemos olhar as cores independentemente dos objetos ou podemos ver, *através delas,* os objetos cotidianos.

Supor-se que uma única e mesma "realidade" é aqui apreendida e interpretada de modos diversos vai contra a evidência de tudo aquilo que a exaustiva análise fenomenológica demonstra ser o conteúdo "real" da percepção; quando se aprofunda a investigação não descobrimos nem os "elementos concretos da sensação", supostamente constantes, nem a "re-

---

17. E. Cassirer (1923-1929), *The Philosophy of Symbolic Forms*, New Haven & London, Yale University Press, vol. 3, 1957, p. 200.

presentação objetiva" única, como fundamento dos atos múltiplos de apreensão de significado da percepção. Quando, porém, nos colocamos como observadores externos e consideramos o "dado" segundo os pressupostos da neurofisiologia e da filosofia empirista, estamos, de antemão, introduzindo, sem nos darmos conta, no processo da percepção, aquilo que, necessariamente, vamos reencontrar no final da análise. No entanto, assim fazendo, não nos mantivemos fiéis à intenção original de descrever a pura e direta "visão" ou o "conteúdo" do que aparece, mas injetamos nesse conteúdo uma representação própria ao observador ou um conjunto de supostas "sensações" de luz, cinestésicas etc., produtos tardios da consciência científica, nem sempre presentes como elementos ou dados da experiência humana concreta. Por exemplo, a percepção dos caracteres expressivos do nosso desenho não inclui nenhuma apreensão de direção como tal; a própria cor e outras determinações sensíveis estão ausentes dessa percepção. Se atentarmos para a direção como tal ou para os caracteres sensíveis, o caráter expressivo se desvanece. Por sua vez, o matemático que desenha a sua curva, pode ou não apreender as qualidades sensíveis do desenho (cor, comprimento, espessura) e configurar ou não uma "representação objetiva" no sentido de Freud.

Podemos assim compreender que a diversidade de conteúdo e de significação da percepção não resulta de interpretações e elaborações diversas de um mesmo conteúdo sensorial subjacente, já organizado, que permanece constante; ao contrário, ela é a manifestação de formas fundamentalmente diversas e originais de síntese. Essas funções de síntese não atuam exclusivamente sobre o material proveniente dos estímulos externos; elas organizam tanto o mundo interno como o que vem do exterior numa estrutura única, cujo resultado e manifestação se exprime no *conteúdo* da percepção. Todos os elementos expressivos descritos acima são banhados no sentimento, na coloração afetiva e são "vistos" na linha; aquilo que para nós é um desenho, "vale", "é", expressividade, para quem o vê desta forma. É o "sentido" (*sinn*) e o *conteúdo* dessa percepção; percepção, não de uma forma espacial, mas vida, dinâmica, animação, vividas e percebidas "ali", como sendo esse algo, que a nada além remete; neste aspecto, esse algo não tem função "representativa", não "representa" a vida, mas é a própria manifestação direta da vida. Falar aqui em material sensorial e sensações, sobre ser irrelevante, é falso. As sensações intervêm no processo, evidentemente, mas não devem ser confundidas com a apreensão perceptiva que veiculam, com o conteúdo da percepção tal como ela se dá. Elas pertencem ao processo; porém, quando as incluímos, estamos num outro universo de "visão": o da filosofia e da física. Por isto mesmo, supomos erroneamente que elas poderiam estar arranjadas na percepção expressiva segundo a "fotografia" da forma inerente no objeto visto como linha, como desenho; portanto, segundo a forma objetiva de síntese perceptiva da "coisa com seus atributos".

Se nos voltarmos, agora, para a percepção de objetos e formas espaciais, verificamos que ela, por sua vez, repousa sobre a apreensão de relações específicas de "justaposição" e "separação" no espaço, relações que, evidentemente, não são dadas juntamente com as sensações[18]. Quando apreendemos um objeto espacial não temos, tampouco, um conjunto sensível *dado* de antemão, "em si"; ao contrário, os elementos sensíveis são inter-relacionados de imediato, formando uma estrutura unitária que é a síntese perceptiva. Igualmente, não há, aqui, registro sensorial de uma "representação objetiva", anterior à organização formal. Os elementos sensoriais são trabalhados, selecionados entre si mediante cinestesias; formam-se, por assim dizer, sínteses em que elas assumem certas valências: o "aqui", o "ali", na forma representada. Há clivagem, separação e reunião de sensações que determinam a diferenciação no espaço. Funções de síntese integradas, por sua vez, numa forma de organização de toda a subjetividade. Em resumo, a representação objetiva de uma forma espacial é resultado e expressão de um tipo de estruturação do mundo afetivo e das sensações, e não a matéria prima sensorial, de antemão já organizada, sobre a qual os impulsos internos vão atuar. Ela implica um objeto e um sujeito, uma separação entre ambos, um pensar implícito ou explícito de tudo isto que se configura como o conteúdo e a significação desta percepção, deste pensar e deste modo de sentir. Em outras palavras, a percepção de um objeto com sua forma implica um tipo de organização do ego e correlata constituição do espaço e dos objetos.

2.3. A PERCEPÇÃO EXPRESSIVA. IDENTIFICAÇÃO
   PROJETIVA E POSIÇÃO ESQUIZOPARANÓIDE.
   A PERCEPÇÃO DO "TU". A PASSAGEM PARA A
   "FUNÇÃO REPRESENTATIVA"

Analogamente, as raízes do processo perceptivo na criança não são associações de "elementos" sensoriais, mas *caracteres expressivos originais primitivos e imediatos*. A percepção "primitiva" – melhor dita primordial – não tem por conteúdo um agregado de qualidades sensíveis ou um objeto sensível ao qual se associam sentimentos ou impulsos.

Supor, como propunha a psicologia associacionista do século XIX, que estímulos "simples" seriam os primeiros a atrair a atenção da criança e que por meio de cada um deles fosse apreendida uma qualidade objetiva como luz, cor ou obscuridade, quente ou frio, as quais, então, entrariam em outras combinações, afirma Kurt Koffka, em 1921:

---

18. *Op. cit.*, vol. 3, pp. 105-161.

[...] é contrário a toda a experiência. Os estímulos que mais influenciam o comportamento da criança não são aqueles que parecem simples ao psicólogo porque sensações simples correspondem a eles. As primeiras reações diferenciadas ao som respondem à voz humana, portanto, a estímulos altamente complexos (e "sensações"). O bebê não está interessado em simples cores, mas em faces humanas. E, precocemente, já na metade do 1º ano de vida, pode ser verificado na criança o efeito da expressão facial dos pais. Para a teoria do caos, o fenômeno correspondente à face humana é meramente uma confusão das mais divergentes sensações de luz, obscuridade e cor, as quais, ademais, estão em constante fluxo, modificando-se com cada movimento da pessoa em questão ou da própria criança e com a iluminação. E, no entanto, em torno do segundo mês, a criança conhece a face de sua mãe; na metade do 1º ano, ela reage a uma face amistosa ou hostil e de uma forma tão diferenciada que não há dúvida de que o que lhe foi dado fenomenalmente foi o rosto amistoso ou hostil e não qualquer distribuição de claro e escuro. Explicar isto pela experiência, considerar que estes fenômenos surgiram pela combinação de simples sensações ópticas entre si e com conseqüências prazenteiras ou de desprazer, a partir do caos original de sensações, parece impossível. Ficamos com a opinião de que fenômenos tais como "amistosidade" ou "hostilidade" são extremamente primitivos – mais primitivos mesmo que u'a mancha azul, por exemplo[19].

Análogas são as observações e conclusões de W. Köhler (1922), Karl Bühler (1929) e W. Stern (1923), citados por Cassirer.

Vemos, assim, como a investigação psicológica, sobretudo entre 1920 e 1930, ao retomar o problema da percepção, é conduzida a uma profunda e radical reformulação dos pressupostos da psicologia clássica. Esse campo, afirma Cassirer, foi aberto quando a análise psicológica se libertou de uma vez por todas da teoria das "sensações" que a dominou por séculos.

Dissolver o mundo da percepção e da imaginação na reprodução sensorial é, escreve Cassirer, em 1929:

[...] subestimar o papel representado nele não somente pelas funções intelectuais "mais altas", mas também pelo forte substrato instintivo sobre o qual repousa. [...][20]

Em particular, as experiências perceptivas do lactente são experiências expressivas. Elas não se dirigem para o "quê" sensível do objeto, mas apreendem o modo de sua total manifestação, de sua tonalidade expressiva específica – o caráter de prazenteiro ou maléfico, sedutor ou ameaçador, familiar ou sinistro, estranho, fantástico, misterioso, tranqüilizador ou amedrontador – que, como tal, é a essência e o conteúdo do fenômeno. O caráter expressivo não é um apêndice subjetivo acrescentado ao conteúdo objetivo do sensível; ao contrário, é ele o conteúdo essencial da percepção; nem é intrinsecamente subjetivo, uma vez que dá à percepção sua coloração afetiva de realidade origi-

---

19. K. Koffka (1921), in E. Cassirer (1923-1929), *The Philosophy of Symbolic Forms*. New Haven & London, Yale University Press, vol. 3, 1957, p. 64.
20. E. Cassirer (1923-1929), *The Philosophy of Symbolic Forms*, New Haven & London, Yale University Press, vol. 3, 1957, p. 66.

nal e faz dela uma percepção da realidade. O aparecer de "algo" se dá como pura objetivação do impulso momentâneo, numa total fusão "fora-dentro". O ser que deseja, ao mesmo tempo em que se dirige a algo externo, remove uma tensão interna e a transforma em um "objeto", em um conteúdo externo[21]. A expressividade é a unidade e fusão do externo e do interno (noção que corresponde à de identificação projetiva de Melanie Klein), não é apenas o subjetivo projetado para o exterior, nem cópia do exterior; os dois aspectos se determinam, uma vez que a objetivação somente é possível em contato com formas significantes adequadas. A percepção "primitiva" é uma síntese perceptiva primordial, na qual um impulso interior se articula *por meio* da configuração de "algo" externo. Esse "algo" aparece como um conteúdo expressivo; não um conteúdo sensível (luz, som etc.) mais expressividade. A matéria das sensações foi aqui trabalhada e integrada numa totalidade sintética interna, a qual veicula o conteúdo da experiência como *conteúdo do que aparece ali, no algo*. Se quisermos distinguir o interno do externo como momentos abstratos do processo, impõe-se compreender que o "interno" é a matéria sensorial e de impulsos, organizada em estrutura intencional – o impropriamente chamado objeto interno –, *por meio da qual* algo externo adquire existência e aparece como conteúdo de consciência – o objeto puramente expressivo –.Nesse mundo da pura experiência expressiva, o "dado" – o "ameaçador", o "tranqüilizador", o "terrorífico" – não consiste em qualidades emocionais *e* configurações objetivas (formas geométricas, linhas, cores). O que é "dado" é o sentido expressivo e nele se exaure a totalidade do conteúdo do fenômeno percebido.

Como mostra, também, Susanne Langer, o medo vive em puras *gestalten*; de objetos que não têm face nem voz, mãos ou cabeça, emanam advertências ou amistosidade, dignidade ou indiferença, agouro ou terror. Tudo tem expressão para a criança. E, insiste mais, que projetar sentimentos em "objetos" externos é o primeiro modo de simbolizar e, assim, de formar e conceber tais sentimentos.

Podemos compreender, desta maneira, que as experiências do seio para o lactente não têm por conteúdo fenomenal a síntese sensorial "seio" acrescida do sentimento da experiência junto ao seio. É mera abstração a suposição de que possa haver apreensão de uma forma externa "seio", de algum modo reproduzida no inconsciente como parte integrante do mundo interno. O "objeto interno" aqui não é uma transposição de algo externo que inclua a forma como tal, um "aqui", "ali", redondo, ou um luzir colorido, mesmo "em si", isto é implicitamente redondo, ou algo que apareça como qualidade sensível primária ou secundária. Inútil, pois, pretender encontrar na prática analítica aquela unidade sensoperceptiva que chamamos de seio. Se, por outro

---

21. *Op. cit.*, vol. 1, 1953, p. 181.

lado, as interpretações psicanalíticas são formuladas nestes termos, elas apenas designam um contexto afetivo, num léxico privativo, ao qual não correspondem objetos fenomenais acessíveis à consciência do paciente.

Ao analisar as fases iniciais do desenvolvimento da consciência, escreve Cassirer que, interpretar teoricamente o sentido do fenômeno expressivo por meio dos mesmos conceitos segundo os quais o pensamento teórico-causal define a "realidade", é

[...] destruir todas as pontes para o mundo da pura expressão: uma vez que o conteúdo expressivo como tal escondeu-se da nossa vista, porque o plano de visão no qual ele originalmente foi visto foi substituído por outro, nenhum poder de inferência mediadora pode jamais trazê-lo de volta para nós. Não podemos reencontrar o caminho de volta refinando os instrumentos do pensamento teórico; somente podemos encontrá-lo, penetrando mais profundamente na natureza geral do pensamento teórico e aprendendo a compreender a contingência deste assim como seu direito incontestável. E quando compreendemos a direção em que esse pensamento progride, se torna evidente que não podemos reencontrar o mundo expressivo. [...][22]

Devemos a Max Scheler a descoberta desse caminho, já em 1923. Ao examinar uma série de investigações sobre a psicologia da infância, refere, entre outras, as observações de um bebê de 25 dias

[que] [...] desde essa idade, havia manifestado um certo interesse pelos rostos humanos, e isto bem antes de ter reagido às excitações produzidas pelas cores. [...] Deste fato e de outros análogos, tiramos a conclusão que a expressão é a primeira coisa que o homem percebe naquilo que existe fora dele; e que ele somente percebe os fenômenos sensíveis como representativos de expressões psíquicas. [...] Os feixes de sensações, com os quais a psicologia associativa compõe nossa imagem do mundo, são uma pura ficção. [...][23]

E, ainda, ao se referir à "percepção do tu", na relação "Eu-Tu":

É porque nós apreendemos "outrem", não a partir de seus fatos psíquicos isolados, mas sempre e antes de tudo na totalidade de seu caráter psíquico e de sua expressão. [...] É a unidade expressiva do olhar "que me faz ver que tal ou qual indivíduo está disposto" a meu respeito de forma amistosa ou inamistosa; e eu o sei, antes mesmo de ter percebido a cor de seus cabelos ou de sua pele, a forma de seus olhos, etc[24].

Após a descrição de conteúdos de vivências que denominaríamos, hoje, de identificação projetiva e identificação introjetiva (pp. 333-343), Scheler se detém, novamente, na "percepção do tu"; o que nós percebemos, "em primeiro lugar", dos outros homens com os quais vivemos, são

22. *Op. cit.*, vol. 3, p. 85.
23. M. Scheler (1923), *Nature et Formes de la Sympathie*, Paris, Petite Bibliothèque Payot, 1971, pp. 324-325.
24. *Op. cit.*, p. 331.

[...] conjuntos indivisos que nós não separamos desde o início em duas porções, das quais uma seria destinada à percepção "interna", a outra à percepção "externa". Nós podemos, secundariamente, bem nos orientar no sentido da percepção externa ou no da percepção interna. Mas esta unidade individual e corporal que nos é "dada" em *primeiro lugar* representa, antes de tudo, um objeto acessível ao mesmo tempo à percepção externa e à percepção interna. [...][25]

Mas, estes "fenômenos", assim apreendidos,

[...] entram na composição de formações e de estruturas totalmente diferentes, após terem adquirido (no ato da percepção externa) a função de simbolizar o corpo do indivíduo [...] e (na percepção interna) a de simbolizar o *eu* do indivíduo [...].

É assim que, segundo a percepção esteja orientada em uma ou outra destas direções, a mesma seqüência de excitações culmina, seja na percepção do corpo do indivíduo exterior (é um fenômeno que constitui a conseqüência intuitivamente percebida das impressões do mundo ambiente), seja na percepção do *eu* deste indivíduo (isto é, um fenômeno que constitui a conseqüência intuitivamente percebida das expressões do mundo interior). É porque é essencialmente impossível decompor a unidade de um fenômeno de expressão (um sorriso, um "olhar" ameaçador ou acolhedor ou terno) numa multidão de unidades menores e obter, em seguida, por sua recomposição, a mesma percepção que o fenômeno primitivo e total nos havia fornecido. [...][26]

Max Scheler distingue, portanto, a percepção da expressividade, ou seja, da vida interior, daquela outra forma – percepção externa – que permite apreender a coisa, o objeto do mundo físico com seus atributos.

Não é necessário, aqui, insistir nos argumentos que Scheler aduz como provas de sua tese. É, contudo, fundamental acentuar o fato de que, para ele, a diferença entre percepção externa e interna não tem por base uma diferença no material sensorial, mas, como ele nos mostrou acima, uma diferença de formação:

O que acabamos de dizer talvez permita melhor compreender a afirmação segundo a qual seríamos somente capazes de perceber os corpos dos outros e que esta seria uma "verdade em si".

Começa-se por transformar cores, sons, formas etc., em "sensações", quando (de fato) são "qualidades" que acompanham as sensações; em seguida, transforma-se a "percepção", que repousa, não sobre as "percepções", mas sobre estes "conjuntos de qualidades" (sem se compor destas), em "conjuntos de sensações";[...][27]

O que nos é "dado", sempre, em todos os casos

[...] de uma vez e antes de mais nada, a nós, como aos animais e ao homem primitivo, é a estrutura total, a estrutura de conjunto; quanto aos fenômenos sensoriais, eles nos são "dados" na medida em que eles são capazes de simbolizar esses conjuntos, que eles são, por assim dizer, seus representativos[28].

25. *Op. cit.*, p. 355.
26. *Op. cit.*, pp. 356-357.
27. *Op. cit.*, p. 357.
28. *Op. cit.*, p. 358.

Estabelecidos estes pontos essenciais para a compreensão da diversidade dos atos constitutivos da percepção, cabe, agora, examinar um outro aspecto. Trata-se do problema e conceito de *função representativa*. Utilizo-me deste termo, no presente contexto, não, apenas, na acepção de *Vorstellung* (posição, colocação de um conteúdo para a consciência ou, literalmente, "colocação na frente"), mas na acepção da *significação* que o conteúdo de representação assume ou veicula (Cassirer)[29]. Exemplifiquemos. Reportemo-nos à experiência perceptiva, acima descrita, da visão da linha. A experiência perceptiva puramente expressiva da linha se dá como uma pura objetivação do impulso momentâneo, numa total fusão "fora-dentro". É o que a reflexão, agora feita sobre a experiência anterior, permite supor. Já vimos, porém, que, na sua vigência, não há distinção de sujeito e objeto, não há consciência de direção ou de qualidades sensíveis. A qualidade expressiva preenche a totalidade da consciência; vale dizer, ela não está associada a outros conteúdos de experiência que possam ser significados, ou seja, representados, naquele conteúdo. O fenômeno, tal como aparece, não tem o caráter de *representação*, por meio da qual outros níveis e planos da realidade se atualizam e aparecem para a consciência. Ao contrário, o que é dado é *presença* autêntica, caracterizada pelo valor expressivo inerente na aparição. Força e aparição estão fundidos. Trata-se da aparição de uma realidade mágica; o que se percebe não *representa* outras províncias da realidade, mas é *presença* atuante.

O que denominamos de identificação projetiva pura está situado neste nível de organização da consciência. Este conceito, que Melanie Klein desenvolveu posteriormente, bem como o de posição esquizoparanóide, encontram, aqui, na análise de Cassirer, entre 1925 e 1929, sua primeira configuração conceitual e descritiva[30].

Uma vez que, como vimos, no plano da pura expressividade não há conexão com outras experiências, a vivência é pura presença, sem remeter a outros conteúdos. Conquanto tenhamos objeções para o componente paranóide do termo esquizoparanóide, utilizado no sentido persecutório – uma vez que o mundo das experiências expressivas de

---

29. E. Cassirer (1923-1929), *The Philosophy of Symbolic Forms*, New Haven & London, Yale University Press, vol. 1, 1953, pp. 85-105; vol. 3, 1957, pp. 1-41 e 107-170.

30. A década entre 1920 e 1930 foi, na Alemanha, um período de grande efervescência nas disciplinas psicológicas. Scheler, Koffka, Köhler, Klages, entre outros, aduziram contribuições decisivas para a psicologia da percepção e para a compreensão dos estádios do desenvolvimento da consciência. A obra magna de Cassirer – *The Philosophy of Symbolic Forms* (1923-1929) –, além de sintetizar e aprofundar os estudos nessa direção, abriu novas dimensões para o entendimento das *formas* de consciência.

São evidentes, na obra de Melanie Klein, os reflexos diretos dessas concepções. Segundo penso, o ambiente cultural de Berlim, onde viveu, impregnado dessas idéias, propiciou-lhe a oportunidade para receber aquelas influências renovadoras.

identificação projetiva exibe um sem número de outras vivências além das persecutórias –, cabe, no entanto, destacar o sentido do "esquizóide", isto é, da separação e isolamento dos conteúdos de experiência. Por outras palavras, não há, nos estádios iniciais do desenvolvimento psíquico, estabelecimento de conexões entre experiências; tais, que uma possa representar outra. Não cabe, nas dimensões deste trabalho, nem é seu objetivo, examinar as condições que preparam o advento de nova etapa, fundamentalmente diversa, de organização da consciência: a passagem para a *representação*. Importa, isto sim, penetrar a diferença fenomenológica entre a forma de *consciência puramente expressiva* e a *consciência representativa*. Somos levados a crer que as experiências mais precoces da criança consistem numa sucessão e multiplicidade de impressões expressivas; momentâneas e evanescentes, cada uma preenche a totalidade da consciência, cativa e aprisionada pelos fenômenos expressivos que a assaltam de modo súbito e irresistível. Esses fenômenos, de resto, não seguem qualquer ordem. Sem transição qualquer, a impressão do familiar, do agradável ou do protetor, pode se transformar no seu oposto, no terrível ou ameaçador. Já no segundo mês de vida, porém, as observações sugerem que as experiências expressivas, embora ainda totalmente diferentes entre si e rapidamente mutáveis, como que gradualmente se condensam em figuras separadas que revelam certa permanência. Os fenômenos expressivos preservam sua força primordial, mas se fundem. Indício nítido da fusão e permanência é, por exemplo, a reação do reconhecimento do rosto da mãe. E o que se inicia nesta direção é completado pela linguagem, cujos esboços já se delineiam mais adiante.

É a linguagem que abre a possibilidade de *encontrar novamente* e de reconhecer fenômenos totalmente diferentes e distantes entre si no espaço e no tempo. Da totalidade do fenômeno vivido são destacados certos elementos, os quais, ao mesmo tempo, servem de características que são tomadas como *representativas* do todo, que, assim, pode ser novamente reconhecido.

Somente quando um fenômeno é, por assim dizer, comprimido em um de seus fatores, concentrado num *representante,* somente então ele é resgatado do fluxo temporal. O que era arrastado na constante mudança, o que aparecia confinado a um momento singular, adquire permanência. E somente então, é possível reencontrar, no aqui e agora da experiência presente, o não aqui e não agora. Entramos no mundo do *signo*, do símbolo, através do qual os conteúdos da consciência são interrompidos e mantidos.

A consciência começa a opor sua própria atividade para deter aquilo que passa em fluxo ininterrupto. À mera *presença* se substitui a *representação*. O surgimento e progressiva constância do mundo perceptivo e dos objetos deita suas raízes neste ato fundamental de *encontrar de novo* em que consiste a *função representativa*. É, portanto, uma função comum que torna possível a linguagem e a articulação do mundo perceptivo. Porém, ao mesmo tempo que o simbolismo lingüístico emergente permite diferenciar e organizar a observação e a percepção, as quais se tornam mais "objetivas", ele inaugura uma nova etapa no desenvolvimento espiritual, afetivo e intelectual. Um mundo de significados suplanta a urgência dos meros impulsos, necessidades e correlatos "objetos" evanescentes do momento vivido. As observações sobre este momento de desenvolvimento mostram que quando a *função de representação* se cristaliza, quando, em vez de ser aprisionado por um conteúdo momentâneo, o ser humano apreende este conteúdo como *representante* de outro, ele ingressa em um novo nível de consciência. Veja-se, por exemplo, o famoso relato da cega e surda Helen Keller[31] sobre a sua experiência do nascimento da linguagem. É necessário, ademais, destacar um outro aspecto de importância central. A comunidade de vida mental, que, até então, a criança experimentara com a mãe, se amplia, conduzindo a uma nova visão das relações humanas, com a própria mãe e com as pessoas que a rodeiam. O mundo *comum*, que anteriormente permeara a vida mental do bebê unicamente através da externalização e internalização das experiências emocionais vividas quase que exclusivamente com a figura materna, num processo permanente de metabolização e reincorporação (identificação projetiva e introjetiva), como que se distancia e, por isso mesmo, se amplia extraordinariamente pelo acesso a uma nova forma de apreensão do mundo emocional, das pessoas e dos objetos. Presença e ausência são vividas num novo plano, o da *representação* perceptiva e imaginária; à submissão passiva e ao aprisionamento nas tensões do momento, se substitui a possibilidade de criação ativa – na representação imaginária e no reconhecimento perceptivo – e de preenchimento da ausência por uma presença ausente. Inicia-se o processo que conduz à distinção entre o eu e o mundo, processo que, com profunda agudeza, Melanie Klein caracterizou como o da posição depressiva.

Em vez de interrogar-se sobre os processos pelos quais a psique se torna psique, escreve Cassirer, referindo-se aos empiristas, deve-se

[...] seguir a percepção de volta até o ponto em que ela é, não percepção de coisas, mas é puramente expressiva e onde, de acordo com isto, é interior e exterior em um. Se problema existe aqui, ele diz respeito não à internalização, mas à ininterrupta externalização, por meio da qual os caracteres expressivos originais se transformam, gradualmente, em características objetivas e determinações e atributos de coisas. Esta externalização se amplia à medida que ela se move para o mundo da representação e, finalmente, de puro significado. [...][32]

31. H. Keller (1902), *The Story of My Life*, Garden City, Doubleday, Doran & Co., 1936, pp. 23-24.
32. E. Cassirer (1923-1929), *The Philosophy of Symbolic Forms*, New Haven & London, Yale University Press, vol. 3, 1957, p. 84.

Contudo, deve-se ter em mente que, embora a linguagem progrida no sentido da representação e da significação, jamais ela abandona sua profunda conexão com as experiências expressivas primárias. Nas etapas iniciais, sobretudo, isto se revela na igualdade entre conteúdo do "signo" e conteúdo da "coisa" (equação simbólica). Mesmo depois, porém, o simbolismo lingüístico permanecerá sempre entremeado com caracteres expressivos, os quais se mostram presentes mesmo nas realizações intelectuais supremas.

Não é aqui o lugar de analisar o sentido expressivo inerente em formas onde a significação assume preeminência. Remeto o leitor à obra de Susanne Langer, já citada anteriormente, particularmente *Feeling and Form*, para sua descrição mais detida. Cabe, no entanto, ressaltar que as formas expressivas como que se refletem no edifício da linguagem. Nela se pode observar como toda percepção de um objeto surge, inicialmente, a partir da apreensão e diferenciação de certos caracteres fisionômicos, expressivos.

A designação de certos movimentos, por exemplo, refere Cassirer, mostra a presença desses fatores:

[...] em vez de descrever a forma do movimento como tal, como a forma de um processo objetivo espacial e temporal, a linguagem nomeia e fixa a condição expressa pelo movimento.

E cita Klages, que, entre os psicólogos modernos, melhor descreveu essas relações, abrindo o acesso à sua compreensão teórica:

"Rápido", "lento" e se necessário, mesmo "abrupto", podem ser entendidos em termos de pura matemática; mas "violento", "apressado", "contido", "circunspecto", "exagerado", são, igualmente, nomes para condições de vida como para espécies de movimento e, na realidade, descrevem-nas indicando seus *caracteres*. Quem deseja caracterizar formas de movimento e formas espaciais se vê inesperadamente enredado numa caracterização de atributos psíquicos, porque formas e movimentos foram experimentados como fenômenos psíquicos antes de terem sido julgados, pelo entendimento, do ponto de vista de objetividade, e porque a linguagem somente pode exprimir conceitos objetivos através da mediação da experiência de impressões [expressivas][33].

À medida que o ser humano avança para a objetividade, o extrato das experiências expressivas vai se modificando e se transformando; mas ele não é abolido, porque, se o fosse, o fenômeno fundamental da percepção da "vida" e da vitalidade desapareceriam com ele. Certas formações fonéticas, rítmicas, sonoras e melódicas revelam a íntima fusão da significação designativa e da função puramente representativa da linguagem com os aspectos expressivos. E são estes aspectos que dão aos atos de linguagem a qualidade específica pela qual se

---

33. L. Klages (1923), in E. Cassirer (1923-1929), *op. cit.*, vol. 3, p. 80.

manifesta a "presença" e o valor emocional, o sentido afetivo do mundo natural e humano.

Mas, seguindo, ao mesmo tempo, outra vertente, aquela em que o ser humano progride em direção à função representativa e, por fim, puramente lógica, o mundo como que se distancia, para, afinal, se constituir, ao termo desse processo, num universo de coisas naturais e de leis. O que implica uma progressiva *desanimação*, um confinamento e restrição dos valores expressivos, os quais, não obstante, perduram e permeiam o mundo, emprestando-lhe o caráter de "sentido" (*sinn*) que ele assume para o homem, em meio e ao lado dos atos teóricos de significação e designação. Sentido é tomado na acepção de Lyotard que distingue: sentido (*sinn*), significação (*deutung*) e referência ou designação (*bedeutung*)[34].

2.4. O SENTIMENTO

Na Metapsicologia de 1915[35], a teoria de Freud sobre o afeto era a de James Lange, tal como fora formulada em 1885: processos de "descarga", acessíveis à consciência como afeto. Mesmo mais tarde, na 25ª das "Introductory Lectures on Psycho-Analysis"[36], Freud, ao criticar as limitações daquela concepção e incluir naqueles processos um núcleo central que resulta de vivências no curso de certas relações com os objetos, perdura a idéia do sentimento como experiência interior, arraigada, de resto, em todos os meios psicanalíticos.

Husserl aclimata nos países germânicos noção totalmente diversa. A emoção e o sentimento não consistem em consciência de experiências internas associadas a representações. Ao contrário, eles são uma forma de consciência, um modo específico de transcendência, isto é, um modo específico de apreensão dos objetos.

Da mesma forma, quando Ernst Cassirer, em 1929, aprofunda a reflexão crítica sobre as formas primitivas de consciência e de percepção, suas investigações o levam a conceber a emoção e o sentimento como modalidade de consciência, como percepção de qualidades expressivas, fator básico da consciência perceptiva. Não se trata, porém, de percepção decorrente de projeção de conteúdos emocionais pré-existentes. Ao contrário, o conteúdo emocional, o valor expressivo, se constitui e se cristaliza no momento do encontro de um objeto externo com um impulso interno que se projeta para o exterior[37].

---

34. J. F. Lyotard (1978), *Discours, Figure*, Paris, Éditions Klincksieck.
35. S. Freud (1915), "The Unconscious". *S. E.* XIV.
36. S. Freud (1916-1917), "Introductory Lectures on Psycho-Analysis". *S. E.* XV-XVI.
37. E. Cassirer (1923-1929), *The Philosophy of Symbolic Forms*, New Haven & London, Yale University Press, vol. 3, 1957, pp. 58-91.

Também Sartre, no seu estudo sobre a vida imaginária, observa, a respeito da afetividade:

> Não existem, com efeito, *estados* afetivos, isto é, conteúdos inertes que seriam conduzidos pela corrente da consciência e se fixariam, por vezes, ao azar das contigüidades, sobre representações. A reflexão nos fornece *consciências afetivas*. [...] Numa palavra, os sentimentos têm intencionalidades especiais, eles representam uma maneira – entre outras – de se *transcender*.[...][38]

Particularmente esclarecedoras são as observações que, a seguir, transcrevo:

> [...] Tomar consciência de Paulo como odioso, irritante, simpático, inquietante, atraente, repelente, etc. é conferir-lhe uma qualidade nova, constituí-lo segundo uma nova dimensão. Em um sentido estas qualidades não são propriedades do objeto, e, no fundo, o termo mesmo de "qualidade" é impróprio. Seria melhor dizer que elas fazem o sentido do objeto, que elas são sua *estrutura* afetiva: elas se estendem inteiras sobre o objeto todo; quando elas desaparecem – como nos casos de despersonalização – as coisas não têm o ar de terem sido tocadas e, no entanto, o mundo se empobrece singularmente. Num sentido, o sentimento se dá, pois, como uma espécie de conhecimento. Se eu amo as longas mãos brancas e finas de certa pessoa, este amor, que se dirige sobre estas mãos, pode ser considerado como uma das maneiras que elas têm de aparecer para a minha consciência. É bem um sentimento que visa sua *fineza,* sua *brancura*, a vivacidade de seus movimentos: que significaria um amor que não fosse amor *destas* qualidades? É pois, uma certa maneira de me aparecer que têm fineza, brancura e vivacidade. Mas não é um conhecimento intelectual. Amar mãos finas, é uma certa maneira, poder-se-ia dizer, de *amar finas* estas mãos. Além disto, o amor não intenciona a fineza dos dedos que é uma qualidade representativa: ele projeta sobre o objeto uma certa tonalidade que se poderia denominar o sentido afetivo desta finura, desta brancura. [...][39]

Sartre descreve, pois, qualidades afetivas do objeto que correspondem precisamente àquelas que Cassirer denomina de expressivas.

Já Melanie Klein havia desenvolvido a noção de que não há impulso sem representação de objeto. Ela e os seus colaboradores nos transmitem a riqueza de modulação afetiva expressa no conteúdo dos objetos. É este aspecto fundamental da afetividade que importa caracterizar. É preciso não cometer o erro intelectualista e crer que o objeto aparece aqui como uma representação intelectiva. O sentimento visa um objeto, mas ele o visa à sua maneira, que é afetiva. Ter ódio do objeto é constituí-lo segundo uma dimensão peculiar; o sentimento confere ao objeto um sentido e uma atmosfera *sui generis*. O "cavalo" da fobia do pequeno Hans não é um cavalo, espécie do mundo animal. Ele é aqui algo fantástico, uma forma que emerge com tonalidades expressivas peculiares; numa palavra, esta *representação* tem uma es-

---

38. J.-P. Sartre (1940), *L'Imaginaire*, Paris, Éditions Gallimard, p. 93.
39. *Op. cit.*, p. 94.

trutura afetiva particular, é uma síntese viva de afeto e representação, não uma associação.

O sentimento é, pois, uma concepção; da sua estrutura participam elementos expressivos primordiais e básicos que perfundem os planos representativos. Aqueles mesmos "sentidos" expressivos que, por primeiro, se constituíram como conteúdos de vivência dos estádios iniciais de organização e abertura da consciência para a alteridade, estão, também, integrados nas formas mais complexas da vida do sentimento. Por tal motivo, a concepção emocional contém, na textura dos seus extratos mais profundos, componentes de identificação afetiva (identificação projetiva e introjetiva).

É importante ressaltar a função das experiências expressivas recíprocas na relação mãe-bebê. Ancoradas nos planos mais profundos da vida psíquica, servindo para recepção e comunicação de estados emocionais primordiais da existência, as percepções e as reações expressivas da mãe constituem o instrumento afetivo para elaboração e transformação das vivências do bebê. Sensibilidade às reações expressivas da criança, receptividade, expressa na musicalidade da voz, na forma do gesto e na expressão do rosto, tudo isto intervém no processo que, com variados nomes – *holding*, *rêverie*, contenção –, dá condições ao bebê para a reincorporação de experiências expressivas metabolizadas – foi o termo de que já me utilizei acima – pela mãe.

Além disto, pelo fato de a função expressiva ser o núcleo afetivo das relações humanas, desempenha papel central na integração, desenvolvimento e maturação psíquicos. Veremos, mais adiante, seus reflexos no contexto da sessão psicanalítica.

2.5. FORMAS SIMBÓLICAS DISCURSIVAS E NÃO-DISCURSIVAS. SIGNIFICAÇÃO E SENTIDO. REPRESENTAÇÃO E PRESENÇA

A emergência das funções representativas, na acepção acima descrita, conduz a formas superiores de consciência, correspondentes ao domínio e à produção das formas simbólicas discursivas e não discursivas[40].

A construção dos símbolos discursivos é correlata de formas de representação mediadas pelas funções lógico-gramaticais da linguagem; um conteúdo discursivo implica um saber, ou seja, veicula uma significação, estruturada e organizada através de análises e sínteses intelectuais realizadas por meio da ordenação de pertinência ou exclusão de noções. Os símbolos discursivos remetem, em conseqüência, a

---

40. S. K. Langer (1942), *Philosophy in a New Key*, New York, The New American Library of World Literature, Mentor Books, 1952.

outros objetos não presentes, porém *significados,* isto é, *simbolicamente representados*. A mesa que percebo diante de mim ou sobre a qual penso, representa, ou seja, significa inúmeros outros conteúdos, não presentes como tais, porém implícitos e correlatos no horizonte da representação: função, matéria, técnica, madeira, bosque, etc. Todos estes conteúdos podem ser atualizados por atos de linguagem discursiva. Aqui, conteúdo do signo e conteúdo da significação estão separados; um conteúdo de representação simbólica discursiva referese aos objetos, não os possui (Lyotard)[41]. Os objetos referidos permanecem, por isso, a distância. As formas simbólicas discursivas constituem-se, assim, nos instrumentos intelectuais mediadores da concepção do mundo natural e da ciência.

As formas simbólicas não discursivas, a seu turno, embora com funções representativas, nutrem-se de componentes expressivos que as impregnam intensamente. Nelas, por tal motivo, não há absoluta separação entre conteúdo de signo e conteúdo de significação. Por isso, também, segundo expressão de Susanne Langer, os símbolos não discursivos são *presentificadores* da textura emocional do mundo, *eles apresentam o sentido*[42]; neles, objetos e seres desvelam seus aspectos afetivos e emocionais, se mostram como que animados e com reverberações expressivas.

O universo das formas simbólicas não discursivas se revela, assim, como expressão da condição emocional da existência humana. Estamos, aqui, no domínio das produções culturais e éticas do mito e da religião, no mundo da arte, do sonho e da neurose, da psicose e dos mitos individuais.

Consideremos o sonho. Seu conteúdo manifesto, nos ensina Freud, é a fachada, é o que aparece diretamente à consciência onírica no estado de sono; conteúdo latente é o pensamento do sonho, é aquilo que efetivamente o sonho significa, suas idéias latentes, evidenciáveis após o processo de interpretação. Este conteúdo latente, plenamente inteligível obedece às regras do discurso de vigília:

> O conteúdo manifesto se nos apresenta como uma versão das idéias latentes a uma distinta forma expressiva, cujos signos e regras de construção temos de aprender pela comparação do original com a tradução[43].

O *significado* verdadeiro do sonho de Alexandre ao sitiar Tiro seria, assim, "Tiro é tua". Mais. O sonho deforma e distorce o significado real. No entanto, devemos distinguir dois planos: um plano é o da *significação,* outro, o do *sentido*. O sentido (*sinn*) do sonho é vivido

---

41. J. F. Lyotard (1978), *Discours, Figure*, Paris, Éditions Klincksieck, pp. 10-23.
42. S. K. Langer (1942), *Philosophy in a New Key*, New York, The New American Library of World Literature, Mentor Books, 1952.
43. S. Freud (1900), "The Interpretation of Dreams". *S. E.* IV-V, p. 277.

na visão do sátiro bailando no escudo, expressão viva da orgia satírica do soldado, símbolo *presentificador* do gozo do vencedor na cidade conquistada. Freud o diz em outras palavras, quando nos ensina que o sonho consiste numa realização do desejo. De resto, o desejo de conquistar a cidade é plenamente consciente como pensamento de vigília. A hipótese de Freud é que o trabalho do sonho, o processo primário, atua sobre um conteúdo pré-formado de pensamento. Não partilho dessa opinião.

Retomemos o esquecimento do nome Signorelli[44]. Freud relembra os nomes Botticelli e Boltraffio. Apesar dos seus esforços, não lhe acode o nome buscado. Na rede de significações construídas neste estado de consciência, surgem: Orvieto, quatro grandes afrescos pintados, os nomes Botticelli e Boltraffio; não, porém, o nome do autor dos afrescos. A interpretação posterior, o estabelecimento das conexões com o episódio da morte, da qual tomou conhecimento em Trafoi, os turcos da Bósnia-Herzegovina, a morte e a sexualidade, tudo isto conduziu à elaboração da *significação* que devemos ao gênio de Freud.

Mas o contexto "intenção dirigida para um objeto não atingido, sentimento de vazio de consciência, Botticelli, Boltraffio", assume, em si próprio, um *sentido:* é o *símbolo presentificador* de uma vivência de ausência, da dissolução dos elos de uma consciência que, em vão, busca reinstaurar sua unidade por meio de Botticelli e Boltraffio, reduzidos à condição de meros substitutos da síntese buscada.

Perguntas: há, aqui, repressão com permanência da "representação" inconsciente do nome Signorelli, no momento do esquecimento? Incidem, de fato, fragmentação e deslocamento sobre uma totalidade que perdura "representada"?

Parece-me válida outra hipótese. No episódio da viagem pela Bósnia-Herzegovina, Freud quer se desviar de tudo que possa evocar morte e sexualidade. Contudo, a referência à resignação dos turcos diante da morte, a lembrança – não expressa por Freud ao seu companheiro de viagem – sobre o desespero deles por motivo de fracasso sexual, produzem uma transformação da consciência. Essa consciência *é*, agora, um sentimento muito particular. Cativa e presa do sentimento *da* sexualidade e *da* morte, essa consciência se volta *para* a busca de um nome. Mas essa consciência *é* um *sentimento* que se dá, inicialmente, como um vazio, uma ausência, uma busca de um objeto perdido que não aparece; essa consciência cativa "ouve" apenas *Bo, Her* e depois *Elli, Traffio*. Estes sons, verdadeiras ruínas dos objetos perdidos, são integrados numa síntese nova, mentada como Orvieto, etc., que, no entanto, "aparece" como inadequada. Nem na consciência, nem fora dela, no Inconsciente, está, agora "representado" o nome Signorelli. O *sentido* da morte e da sexualidade, *como sentimento*, isto

---

44. S. Freud (1901), "The Psychopathology of Everyday Life". *S.E.* VI.

é, como forma de consciência, está *presentificado* e expresso na criação simbólica dessa consciência não discursiva.

O outro nível, o da *significação*, o qual permite recuperar a trama da constituição do sentido, subentende outra forma de organização da consciência: a discursiva. Ao nível do *sentido*, porém, corresponde uma estrutura de consciência que se abre aos valores expressivos, aos sentimentos, aos aspectos emocionais dos objetos e, por isso, particularmente sensível a rimas, ecos, aliterações, ou seja, a valores sonoros, justamente os instrumentos para a constituição da expressão do sentido. Diversamente, a constituição da significação é correlata de uma formação de consciência que pode percorrer, livremente, inúmeros planos diferentes de análise e síntese, em várias direções, com amplas possibilidades para a utilização de recursos, agora disponíveis, para a discursividade; ou seja, a discursividade subentende o livre percurso por uma rede de pensamentos em cujos elos está situado o nome Signorelli.

Retornemos à fobia do pequeno Hans. Seu conteúdo imaginativo peculiar é a forma objetiva que permitiu articular numa totalidade sintética os impulsos múltiplos e contraditórios, cujo sentido captamos. Mas tal sentido não está reproduzido nem "representado" em "imagens reprimidas" dos objetos reais. A realidade da situação vivencial de Hans, tal como nós a compreendemos *após* o processo de interpretação psicanalítica, é uma *significação,* não um conjunto de representações inconscientes. Além disso, essa significação corresponde a um novo nível de abstração. Porque, como sentido emocional no plano dos impulsos e vivências reais do menino, ela se constitui diretamente em nível da percepção e da imaginação, *por meio* da construção fóbica – "continente" adequado, "forma significante" (Susanne Langer) compatível –, objetivação simbólica do mundo interno em suas relações com o externo. Não se trata, portanto, de um conteúdo mental que se substitui a outro, reprimido, mas da presença de uma totalidade vivencial objetivada na fobia. A expressão contém a totalidade do sentido do exprimido. As estruturas internas se cristalizam e se fixam por meio do conteúdo fóbico, o qual dá forma à experiência. Justamente pelo fato de que essa experiência é vivida, ela não pode assumir a forma de objetivação que é expressa na representação literal das contradições nela contidas. Como forma de experiência emocional, ela se organiza, necessariamente, através de um modo peculiar de síntese e configuração originária do próprio mundo perceptivo – um símbolo não discursivo –, o qual contém, diretamente, em seu bojo, um horizonte correlato de sentidos ambíguos, prescrições e rituais inerentes ao nível mítico em que se desenrola.

A representação inconsciente, no caso de Hans, no sentido em que Freud a concebia, supõe uma síntese prévia desta. No entanto, é mister compreender que ela somente poderia vir a se configurar, nesse nível de abstração, pelo estabelecimento de novas correlações, de elos de significação, numa nova estrutura mediadora de construção de significações, cujo resultado viria a ser, exatamente, aquela representação supostamente existente desde o início.

Podemos estabelecer a seguinte hipótese: os impulsos solicitados se projetam numa estrutura de direções intencionais no espaço interpessoal; ela se atualiza num encontro por meio da configuração de conteúdos imaginativos e perceptivos: a textura e funções dos objetos assim constituídos exprimem o sentido, a concepção emocional da situação; "algo" (impulsos, pais) torna-se objeto (cavalo). Os processos de concepção e os impulsos atuam como forças estruturadas e estruturantes no campo de organização dos objetos; eles estabelecem sínteses e análises não sobre uma forma já definida (a presumida "representação objetiva" inconsciente), mas na delimitação de objetos configurados segundo equivalência emocional. Desta maneira, também, as oposições e ambigüidades se articulam em sínteses de caráter expressivo.

No meu entender, a fobia do pequeno Hans tem por função *constituir* um determinado nível de conflito e não mascará-lo. Impulsos e sentimentos, aqui, adquirem consistência e forma definida *mediante* a criação de uma concepção, de um conteúdo de pensamento. A realidade – para nós – do significado da fobia, se faz realidade para Hans, por meio desta concepção fóbica.

No esquecimento do nome Signorelli, ao contrário, ocorre um processo de dessimbolização e transformação simbólica de setores restritos de uma rede simbólica discursiva que, não obstante, pode ser restabelecida porque ela já se havia constituído anteriormente e estava integrada no acervo da experiência pessoal.

É provável, assim, que certas formações – não o próprio pensamento já constituído ou representantes sensoriais de percepções relativas a ele – que servem de fundamento para a construção do pensamento de significação – neste caso modelados e formados na direção e ordem discursivas – sejam, também, aquelas que as emoções manipulam, produzindo a expressão inerente ao estado de consciência onírica, da fobia ou do esquecimento. Em outras palavras, certo substrato de impressões produz, de um lado, o pensamento discursivo, ao passo que se corporífica, de outro – no sonho, na fobia e no esquecimento –, nos emblemas plásticos que veiculam e *presentificam* o sentimento. As condensações e deslocamentos não atuam sobre um pensamento pré-formado, mas sobre um extrato primordial do qual emergem, de um lado, *uma significação* e um objeto em relação ao qual o Ego guarda certa distância, de outro, um *sentido* e um objeto puramente expressivo, um ícone, encarnado como símbolo de presença.

Retornaremos, ainda, ao Signorelli, mais adiante.

Aproximamo-nos, desta maneira, de problemas comuns à teoria psicanalítica e à reflexão sobre a arte.

Quando o pintor vê os objetos, o que ele apreende e, sobretudo, o que ele imagina e realiza como expressão na forma criada, são linhas, cores, superfícies. Isto decorre da própria forma de percepção e de construção das imagens na produção do objeto artístico. O artista, ao olhar a natureza e o homem, vê um mundo inexaurível de tensões e ritmos, seqüências e oposições, contrastes e harmonias, que podem ser expressos em linhas e cores, em volumes e superfícies, em estruturas sonoras e em movimentos – na pintura e no desenho, na escultura e na arquitetura, na poesia e no teatro, na música e na dança –. O artista vê e percebe "as formas internas" do sentimento e lhes dá expressão, tornando-as perceptíveis para nós, nas "formas externas" da poesia, da pintura, da escultura, da música[45]. O artista é aquele que "sabe" ver a vida do sentimento, o modo como ele surge e se desenvolve, como ele cresce e declina, como ele exibe tensões e oposições; e ele cria uma *imagem* destes acontecimentos na forma artística que ele constrói. Vale dizer, o dinamismo e o ritmo das formas criadas são *como* a dinâmica e o ritmo, a ascensão e a queda inerentes no sentimento[46].

Assim, pois, o artista não vê os seres segundo as formas "objetivas" da senso-percepção comum, "realista", ingênua. A percepção artística é produto de um tipo específico de organização do campo sensível; ele é o resultado de uma abstração sensível que dá realce a qualidades expressivas; elas são, também, objetivas, mas diferentes daquelas que estruturam a apreensão perceptiva comum. A imagem que ele produz nessa visão e que ele aplica aos objetos dá destaque a esses aspectos expressivos específicos; por meio dela, ele dá forma e permanência a impressões de tensões e de ritmos. O mero sentimento, puramente vivido, como que desaparece quando a experiência do momento se extingue; somente uma imagem é capaz de mantê-lo para a contemplação, somente um símbolo é capaz de articular e exprimir a sua forma. Esse símbolo

[...] apresenta uma forma que é sutilmente mas inteiramente congruente com formas de mentalidade e experiência vital que imediatamente reconhecemos intuitivamente como algo muito parecido com sentimento; e essa semelhança abstrata ao sentimento nos ensina, sem esforço ou consciência explícita, o que é o sentimento[47].

[...] A arte é a objetivação do sentimento e a subjetivação da natureza[48].

---

45. S. K. Langer (1967-1972-1982), *Mind: an Essay on Human Feeling*, Baltimore & London, The John Hopkins Press, vol. 1, p. 87.
46. *Op. cit.*, p. 64.
47. *Op. cit.*, p. 67.
48. *Op. cit.*, p. 87.

Todo processo de conhecimento se inicia com a produção e imposição de imagens para a formulação da experiência vivida. Philipe Fauré-Fremiet (em 1940) e Henri Wallon (em 1942), citados por Susanne Langer, denominam esse processo de "realização"[49]. Assim, também, o artista. Ao tentar resolver o problema da expressão, ele busca dar "vida" ao objeto criado; ele julga e vê o que é expressivo e o que é inexpressivo, e o saberá quando conseguir dar forma à experiência. A linguagem discursiva e a percepção comum são, aí, totalmente irrelevantes e, até, perturbadoras; a expressão artística é essencialmente não discursiva. O discurso verbal e os cânones da percepção comum são particularmente inadequados para a simbolização da experiência de vida e da experiência emocional[50]. Como veremos, isso tem relação direta com a relação intersubjetiva muito peculiar ao processo psicanalítico.

Consideremos, agora, o objeto de arte em relação aos problemas propostos neste trabalho. Tomemos, por referência, o estudo de Freud do *Moisés* de Michelangelo. Propõe-se ele a compreender porque certas obras de arte lhe produzem impressões tão intensas. Independentemente das características *formais do objeto artístico*, diz ele, *que são aquelas que mobilizam o sentimento estético* (grifo meu), há um extrato de significação mais profundo que pode ser compreendido. Sem isto, segundo afirma, "[...] não posso saber porque experimentei impressão tão poderosa."[51]

E, ainda:

[...] onde não consigo alcançar tal compreensão, como, por exemplo, na música, sou quase incapaz de prazer algum[52].

Freud faz magnífica análise do *Moisés*, desvelando com agudeza a síntese das tensões e impulsos expressos na dimensão puramente sensível da escultura. Ele transpõe, portanto, ao nível do discurso de significação, um sentido expressivo, único na sua concretude sensível, plenamente apreendido como tal por via não verbal. Como símbolo não discursivo, a obra articula uma concepção emocional de uma poderosa experiência subjetiva, de um mundo de sentimentos e impulsos, de ritmos e tensões, porque ela própria é a imagem, o símbolo *presentificador* dessa experiência subjetiva.

De fato, escreve Freud:

[...] o que nos atinge de forma tão poderosa somente pode ser a *intenção* do artista, à medida que ele conseguiu expressá-la em sua obra e torná-la acessível ao nosso entendimento. Eu percebo que isto não pode ser meramente matéria de compre-

---

49. *Op. cit.*, p. 63.
50. *Op. cit.*, pp. 65-80.
51. S. Freud (1914), "The *Moses* of Michelangelo", *S. E.* XIII, p. 212.
52. S. Freud (1914), *op. cit.*, p. 211.

ensão intelectual; o que ele visa é despertar em nós a mesma atitude emocional, a mesma constelação que produziu nele o ímpeto de criar[53].

Mas, diz ele, ainda, a obra pode ser "interpretada", a intenção do artista pode ser comunicada e compreendida em "palavras".

Eu me atrevo a pensar, mesmo, que o efeito da obra não se reduz depois que conseguimos analisá-la desta maneira[54].

Mas, há aqui, um problema. Freud nos fala de uma "forma" do objeto e de uma "intenção" do artista, realizada e expressa na "forma" artística. Não basta, pois, a intenção. É imprescindível compreender que a intenção somente quando *expressa em forma específica* é que produz o objeto de arte. E que esta forma artística não é homogênea e assimilável à forma da articulação do discurso que *interpreta* a forma artística. Eu posso, sem dúvida, aprender, por via da palavra, "o que é expressivo", eu posso guiar a minha sensibilidade por esta via discursiva e descobrir valores estéticos. Mas, para fruir destes valores, é indispensável que a minha sensibilidade possa apreender ritmos e organizações do espaço que a ordem do discurso apenas designa e indica; é necessária, portanto, a percepção da forma artística *como tal*, a qual é diversa daquela que a linguagem, articulada discursivamente, constrói. Igualmente, não basta ao artista a intenção; o ato criativo consiste numa forma muito específica de perceber e imaginar – espontânea e plenamente consciente – certas relações espaciais; estas relações e os "objetos" assim vistos são diferentes daqueles que aparecem na visão, também espontânea, da senso-percepção comum, ingênua. A articulação das formas percebidas é totalmente distinta num e noutro caso.

Quando se fala, portanto, em "intenção", é necessário distinguir a intenção como uma totalidade de impulsos, ressonâncias e ritmos vitais, todo um sentido da existência, concentrados num momento de vida da figura gigantesca de Moisés diante de seu povo, tudo isto apreendido, vivido, *concebido e expresso* na estátua por Michelangelo. Foi o que Freud compreendeu e formulou.

Forma sintética de consciência, a concepção artística é um sentimento *de* um objeto, *expresso* numa obra de arte. Esta constitui, assim, um símbolo não discursivo que dá expressão lógica à organização formal do sentimento.

Falar meramente em intenção do artista é, aí, irrelevante. Ela não nos fornece elementos para a compreensão da excelência da obra. Neste particular, a intenção de Shakespeare pode ser a mesma que a do autor de obra sem valor artístico algum.

---

53. S. Freud (1914), *op. cit.*, p. 212.
54. S. Freud (1914), *op. cit.*, p. 212.

Voltemo-nos, agora, para a música. Acredito que com relação a esta se trata, primordialmente, de claudicação da sensibilidade musical de Freud, porque a música é, por sua natureza, destituída de elementos representativos de seres e objetos da percepção comum. Por outro lado, ela pode, também, ser "compreendida" em nível verbal. O músico, o intérprete, o regente, lêem a música em forma análoga à da leitura de um texto verbal. O leigo, mesmo, pode se dar conta de que determinadas passagens, uma escala crescente ou decrescente, a sucessão e oposição de direção dessas escalas, exprimem constelações emocionais; ele pode, também, indicar e descrever a passagem em questão e formular, em palavras, de forma rica e expressiva, a gama e nuance dos sentimentos expressos. Tudo isto, porém, não diz respeito à percepção e fruição da música.

É no universo da música que se torna novamente clara a correlação do mundo interno humano e das formas em que ele se objetiva. Aqui se torna evidente que o objeto artístico consiste em puras formas e estruturas sonoras. Aqui, também, é irrelevante a intenção; mas o é, a capacidade expressiva, a criação da "forma" sonora, a qual, *per se*, articula e exprime, para nossa contemplação, o sentido, a estrutura inerente à vida emocional. Este sentido não pode ser expresso em plano discursivo; sua especificidade desaparece na transposição ao discurso, porque o *sentido* é veiculado através do universo simbólico-expressivo que lhe é inerente. A linguagem pode, é claro, reconduzir a vivências expressivas, a um clima de *sentido semelhante*, mas o fará, mais uma vez, por intermédio de recursos expressivos, entremeados e articulados no contexto verbal, nos extratos de expressividade que o habitam. É o que ocorre, diga-se desde já, na sessão analítica.

Cezanne saía a passeio e, de repente, no percurso, gritava para o cocheiro, apontando para algo que o pobre homem não podia ver: "[...] pára, olha lá, lá está. [...]"

Quando pintava a Montanha Santa Vitória, ficava, às vezes, horas esperando, à espreita. De repente, a "coisa" surgia: "o instante do mundo". Era isto o que ele queria pintar.

O pintor vive na fascinação[55]. Suas ações lhe parecem provir das próprias coisas; elas é que têm poder sobre ele. É por isso que tantos pintores disseram que "as coisas os olham":

[...] Numa floresta, senti muitas vezes que não era eu que olhava a floresta. Senti, certos dias, que eram as árvores que me olhavam, que me falavam... Eu estava lá, à escuta... [...][56]

O áugure romano, o píton na Grécia antiga: no recinto sagrado, ele esparge os óleos e as essências. E se recolhe, num estranho voltar-

---

55. M. Merleau-Ponty (1964), *L'Oeil et L'Espirit*, Paris, Éditions Gallimard.
56. "Relato de Klee", in M. Merleau-Ponty (1964), *op. cit.*, p. 31.

se para as coisas. Ele as olha, mas, na verdade são elas que o miram. E lhe "dizem" e transmitem "sentidos"; elas não têm voz, mas sugerem, auguram, advertem. Neste instante supremo instaura-se uma outra ordem dos seres; não mais os da vida profana, cotidiana.

Pensemos os momentos de luta angustiante do artista ou a "visão" do adivinho em busca da forma exprimível que organiza sua vivência e inspiração. Damo-nos conta, então, do que é o caos angustiante, paranóide, do vivido inexpresso e inexprimível. A forma que se articula e é expressa, essa forma é que exaure a inquieta e febricitante busca; e a transforma num objeto; num objeto criado. De repente, a mando das coisas, no gesto realizado, na linha construída, na cor espalhada, na forma das cinzas e da chama, de repente, nestes atos mágicos, o olhar estranho e inescrutável que as coisas lançam se transmuta em fascínio, em "visão"; "diante" de si e separando-se dele, algo com que estava fundido e de que em vão buscava separar-se, aparece. E, agora, coisa estranha: os dois estão separados e unidos de uma outra forma.

Beethoven descrevia, em forma similar, os momentos dramáticos de perdas e encontros quando compunha a Sonata para piano, em Ré Menor, op. 31 n. 2.

Freud/Signorelli – Vida sexualidade, morte: os grandes afrescos que Freud pintava. Renascente "visão" da existência humana, num cometimento de dimensões que unicamente os grandes espíritos da História ousaram afrontar. E sofreu dor e angústia. O episódio de Trafoi, linha de rutura na superfície. Embaixo, imensa convulsão. O *Signor* da vida e da morte, o *Elli* (*Eili, eili, lama azavta ani*: em hebraico, meu Senhor, meu Senhor, porque me abandonaste?), aquele que dava novo sentido ao destino humano, fora engolfado pela magnitude e gravidade da empresa. E ali estava ele, novo Moisés, como o da estátua que tamanha impressão lhe causaria. O *Moisés* de Michelangelo, cujo gesto dramático – a contenção do impulso de arrojar as Tábuas da Lei, destruindo-as – soube interpretar anos mais tarde. No esquecimento do nome Signorelli, Freud deu expressão e realizou a ambígua intenção de manter e arrojar de si o peso da tremenda responsabilidade moral por mostrar aos homens o que havia por trás da lei. Um momento dramático como este, sim, podia ser expresso num ato criativo singular de uma consciência comovida.

Temos, ainda, muita coisa a aprender, quando nos deixamos penetrar pelo "pensar" e o "ser" das coisas na "posição" e vivência esquizoparanóide em suas relações com a "posição depressiva".

O mito, a perseguição, o fascínio ou o triunfo, são vividos através de objetos que aparecem como dominadores ou que se submetem. Já a vivência mítica, quando se acompanha da apreensão de um sentido para além da perseguição ou do triunfo mágico, bem como a experiência estética, implicam, ambas fascínio, também. Mas tanto objeto como sujeito estão mais livres.

O sentido dos objetos, segundo os aspectos aqui tratados, é exclusivamente este: o mundo interior se organiza em vibrações segundo certas harmonias, planos de clivagem e de reunião dos sentidos, que se projetam numa intencionalidade sintética que se atualiza na descoberta do objeto e capta a sua trama afetiva íntima. Este sentido afetivo não é suscetível à formulação pela ordem do discurso, nem tem, atrás de si, "representações objetivas" – no sentido empirista – que seriam, então, sujeitas às transformações e distorções de um processo primário do qual resultaria a manifestação e o conteúdo da consciência atual.

Freud insiste, em mais de uma passagem, que a vida imaginária do artista está próxima daqueles processos inconscientes que descobrimos na neurose e no sonho. No artigo publicado sob o título de "Um tipo especial de escolha de objeto feita pelos homens"[57], ele se refere às qualidades do escritor: "[...] acima de tudo, uma sensibilidade que lhe dá condições de perceber os secretos impulsos da mente dos homens"[58].

Os artistas, porém,

[...] atendem à necessidade de produzir prazer intelectual e estético, como, também, efeitos emocionais. Por essa razão, eles não podem reproduzir a realidade sem modificá-la, mas são levados a isolar fragmentos dela, remover nexos perturbadores, atenuar o efeito do conjunto e preencher lacunas[59].

Ele alude, assim, à "licença poética", privilégio do artista que conduz, no entanto, ao falseamento da realidade. Freud conclui essas observações, afirmando: "[...] é inevitável que a ciência se ocupe da mesma matéria."[60]

Torna-se evidente, assim, que, para Freud, a forma peculiar de percepção do artista – à qual nos referimos acima –, não oferece condições de transcrição do real, ao qual somente a ciência tem acesso. Ei-nos, novamente, defrontados com o positivismo empirista que vê no discurso científico o único instrumento para a apreensão da realidade. Não obstante, tentamos formular, neste breve ensaio, os fundamentos de uma teoria da significação que encontra, na diversidade das formas de construção simbólica, os meios para a expressão e concepção de esferas distintas do real, distintas tanto na sua objetividade, quanto na experiência que o ser humano tem dessa objetividade. A arte aparece, assim, primordialmente, como uma formulação perceptível da experiência vital. Ela se constitui, por essa maneira, num instrumento intelectual que permite conceber a "forma lógica" do sentimento. É

---

57. S. Freud (1910), "A Special Type of Choice of Object Made by Men", *S. E.* XI, p. 165.
58. *Op. cit.*, p. 165.
59. *Op. cit.*, p. 165.
60. *Op. cit.*, p. 165.

esta a sua função na cultura humana, tão importante e digna quanto o saber científico e insubstituível por este.

Escreve Max Scheler:

> [...] O que é suscetível de uma expressão verbal é dado antes do inefável. É por isso que os poetas e todos os criadores de linguagens, aos quais 'Deus enviou o dom de dizer o que eles experimentam e sofrem', preenchem uma função infinitamente superior àquela que consiste em exprimir, sob uma forma embelezada e amplificada, experiências psíquicas que os outros podem facilmente reconhecer, por tê-las já experimentado. Alargando, fazendo saltar os quadros nos quais nossa linguagem dada aprisiona nossa vida psíquica, criando formas de expressão novas, eles incitam os outros a buscar, a *ver*, aquilo que, nas suas experiências psíquicas, convém a essas formas novas, mais maduras. E por isso mesmo, eles alargam o poder e a extensão da percepção de si mesmo "pelos outros". São eles que introduzem divisões e novas diferenciações na maneira de conceber o que é corrente e nos revelam fatos e acontecimentos que, não obstante estejam se produzindo e se desenvolvendo em nós, permaneceram até então ignorados para nós. A missão da arte verdadeira não consiste nem em reproduzir (o que seria supérfluo), nem em nos livrar dos produtos de imaginação subjetiva, da fantasia arbitrária (produtos efêmeros e impróprios a interessar em qualquer sentido aos outros), mas em penetrar no seio do mundo exterior e da alma, em busca de fatos objetivos e permanentes, e em conduzir à percepção o que a convenção e a regra até então impediram de ver. Considerada sob este ângulo, a história da arte aparece como uma série de campanhas empreendidas com vistas à conquista do mundo inteligível, mundo exterior e mundo interior, e com a intenção de torná-lo concebível, de uma maneira que nenhuma ciência é capaz de realizar.[61]

---

61. M. Scheler (1923), *Nature et Formes de la Sympathie*, Paris, Petite Bibliothèque Payot, 1971, pp. 343-344.

3. Considerações Finais

Sentimento e formas de percepção se organizam e objetivam segundo várias modalidade diferentes de sentido (*sinn*) e de significação (*deutung*).

As sensações e impulsos somente adquirem forma e estrutura quando eles configuram um objeto "externo"; inversamente, é necessário um objeto externo para articular e estruturar o mundo interno. Os processos internos fluem para o exterior criando e modelando formas objetivas que exprimem a experiência afetiva; o afeto é um modo de perceber um mundo objetivo e não um processo interno associado a ele. As criações objetivas da mente humana, o mundo percebido ou pensado, os conteúdos da cultura, são formas de objetivação por intermédio das quais o interno se cristaliza. São, por isto mesmo, formas diversas de constituição e apreensão de sentido e de significação. A criança que experimenta e vive uma emoção, apreende-a diretamente no objeto percebido ou imaginado. Nessa experiência não existem conteúdos de "imagens internas" do objeto, não há uma cópia interna do objeto, mas o objeto é "algo" que veicula, articula e objetiva uma estrutura interna, de tal forma que esta estrutura interna, assim como sua objetivação, formam uma unidade na qual, apenas por abstração, distinguimos um "externo" e "interno". Com maior rigor, diremos que o objeto externo se constitui numa realidade objetiva simbólica que representa uma totalidade de experiência em que o subjetivo se articula e organiza, ao mesmo tempo em que o objeto se constitui.

O conteúdo e as direções diversas de sentido e de significação dos objetos e do mundo percebido e pensado são o indício da diversidade dos processos de criação simbólica. Nessa diversidade encontramos os graus mais primitivos, desde aquele em que o Ego está imerso no objeto e totalmente presente nele, até o distanciamento do mundo, tal como o concebemos na ciência. Dito de outra forma, os modos de existência e de significação dos objetos indicam o tipo de objetivação da experiência humana e o grau de independência do interior em relação àquilo em que ele se objetiva. Escrevia Cassirer que não são modos diferentes nos quais uma realidade independente se manifesta, mas caminhos diversos de criação da realidade.

O destaque dado, neste trabalho, ao fenômeno da expressividade na arte obedece a dois motivos. Em primeiro lugar, mostrar a autonomia de sua forma como veículo de expressão de um setor específico da relação homem-mundo e sua irredutibilidade ao discurso do saber. Em segundo lugar, mostrar que essa forma é da mesma ordem que a dos acontecimentos da sessão psicanalítica.

A expressividade, movimento inicial e básico da vida mental, alimenta todas as formas de construção simbólica. Ela lhes dá o caráter de vivência e permite apreender o mundo exterior em referência ao mundo interno. Não somente na situação analítica, é claro, mas em todos os momentos da vida humana. Na sessão analítica ela pode ser "objeto e sujeito". Aqui podemos redescobrir sua emergência e seu desdobramento no próprio movimento por meio do qual o Ego agora constitui os seus objetos. Situações existenciais importantes se entreabrem para o paciente na sessão analítica. É um presente absoluto que adquire forma mediante os conteúdos do pensar, imaginar e de comunicação expressiva que se articulam nesse contexto humano. "Algo" presente, ainda não cognoscível: o fluir dos impulsos que se articulam no contato entre dois seres humanos, se traduz em múltiplos conteúdos (às vezes, pura vivência de angústia ou terror, sem conteúdo de representação). Uma imagem de algo que surge "lá fora", um acontecimento de "ontem", são a expressão final dos movimentos emergentes dos impulsos e do sentir que se condensam nessas imagens. O paciente se projeta em direção ao objeto "lá fora" ou ao "ontem". Mas esse objeto, ou o passado, em cujas direções o pensar se lança, são pontos momentaneamente estáveis por meio dos quais a totalidade do presente se projeta numa estrutura de impulsos despertada pela experiência humana agora vivida; para o paciente, ela adquire fixidez, forma e sentido no conteúdo do que lhe aparece. "Algo" *presente* se transforma num pensar. Assim constituído pelo paciente, este pensar é a forma por meio da qual ele organiza a sua experiência presente; é a construção simbólica que a configura e lhe dá expressão.

Na textura íntima dos objetos criados, o analista vai apreender o sentido das vivências. As características e o valor que os objetos assim criados têm para o paciente, a estrutura da comunicação, a apreensão do seu sentido expressivo, permitirão ao analista captar a angústia, a trama de intenções e os seus desvios, os planos de intersecções de defesas, isto é, os movimentos interiores por meio dos quais as pulsões despertadas na relação interpessoal se configuram no contexto final do relato do paciente. A projeção da vivência criada e o modo dessa projeção são funções do que ela desempenha no mundo interior: é assim que o mundo interior se articula e se expande num pensar; desviando-se, embora, do "aqui-agora", dá forma e conteúdo ao "aqui-agora".

Numa palavra, o tipo de universo simbólico que surge na sessão analítica emerge como um mito por meio do qual a personalidade dá expressão e sentido ao que experimenta. Cabe ao analista desvelar esta correlação. O segundo momento, o da comunicação do analista é que vai criar a cisão, vai introduzir o movimento do retorno do pensar, que está todo no objeto, para a intenção subjetiva que o constitui.

No seu campo, o processo psicanalítico tem por objetivo a transformação da "consciência do objeto" em consciência de si, que participa na constituição dos seus objetos. Se assim é, podemos ver como nos distanciamos da concepção clássica: a consciência, como estratégia do disfarce de impulsos e de objetos inconscientes, cede lugar à noção de consciência produtora de suas intenções e das formas de pensar correspondentes. Por isto, também, a psicanálise não se insere no âmbito das ciências da natureza. Por suas características, ela pertence ao domínio das disciplinas fenomenológicas.

Na história da técnica analítica podemos observar uma gradual mudança de objetivos condizente com a apreensão implícita dos problemas aqui discutidos: voltada, inicialmente, para a busca de conteúdos infantis reprimidos, presentes hoje, ela se dirige, atualmente, para a apreensão dos sentidos vividos, visando à transformação das estruturas de impulsos e das formas de simbolização da consciência. As vivências são desarticuladas no nível da sua objetivação e apreendidas a certa distância, agora como intenção do Ego. A transposição ao discurso é expressão desse distanciamento. Mas o instrumento que põe em marcha o processo é a comunicação recíproca de experiências no plano da expressividade.

Importante, porém, ter em mente que a sessão psicanalítica não é um campo de observação; paciente e analista são participantes e são envolvidos pela trama de impulsos e reações emocionais recíprocas. Sensível ao clima único que imanta o encontro de dois seres humanos, cabe ao analista apreender o sentido e transformá-lo em condições de acesso à palavra. A proposta de Freud, da "atenção flutuante", sugere um estado de consciência que permite uma apreensão não "horizontal". Nessas condições, podem ser percebidas conexões verticais paratáxicas, reveladoras de formas expressivas de constituição de sentido. O desenvolvimento da técnica permitiu elaborar de forma bem mais precisa e minuciosa os problemas aí envolvidos. Identificação projetiva, do paciente e do analista, contratransferência, *rêverie*, são, hoje, moeda corrente nos meios psicanalíticos. Citamo-las *en passant*, porque elas se vinculam, diretamente, aos temas arrolados nos subtítulos 2.3, 2.4, 2.5 do capítulo 2 desta Parte.

Cabe, por fim, acentuar a função expressiva na comunicação do analista. Também invadido pela experiência emocional, o analista enfrenta uma dupla exigência: aceitar a invasão, acolhendo-a, a fim de poder, a seguir, apreender o seu sentido e formulá-lo numa interpretação.

O paciente, acolhido com compreensão, poderá, agora, ouvir a si próprio falado por outrem; poderá se "re-conhecer" "dentro" e através do outro, numa nova fusão, desta vez simbólica, que é, também, uma das realizações supremas do dizer humano. Mas é fusão com "visão", o que implica distância. Eis porque estes momentos constituem experiências de intenso caráter estético. Elas criam condições para a emergência de novas correntes intersubjetivas, para o distanciamento – por liberação de ansiedade – e para reintrojeção de novas formas de simbolização. À semelhança do que se passa na construção poética, a interpretação psicanalítica e seu efeito de mudança resultam da união do sentido expressivo e da significação, do som e da letra, do poder musical e designativo da palavra.

Parte IV

Polêmica com *The International Journal of Psycho-Analysis*

OBSERVAÇÃO PRELIMINAR

As razões para a inclusão do presente texto nesta publicação constam dos itens arrolados como Parte III e Parte IV da Nota Introdutória.

1. CARTA DO EDITOR-CHEFE DO *IJP* (Texto Original em Língua Inglesa)

THE INTERNATIONAL JOURNAL OF PSYCHO-ANALYSIS

Mr. Isaias H. Melsohn
Rua Sergipe, 309-apt. 11
01243-001 São Paulo
Brazil

7 October 1999.

Dear Dr. Melsohn,

Re: 99-0227 – Critical analysis of the Unconscious sense and significance: The expressive function and the constitution of sense.

Thank you very much for sending in you paper. It is on a very ambitious and complex topic and I sent it out to four readers from three continents. I enclose three reports as the fourth reader sent only a brief hand-written set of comments.

You will see that one of the readers found the paper interesting but the other two – a view supported by the fourth – had a large number of criticisms both at a psychoanalytical and philosophical level. One of the reviewers is an academic philosopher.

In the circumstances I am unable to accept your paper but I hope you find the reviews of some use in your further work.

With best wishes

David Tucket MA MSc
Editor in Chief

Editor in Chief
Professor David Tuckett
Psychoanalysis Unit, Sub-Department of Clinical Psychology
University College London, Gower Street, LONDON WC1 6BT
e-mail: D.Tuckett@ucl.ac.uk
Telephone: 0207 679 5961 Fax: 0207 916 8502

CARTA DO EDITOR-CHEFE DO *IJP* (Versão em Português)

THE INTERNATIONAL JOURNAL OF PSYCHO-ANALYSIS

Sr. Isaias H. Melsohn
Rua Sergipe, 309-apt. 11
01243-001 São Paulo
Brasil

7 de Outubro de 1999.

Re: 99-0227 – Notas Críticas sobre o Inconsciente. Sentido e Significação. A Função Expressiva e a Constituição do Sentido.

Muito obrigado por nos enviar seu artigo. Trata-se de um tema muito ambicioso e complexo e eu o remeti para quatro leitores de três continentes. Incluo três relatórios, uma vez que o quarto leitor enviou apenas uma curta série de comentários manuscritos.

Você pode verificar que um dos leitores achou o artigo interessante mas, os outros dois – cujos pontos de vista são apoiados pelo quarto leitor – apontam amplo número de críticas, tanto no plano psicanalítico, quanto no filosófico. Um dos relatores é um filósofo acadêmico.

Nestas circunstâncias, fico impossibilitado de aceitar o seu trabalho, mas espero que os relatórios possam ser-lhe de alguma utilidade em futuros trabalhos.

Com os melhores votos

David Tucket MA MSc
Editor-Chefe

Editor in Chefe
Professor David Tuckett
Psychoanalysis Unit, Sub-Department of Clinical Psychology
University College London, Gower Street, LONDON WC1 6BT
e-mail: D.Tuckett@ucl.ac.uk
Telephone: 0207 679 5961 Fax: 0207 916 8502

Observação: São, a seguir, transcritos – em língua inglesa e em versão em português – os três relatórios de avaliação do artigo constante da Parte III deste livro, encaminhados ao autor pelo Editor-Chefe do *International Journal of Psycho-Analysis*, em resposta ao pedido de publicação.

2. RELATÓRIO DE AVALIAÇÃO 1 (Texto Original em Língua Inglesa)

Report on ms. 99-022700
"Critical analysis of the unconscious sense and significance: the expressive function and the contribution of sense"

Part I, for the author:
The sprawling character of this manuscript as a whole, its lack of focus and clarity, are all exemplified in the title. It isn't clear what the author's main themes and claims are. Key terms (for example, 'representation') that are highly ambiguous and to which an enormous philosophical literature has been devoted (far exceeding the few nineteenth and early twentieth century philosophers whom the author cites) are used without seeming awareness of either fact. The writing, furthermore, is exceedingly unclear, full of such basic problems as lack of clear pronoun reference and incomplete sentences. (This may be partly due to the fact, if it is a fact, that English is not the author's native language.)

I will take a couple of passages more at less random as examples of the above.

A. From the introduction: "The psychoanalytic theory upset the philosophic notion of consciousness and subject. It constituted a new conception of the problem of significance ... therapy ... Therapy ... was modeled on this referential picture."
   1. How did psych. theory upset the philosophic notion of ...?
   2. What is this philosophic notion? (This needs spelling out.)
   3. Are 'consciousness' and 'subject' the same thing? Explain.
   4. What 'referential picture'? What is a referential picture? What is referring to what? What is the picture a picture of?

B. "It carries ..." What is the reference of 'it'?

C. "The object of this paper is to propose information ..." Information is not what the paper offers, but speculation, and presumably, analysis.

D. "...when he [Freud] criticizes the limitations of that conception and includes in those processes a central nucleus that results ... Such a conception is presumed and deeply rooted in every psychoanalytic milieu."
   1. What is the reference of "those processes"?
   2. "Central nucleus" of what?
   3. "Such a conception,". Of the emotions? This conception needs spelling out. It is not sufficient simply to refer to "the James-Lange theory"! What does it mean to call emotions "discharge processes, accessible to consciousness as affects"? (It would help to clarify the James-Lange theory, for example, to spell out the view of the emotions that it criticizes.)
   4. How do we see that such a conception is presumed in ... ?

E. "The musician, the interpreter, the conductor, read music in the same way that they read a verbal text." There is little appreciation here of either discussions in the theory or philosophy of music in general, or of Susanne Langer (who is the author's authority on this subject) in particular. Langer specifically denies that music is a language that can be read in the same way as a verbal text.

F. "Every process of knowledge starts with the production and imposition of images discursive language and common perception are totally irrelevant [to artistic expression] Verbal discourse and the canons of common perception are ... inadequate to symbolize emotional experience".
   1. What is the argument for the claim that every process of knowledge starts in such a way?
   2. Where do these images come from?
   3. What are "the canons of common perception"?

In general, the sharp dichotomy the author draws between 'discursive language' and emotional experience (or artistic expression) needs clarification and argument.

RELATÓRIO DE AVALIAÇÃO 1 (Versão em Português)

Relatório sobre ms. 99-022700
"Notas Críticas sobre o Inconsciente. Sentido e Significação. A Função Expressiva e a Contribuição do Sentido."

Parte I, para o autor:
O caráter difuso deste manuscrito como um todo, sua falta de foco e clareza, estão exemplificados já no título. Não estão claros os temas principais e os objetivos do autor. Termos chaves (por exemplo 'representação') que são altamente ambíguos e aos quais foi devotada uma enorme literatura filosófica (muito além do pequeno número de filósofos do Séc. XIX e do início do Séc. XX, citados pelo autor) são utilizados sem que o autor se dê conta destes dois aspectos. O escrito é, além disso, muito pouco claro, cheio de problemas básicos tais como falta de clareza na referência pronominal e sentenças incompletas (isto pode ser devido ao fato, se for este o caso, de o inglês não ser a língua materna do autor).

Citarei algumas passagens, escolhidas ao acaso, como exemplos dessas observações.

A. Da introdução: "A teoria psicanalítica subverteu a noção filosófica de consciência e de sujeito... Ela consistiu numa nova concepção do problema da significação ... a terapia ... A Terapia ... foi modelada neste quadro referencial."
 1. Como a teoria psicanalítica subverteu a noção filosófica de ...?
 2. Qual é essa noção filosófica? (Isto precisa ser explicitado.)
 3. 'Consciência' e 'sujeito' são a mesma coisa? Explique.
 4. Que 'quadro referencial'? O que é um quadro referencial? O que se refere ao que? Qual o quadro a que o quadro se refere?

B. "Ela prossegue ..." Ao que se refere 'ela'?

C. "O presente trabalho visa propor subsídios..." O trabalho não oferece subsídios, mas, sim, especulação e presumivelmente análise.

D. "...quando ele [Freud] critica as limitações desta concepção e inclui nestes processos um núcleo central que resulta... Tal concepção é pressuposta e está profundamente enraizada em todos os meios psicanalíticos."
 1. Qual é a referência de "aqueles processos"?
 2. "Núcleo central" do quê?
 3. "Tal concepção," ... Das emoções? Esta concepção precisa ser explicitada. A simples referência à "teoria de James-Lange" não é suficiente! O que significa denominar as emoções de "processos de descarga, acessíveis à consciência como afetos"? (Para tornar clara a teoria de James-Lange, por exemplo, seria útil explicitar a concepção de emoção que ela critica.)
 4. Como é possível saber que tal concepção está presumida em...?

E. "O músico, o intérprete, o regente, lêem a música em forma análoga à da leitura de um texto verbal." O autor não leva em consideração as discussões sobre a teoria ou a filosofia da música, seja em seu aspecto geral, seja, em particular, as de Susanne Langer (citada pelo autor como autoridade neste tema). Langer especificamente nega que a música seja uma linguagem que possa ser lida do mesmo modo que um texto verbal.

F. "Todo processo de conhecimento inicia-se com a produção e imposição de imagens... A linguagem discursiva e a percepção comum são, aí, totalmente irrelevantes [para a expressão artística]. O discurso verbal e os cânones da percepção comum são... inadequados para simbolizar a experiência emocional".

1. Qual é o argumento para a afirmação de que todo processo de conhecimento se inicia desta maneira?
2. De onde provêm essas imagens?
3. Quais são "os cânones da percepção comum"?

De um modo geral, torna-se necessário aduzir esclarecimentos e comprovações relativos ao tema da nítida dicotomia que o autor traça entre a 'linguagem discursiva' e a experiência emocional (ou a expressão artística).

3. RELATÓRIO DE AVALIAÇÃO 2 (Texto Original em Língua Inglesa)

Report to the author
IJPA MS 99/022700
Critical analysis of the unconscious. Sense and significance. The expressive function and the constituion of sense.

This is an overlong and to my mind overblown paper. It takes its start by misattributing to Freud's concept of unconscious presentations that it "originated directly from the notion of perception and imagination which were inspired by the positivistic epistemological assumptions of the psychology of the 19th century". It then puts such worked over idea of 'unconscious presentations' to the filter of what the author deems "modern investigations", i.e., the phenomenological outlook of Husserl, Scheler and Merleau-Ponty, and again Cassirers "Philosophy of symbolic forms" and Langer's essays on the symbol. These, in the author's view, lead to a "total and through reformulation of the basic principles of 19th century psychology ... that remain unchanged in the metapsychology and are therefore the cause of its shortcomings and stagnation".

The idea of such philosophical "total and through reformulation", which should apply to Freud's clinical concepts as well as to his metapsychological attempts, discloses a basic flaw in the argument: the obvious fact that the phenomenologist's realm, and Freud's clinical study field, do not overlap in any simple way, is ignored. It is worthy of note, moreover, that the author reads back the characteristics of Freud's unconscious presentations "deducting" them outright from Freud's "theoretical" metapsychological attempts at conceptualizing the psyche in 1915 (Freud himself opted for leaving unconscious presentations carefully open to further development by way of clinical inquiry, while strenuously setting them apart from linguistic word-presentations). After thus "reducing" the notion of unconscious presentation on the basis of what he assumes are its "implicit" but overarching background basic principles, the author misplaces it into the realm of the "sensory" as understood by associationist 19th century psychology. This being the sense in which Scheler (and most academic psychology) speaks of "sensorial phenomena", opposing them roundly to the realm of the "expressive". All of which is purportedly cemented on the grand idea that "Freud's papers on metapsychology compose a theoretical *primum movens*". This is a skewed indeed, though far from infrequent, manner of "theoretically" misconstructing Freud. So here, as will happen throughout the paper, the author seems bent on pursuing a strawman he has diligently set up.

Besides, the argument seems at times to grossly confuse and jump levels: does the author seriously believe that, in attempting to approach unconscious presentations, Freud's inquiry ranged on psychic levels akin to those of the author's own fleeting spontaneous kinesthesia when he deliberately tries to imagine Argentina as an intellectual exercise, recounted twice? Furthermore, on which grounds he marches from such intellectual exercise to abruptly introduce a primacy, upon his nondescript "countless different kinesthesias", of the 'acts of language', and then immediately jumps along to little Hans'zoophobia, sanctioning offhand that it "is also the result of acts of language"?

Again, Freud being subsumed under a general topic of "19th century associationist psychology" leads the author to judge relevant, and assumed to be part of an argument against Freud's ideas on unconscious presentations, that Koffka (as quoted by Cassirer) states that "We are left with the opinion that phenomena such as 'friendliness' or 'unfriendliness' are extremely primitive – even more primitive, for example, than that of a blue spot". This may well have surprised Cassirer, and perhaps Koffka, starting as they did from the academic 19th century psychology idea of elementary "sensory phenomena", but surely enough it would not surprise Freud, or psychoanalysts generally! To take up another glaring example of conceptual miscontrual, to state that "Expressiveness is the unity and fusion of the external and internal (a notion that corresponds to Melaine Klein's projective identification)" vastly simplifies and distorts this key Kleinian concept.

Scheler's ideas on the perception of the 'thou' helps the author pave the road to an overall posture, near the ending of the paper and as concerns the functioning of the analysis, which seems quite close to, if not coincident with, Laplanche's, who is not however mentioned. In fact, surprisingly, with the exception of C. Fisher, no psychoanalytic author apart from Freud (up to 1916-1917), manages to gain notice amidst the overwhelmingly phenomenological bibliographical references. The author leans heavily enough on Husserlian phenomenology and on Husserl's followers, to whom he gives overriding pride of place but, incidentally, none of them accepted (or had) any clear notion of a dynamic unconscious (to Sartre the Freudian unconscious was reducible to 'mauvaise foi').

It would perhaps be interesting if the author would volunteer to discuss detailed clinical material in terms of both phenomenological and Freudian outlooks, thereby illustrating the purported advantages of a clinical use of the Husserlian phenomenology. As it presently is, I find no originality in the paper, not even on how Freud is misconstrued according to critical patterns that are a commonplace in philosophical circles.

RELATÓRIO DE AVALIAÇÃO 2 (Versão em Português)

Relatório para o autor
IJPA MS 99/022700
Notas Críticas sobre o Inconsciente. Sentido e Significação. A Função Expressiva e a Constituição do Sentido.

Este é um trabalho excessivamente longo e, em minha opinião, muito disperso. Ele se inicia com um falseamento do conceito de representação inconsciente de Freud que teria se "originado diretamente das noções de percepção e de imaginação inspiradas pelas concepções epistemológicas positivistas da Psicologia do século XIX". A seguir, ele submete uma idéia tão discutida como a de 'representação inconsciente' ao filtro do que o autor considera "investigações modernas", i.e., a visão fenomenológica de Husserl, Scheler e Merleau-Ponty, e, ainda, a "Filosofia das Formas Simbólicas" de Cassirer e os ensaios sobre o símbolo de Langer. Essas investigações, segundo o ponto de vista do autor, levaram a uma "total e profunda reformulação dos princípios básicos da Psicologia do séc. XIX... que permanecem imutáveis na metapsicologia e são, portanto, a causa de sua inadequação e estagnação".

A idéia de tal "reformulação total e profunda", que deveria ser aplicada aos conceitos clínicos de Freud, bem como às suas tentativas metapsicológicas, revela um erro básico na argumentação: o fato óbvio de que o domínio fenomenológico e o campo de estudos clínicos de

Freud não se superpõem de forma simples, é ignorado. É digno de nota, além disso, que o autor retrocede às características das representações inconscientes de Freud, "deduzindo-as" diretamente das tentativas metapsicológicas "teóricas" de concepção da psique de 1915 (o próprio Freud optou por deixar as representações inconscientes abertas a desenvolvimento ulterior através de investigações clínicas, mantendo-as, contudo, de modo tenaz, separadas das representações de palavra lingüísticas). Depois de "reduzir", por essa forma, a noção de representação inconsciente, com base no que ele presume serem seus princípios fundantes básicos "implícitos", mas de amplo espectro includente, o autor a relega ao universo do "sensorial", como o entendia a psicologia associacionista do século XIX. Este é o sentido em que Scheler (e a maioria da psicologia acadêmica) fala dos "fenômenos sensoriais", opondo-os frontalmente ao campo do "expressivo". Tudo isso intencionalmente unificado pela grandiosa idéia de que "os artigos de Freud sobre a metapsicologia compõem um *primum movens* teórico". É esta uma maneira ardilosa, ainda que não rara, de falsear Freud "teoricamente". Aqui, pois, como, de resto, ao longo do artigo, o autor parece determinado a perseguir um espantalho que ele próprio tratou diligentemente de compor.

Além disto, por vezes, a argumentação nivela planos diferentes e os confunde grosseiramente: crê seriamente o autor que, em suas tentativas de se aproximar das representações inconscientes, situem-se as interrogações de Freud em planos psíquicos afins aos da fugidia cinestesia espontânea do autor, quando ele, intencionalmente, tenta imaginar a Argentina como exercício intelectual, relatado por duas vezes? Ademais, sobre quais fundamentos parte ele de tal exercício intelectual, para introduzir, de modo abrupto, uma primazia dos "atos da linguagem" sobre "inúmeras cinestesias diferentes", não descritas, e, imediatamente a seguir, se transpõe, num salto, para a zoofobia do pequeno Hans, sancionando, de antemão, que "ela decorre, também, de atos da linguagem"?

O fato de Freud ser incluído no tópico genérico da "psicologia associacionista do século XIX" igualmente leva o autor a julgar relevante e a considerar como parte da argumentação contrária às idéias de Freud sobre as representações inconscientes, a afirmação de Koffka (na citação de Cassirer) de que "Ficamos com a opinião de que fenômenos tais como 'amistosidade' ou 'hostilidade' são extremamente primitivos – mais primitivos mesmo que u'a mancha azul, por exemplo". Isto pode bem ter surpreendido Cassirer, e talvez Koffka, partindo, como eles o faziam, da idéia de "fenômenos sensoriais" elementares da psicologia acadêmica do século XIX, mas, seguramente, não surpreenderia Freud ou, de modo geral os psicanalistas! Para tomar outro exemplo ilustrativo de falseamento conceitual, afirmar que "A expressividade é a unidade e fusão do externo e do interno (noção que corresponde à de identificação projetiva de Melanie Klein)", simplifica enormemente e distorce este conceito-chave Kleiniano.

As idéias de Scheler sobre a percepção do "tu", perto do final do artigo, servem ao autor para abrir caminho para uma postura genérica, no que diz respeito ao funcionamento da análise, que parece bem próxima, senão coincidente, com a de Laplanche, o qual, não obstante, nem sequer é mencionado. Efetivamente, é de surpreender que, com exceção de C. Fisher, nenhum autor psicanalítico, além de Freud (até 1916-1917), encontre oportunidade de citação entre a abundância das referências bibliográficas fenomenológicas. O autor apóia-se quase que inteiramente na Fenomenologia de Husserl e nos seguidores de Husserl, aos quais dá lugar de honra exclusivo, embora, por coincidência, nenhum deles tenham aceito (ou tinham) qualquer noção de um inconsciente dinâmico (para Sartre, o inconsciente de Freud era redutível a 'má-fé').

Talvez fosse interessante se dispusesse o autor a discutir material clínico detalhado em termos de uma perspectiva fenomenológica e Freudiana, ilustrando, por esta maneira, as alegadas vantagens da utilização clínica da Fenomenologia Husserliana. Tal como se apresenta, não encontro originalidade no artigo, nem mesmo no modo em que Freud é falsamente interpretado segundo os padrões críticos que são lugar-comum em círculos filosóficos.

4. RELATÓRIO DE AVALIAÇÃO 3 (Texto Original em Língua Inglesa)

Report for the author
Critical analysis of the unconscious
The expressive function and constitution of sense

This paper is a reflection on the way consciousness has of organizing its experiences. It contradicts classical psychoanalytic theories.

Freud's theory made for a new conception of the problem of significance and psychic dynamics. His thinking was in accordance with the philosophy of his time, and with Hume and Berkeley's 19th century psychology. Mental representation, based on impression and association, was conceived as a reproduction of what is given externally. False subjective presentations in the unconscious resulted from the interference of the primary and secondary processes. Such given presentations are then transformed into conscious ones by displacement and substitutive formations, as the dynamics of little Hans'phobia was taken to be. The author claims that associationist theories and Schools of Positivism restricting themselves to the data of sensations, failed to recognize that perception differs from and surpasses mere sensation.

The present author is likewise influenced by the investigations of contemporary philosophers and thinkers such as Scheler, Cassirer, Langer, Sartre and Merleau-Ponty. It is sustained that the perceptive world is not given and self evident, but is constructed according to different forms of perception and evolutionary stages and organization of consciousness: from feeling to rational thought, from non-discursive to discursive modalities.

The classical notion of a perceptive process resulting in a mnemonic trace led to the idea that images are enclosed within consciousness. The author argues that this is not so by referring the reader to Sartre's well-known example of the chair as being the object of perception, not situated within the perception of the chair. A description of the chair as it appears in image can be given by reflecting on it at a some distance. The term image should designate a certain way that consciousness has of giving itself an object.

The author's next main concern regards the connection between object-stimuli, the organization of a sensible field and perceptive reproduction.

Fisher's experiments on dream symbology and his discovery that subliminal stimuli were registered by the mind, although in a distorted form, were interpreted according to the classical hypotheses: sensorial impressions are arranged in a copy-like picture of objects of the real world, and the distortions originate in the primary process of condensation, displacement and fragmentation.

Fisher's conclusion, argues the author, contradicts the observations and results of modern investigation on the process of perception. Köhler demonstrated that the characteristics of the stimuli play a central role in sensorial experience and the organization of the sensible field, in such a way that certain aspects of its contents will appear in the foreground, and others in the background. Thus, sensorial arrangements are not mere copies of external objects. Rather, one can conjecture, when the internal world of impulses is mobilized by external stimuli, it projects itself and creates a "foreground" expressing the emotional experience of a subject at a given moment.

Advancing in the direction of such reflections, the author appeals to Langer's "significant forms". The impulses and emerging kinetics integrate with compatible and selected external forms and create symbols which give form to experience, being reality producing instruments and not copies of the objects of the world.

Venturing into Cassirer's investigation of perception, the author finds indications of the process of "synthetic formation". Sensorial elements are immediately interrelated with external stimuli, forming an original unitary structure, not given beforehand, but selected and elaborated dynamically as expressive consciousness. Thus the expressive qualities of a line may offer itself, according to the inclination of a subject, as an animated totality, as a mere graphic representation, as a mythical or magical symbol transmitting power or fear. Perception is thus conceived as animation experienced and perceived at a given moment, having no representative function. Object representation is the result of the expression of a structure in which both the affective world and that of sensations are organized by the function of perceptive synthesis.

The topic on feeling should be inserted here. Feeling, which was classically taken to be an internal experience, is a specific mode of conscious apprehension of objects, according to Husserl, Cassirer and others.

True to his way of thinking, the author, based on the findings of the above mentioned authors, says that the roots of the perceptive process in a child are not in associations of sensorial elements, but are formed by syntheses of immediate primary, original expressive characteristics of the object: pleasurable or malevolent, familiar or ominous, etc. Such perceptions occur as pure objectivation of a momentary impulse, in a total internal and external fusion with the object, corresponding to Melanie Klein's projective identification. The internal and external aspects determine each other in an objective and significant form. In this world of expressive experience, what is given is the expressive meaning, the sense.

Having established an understanding of the diversity of acts that constitute perception, the author now examines the concept of representative function, that is, the significance conveyed by the content of a representation as shown by Cassirer.

At the level of pure expressivity described above, the experience is not associated to other contents of consciousness. It is therefore important, says the author, to differentiate the phenomenological difference between the form of purely expressive consciousness, from that of representative consciousness.

Taking an infant's developmental process, its earliest experiences of expressive impressions are momentary and evanescent. With time, such experiences seem to organize themselves into more stable figures, such as is seen by the recognition of a mother's face. With the introduction of language, certain elements are stressed and constituted as representatives that can be recovered from the temporal flow and acquire permanence. This makes possible to recover again in the here and now of the present experience, the not here and now. Representation substitutes mere presence. With the acquisition of language, a world of meaning supplants the evanescent object of the momentary experience. This makes possible the apprehension of one content of experience as representing another, thus entering a new level of consciousness, leading to the distinction between self and other. It is to be remembered, however, that language never loses its connection to the primary expressive experiences, although it progresses in the direction of representation and significance.

According to Langer, the emergence of the above mentioned representative functions leads to superior forms of consciousness, corresponding to the production of symbolic discursive and non-discursive forms. Discursive symbols remit to objects that are not present but are represented symbolically. In them, the contents of the sign and of the significance are separate.

The universe of non-discursive symbolic forms (cultural, artistic, dreams, neurosis, psychosis, etc.) is impregnated with expressive components. There is no absolute separation between the content of the sign and that of significance. Non-discursive symbolism presents the sense and emotional texture of the world.

The author emits hypotheses true to his way of thinking, regarding Alexander's dream while besieging Tyre, and Freud's forgetting of the name Signorelli, to illustrate the distinction between sense and significance. He also emits a hypothesis on the formation of Hans' phobia, consistently showing the reader that syntheses and analyses do not take place upon previously given forms, but are experiences shaped according to present emotional experiences. These experiences produce thoughts in waking states, and plastic elements that present feelings in dreams, phobias and forgetfulness.

Although the author now says that he is approaching problems common to psychoanalytic theory and reflections about art, at this point he chooses to concentrate on art, in the same vein of ideas already presented. According to Langer artistic perception, essentially non-discursive, is the product of a specific type of organization of the sensible field, enhancing expressive qualities, giving rise, says the author, to the intense impression produced by Michelangelo's Moses, and the expressive quality of music.

The reader understands that in his conclusion, the author states that there are two main reasons to the emphasis given in his paper to the phenomenon of expressiveness: first it aims at showing that there are distinct forms of building up perception, leading to different modalities of symbolic construction, discursive and non-discursive, the latter being irreducible to the former; and second, to show that the phenomenon of expression belongs to the same type of events that occur in the analytic session.

Although the first objective is more than argued and illustrated in the paper, the second objective should also have been the object of a special subheading in the body of the paper. This subheading should include in a less summarized form what the author specifies in his conclusion about the analytic session and its dynamics, with the addition of a clinical example to bring to life the ideas transposed to psychoanalysis from the investigations and philosophic roots so clearly illustrated in the paper.

In essence, the author says that it is in the analytic session, that expressiveness is both subject and object. The existential moments brought to a session by a patient are an absolute presence that take shape through the contents of thought and expressive communication. The analyst will grasp the sense of the patient's emotional experience in the flow of mutual P-A impressions. The psychoanalytic interpretations and the changes effected by the reintrojection of new forms of symbolization result from uniting the expressive sense and its significance. The patient will be able to listen to himself spoken by someone else. He will recognize himself spoken through the analyst in a symbolic fusion of insight and reflection, one of the supreme achievements of human language.

In the reader's opinion, the author's arguments are based on serious personal reflection on modern investigations and ideas of important contemporary thinkers.

He uses solid arguments for seeking new ideas and abandoning classical ones. His reflections follow a logical order and are coherent in themselves, although they are dense and hard to grasp at a light reading.

The bibliography is adequate to the subject of the paper and put to good use by the author.

RELATÓRIO DE AVALIAÇÃO 3[1] (Versão em Português)

Relatório para o autor
Análise Crítica do Inconsciente.
A Função Expressiva e a Constituição do Sentido.

Este artigo é uma reflexão sobre o modo de a consciência organizar as suas experiências. Ele contradiz as teorias psicanalíticas clássicas.

A teoria de Freud constituiu uma nova concepção do problema da significação e da dinâmica psíquica. O seu pensamento estava de acordo com a filosofia do seu tempo, e com a psicologia do século XIX, no modo como foram influenciadas por Hume e Berkeley. A representação mental, baseada na impressão e na associação, era concebida como uma reprodução do que é dado externamente. O falseamento das re-

---

1. Foram retiradas, do final do relatório 3, algumas observações que não dizem respeito à avaliação do artigo. Referem-se ao título, a repetições ocasionais de idéias e ao sumário.

presentações subjetivas no inconsciente resultaria da interferência dos processos primários e secundários. Tais representações dadas são, a seguir, transformadas em representações conscientes, através de deslocamentos e formações substitutivas, da forma como foi entendida a dinâmica da fobia do pequeno Hans. Segundo o ponto de vista do autor, as teorias associacionistas e certas Escolas do Positivismo, restringindo-se aos dados da sensação, deixaram de reconhecer que a percepção difere da mera sensação e a supera.

O autor é, igualmente, influenciado pelas investigações de filósofos e pensadores contemporâneos como Scheler, Cassirer, Langer, Sartre e Merleau-Ponty. Afirma-se, assim, que o mundo perceptivo não é dado e evidente em si mesmo, mas é construído segundo formas diferentes de percepção e de estágios evolutivos e de organização da consciência: do sentimento para o pensamento racional, das modalidades não-discursivas às discursivas.

A noção clássica de um processo perceptivo que resulta em um traço mnemônico conduziu à idéia de imagens encerradas no interior da consciência. O autor discute a inadequação deste modo de pensar, remetendo o leitor ao exemplo bem conhecido de Sartre, da cadeira como objeto de percepção, não situada, portanto, dentro da percepção da cadeira. A descrição da cadeira, tal como aparece em imagem, mostra a cadeira fora da consciência. O termo imagem deveria designar um certo modo que tem a consciência de dar-se um objeto.

O tema principal do autor diz respeito, a seguir, à conexão entre os estímulos objetivos, a organização do campo sensível e a reprodução perceptiva.

Os experimentos de Fisher sobre o simbolismo onírico e sua descoberta de que estímulos subliminares eram registrados pela mente, embora em forma distorcida, foram interpretados de acordo com as hipóteses clássicas: as impressões sensoriais têm um arranjo como uma cópia numa pintura dos objetos do mundo real, as distorções originando-se nos processos primários de condensação, deslocamento e fragmentação.

Argumenta o autor que a conclusão de Fisher contradiz as observações e os resultados das investigações modernas sobre o processo de percepção. Köhler demonstrou que as características dos estímulos desempenham papel central na experiência sensorial e na organização do campo sensível, de tal forma que certos aspectos de seus conteúdos aparecem em primeiro plano e outros em plano posterior. Assim sendo, os arranjos sensoriais não são meras cópias dos objetos externos. É lícito pensar, ao contrário, que, quando o mundo interno de impulsos é mobilizado por estímulos externos, ele se projeta e cria "um primeiro plano" que exprime a experiência emocional desse momento.

Prosseguindo na direção de tais reflexões, apela o autor à noção de "formas significantes" de Langer. Os impulsos e as cinestesias emergentes se integram selecionando formas externas compatíveis, e criam símbolos que dão forma à experiência, constituindo-se em instrumentos que produzem a realidade e não são cópias de objetos do mundo.

Tomando, agora, o caminho das investigações de Cassirer sobre a percepção, encontra o autor indicações do processo de "formação sintética". Os elementos sensoriais são imediatamente inter-relacionados com estímulos externos de modo a formar uma estrutura unitária original, não dada de antemão, mas selecionada e elaborada dinamicamente como consciência expressiva. É desta forma que as qualidades expressivas de uma linha podem oferecer-se, segundo a intenção de quem a vê, como uma totalidade animada, como mera representação gráfica, como símbolo mítico ou mágico que transmite poder ou temor. Neste último exemplo, a percepção é concebida como uma experiência animada, destituída de função representativa. A representação do objeto é o resultado da expressão de uma estrutura na qual o mundo afetivo e o das sensações são organizados pela função de síntese perceptiva.

O tópico sobre o sentimento deve ser inserido aqui. O sentimento, classicamente considerado como experiência interna, é, de acordo com Husserl, Cassirer e outros autores, um modo específico de consciência dos objetos.

Em consonância com as idéias desenvolvidas no seu artigo e, baseado nos achados dos autores acima mencionados, afirma o autor que as raízes do processo perceptivo numa criança não são associações de elementos sensoriais, mas são formadas por sínteses de características originalmente expressivas, primárias e imediatas do objeto: prazenteiro ou malévolo, familiar ou agourento, etc. Tais percepções ocorrem como pura objetivação do impulso momentâneo, numa fusão total interna e externa com o objeto, o que corresponde à identificação projetiva de Melanie Klein. Os aspectos internos e externos se determinam mutuamente numa forma objetiva significante. Neste mundo da experiência expressiva, o que é dado é o significado expressivo, o sentido.

Tendo estabelecido a compreensão da diversidade de atos que constituem a percepção, o autor examina, agora, o conceito de função representativa, ou seja, a significação veiculada pelo conteúdo de uma representação, tal como o mostra Cassirer.

Em nível de pura expressividade, como acima descrito, a experiência não é associada a outros conteúdos de consciência. É, por isso, importante, diz o autor, compreender a diferença fenomenológica entre a forma de consciência puramente expressiva, daquela de consciência representativa.

No processo de desenvolvimento do infante, suas experiências mais precoces de impressões expressivas são momentâneas e evanescentes. Com o tempo, tais experiências, ao que tudo indica, organizam-se em configurações mais estáveis, como pode ser observado pelo reconhecimento do rosto da mãe. Com a introdução da linguagem, determinados elementos são acentuados e, desta forma, constituídos como representantes que podem ser recuperados do fluxo temporal e adquirir permanência. Isto torna possível recuperar, novamente, no aqui e agora da experiência presente, o não aqui e não agora. A representação substitui a mera presença. Com a aquisição da linguagem, o mundo de significados suplanta o objeto evanescente da experiência momentânea. É o que torna possível a apreensão de um conteúdo da experiência como representando outro conteúdo, o que equivale a atingir um novo nível de consciência, que conduzirá à distinção entre si próprio e outrem. Deve ser lembrado, contudo, que a linguagem jamais perde sua conexão com as experiências expressivas primárias, não obstante progrida ela em direção à representação e à significação.

De acordo com Langer, a emergência das funções representativas acima citadas conduz a formas superiores de consciência que correspondem à produção de formas discursivas e não-discursivas. Os símbolos discursivos remetem a objetos não presentes, mas representados simbolicamente. Neles, o conteúdo do signo e o conteúdo da significação estão separados.

O universo das formas simbólicas não-discursivas (da cultura, das artes, do sonho, da neurose, da psicose etc.) é impregnado de componentes expressivos. Não há, nelas, separação absoluta entre o conteúdo do signo e o conteúdo da significação. O simbolismo não-discursivo apresenta o sentido e a textura emocional do mundo.

Sempre compatíveis com o seu modo de pensar, o autor emite hipóteses com respeito ao sonho de Alexandre quando sitiava Tiro, e com relação ao esquecimento de Freud do nome Signorelli, com o objetivo de ilustrar a distinção entre sentido e significação. Ele também emite uma hipótese sobre a formação da fobia de Hans, mostrando ao leitor, de modo consistente, que sínteses e análises não atuam sobre formas previamente dadas, mas que se trata de experiências enformadas segundo as vivências emocionais do momento presente. Tais experiências, ou bem produzem os pensamentos próprios ao estado de vigília, ou bem produzem os elementos plásticos que presentificam os sentimentos no sonho, na fobia e no esquecimento.

Embora afirme o autor que ele se aproxima, agora, de problemas comuns à teoria psicanalítica e às reflexões sobre a arte, ele se concentra nesta última, seguindo sempre o traçado geral das idéias anteriormente expostas. De acordo com Langer, a percepção artística, essencialmente não-discursiva, é produto de um tipo específico de organização do campo sensível, com destaque de qualidades expressivas, do qual emerge, diz o autor, a intensa impressão produzida pelo Moisés de Michelangelo, assim como a qualidade expressiva da música.

Segundo o modo de entendimento do relator, o autor afirma, em sua conclusão, que há duas razões principais para a ênfase dada, em seu artigo, ao fenômeno da expressividade: primeiramente, é seu objetivo mostrar que há formas distintas de constituição da percepção, as quais conduzem a modalidades diferentes de construção simbólica, discursivas, umas, e não-discursivas, outras, estas últimas não redutíveis às primeiras; em segundo lugar, mostrar que o fenômeno da expressividade pertence ao mesmo tipo de acontecimentos que ocorrem na sessão analítica.

Embora o primeiro objetivo tenha merecido argumentos e ilustrações mais que suficientes, o segundo objetivo deveria ter sido, também, objeto de um tópico especial no corpo do artigo. Esse tópico deveria incluir, em forma menos sumária, aquilo que o autor especifica, em sua conclusão, com relação à sessão analítica e sua dinâmica, ou seja, um exemplo clínico, para trazer à vida, transpostas para a psicanálise, as idéias oriundas das investigações e raízes filosóficas tão claramente ilustradas no artigo.

Em essência diz o autor que, na sessão analítica, a expressividade é, a um tempo, sujeito e objeto. Os momentos existenciais vividos na sessão pelo paciente são um presente absoluto que toma forma através dos conteúdos de pensamento e de comunicação expressiva. O analista aprende o sentido da experiência emocional do paciente no mútuo fluir das impressões P-A. As interpretações psicanalíticas e as mudanças efetuadas pela reintrojeção de formas novas de simbolização resultam da união do sentido expressivo e de sua significação. O paciente poderá, agora, ouvir a si próprio, falado por outrem. Ele poderá se reconhecer através do analista, numa fusão simbólica de apreensão de si próprio e de reflexão, que é, também, uma das realizações supremas do dizer humano.

Na opinião do leitor, os argumentos do autor são baseados em reflexões pessoais sérias sobre investigações e idéias de importantes pensadores contemporâneos.

Ele apresenta argumentos sólidos para a busca de idéias novas, assim como para o abandono das idéias clássicas. Suas reflexões seguem uma ordem lógica e são, em si próprias, coerentes, embora densas e de difícil apreensão a uma leitura superficial.

A bibliografia é adequada ao tema do artigo e adequadamente utilizada pelo autor.

5. DUAS CARTAS DE JAMES GROTSTEIN

Primeira Carta (Texto Original em Língua Inglesa)

JAMES S. GROTSTEIN, M. D*.
522 Dalehurst Avenue

* Ver página 298.

Los Angeles, California 900024-2516
(310) 276-3456 – Fax (310) 474-8075
E-Mail: 72144.1525@compuserve.com
PSYCHOANALYSIS

June 9, 1999.
Dr. Plínio Luiz Montagna*
Fax: 011 55 11 282 0416

Dear Plínio,

I just read a brilliant paper that was handed to me at the conference by Isaias Melsohn.

I would be very grateful if you could send me his address. I looked him up in the IJP-A, but could not find his name.

Once again, I want to thank you for the wonderful conference that you invited me too. I enjoyed myself immensely. I truly regret that I will not be able to meet with you and Vera in São Paulo after the conf. But I look forward to seeing you both in Santiago.

Muito Obrigado!

Warmest regards,
James Grotstein, M.D.
JSG/jb

Segunda Carta (Texto Original em Língua Inglesa)

JAMES S. GROTSTEIN, M. D.
522 Dalehurst Avenue
Los Angeles, California 900024-2516
(310) 276-3456 – Fax (310) 474-8075
E-Mail: 72144.1525@compuserve.com
PSYCHOANALYSIS

June 11, 1999
Isaias H. Melsohn
Fax: 011 55 11 256 4639

Dear Dr. Melsohn,

It was a great pleasure meeting you, if ever so briefly, at the conference in Rio. Please forgive me having not written you until now.

* Ver página 298.

I just finished reading and rereading your papers "Psychoanalysis: Evolution and Rupture..." and "Critical Analysis of the Unconscious: Sense and Significance; the Expressive Function and the Constitution of Sense." I found it highly evocative and profound. I was greatly stimulated by it. I, too, have been working in similar areas. I wrote a paper recently, entitled "Autochthony and Alterity: Psychic Reality in Counterpoint".

Unfortunately, to get it published in the *Psychoanalytic Quarterly*, the editors rearranged the title and altered the manuscript. The upshot of my thesis is that we create the object before we discover it – through projective identification.

I was profoundly impressed by your paper, and am in total agreement with your thesis. I was also impressed by your references to the work of Ernst Cassirer and also Sartre, as well as Max Scheler. I wondered why you hadn't added in the work of Plato (the ideal forms) and Kant's primary and secondary categories, the things-in-themselves, the noumena, etc. – although I do recall that you did allude to them.

Congratulations on a wonderful thesis. By the way, I do wish to cite your work in my new book, *Who is the Dreamer Who Dreams the Dream?* Is your paper being published, or shall I cite it as having been presented at the congress in Rio?

Cordially,
James Grotstein, M.D.
JSG/jb

5. DUAS CARTAS DE JAMES GROTSTEIN

Primeira Carta (Versão em Português)

JAMES S. GROTSTEIN, M. D*.
522 Dalehurst Avenue
Los Angeles, California 900024-2516
(310) 276-3456 – Fax (310) 474-8075
E-Mail: 72144.1525@compuserve.com
PSYCHOANALYSIS

9 de Junho de 1999
Dr. Plínio Luiz Montagna**
Fax: 011 55 11 282 0416

---

* Vice-presidente da International Psychoanalytic Association (1999-2001).
** Presidente da Associação Brasileira de Psicanálise (1997-1999).

Caro Plínio,

Acabei de ler um artigo brilhante que me foi entregue na conferência por Isaias Melsohn.
Eu lhe seria grato se você pudesse enviar-me o seu endereço. Procurei-o no IJP-A, mas não pude encontrar o seu nome.
Mais uma vez desejo agradecer-lhe pela encantadora conferência a que você me convidou. Aproveitei imensamente. Sinto não ter-me sido possível encontrar você e Vera em São Paulo após a conferência. Mas espero ver ambos em Santiago.
Muito Obrigado!

Calorosas lembranças,
James Grotstein, M.D.
JSG/jb

Segunda Carta (Versão em Português)

JAMES S. GROTSTEIN, M. D.
522 Dalehurst Avenue
Los Angeles, California 900024-2516
(310) 276-3456 – Fax (310) 474-8075
E-Mail: 72144.1525@compuserve.com
PSYCHOANALYSIS

11 de Junho de 1999
Isaias H. Melsohn
Fax: 011 55 11 256 4639

Caro Dr. Melsohn,

Foi um grande prazer encontrá-lo, ainda que brevemente, na conferência no Rio. Perdoe-me não ter-lhe escrito até agora. Acabei de ler e reler os seus artigos "Psychoanalysis: Evolution and Rupture..." e "Critical Analysis of the Unconscious: Sense and Significance; the Expressive Function and the Constitution of Sense." Em minha opinião são altamente evocativos e profundos. Eu me senti altamente estimulado por eles. Tenho trabalhado em áreas similares também. Recentemente escrevi um artigo intitulado "Autochthony and Alterity: Psychic Reality in Counterpoint".

Para conseguir sua publicação no *Psychoanalytic Quarterly*, os editores, infelizmente, modificaram o título e alteraram o manuscrito. A conclusão final de minha tese é a de que criamos o objeto antes de descobri-lo – através de identificação projetiva.

Fiquei profundamente impressionado pelo seu artigo, e estou em total acordo com a sua tese. Impressionaram-me também suas referências à obra de Ernst Cassirer e à de Husserl e Sartre, assim como à de Max Scheler. Pergunto-me porque você não acrescentou a obra de Platão (as formas ideais) e as categorias primárias e secundárias de Kant, as coisas-em-si, os noumenos, etc. – embora eu lembre que você aludiu a eles.

Congratulações por uma tese maravilhosa. *En passant,* desejo citar o seu trabalho em meu novo livro, *Who is the Dreamer Who Dreams the Dream?* O seu artigo está sendo publicado, ou devo citá-lo como tendo sido apresentado no Congresso no Rio?

Cordialmente,
James Grotstein, M.D.
JSG/jb

6. RESPOSTA DO AUTOR AO EDITOR-CHEFE DO *IJP,* COM ANÁLISE DOS RELATÓRIOS DE AVALIAÇÃO

São Paulo, 4 de setembro de 2000.

Professor David Tuckett
Editor-Chefe do *The International Journal of Psycho-Analysis*
University College London, Gower Street
London WC1 6BT

Re.: 99-0227 – Notas Críticas sobre o Inconsciente. Sentido e Significação. A Função Expressiva e a Constituição do Sentido.

Prezado Professor Tuckett

Meus agradecimentos por sua carta de 07 de outubro de 1999.

Encaminho-lhe meus comentários sobre os relatórios dos três leitores do meu artigo que você teve a gentileza de me enviar. Uma cópia foi, também, enviada ao Editor para a América Latina.

Minha resposta é em Português, uma vez que o Editor para a América Latina, em reunião de nossa Sociedade em São Paulo – ocasião em que eu suscitei a presente questão –, informou que o *IJP* providenciaria a tradução

Como você, sem dúvida, deve ter observado, muitos meses decorreram desde o recebimento de sua carta. A razão é que levei um bom período de tempo para elaborar uma resposta adequada.

Resolvi mudar o título para: Uma Alternativa para o Conceito de Representação Inconsciente: A Função Expressiva e a Constituição do Sentido. Sentido e Significação.

Tornam-se, assim, mais claras as conexões significativas entre as três expressões que constituem o título.

I)
A fim de possibilitar uma rápida identificação dos *relatórios* que, a seguir, passo a discutir, eles são numerados com base nos termos iniciais de cada um:

Relatório 1 – "O caráter difuso";
Relatório 2 – "Este é um trabalho excessivamente longo";
Relatório 3 – "Este artigo é uma reflexão".

Minha discussão, embora limitada, procura abordar a maioria das questões que os *relatórios* levantam. Cada grupo de questões é transcrito sob indicação do número do *relatório* respectivo. Seguem-se as respostas ou os comentários.

Como preliminar, cumpre destacar a gritante contradição entre os *relatórios* de avaliação, cujos pontos centrais são citados a seguir:

o *relatório 1* considera o artigo destituído de unidade, sem foco definido, perdido em detalhes e confuso;

o *relatório 2* o vê "excessivamente longo e muito disperso", "sem originalidade, nem mesmo no modo em que falseia as concepções de Freud segundo padrões críticos que são lugar-comum nos círculos filosóficos";

já o *relatório 3,* na sua síntese conclusiva, julga-o plenamente articulado e produto de "reflexão pessoal séria e inovadora", "ainda que densa e de difícil apreensão a uma leitura superficial".

Permito-me acrescentar que, tendo em vista esse teor, não vejo como se possa justificar tenham se eximido os editores de análise mais detida das razões determinantes da incongruência acima apontada.

Tal discrepância não advém da efetiva discussão das idéias do artigo mas, como se verá, de circunstâncias bem diversas, que dizem respeito – nos *relatórios 1* e *2* – aos próprios requisitos indispensáveis à possibilidade de julgar. Eu adianto: estes dois *relatórios* de avaliação evidenciam patente ignorância de textos de Freud referidos em passagens do artigo, passagens que – pasmem os editores – são objeto de crítica baseada na presunção de formulação inadequada (no *relatório 1*) e de falseamento (no *relatório 2*) de idéias de Freud.

Ouso, ainda, insistir em mais uma questão: em se tratando, como escreve o Professor David Tucket, de "matéria ambiciosa e complexa", e dando a devida atenção à singular oposição entre os conteúdos dos *relatórios* de avaliação, adequado seria conceder ao autor do artigo oportunidade de resposta, antes da decisão dos editores quanto à publicação. Só então, ouvidas acusação e defesa, pré-requisito de qualquer julgamento, seriam atendidas as condições mínimas para eventual pronunciamento efetivamente judicioso.

É procedimento de bom alvitre, e o presente caso o ilustra exemplarmente.

II) ANÁLISE DOS RELATÓRIOS

Relatório 1:

Parte I, para o autor

O *relator 1* sintetiza sua avaliação acentuando a falta de clareza e de desenvolvimento integrado, o que torna impossível a definição e entendimento dos principais temas expostos no artigo.

Resposta –

É significativo confrontar o veredicto acima com as conclusões do *relatório 3*:

"Na opinião do leitor, os argumentos do autor são baseados em reflexões pessoais sérias sobre investigações e idéias de importantes pensadores contemporâneos.

Ele apresenta argumentos sólidos para a busca de idéias novas, assim como para o abandono das idéias clássicas. Suas reflexões seguem uma ordem lógica e são, em si próprias, coerentes, embora densas e de difícil apreensão a uma leitura superficial.

A bibliografia é adequada ao tema do artigo e utilizada de modo conseqüente pelo autor."

Tais conclusões são precedidas, em várias passagens, por observações apontando articulação consistente de idéias.

Ao longo de sua exaustiva análise, o *relator 3* descreve de modo claro e preciso, passo a passo, as teses propostas no trabalho. Ele o faz mantendo-se na posição neutra do juiz que busca compreender a fim de julgar. E ele tem plena compreensão do trabalho e o julga válido como estrutura conceitual logicamente integrada e coerente.

Diante do exposto no *relatório 3*, decorrem as críticas do *relator 1* das características objetivas do artigo? Ou resultam elas da incompreensão de um texto *"denso e de difícil apreensão a uma leitura superficial"*? Nós encontraremos, mais adiante, subsídios para uma resposta afirmativa a esta segunda pergunta.

Relatório 1:

Parte I, para o autor:

O caráter difuso deste manuscrito como um todo, sua falta de foco e clareza, estão exemplificados já no título. [...]

Resposta –

Eu tomo a liberdade de sugerir aos editores enviar ao *relator 1* o *relatório 3*. Ele talvez possa encontrar ali um fio condutor para guiá-lo na confusão em que se vê perdido e que obsta a sua compreensão.

O descaso do *relator 1* para com o artigo já se revela no erro de transcrição do final do título: "contribuição do sentido", ao invés de "constituição do sentido".

Eu aponto os centros nucleares em torno dos quais o artigo se desenvolve e que são a razão do caráter tripartite do seu título:
– a questão da *representação inconsciente*;
– a noção de *"sentido" expressivo* como *concepção emocional da experiência vivida* e *forma original de consciência*;
– a interpenetração do *sentido expressivo* e das *formas de significação* elaboradas pela *"função representativa"* da *linguagem*.

O artigo inicia-se examinando a revolução semântica inaugurada por Freud: a constituição da *significação* passa-se em dois registros, o do processo primário – no âmbito de impulsos e *representações inconscientes*, extrato básico da vida emocional – e o do processo secundário – no âmbito da linguagem, fator estruturante do Sistema Prc-Cc –. O artigo prossegue com uma crítica da noção de *representação* e de *representação inconsciente* e continua com o exame de investigações que abriram caminho para novas maneiras de entendimento da percepção e da experiência emocional, da imaginação, da estrutura do discurso e de outras formas verbais, da experiência estética. Estas investigações representam, por sua vez, uma outra revolução semântica, também ocorrida nas primeiras décadas do nosso século. Procurei extrair destas contribuições várias conclusões que permitem, em meu entender, a reformulação de alguns conceitos básicos da Psicanálise.

Tendo em vista esse contexto temático, o artigo é elaborado segundo dois eixos principais. O primeiro, de caráter desconstrutivo, tem por objeto a crítica da noção de *representação inconsciente* e do seu papel na configuração da significação consciente. O segundo, de reconstrução, visa fundamentar uma proposta alternativa para a compreensão da experiência emocional humana, de sua *forma de expressão* e do *locus* de sua articulação: a noção de *sentido expressivo* que subentende, ao mesmo tempo, *forma original de consciência, concepção emocional* e *manifestação da experiência vivida*. No contexto da reconstrução, o artigo volta-se, agora para as relações entre *Sentido* e *Significação*: elas revelam a permanente perfusão da linguagem por caracteres expressivos, os quais permitem desvelar o *sentido emocional* nos meandros da *significação* lógico-predicativa do discurso de referência. Exemplo pregnante é a sessão psicanalítica.

Eis, pois, as razões para o título Uma Alternativa para o Conceito de Representação Inconsciente: A Função Expressiva e a Constituição do Sentido. Sentido e Significação.

As duas vertentes, *Sentido* e *Significação*, veiculam uma dicotomia que, nos termos de Freud, corresponde a *processo primário* e *processo secundário*. Todavia, aquilo que, em Freud, é processo inconsciente, é concebido no artigo como forma original de consciência que se manifesta num *Sentido Expressivo*. Em outras palavras, segundo as teses do artigo, aquela dicotomia refere-se a duas formas de consciência.

Relatório 1:

Parte I, para o autor:
sobre o termo "representação".

Alega o *relator 1* que a utilização do termo não leva em conta 1º) sua ambigüidade nem 2º) a enorme literatura filosófica que lhe foi devotada.

Resposta –

Quanto ao primeiro argumento, contrariamente ao que afirma o relator – ver *"Nota sobre o Léxico"* no artigo –:
– há menção à multiplicidade de significados do termo e à ocorrência de diversidade de acepções que percorrem todo o texto, segundo os autores estudados nas passagens respectivas;
– estão relacionados, no final desse item, cinco significados específicos referidos a questões e autores respectivos discutidos no texto;
– são citados os comentários de Strachey sobre a tradução dos diferentes vocábulos utilizados por Freud – *Vorstellung, Bild, Repräsentant, Repräsentanz, Triebrepräsentanz, Vertretung* –;
– há referência a Husserl, que arrola não menos que treze significados do termo[2].

Quanto ao 2º argumento:
ele é totalmente inconsistente.

O objetivo deste trabalho dirige-se, primordialmente, como assinalado acima, à análise do conceito central da teoria psicanalítica, nos termos em que foi formulado por Freud: a *representação inconsciente* na qualidade de *representação de coisa*, ou seja, na qualidade de imagem interna do objeto. Assim, não há porque enveredar pelos descaminhos de uma erudição alheia aos propósitos a que o artigo se destina. O caráter de ensaio monográfico do trabalho visa, não à variedade descritiva, mas, à unidade do desenvolvimento temático em torno de um problema.

O *relator 1* parece não ter compreendido que a noção de *representação* é examinada no artigo segundo significados específicos, cada um deles atinente à discussão de um tópico determinado. O primeiro tópico estudado diz respeito à questão do que se denomina *imanência psicológica*. Ou seja, à noção de representação como cópia, na consciência, do objeto representado, à noção de representação interna como imagem do objeto, imanente à consciência. Esta questão é examinada no artigo em quatro passagens: 1) à luz das críticas de Husserl e de

---

2. E. Husserl (1913). *Recherches Logiques*. Paris, Presses Universitaires de France, Tome Second, Deuxième Partie, 1969, pp. 315-322.

Sartre; 2) com relação às experiências de Charles Fisher; 3) no decorrer do estudo das formas de percepção; 4) nas contribuições de Scheler com respeito à *percepção do* 'tu'.

O *relator 3* compreendeu bem a importância desse tema no artigo e dedicou-lhe, no seu *relatório*, bom número de comentários.

Ora, é justamente o pressuposto da imanência que fundamenta a noção de representação, inclusive a de representação inconsciente, em Freud. É na monografia sobre a Afasia, de 1891, que encontramos as primeiras formulações de Freud de *representação de objeto* (expressão substituída por *representação de coisa* no capítulo *The Unconscious*, de 1915), de *representação de palavra*, e a referência a John Stuart Mill, herdeiro da tradição do empirismo inglês que vem de Locke e Hume. Vejam-se, também, meus comentários sobre esta questão, mais adiante, na resposta ao *relatório 2*.

Uma outra significação da palavra *representação* é tratada no exame do que Cassirer denomina *função de representação* na linguagem e seu papel no desenvolvimento da consciência. O *relator 3* compreendeu, igualmente, esta noção exposta no artigo e a destaca no seu *relatório*.

Eu acrescento para o *relator 1*:

Muito embora o tema da imanência psicológica tenha sido claramente definido no artigo, vou me deter numa explanação mais longa que não seria compatível com os limites impostos ao artigo.

O termo representação comparece sobretudo na tradição filosófica alemã. Os pensadores ingleses utilizam-se dos termos *idéia, conceito* e *imagem*. De um modo geral, os representantes da escola inglesa concebem os objetos da *idéia* imanentes à consciência. Locke, por exemplo, escreve:

"Tudo aquilo que o espírito percebe em si mesmo, ou é objeto de percepção, pensamento ou entendimento imediato, eu denomino idéia[3]."
("Whatever the mind perceives in itself, or is the immediate object of perception, thought or understanding, that I call Idea.")

E, ainda:

"Aquele que pensa deve ter algum objeto imediato de seu entendimento *no* pensamento: i.e., deve ter idéias"[4] (O grifo em *no* é meu).
("He that thinks must have some immediate object of his mind in thinking: i.e. must have ideas.")

---

3. J. Locke (1690). *Essay Concerning Human Understanding,* Lv. II, Chap. VIII, p. 8. In E. Husserl, E. (1913). *Recherches Logiques*. Paris, Presses Universitaires de France, Tome 2, Première Partie, 1969, p. 150.
4. J. Locke, *Philosophic Works*. London, J. A. St. John, 1882, II, pp. 340-343. In E. Husserl (1913), *op. cit.*, p. 150.

Hume, a seu turno, concebe que à *idéia* de um objeto corresponde uma imagem do objeto na idéia, ou seja, na consciência[5].

Como se vê, 1. Locke dá o nome de *"Idea"* tanto à percepção e ao pensamento quanto aos objetos percebidos ou pensados; 2. tanto Locke quanto Hume consideram que o objeto da idéia está presente, como imagem, *na* idéia.

A questão da *imanência psicológica*[6], de especial significação na Psicologia e na Teoria do Conhecimento, foi objeto de penetrante crítica por Husserl, o fundador da Fenomenologia, uma das três correntes filosóficas mais importantes do nosso século – as outras duas sendo a Filosofia Analítica e a Filosofia das Formas Simbólicas de Cassirer, que alguns autores consideram como o elo de ligação entre aquelas.

A teoria das *"Ideas"* de Locke é examinada em Husserl[7].

Eu transcrevo, das pp. 149-150 desse texto, alguns pontos diretamente relacionados com os problemas da imanência psicológica (traduzidos por mim do francês):

1 – [...] O defeito essencial da teoria de conhecimento de Locke e a da escola inglesa em geral, a saber, sua concepção pouco clara de Idéia é particularmente sensível nas suas conseqüências.

2 – [...] O termo idéia tem, ao mesmo tempo, em Locke, a significação mais estreita de representação. [...] Toda idéia é idéia de alguma coisa, ela representa alguma coisa.

3 – Em seguida, Locke confunde representação e representado, a aparição com o que aparece, o ato (o fenômeno de ato enquanto elemento real imanente do fluxo de consciência) com o objeto intencionado. É assim que o objeto que aparece se torna uma idéia [...].

4 – A confusão indicada sob este último ponto é sem dúvida devida ao fato que Locke confunde os caracteres que convêm ao objeto com os conteúdos imanentes que constituem o núcleo sensível do ato de representação, a saber, com as sensações às quais o ato de apreensão dá a significação de objetos (*gegenständlich deutet*) ou com os quais ele estima perceber e intuir de qualquer outra maneira os caracteres objetivos.

Devemos voltar-nos, agora, para Brentano, o filósofo alemão cujas reflexões contribuíram de maneira decisiva para o aprofundamento da noção de representação.

---

5. D. Hume, *Traité de la Nature Humaine*, trad. Máxime David, p. 9 e p. 23. In J. P. Sartre (1940). *L'Imaginaire*. Paris, Éditions Gallimard, p. 15.
 6. A presente discussão crítica da questão da imanência psicológica é extraída da Primeira Aula do curso que consta da Parte I deste livro.
 7. E. Husserl (1913), *Recherches Logiques*. Paris, Presses Universitaires de France, Tome 2, Première Partie, 1969, pp. 149-155.

Não obstante as críticas que faz à noção de imanência de Brentano, Husserl refere-se a esse pensador como o "eminente pesquisador" e autor da "mais notável e mais importante" classificação da psicologia descritiva, com a divisão bem conhecida dos fenômenos em fenômenos psíquicos – caracterizados pela intencionalidade – e fenômenos físicos.

Mestre de Husserl, Brentano, a cujas conferências em Viena compareciam Freud e Wetheimer – um dos fundadores da Gestaltpsychologie – , ensinava que todo fenômeno psíquico *contém em si mesmo* qualquer coisa como objeto, a relação a um conteúdo, ou *objetividade imanente* (grifos meus):

> Todo fenômeno mental é caracterizado pelo que os Escolásticos da Idade Média denominavam a inexistência intencional (ou mental) de um objeto, e o que poderíamos denominar, embora de maneira não totalmente inambígua, referência a um conteúdo, direção para um objeto (que não deve ser entendido como significando uma coisa), ou objetividade imanente. Todo fenômeno mental inclui em si próprio algo como objeto, embora cada um o contenha ao seu modo. Na representação algo é representado, no julgamento algo é afirmado ou negado, no amor, amado, no ódio, odiado, no desejo, desejado, e assim por diante.
>
> Essa in-existência intencional é característica exclusiva dos fenômenos mentais. Nenhum fenômeno físico exibe algo como isto. Podemos, portanto, definir os fenômenos mentais dizendo que são aqueles fenômenos que contêm intencionalmente um objeto em si mesmos[8].
>
> ("Every mental phenomenon is characterized by what the Scholastics of the Middle Ages called the intentional (or mental) inexistence of an object, and what we might call, though not wholly unambiguously, reference to a content, direction toward an object (which is not to be understood here as meaning a thing), or immanent objectivity. Every mental phenomenon includes something as object within itself, although they do not all do so in the same way. In presentation something is presented, in judgement something is affirmed or denied, in love loved, in hate hated, in desire desired and so on.
>
> This intentional in-existence is characteristic exclusively of mental phenomena. No physical phenomenon exhibits anything like it. We can, therefore, define mental phenomena by saying that they are those phenomena which contain an object intentionally within themselves.")

Brentano distingue, portanto, dois aspectos no fenômeno psíquico: 1. a variedade, ou modo, do ato psíquico intencional (perceptivo, imaginativo, judicativo, estético, afetivo etc.) e 2. o objeto visado pelo ato psíquico. Ele afirma, além disso, que o objeto é imanente ao ato psíquico.

Vejamos, a seguir, as críticas à noção de imanência do objeto de Brentano em Husserl[9].

Extraio desse texto os seguintes trechos (por mim traduzidos do francês):

---

8. F. Brentano (1874), *Psychology From an Empirical Standpoint*. London, International Library of Philosophy and USA & Canada by Routledge, 1995, pp. 88-89.
9. E. Husserl (1913), *Recherches Logiques*. Paris, Presses Universitaires de France, Tome Second, Deuxième Partie, 1962, pp. 147-151, 167-178 e 228-231.

1 – pp. 147-148 – Resumo –
Por exemplo, no caso da percepção externa, o momento sensorial cor de um objeto é imanente, interno à consciência. Por outro lado este próprio objeto perceptivo não está representado *na* consciência, nem está nela (consciência) a coloração percebida no objeto. A cor vista certamente não é interna; *corresponde-lhe*, no fenômeno perceptivo, um componente real. O que lhe corresponde é a sensação de cor. Confundem-se freqüentemente estas duas coisas, a sensação de cor e a coloração objetiva do objeto.

2 – p. 173 – Transcrição –
"[...] É, em todo caso muito arriscado e com bastante freqüência enganador dizer que os objetos percebidos, imaginados, julgados, desejados etc. (ou sob forma perceptiva, representativa etc.) *'entram na consciência'*, ou, inversamente, que 'a consciência' (ou 'o eu') *'entra em relação'* com eles de tal ou qual maneira, que eles *'são recebidos na consciência'* de tal ou qual maneira etc., mas analogamente também, dizer que as vivências intencionais *'contêm nelas qualquer coisa como objeto*' etc."

3 – p. 176 – Transcrição –
"[...] Eu não vejo sensações de cores mas objetos coloridos, eu não ouço sensações auditivas mas a canção da cantora etc."

4 – p. 177 – Transcrição –
"Se se considera a impropriedade da expressão 'ser conteúdo' intencional do objeto no ato, é indiscutível que as expressões paralelas e equivalentes, dizendo que o objeto é *consciente, dentro da consciência, imanente à consciência* etc., são afetadas de um equívoco muito nocivo; [...] Toda a psicologia e a teoria do conhecimento contemporâneas são induzidas em erro por estes equívocos e por outros do mesmo gênero."

O texto das pp. 228-231 diz respeito, novamente à crítica dos objetos *"imanentes"* aos atos e, em especial, à crítica da *"teoria das imagens"*.

Após essa longa digressão, perguntar-se-ia: qual a importância para a reflexão psicanalítica, do exame da imanência psicológica? Qual o significado, para a teoria psicanalítica, da análise crítica da noção, nela vigente, de representação interna dos objetos *na* consciência (ou no Inconsciente)? E a resposta é que *no fenômeno psíquico, o componente interno, na consciência, é um ato que se apóia em um núcleo constituído por sensações internas, com as quais, ou por intermédio das quais, o objeto é percebido, julgado etc.* Poderíamos também dizer que aquele núcleo sensorial é imanente à consciência e o objeto representado é transcendente à consciência. Mas, para o nosso fim, não é apenas este o ponto em discussão. O essencial é entender com clareza a distinção entre os caracteres próprios ao objeto representado e aqueles próprios às sensações, *por meio das quais* a representação do objeto se realiza. Por exemplo, na percepção de um objeto são apreendidas suas qualidades objetivas. Num objeto luminoso ou colorido é percebida a luz ou a cor como qualidade objetiva. Mas, a sensação produzida pela luz, ou, dizendo de outro modo, a sensação, *através da qual* a luz é percebida, esta sensação não é *imagem, Bild* (em alemão), da luz. É errôneo, pois, falar em associações sensoriais como imagens, *Bilder* internos de objetos e situações objetivas.

Mais ainda, um mesmo conjunto de sensações determinadas pela visão de uma fotografia, por exemplo, pode servir de base sensorial para a percepção de objetos diferentes: 1. os traços que se configuram na fotografia ou 2. a qualidade do papel; 3. e as mesmas sensações podem servir, ainda, como núcleo para a representação de um objeto imaginário *representado* na fotografia. Leiam-se, também, no artigo, as ricas observações de Max Scheler sobre a identidade da base sensorial [que ele denomina base representativa] em duas formas de percepção: na percepção de um rosto humano, o mesmo conjunto sensorial pode servir, ou bem para a apreensão de atributos como a cor do cabelo ou da pele, a forma e a cor dos olhos, ou bem para a apreensão de uma unidade sintética que é a *expressão* de um rosto em que se manifesta a vida interior de outrem.

Relatório 1:

   A. Da Introdução:
   1. Como a teoria psicanalítica subverteu a noção filosófica de consciência?
   2. Qual é essa noção filosófica? (É necessário formular essa noção.)
   3. 'Consciência' e 'sujeito' são a mesma coisa? Explique.

Resposta –

É surpreendente que o *relator 1* faça perguntas deste tipo.

A Psicanálise afirma a existência de processos inconscientes, inacessíveis à consciência, processos que determinam a emergência na consciência de conteúdos cujo sentido não lhe é compreensível. Como decorrência, a Psicanálise subverte a noção, clássica na Filosofia, de consciência clara e transparente para si própria, de consciência capaz de conhecer o mundo objetivo e a própria subjetividade. A concepção de sujeito é ampliada, para incluir o ego inconsciente, e não mais coincide com a de consciência. ("O ego não é senhor em sua casa", escreve Freud.)

Esses conhecimentos são correntes, não só entre psicanalistas – fazendo parte de sua formação profissional – mas, também, nos círculos medianamente cultos não-acadêmicos ou especializados. Encontramo-los em livros editados no Brasil para uso didático no final dos cursos médios – isto é, para jovens de 17 anos de idade – e para estudantes do primeiro ano dos cursos de graduação em Ciências Humanas, entre outros, o livro da Prof[a] Marilena Chauí[10]. É presumível, portanto, que façam parte do acervo básico de conhecimentos de qualquer psicanalista e, por isso, plenamente apreensíveis como significado implícito na frase inicial do artigo.

Estas observações sugerem que não é muito lisonjeira a opinião do *relator 1* sobre os conhecimentos dos psicanalistas e de outros eventuais leitores do artigo no *IJP*.

Relatório 1:

D. Sentimento.

3. O que significa denominar as emoções 'processos de descarga, acessíveis à consciência como afetos'?

Resposta –

Esta pergunta refere-se à primeira frase do item *Sentimento*, do artigo:

"Na Metapsicologia de 1915, a teoria de Freud sobre o afeto era a de James-Lange, tal como fora formulada em 1885: processos de 'descarga', acessíveis à consciência como afeto."

O *relator 1* parece desconhecer o texto respectivo de Freud citado na frase. Basta recorrer a ele:

"[...] Toda a diferença resulta do fato de que as representações são catexes – basicamente de traços mnêmicos –, ao passo que os afetos e as emoções correspondem a processos de descarga cujas manifestações finais são percebidas como sentimentos. No presente estado do nosso conhecimento de afetos e emoções, não podemos exprimir mais claramente essa diferença."[11]

("[...] The whole difference arises from the fact that ideas are cathexes – basically of memory-traces – whilst affects and emotions correspond to processes of discharge, the final manifestations of which are perceived as feelings. In the present state of our knowledge of affects and emotions we cannot express this difference more clearly.")

e, a seguir,

"A afetividade manifesta-se essencialmente em descargas motoras (secretórias e vasomotoras) que resultam em uma alteração (interna) do próprio corpo sem referência

---

10. M. Chauí (1995), *Convite à Filosofia*, São Paulo, Ática, pp. 165-166.
11. S. Freud (1915), "The Unconscious". *S. E.* XIV, p. 178.

ao mundo externo; a motilidade, em ações destinadas a efetuar mudanças no mundo externo."[12]

("Affectivity manifests itself essentially in motor (secretory and vasomotor) discharge resulting in an (internal) alteration of the subject's own body without reference to the external world; motility, in actions designed to effect changes in the external world.")

Freud limita-se, nesses dois trechos citados, à caracterização dos afetos como *processos de descarga*, "*tout court*", sem maior análise. A pergunta do *Relator 1* não tem razão de ser.

Relatório 1:

D. Sentimento
1. Qual é a referência a 'aqueles processos'?
2. 'Núcleo central' de quê?
3. (Para tornar clara a teoria de James-Lange, por exemplo, seria útil explicitar a concepção de emoção que ela critica.)

Resposta –

As perguntas 1. e 2. e a observação 3. dizem respeito à segunda frase do mesmo item, *Sentimento*, do artigo:

"[...] Mesmo mais tarde, na 25ª das "Introductory Lectures on Psycho-Analysis"[13], ao criticar as limitações daquela concepção e incluir naqueles processos um núcleo central que resulta de vivências no curso de certas relações com os objetos, perdura a idéia do sentimento como experiência interior [...]."

Se o *relator 1* questiona a frase e parece desconhecer – aqui, também – o texto respectivo de Freud sobre afeto, nela mencionado, a "25th Introductory Lecture on Psychoanalysis", vamos a ele. Eu vou dividir o texto corrido de Freud em três partes, cada uma delas referente a cada uma das questões propostas[14]:

1ª Parte –
[...] E o que é um afeto em sentido dinâmico? É, em todo caso, algo altamente composto. Um afeto inclui, em primeiro lugar, determinadas inervações motoras ou descargas e, em segundo lugar, certos sentimentos; estes últimos são de duas espécies – percepções dos atos motores que ocorreram e diretos sentimentos de prazer ou desprazer que, como é sabido, imprimem ao afeto a sua característica.

("[...] And what is an affect in the dynamic sense? It is in any case something highly composite. An affect includes in the first place particular motor innervations or discharges and secondly certain feelings; the latter are of two kinds – perceptions of the

---

12. *Op. cit.*, p. 179, em nota de rodapé.
13. S. Freud (1916-1917), "Introductory Lectures on Psycho-Analysis", *S. E.* XV-XVI.
14. *Op. cit.*, *S. E.* XVI, pp. 395-396.

motor actions that have occurred and the direct feelings of pleasure and unpleasure which, as we say, give the affect its keynote.")

2ª Parte –
Mas eu não penso que com esta enumeração tenhamos atingido a essência de um afeto. Examinando mais profundamente determinados afetos, cabe reconhecer que o núcleo que mantém unida a combinação que descrevemos é a repetição de alguma experiência em particular. [...].
("But I do not think that with this enumeration we have arrived at the essence of an affect. We seem to see deeper in the case of some affects and to recognize that the core which holds the combination we have described together is the repetition of some particular significant experience. [...]")

3ª Parte –
"Não suponham que as coisas que eu aqui disse a vocês com respeito aos afetos sejam reconhecidas como moeda corrente da Psicologia normal. São, ao contrário, pontos de vista que cresceram e são nativas apenas no terreno da Psicanálise. Aquilo que pode ser apreendido com relação aos afetos – por exemplo, a teoria de James-Lange – fica além do entendimento ou discussão para nós, psicanalistas. Ainda assim, não consideramos nosso conhecimento sobre afetos assegurado dessa forma; é uma primeira tentativa para encontrar nosso caminho nessa obscura região."
("Do not suppose that the things I have said to you here about affects are the recognized stock-in-trade of normal psychology. They are on the contrary views that have grown up on the soil of psychoanalysis and are native only to it. What you may gather about affects from psychology – the James-Lange theory, for example – is quite beyond understanding or discussion to us psycho-analysts. But we do not regard our knowledge about affects as very assured either; it is a first attempt at finding our bearings in this obscure region.")

1) Freud retoma, na 1ª Parte deste texto, o vocábulo *descargas* com idêntica significação da expressão *processos de descarga* que ele utiliza ao tratar do mesmo tema dos afetos nos dois trechos do cap. "The Unconscious", já transcritos acima.

Assim, não cabe perguntar "1. Qual é a referência a 'aqueles processos'?". O conhecimento de qualquer dos dois textos citados – "The Unconscious" e "25th Introductory Lecture on Psycho-Analysis" – permite compreender de imediato que 'those processes' nada têm por referência senão a lacônica menção de Freud a processos de descarga (os referidos na frase anterior do meu artigo).

2) Freud critica, na 2ª Parte do seu texto acima transcrito, a limitação de sua própria concepção de processos de descarga descrita na 1ª Parte e, também, em "The Unconscious", e acrescenta a esses processos um núcleo, um "*core*", que provém de experiências anteriores. Ora, é esse o significado da frase do artigo. A pergunta "2. 'Núcleo central' de quê?" do *relator 1*, eu insisto, revela desconhecimento do texto de Freud.

3) A observação do *relator 1* parece-me incompreensível: o pronome "it" é utilizado incorretamente. A crítica da concepção de afeto como consciência de processos de descarga é, como vimos, de Freud

(a frase do artigo é "[...] [Freud] ao criticar [...]"), na 2ª Parte do trecho citado da "25th Introductory Lecture on Psycho-Analysis", e refere-se a formulações dele próprio na 1ª Parte do mesmo trecho.

Na 3ª Parte do texto citado, da "25th Introductory Lecture on Psycho-Analysis", Freud visa destacar a contribuição da investigação psicanalítica para a necessidade da consideração de fatores da história individual relacionados com os processos de descarga. E acrescenta que a teoria de James-Lange – cujos aspectos neurofisiológicos ele não discute – ultrapassa as considerações propriamente psicanalíticas com respeito aos afetos.

Resumindo: em 1915, em "The Unconscious", as idéias de Freud coincidem com as de James-Lange – o afeto é consciência de processos de descarga (por alterações corpóreas). Já, por ocasião da "25th Introductory Lecture on Psycho-Analysis", em 1917, Freud retoma o problema, vinculando os processos de descarga a condições particulares da existência individual.

Devo insistir, porém, que as observações do *relator 1* em D. são indevidas. Se o leitor do artigo tem dúvidas sobre determinadas questões, deve recorrer aos textos indicados nas referências bibliográficas respectivas. Não há razão para repeti-los no trabalho.

É necessário frisar, também, que o *relator 1* atém-se a questões que passam ao largo do problema fundamental discutido no item *Sentimento,* do artigo: as relações entre afeto e representação.

Relatório 1:

E. "O músico, o intérprete, o regente, lêem música em forma análoga à da leitura de um texto verbal." O autor não leva em consideração as discussões sobre a teoria ou a filosofia da música, seja em seu aspecto geral, seja, em particular, as de Susanne Langer (citada pelo autor como autoridade neste tema). Langer especificamente nega que a música seja uma linguagem que possa ser lida do mesmo modo que um texto verbal.

Resposta –

Eis outra ilustração de *nonchalance* na leitura do trabalho.

O *relator 1* desconsidera a temática que vem sendo examinada, a esse respeito, no artigo, isola a frase, que é objeto de sua crítica, do seu contexto e subverte totalmente o seu significado. O tema discutido é o da diferença entre *forma* artística e *forma* do discurso que interpreta a obra de arte. No artigo consta:

> [...] (a) forma artística não é homogênea e assimilável à forma da articulação do discurso que "interpreta" a forma artística. Eu posso, sem dúvida, aprender, por via da palavra, "o que é expressivo", eu posso guiar a minha sensibilidade por esta via discursiva e descobrir valores estéticos. [...];

e, mais adiante:

[...] ela (música) pode, também, ser "compreendida" em nível verbal. O músico, o intérprete, o regente, lêem a música em forma análoga à da leitura de um texto verbal. O leigo, mesmo, pode se dar conta de que determinadas passagens, uma escala crescente ou decrescente, a sucessão e oposição de direção dessas escalas, exprimem constelações emocionais; ele pode, também, indicar e descrever a passagem em questão e formular, em palavras, de forma rica e expressiva, a gama e nuança dos sentimentos expressos. Tudo isto, porém, não diz respeito à percepção e fruição da música.

É no universo da música que se torna novamente clara a correlação do mundo interno humano e das formas em que ele se objetiva. Aqui se torna evidente que o objeto artístico consiste em puras formas e estruturas sonoras. Aqui, também, é irrelevante a intenção; mas o é, a capacidade expressiva, a criação da "forma" sonora, a qual, *per se*, articula e exprime, para nossa contemplação, o sentido, a estrutura inerente à vida emocional. Este sentido não pode ser significado em plano discursivo; sua especificidade desaparece na transposição ao discurso, porque o sentido é veiculado através do universo simbólico-expressivo que lhe é inerente. A linguagem pode, é claro, reconduzir a vivências expressivas, a um clima de sentido semelhante, mas o fará, mais uma vez, por intermédio de recursos expressivos, entremeados e articulados no contexto verbal, nos extratos de expressividade que o habitam. [...].

Ler música para fins didáticos ou proceder a análise estética de qualquer obra de arte é totalmente diferente da experiência estética. No primeiro caso intervém a função lógico-predicativa do discurso, que visa à indicação referencial, à descrição dos valores expressivos e do modo de sua articulação na obra. No segundo, há fruição estética desses valores, sua contemplação emocional. Decididamente, o *relator 1* não se apropriou dessa parte do artigo que trata especificamente de um tema que ele aborda de forma truncada.

Relatório 1:

F.
3. Quais são os "cânones da percepção comum"?

Resposta –

Aqui, novamente, o *relator 1* isola a frase e faz suas costumeiras perguntas de mestre-escola à antiga quando interroga os alunos que se iniciam na tabuada.

A leitura do texto que acabamos de discutir, com relação à diferença entre a forma artística e a forma do discurso, como um todo unitário – que parece não ser objeto de reflexão para o *relator 1* –, evitaria mais esta pescaria às cegas de exemplos tomados a esmo, segundo ele próprio afirma.

Relatório 1:

F.
De um modo geral, torna-se necessário aduzir esclarecimentos e comprovações relativos ao tema da nítida dicotomia que o autor traça

entre a "linguagem discursiva" e a experiência emocional (ou a expressão artística).

Resposta –

A questão é extensamente examinada no artigo. No que diz respeito à linguagem, não há absoluta separação entre *forma discursiva* e *experiência emocional*. Veja-se, no artigo:

> Contudo, deve-se ter em mente que, embora a linguagem progrida no sentido da representação e da significação, jamais ela abandona sua profunda conexão com as experiências expressivas primárias. Nas etapas iniciais, sobretudo, isto se revela na igualdade entre conteúdo do "signo" e conteúdo da "coisa" (equação simbólica). Mesmo depois, porém, o simbolismo lingüístico permanecerá sempre entremeado com caracteres expressivos, os quais se mostram presentes mesmo nas realizações intelectuais supremas.

E, pouco adiante:

> À medida que o ser humano avança para a objetividade, o extrato das experiências expressivas vai se modificando e se transformando; mas ele não é abolido, porque, se o fosse, o fenômeno fundamental da percepção da "vida" e da vitalidade desapareceriam com ele. Certas formações fonéticas, rítmicas, sonoras e melódicas revelam a íntima fusão da significação designativa e da função puramente representativa da linguagem com os aspectos expressivos. E são estes aspectos que dão aos atos de linguagem a qualidade específica pela qual se manifesta a "presença" e o valor emocional, o sentido afetivo do mundo natural e humano.
> Mas, seguindo, ao mesmo tempo, outra vertente, aquela em que o ser humano progride em direção à função representativa e, por fim, puramente lógica, o mundo como que se distancia, para, afinal, se constituir, ao termo desse processo, num universo de coisas naturais e de leis. O que implica uma progressiva *desanimação*, um confinamento e restrição dos valores expressivos, os quais, não obstante, perduram e permeiam o mundo, emprestando-lhe o caráter de "sentido" (*sinn*) que ele assume para o homem, em meio e ao lado dos atos teóricos de significação e designação.

E ainda, no final do artigo, acentua-se a união do sentido expressivo-emocional e da significação discursiva, seja na fala do paciente quanto na do analista.

Eu concluo minhas observações sobre o *relatório 1*:

a alegação de falta de clareza do artigo encobre lacunas de conhecimento, falta de apreensão de conexões significativas entre momentos diferentes do texto e, mais amplamente, incapacidade de compreensão do trabalho. É o que talvez explique o despropósito dos comentários e a sanha crítica e inquisitorial do *relator 1*.

Relatório 2:

Ele [o artigo] se inicia com um falseamento do conceito de representação inconsciente de Freud que teria se "originado diretamente das noções de percepção e de imaginação inspiradas pelas concepções epistemológicas positivistas da Psicologia do século XIX".

Resposta –

Não é apenas o autor do artigo quem faz tal atribuição. Já Strachey havia assinalado que os conceitos de "representação de coisa" e "representação de palavra" – que permitirão definir a concepção de representação inconsciente no capítulo "The Unconscious" de 1915 – deitam raízes na monografia de Freud sobre a afasia, de 1891, cujas idéias são expressas

na linguagem técnica da psicologia "acadêmica" do final do século dezenove.
("in the technical language of the 'academic' psychology of the later nineteenth century.")

Eu destaco esta frase, de autoria de Strachey, do primeiro texto abaixo citado.

A "psicologia acadêmica" a que Strachey se refere, outra não é senão a psicologia positivista das sensações e das associações sensoriais.

Eu transcrevo, aqui, dois trechos. O primeiro é de autoria de Strachey, na nota introdutória ao Appendix C – Words and Things –, o último dos três apêndices que se seguem ao capítulo "The Unconscious" na *S. E.*

O outro trecho é extraído de uma passagem da própria monografia de Freud, passagem que é incluída por Strachey no mesmo Appendix C. É nesse trecho que comparecem as noções de Freud de "representação de objeto", expressão substituída por "representação de coisa" no texto "The Unconscious", e de "representação de palavra", noções que, como diz Strachey, ele manterá na secção final do artigo "The Unconscious". E é nessa mesma passagem que Freud cita o pensador a quem credita sua concepção de percepção e significação da percepção: John Stuart Mill[15] (1806-1873), o filósofo inglês que, fiel à tradição empirista que provem de Hobbes, Locke, Hume, John Mill (pai de John Stuart Mill), inscreve-se entre os partidários da Psicologia Associacionista[16].

1. *James Strachey*[17]:
Apêndice C – Palavras e Coisas (Appendix C – Words and Things).

[A secção final do artigo de Freud sobre "O Inconsciente" parece ter raízes na sua monografia sobre a afasia (1891b). Pode ser de interesse, portanto, reproduzir aqui uma passagem daquele trabalho, o qual, ainda que de leitura não muito fácil, traz à luz,

---

15. Cf. Mill, John Stuart, in *Enciclopédia Britânica*.
16. Cf. Associationism or Associationist Psychology, in *Enciclopédia Britânica*.
17. J. Strachey, in S. Freud, *S. E.* XIV, p. 209.

contudo, as hipóteses subjacentes a algumas das concepções ulteriores de Freud. A passagem tem, além disso, o interesse em apresentar Freud na posição incomum de falar na linguagem técnica da psicologia "acadêmica" do final do século XIX. [...] O que ele denomina aqui a "representação de objeto" é o que em "O Inconsciente" ele nomeia de "representação de coisa"; ao passo que a "representação de objeto" de "O Inconsciente" denota um complexo constituído da combinação de "representação de coisa" e "representação de palavra" – complexo que não recebe nome no trecho da Aphasia. A tradução foi realizada especialmente para esta oportunidade uma vez que, por razões terminológicas, a publicada não estava inteiramente adaptada para a finalidade presente. Da mesma forma como na parte final de "O Inconsciente", utilizamos sempre a palavra "representação" (*presentation*, em inglês) para o alemão *Vorstellung*, ao passo que "imagem" (*image*, em inglês) figura para o alemão *Bild*. A passagem vai da p. 74 à p. 81 da edição alemã original.]

("[The final section of Freud' paper on "The Unconscious" seems to have roots in his early monograph on aphasia (1891b). It may be of interest, therefore, to reproduce here a passage from that work which, though not particularly easy to follow in itself, nevertheless throws light on the assumptions that underlay some of Freud' later views. The passage has the further incidental interest of presenting Freud in the very unusual position of talking in the technical language of the "academic" psychology of the later nineteenth century. [...] What he here calls the "object-presentation" is what in "The Unconscious" he calls "thing-presentation"; while what in "The Unconscious" he calls the "object-presentation" denotes a complex made up of the combined "thing-presentation" and "word-presentation" – a complex which has no name given to it in the Aphasia passage. The translation has been made specially for this occasion, since, for terminological reasons, the published one was not entirely adapted to the present purpose. As in the last section of "The Unconscious", we have always used the word "presentation" to render the German "Vorstellung", while "image" stands for the German "Bild". The passage runs from p. 74 to p. 81 of the original German edition.]")

2. Freud, S[18]
"Sobre a Afasia" ("On Aphasia")

Uma palavra é, assim, uma representação complexa que consiste nas imagens acima enumeradas; ou, posto de outra forma, à palavra corresponde um processo associativo complicado no qual entram conjuntamente elementos de origem visual, acústica e cinestésica.

Uma palavra, contudo, adquire sua *significação* por conexão a uma "representação de objeto" ("representação de coisa" do artigo "The Unconscious", pp. 201-202, S. E. XIV – N. T.), no caso de nos restringirmos à consideração de substantivos. A representação de objeto em si mesma é, por sua vez, também, um complexo de associações feito da maior variedade de representações visuais, acústicas, tácteis, cinestésicas e outras. A filosofia nos diz que uma representação de objeto não consiste em nada mais que isto – que a aparência de haver uma "coisa", cujos "atributos" vários essas impressões sensíveis revelam, é meramente devido ao fato de que, enumerando as impressões sensíveis que recebemos de um objeto, admitimos também a possibilidade de haver um grande número de impressões ulteriores na mesma cadeia de associações (J. S. Mill, *A System of Logic*, 1843, 1, Book I, Chapter III, também *An Examination of Sir William Hamilton's Philosophy*, 1865).

---

18. S. Freud, (1891b). "Appendix C. Words and Things". Transcrição de passagem de *On Aphasia*. S. E. XIV, pp. 213-214.

("A word is thus a complex presentation consisting of the images enumerated above; or, to put it in another way, there corresponds to the word a complicated associative process into which the elements of visual, acoustic and kinaesthetic origin enumerated above enter together.

A word, however, acquires its meaning by being linked to an 'object-presentation' [The 'thing-presentation' of the paper on 'The Unconscious', p. 201 ff, N. T.], at all events if we restrict ourselves to a consideration of substantives. The object-presentation itself is once again a complex of associations made up of the greatest variety of visual, acoustic, tactile, kinaesthetic and other presentations. Philosophy tells us that an object-presentation consists in nothing more than this – that the appearance of there being a 'thing' to whose various 'attributes' these sense-impressions bear witness is merely due to the fact that, in enumerating the sense-impressions which we have received from an object, we also assume the possibility of there being a large number of further impressions in the same chain of associations [J. S. Mill, *A System of Logic*, 1843, 1, Book I, Chapter III, also *An Examination of Sir William Hamiltons's Philosophy*, 1865.])

É lamentável que o *relator 2* descarte, com um giro de frase – *misattributing* –, matéria que mostra ignorar e que lhe permitiria penetrar a arqueologia de construções teóricas básicas de Freud como a de "representação inconsciente".

Relatório 2:

A idéia de tal "reformulação total e profunda", que deveria ser aplicada aos conceitos clínicos de Freud, bem como a suas tentativas metapsicológicas, revela um erro básico na argumentação: o fato óbvio de que o domínio fenomenológico e o campo de estudos clínicos de Freud não se superpõem de forma simples, é ignorado. [...].

E, ainda:

Talvez fosse interessante se dispusesse o autor a discutir material clínico detalhado em termos de uma perspectiva fenomenológica e Freudiana, ilustrando, por esta maneira, as alegadas vantagens da utilização clínica da Fenomenologia Husserliana. [...]

Resposta –

Não sei onde o *relator 2* encontrou, no artigo, uma presumida superposição do domínio da fenomenologia ao campo de estudos clínicos de Freud. A investigação fenomenológica comparece no artigo como subsídio para a reformulação de concepções teóricas relativas: 1. à "imanência psicológica" (a representação dos objetos como imagens internas dos objetos representados); 2. à imaginação e 3. ao sentimento. No artigo, Husserl é citado com relação à crítica à noção de "imanência" e com relação ao sentimento como ato intencional. A contribuição de Sartre é examinada em duas passagens do artigo. Primeiramente, na sua crítica à "imanência" no processo imaginário e, a seguir, no tópico Sentimento. Ele desenvolve neste tópico a noção de Husserl sobre o sentimento como forma sintética de consciência afetiva de objeto, o que corresponde, a meu ver, na Psicanálise, à idéia de "relação de objeto" na acepção de síntese afetivo-representativa, e não como mera associação de dois elementos heterogêneos, afeto e representação.

Como se vê, as referências à fenomenologia não dizem respeito ao âmbito da prática clínica psicanalítica. Não há, pois, nada que corresponda à alegação do *relator 2* de que o artigo advogue "as alegadas vantagens de uma utilização clínica da fenomenologia de Husserl".

Quanto à menção do *relator 2* a Scheler, é necessário frisar que este pensador é citado no artigo a propósito de uma questão específica: a expressividade como fator central na "percepção do outro", na "percepção do tu". Mas, a contribuição de Scheler no artigo está incluída numa temática muito mais ampla, desenvolvida em "II – O Problema da Constituição do Sentido e da Significação". (Cf., *supra*, pp. 241-272). São ali discutidas, à luz das contribuições de Cassirer e Susanne Langer – portanto, num universo de idéias totalmente distinto do da Fenomenologia de Husserl – as teses principais do artigo: formas de subjetividade e sua objetivação em formas simbólicas. E é ali, também, que a noção de expressividade assume sua dimensão maior, para incluir os domínios da linguagem, da arte, do mito e da psicologia normal e patológica. A relação intersubjetiva é uma das formas desse universo e seu foro privilegiado de estudo é a sessão psicanalítica.

O tema da relação analista-paciente, objeto da parte final do artigo, é situado dentro dos limites metodológicos estritamente psicanalíticos; afirma-se, ali, que a comunicação afetiva recíproca e as concepções emocionais que se articulam na sessão representam momentos pregnantes da sessão psicanalítica. Entende o autor que a metodologia para a sua investigação foi criada pela Psicanálise e constitui sua magna contribuição para o conhecimento da construção da vida emocional e da subjetividade humanas.

O *relator 2* põe, no mesmo saco, Husserl e Cassirer. Na sua visão obscurecida, "à noite, todos os gatos são pardos".

O *relator 2*, ao que tudo indica, não se assenhoreou das contribuições de Cassirer para a Psicologia e para o problema da significação e confunde a revolução semântica que ele instituiu na filosofia da cultura com a fenomenologia de Husserl e dos que por este foram influenciados.

Devemos ao gênio criador de Freud uma revolução no campo da significação dos fenômenos psíquicos e da cultura. Essa significação foi sendo construída *in media res*, i.e., no contato direto com as coisas humanas. É neste sentido específico que deve ser entendida a expressão "campo de estudos clínicos de Freud", utilizada pelo *relator 2*. Já, a elaboração da teoria psicanalítica (por exemplo, em The Unconscious, de 1915) teve por objetivo estabelecer os princípios gerais subjacentes ao plano das significações descobertas no campo da experiência concreta, princípios que tinham por finalidade fornecer as bases para a explicação dos fatos particulares estudados. Como toda teoria, ela desenvolve-se num outro nível de abstração, ela consiste numa *metábasis eís állo génos* – uma transição a uma outra perspectiva. Em meu modo de entender, os princípios para a elaboração da teoria psicanalítica têm seu ponto de partida em pressuposições epistemológicas e psicológicas que provêm da filosofia empirista (segundo o que já foi examinado nesta resposta ao Editor-Chefe) e que exigem revisão. Estas pressuposições dizem respeito, em primeiro lugar, à noção de imanência e conseqüente representação dos objetos em *imagens na* consciência. O presente trabalho visa essencialmente à crítica desses pressupostos. E foi na Fenomenologia que o autor deste artigo encontrou os fundamentos para essa crítica. As contribuições da Fenomenologia descritas na presente resposta são estritamente limitadas ao exame de dois temas: a imanência psicológica e o sentimento.

Relatório 2:

[...] (o próprio Freud optou por deixar as representações inconscientes abertas a desenvolvimento ulterior através de investigações clínicas, mantendo-as, contudo, de modo tenaz, separadas das representações de palavras lingüísticas). [...].

Resposta –

Eis aí um núcleo central de questões que mereceriam uma discussão exaustiva a qual, no entanto, não cabe nos limites desta análise crítica do *relatório 2*. Vou apontar somente alguns tópicos. Insiste o relator na tese clássica de uma separação entre as *unconscious presentations* e as *word-presentations*.

Esta tese provém, igualmente, da noção de imanência do empirismo e foi examinada mais longamente neste relatório-resposta. Trata-se agora, segundo o relator, da separação entre as *imagens* da palavra e as *imagens* dos objetos que, de acordo com as idéias de Freud expostas na monografia sobre a afasia, resultam da separação entre os fundamentos sensoriais da percepção e os da linguagem. Consoante esse ponto de vista – criticado por vários autores, entre eles os que a seguir mencionaremos – as perturbações da percepção só poderiam ser deficiências sensoriais ou gnósicas. Na verdade, porém, a patologia revela a íntima junção da sensibilidade e da significação.

A psicologia moderna libertou-se muito tardiamente dos padrões da teoria das sensações e das associações sensoriais de modo a tomar a própria linguagem como objeto de investigação. E foi a partir da patologia da linguagem (o próprio Freud, na monografia sobre a afasia acentua o fato de que a patologia contribuiu para o conhecimento dos processos que intervêm na linguagem) que começou a se tornar nítido, no campo da neuropsiquiatria, o problema da relação entre a formação da linguagem e a estruturação do mundo da percepção. Esse novo desenvolvimento iniciou-se com os estudos de Jackson e Head. Mas, as contribuições de maior relevo foram devidas a Kurt Goldstein e Adhémar Gelb, a partir de 1918. Elas são examinadas no contexto mais amplo de uma Patologia da Consciência Simbólica por Cassirer, em *The Philosophy of Symbolic Forms,* New Haven and London, Yale University Press, 1957, vol. 3, Part II, Chapter 6. Em especial, as partes 2 e 3 deste capítulo concernem diretamente aos problemas aqui examinados[19]. Veja-se ainda, Kurt Goldstein[20].

Eu convido o *relator 2* a reler as passagens do artigo (Cf. *supra*, pp. 255-259) que tratam do papel da linguagem na edificação do mundo da percepção. E, especialmente, a estudar:

1. E. Cassirer (1931), "A Linguagem e a Construção do Mundo dos Objetos", trabalho que, sob este título, aparece nas seguintes publicações:

"Die Sprache und der Aufbau der Gegenstandswelt." Bericht über den XII. Kongress der deutschen Gesellschaft für Psychologie, Hamburg, 1931 (Jena: G. Fisher, 1932), pp. 134-145. Trad. francesa, "Le langage et la construction du monde des objets," by P. Guillaume, Journal de Psychologie normale et pathologique, 30 (1933), 18-44; repr. in Psychologie du language (Paris: Alcan, 1933). Trad. espanhola, Madrid, 1947; Buenos Aires, 1952; Teoria del Lenguaje y Linguistica General (Buenos Aires: Editorial Paidos, 1972), pp. 20-38."

Escreve Cassirer neste artigo:

"[...] a representação objetiva – e é isto o que tratarei de explicar – não constitui o ponto de partida do processo de formação da linguagem; antes, é a meta a que dito processo conduz; [...] A linguagem não entra em um mundo de percepções objetivas só para assinalar nomes, que seriam signos puramente exteriores e arbitrários, a objetos individuais dados e claramente delimitados uns com respeito aos outros. É por si um mediador na formação dos objetos; é, num sentido, o mediador por excelência, o instrumento mais importante e precioso para a conquista e a construção de um verdadeiro mundo de objetos. [...] A unidade do nome serve de ponto de cristalização para a multiplicidade das representações."

do objeto e reúne-as numa sinopse que significa o próprio nascimento do *objeto* para a consciência.

O que todos esses estudos revelam é a profunda interpenetração entre representação dos objetos, percepção e linguagem. O desenvol-

---

19. E. Cassirer (1929), *The Philosophy of Symbolic Forms.* New Haven and London, Yale University Press, vol. 3, 1957, pp. 220-242.

20. K. Goldstein, "Analisis de la Afasia y el Estudio de la Esencia del Lenguaje", *Psicología del Lenguaje*. Buenos Aires, Editorial Paidos, 1972, pp. 127-210.

vimento da linguagem coincide com a definição perceptiva do mundo dos objetos e com o desenvolvimento da consciência. Difícil, pois, concordar com o *relator 2* no que diz respeito à independência das *unconscious presentations* do mundo da linguagem.

Relatório 2:

quanto à questão da identificação projetiva.

Resposta –

É importante considerar que, entre os anos de 1920 e 1930, as novas idéias que surgem na Psicologia ocorrem na Alemanha. Em 1929, vem à luz o terceiro volume de *The Philosophy of Symbolic Forms*, de Cassirer, em cuja *Part I, Chapter 2*, são estudadas as fases iniciais de desenvolvimento da consciência. É ali que encontramos pela primeira vez a descrição de um estádio de consciência que corresponde ao que denominaríamos de fase esquizóide. No meu artigo são descritos os momentos iniciais do processo, em nível da pura expressividade, processo que é relacionado com as concepções que Melanie Klein desenvolverá posteriormente. O artigo procura destacar as origens de transformações ocorridas na Psicologia que, sem dúvida, influenciaram Melanie Klein. Basta lembrar que o seu artigo de 1930[21], surge pouco depois da publicação do *The Philosophy of Symbolic Forms* de Cassirer, obra que se desenvolve entre 1923 e 1929 e que é centrada nos processos de simbolização.

Seria ocioso continuar a discussão sobre outros pontos levantados pelo *relator 2*, como o exercício imaginário da Argentina e a zoofobia do pequeno Hans ou as idéias de Koffka. Isso nos levaria longe.

Uma palavra sobre a sugestão do *relator 2* de apresentação detalhada de material clínico com o fim de ilustrar uma suposta alegação, do autor do artigo, de superioridade de uma visão fenomenológica em relação à de Freud. Como já foi esclarecido, não há no artigo menção a uma metodologia ou teoria fenomenológica a instruir a clínica. E, embora o autor insista, durante os longos anos que dedica ao ensino da Psicanálise, na primazia da discussão a partir da realidade do relato clínico, o presente trabalho é um ensaio teórico e, como tal, consistente em si próprio. Todavia, a sugestão é oportuna e prontifico-me a atendê-la, obviamente não nos termos presumidos pelo *relator 2*.

A discordância do *relator 2* das teses do trabalho – que são negadas ironicamente, sem discussão das bases e dos estudos em que elas assentam, mas opondo-lhes uma visão dogmática que nem sequer leva

---

21. M. Klein (1930), "The Importance of Symbol-Formation in the Development of the Ego", *Love Guilt and Reparation*. London, The Hogarth Press, 1985, pp. 219-232.

em conta alguns escritos essenciais de Freud – não é motivo para impedir sua publicação. Ao contrário, é graças à difusão e ao acesso à diversidade das idéias que são reveladas as tensões e oposições existentes num campo de estudos e se criam as condições para as discussões indispensáveis ao avanço do pensamento.

Encaminho, ainda, um trabalho – Contribuição à Semiologia da Sessão Psicanalítica (trata-se dos seminários 10 e 11 incluídos na Parte IV – Lições Clínicas – do presente livro) – que contém relatos clínicos, e que pode bem servir como complemento do artigo enviado. Tendo em vista o seu conteúdo, penso que atende à significativa sugestão do *relator 3*, que escreve:

> Embora o primeiro objetivo tenha merecido argumentos e ilustrações mais que suficientes, o segundo objetivo deveria ter sido, também, objeto de um tópico especial no corpo do artigo. Esse tópico deveria incluir, em forma menos sumária, aquilo que o autor especifica, em sua conclusão, com relação à sessão analítica e sua dinâmica, ou seja, um exemplo clínico, para trazer à vida, transpostas para a psicanálise, as idéias oriundas das investigações e raízes filosóficas tão claramente ilustradas no artigo.

Saudações cordiais
Isaias H. Melsohn

7. PARA ENCERRAR O LIBELO, NÃO A PENDÊNCIA

Exame perfunctório do artigo, mais danoso que a ignorância, no *relatório 1*. Rejeição, pura e simples, de asserções relativas a teses centrais do trabalho, com desconhecimento de textos – de Freud e de Strachey – diretamente pertinentes à matéria; apelo à autoridade e apego conservacionista à tradição, no *relatório 2*. São ambos, não obstante, determinantes do resultado negativo do balanço de contas do Editor-chefe do *IJP*.

Minuciosa análise do escrito pelo *relator 3* e cartas de James Grostein, auspiciosas expressões de comunicação. O que não é pouco, em se tratando de estudo que subverte as concepções vigentes sobre os fundamentos da Psicanálise e se detém na propositura de novos conceitos.

São razões de sobejo para reiterar, à guisa de comentários finais deste embate, os pontos capitais das conclusões do *relator 3*:

> Este artigo é uma reflexão sobre o modo de a consciência organizar as suas experiências. Ele contradiz as teorias psicanalíticas clássicas.
>
> Na opinião do leitor, os argumentos do autor são baseados em reflexões pessoais sérias sobre investigações e idéias de importantes pensadores contemporâneos.
>
> Ele apresenta argumentos sólidos para a busca de idéias novas, assim como para o abandono das idéias clássicas. Suas reflexões seguem uma ordem lógica e são, em si próprias, coerentes, embora densas e de difícil apreensão a uma leitura superficial.
>
> A bibliografia é adequada ao tema do artigo e adequadamente utilizada pelo autor.

Bibliografia

ASSOCIATIONISM OR ASSOCIATIONIST PSYCHOLOGY. *Enciclopédia Britânica*.
BENVENISTE, E. e outros. *Problemes du Langage*. Paris, Éd. Gallimard, Collection Diogène, 1966.
BENVENISTE, E. "Communication Animal et Langage Humain". *Problemes de Linguistique Générale*. Paris, Éd. Gallimard, 1966.
_____. "Remarque sur la Fonction du Langage dans la Découverte Freudienne". *Problemes de Linguistique Générale*. Paris, Éd. Gallimard, 1966.
BRENTANO, F. (1874). *Psychology From an Empirical Standpoint*. London. International Library of Philosophy and USA & Canada by Routledge, 1995.
CARONE, M. (1974). *Metáfora e Montagem*. São Paulo, Editora Perspectiva.
CASSIRER, E. (1910 e 1921). *Substance and Function & Einstein's Theory of Relativity*. Chicago. The Open Court Publishing Company e New York, Dover Publications, Inc., 1953.
_____. (1923-1925-1929). *The Philosophy of Symbolic Forms*. New Haven & London, Yale University Press, vol. 1 *Language*, 1953; vol. 2 *Mythical Thought*, 1955; vol. 3 *The Phenomenologie of Knowledge*, 1957.
_____. (1925). *Language and Myth*. USA. Harper & Brothers, 1946. Também em português *Linguagem e Mito*. São Paulo, Editora Perspectiva, 1973.
_____. (1931). "El Lenguaje y la Construccion del Mundo de los Objetos". *Psicologia del Lenguaje*. Buenos Aires. Editorial Paidos, 1972.
CHAUÍ, M. (1995). *Convite à Filosofia*. São Paulo, Ática.
CHEVALIER. (1929). *L'Habitude*. In MERLEAU-PONTY, M. (1945). *Phénoménologie de la Perception*. Paris, Éditions Gallimard.

DELACROIX, H. e outros. *Psicologia del Lenguage*. Buenos Aires, Paidos, 1972.
DRUMMOND DE ANDRADE, C. "Corporal". *Boitempo & A Falta Que Ama*. Rio de Janeiro, Editora Sabiá, 1968.
_____. "O Quarto em Desordem". *Fazendeiro do Ar & Poesia Até Agora*. Rio de Janeiro, Livraria José Olympio Editora, 1954.
FARBER, L. & FISHER, C. (1943). An experimental approach to dream psychology through the use of hypnosis. *Psa. Quart.* 12:202-16.
FERNANDO PESSOA, A. N. "Uns, com os Olhos Postos no Passado..." (28.08.1933). *Ficções do Interlúdio – Odes de Ricardo Reis*. Rio de Janeiro, Companhia Aguilar Editora, 1960.
FISHER, C. (1957). A study of the preliminary stages of constructions of dreams and images. *JAPA* 5(1):5-60.
FREUD, S. (1891). *On Aphasia*. New York, International University Press Inc., 1953.
_____. (1891b). "Appendix C. Words and Things". Transcrição de passagem de *On Aphasia. S. E.* XIV. London, The Hogarth Press.
_____. (1900). "The Interpretation of Dreams". *S.E.* IV-V. London, The Hogarth Press.
_____. (1901). "The Psychopathology of Everyday Life". *S.E.* VI. London, The Hogarth Press.
_____. (1910). "A Special Type of Choice of Object Made by Men". *S.E.* XI. London, The Hogarth Press.
_____. (1914). "The *Moses* of Michelangelo". *S.E.* XIII. London, The Hogarth Press.
_____. (1915). "The Unconscious". *S. E.* XIV. London, The Hogarth Press.
_____. (1916-1917). "Introductory Lectures on Psycho-Analysis". *S. E.* XV-XVI. London, The Hogarth Press.
_____. (1921). "Group Psychology and Analysis of the Ego". *S.E.* XVIII. London, The Hogarth Press.
_____. (1933a). "New Introductory Lectures on Psycho-Analysis". *S.E.* XXII. Lecture XXXI. London, The Hogarth Press.
GARCIA LORCA, F. (1935). "Llanto por Ignacio Sánchez Mejías". *Obras Completas*. Madrid, Aguilar, 1955.
GOLDSTEIN, K. (1934). *La Structure de l'Organisme*. Paris, Éditions Gallimard, 1951.
_____. "Analisis de la Afasia y el Estudio de la Esencia del Lenguaje". *Psicología del Lenguaje*. Buenos Aires, Editorial Paidos, 1972.
GRUNBAUM. (1930). In: MERLEAU-PONTY, M. (1945). *Phénoménologie de la Perception*. Paris, Éditions Gallimard.
GUIMARÃES PASSOS, S. C. (1891). *Versos de um simples*. Rio de Janeiro, sem indicação de editora.
HEIDEGGER, M. (1959). *Qu'Appelle-t-on Penser?* Paris, Presses Universitaires de France, 1967.
HUME, D. *Traité de la Nature Humaine*. In: SARTRE, J.-P. (1940), *L'Imaginaire*. Paris, Éditions Gallimard.
HUSSERL, E. (1913). *Recherches Logiques*. Paris, Presses Universitaires de France, Tome 2, Première Partie, 1969; Tome Second, Deuxième Partie, 1962.
JAKOBSON, R. "Deux aspects du Langage et Deux Types d'Aphasie". *Essais de*

Linguistique Générale. Paris, Les Éditions de Minuit, 1963.

―――――. "Linguistique et Poétique". *Essais de Linguistique Générale*. Paris, Les Éditions de Minuit, 1963.

KELLER, H. (1902). *The Story of My Life*. Golden City, Dobleday, Doran & Co., 1936.

KLAGES, L. (1923). In: CASSIRER, E. (1923-1929). *The Philosophy of Symbolic Forms*. New Haven & London, Yale University Press, vol. 3, 1957.

KLEIN, M. (1930). "The Importance of Symbol-Formation in the Development of the Ego". *Love Guilt and Reparation*. London, The Hogarth Press, 1985.

KOFFKA, K. (1921). In: CASSIRER, E., (1923-1929). *The Philosophy of Symbolic Forms*. New Haven & London, Yale University Press, vol. 3, 1957.

―――――. (1921). *The Growth of the Mind*. London. Kegan Paul, Trench Trubner & Co. e New York. Harcourt, Brace & Co., 1925.

KÖHLER, W. *Psychologie de la Forme*. Paris, Éditions Gallimard, 1964.

LANGER, S. K. (1942). *Philosophy in a New Key*. New York, The New American Library of World Literature, Mentor Books, 1952. Também em português: *Filosofia em Nova Chave*. São Paulo, Editora Perspectiva, 1971.

―――――. (1953). *Feeling and Form*. New York, Charles Scribner's Son. Também em Português: *Sentimento e Forma*. São Paulo, Editora Perspectiva, 1980.

―――――. (1967, 1972, 1982). *Mind: an Essay on Human Feeling*. Baltimore, The John Hopkins Press, 3 vols.

LEROI-GOURHAN, A. (1964-1965). *Le Geste et la Parole*. Paris, Éditions Albin Michel, 2 vols.

LÉVI-STRAUSS, C. (1947). *Les Structures Élémentaires de la Parenté*. Paris-La Haye, Mouton & Co. and Maison des Sciences de L'Homme, 1967.

LOCKE, J. (1690). *Essay Concerning Human Understanding*. In: HUSSERL, E. (1913). *Recherches Logiques*. Paris, Presses Universitaires de France, Tome 2, Première Partie, 1969.

―――――. *Philosophic Works*. London, J. A. St. John, 1882. In: HUSSERL, E. (1913). *Recherches Logiques*. Paris, Presses Universitaires de France, Tome 2, Première Partie, 1969.

LYOTARD, J. F. (1978). *Discours. Figure*. Paris, Éditions Klincksieck.

MELSOHN, I. (1989). "Sentido. Significação – Sonho e Linguagem –: Reflexões sobre as Formas de Consciência no Processo Analítico". *Rev. Bras. de Psicanálise* 23(3):55-69. São Paulo. Também: *Revista Latinoamericana de Psicoanálisis* 1(2):113-20, 1996.

―――――. (1997). "Contribuição para a Semiologia da Sessão Psicanalítica". *Bion em São Paulo. Ressonâncias*. FRANÇA, M. O. A. F. (org.). Acervo Psicanalítico da Sociedade Brasileira de Psicanálise de São Paulo. São Paulo, 1997.

―――――. "O Relato Clínico e os Problemas Teóricos da Técnica Psicanalítica. Dinâmica Psicológica do Início de uma Sessão". *Jornal de Psicanálise*. Sociedade Brasileira de Psicanálise de São Paulo. São Paulo: 31(57): 45-52, 1998.

MERLEAU-PONTY, M. (1942). *La Structure du Comportament*. Paris, Presses Universitaires de France, 1967.

———. (1945). *Phénoménologie de la Perception.* Paris, Éditions Gallimard.
———. (1964). *L'Oeil et L'Espirit.* Paris, Éditions Gallimard.
MILL, JOHN STUART. In: *Enciclopédia Britânica.*
PEROT, J. *A Lingüística.* São Paulo, Difusão Européia do Livro, 1970, tradução de *La Linguistique.* Paris, PUF, Col. Que Sais-Je?, n. 570.
RIMBAUD, A. *Oeuvres Complètes.* Paris, Éditions Gallimard, Bibliothèque de la Pléiade, 1972.
SARTRE, J.-P. *L'Imagination.* Paris, Alcan, 1936.
———. (1940). *L'Imaginaire.* Paris: Éd. Gallimard, 1964.
———. *Esquisse d'une Théorie des Emotions.* Paris, Herman & Cie Éditeurs, 1948.
SAUSSURE, F. (1916). *Curso de Lingüística Geral.* São Paulo, Cultrix: sem indicação de data.
SCHELER, M. (1923). *Nature et Formes de la Sympathie.* Paris, Petite Bibliothèque Payot, 1971.
SCHROETTER, K. (1911). "Experimental dreams". *Organization and Pathology of Thought. Selected Sources.* New York and London, Columbia University Press, 1965.
SHAKESPEARE. *A Tempestade.*
SISTER, B. E TAFFAREL, M. (1996). *Isaias Melsohn. A Psicanálise e a Vida. Setenta Anos de Histórias Paulistanas e a Formação de um Pensamento Renovador na Psicanálise.* São Paulo, Editora Escuta.
STEIN, J. In MERLEAU-PONTY, M. (1945). *Phénoménologie de la Perception.* Paris, Éditions Gallimard.
STRACHEY, J. "Appendix C. Words and Things. Comentário Introdutório". In: FREUD, S. *S. E.* XIV. London, The Hogarth Press.
WEIZSACKER, citado por Stein. In MERLEAU-PONTY, M. (1945). *Phénoménologie de la Perception.* Paris, Éditions Gallimard.
WERNER. In MERLEAU-PONTY, M. (1945). *Phénoménologie de la Perception.* Paris, Éditions Gallimard.

Sobre o Autor

1921 – Isaias Hessel Melsohn nasce a 10 de janeiro, em Lublin, Polônia.
1926 – A família emigra para o Brasil, estabelecendo-se em São Paulo.
1941 – Ingressa na Faculdade de Medicina da Universidade de São Paulo, onde se formará em 1946.
1942 – Participa de reuniões musicais na casa do professor de Histologia e Embriologia José Oria, de quem é monitor de ensino na Faculdade de Medicina.
1945 – É aceito como candidato na Sociedade Brasileira de Psicanálise de São Paulo (SBPSP). Inicia análise pessoal com a dra. Adelheid Koch, que se estenderá até 1950. Nesse mesmo ano torna-se cidadão brasileiro.
1946 – Estagia no Hospital Psiquiátrico do Juqueri, em Franco da Rocha, na Grande São Paulo; em 1947, é contratado como médico psiquiatra no Hospital do Juqueri, onde se integrará ao grupo do dr. Aníbal Silveira.
1948 – Apresenta trabalhos no V Congresso Brasileiro de Psiquiatria, Neurologia e Medicina Legal, realizado em São Paulo e no Rio de Janeiro. Participa do grupo de audição musical organizado pelo médico ginecologista Lauro Braga, grupo cuja existência se estende até hoje. Inicia sua coleção de arte sacra.
1950 – Participa, como integrante da delegação oficial brasileira, do I Congresso Mundial de Psiquiatria e do II Congresso Internacional de Criminologia em Paris. No retorno, passa a freqüentar os seminários de Filosofia dirigidos por Anatol Rosenfeld, que se estenderão até 1972.
1951 – Passa a ser membro associado da Sociedade Brasileira de Psicanálise de São Paulo.
1954 – Inicia atividade docente no Instituto de Psicanálise da SBPSP. Participa do polêmico I Congresso Latino-Americano de Saúde Mental em São

Paulo, defendendo a prática da Psicanálise também por não-médicos. Inicia sua coleção de pinturas.

1955 – Torna-se membro efetivo da Sociedade Brasileira de Psicanálise de São Paulo, exercendo ali o cargo de secretário até 1957.

1959 – Primeiro contato com a obra da filósofa norte-americana Susanne Langer. Ocupa o cargo de secretário do Instituto da SBPSP (1959/60).

1960 – Torna-se psicanalista didata da SBPSP.

1961 – Participa da fundação da Sociedade Rorschach de São Paulo e se associa à Associação Paulista de Medicina. Delegado da SBPSP no Comitê Coordenador das Organizações Psicanalíticas Latino-Americanas (COPAL).

1962 – Começa a ministrar aulas nos departamentos de Psicologia da USP ("Psicologia Patológica e do Anormal" e "Técnicas Projetivas"); seu comissionamento não será renovado depois do golpe militar de 1964.

1963 – Ministra curso sobre "Psicologia Dinâmica Aplicada à Orientação Educativa" na pós-graduação de Orientação Educativa no Departamento de Educação da USP.

1967 – Membro fundador da Associação Brasileira de Psicanálise (ABP), no Rio de Janeiro. Participa do programa de conferências e seminários clínicos para psicanalistas venezuelanos em Caracas. É membro da Comissão de Ensino da SBPSP (1967/80).

1969 – É eleito para o cargo de secretário da primeira diretoria da Associação Brasileira de Psicanálise, com mandato até 1971.

1970 – Apresenta o trabalho "Novos Conceitos em Psicanálise" no Congresso Latino-Americano de Psicanálise.

1971 – Viaja para Londres, onde residirá até 1973. Membro visitante da Sociedade Britânica de Psicanálise. Faz um período de análise com a psicanalista Hanna Segal e participa de um programa de estudos que inclui seminários e supervisões com Betty Joseph, Herbert Rosenfeld, Irmã Pick, Sidney Klein e Ruth Riesenberg Malcolm.

1973 – Apresenta em reunião científica da SBPSP um primeiro texto expondo suas concepções críticas à teoria psicanalítica: "Crítica do Conceito de Inconsciente em Psicanálise".

1974 – Ministra o curso "Metapsicologia. Revisão Crítica. Contribuição da Fenomenologia" no Instituto de Psicanálise.

1975 – Leciona curso sobre "Psicanálise-Fundamentos e Revisão Crítica" no Instituto Sedes Sapientiae.

1976 – Ao lado dos psicanalistas Roberto Azevedo e Regina Schnaiderman, funda o Curso de Psicoterapia de Orientação Psicanalítica no Instituto Sedes Sapientiae.

1981 – Apresenta o trabalho "Pensamento Simbólico e Formas Pré-simbólicas" no Rencontre Franco-Latino-Américaine (Confrontation), em Paris, França.

1982 – Ministra conferência intitulada "Formas Discursivas e Não-discursivas de Consciência. Melanie Klein e a Cultura de sua Época", no simpósio em homenagem a Melanie Klein, no Rio de Janeiro.

1983 – Apresenta o trabalho "A Angústia do Saber e a Experiência Emocional" no IX Congresso Brasileiro de Psicanálise, em São Paulo.

1984 – Palestra "Arte, Pensamento Mítico e Significação em Psicanálise" na SBPSP.

1988 – Ministra curso no Instituto Sedes Sapientiae sobre "Fundamentos Críticos da Psicanálise". Palestra "O Dizer da Fala", na SBPSP. Ministra o curso "Estádios do Desenvolvimento e Formas de Consciência – seu Significado no Processo Psicanalítico", na SBPSP.

1989 – Indicado pelo Comitê de Programa do Congresso Internacional de Psicanálise, realizado em Roma, Itália, para discutir e apresentar sua síntese crítica e pontos de vista pessoais sobre o tema oficial do congresso, "As Bases Comuns da Psicanálise", na sessão de encerramento e avaliação.

1991 – Recebe o título de "Notório Saber", outorgado pela Congregação do Instituto de Psicologia da Universidade de São Paulo.

1992 – Profere a aula inaugural "Forma de Expressão da Emoção" para a oitava turma de formação psicanalítica do Instituto de Psicanálise da SBPSP, com sede em Brasília. 1996 – Lançamento do livro *Isaias Melsohn: A Psicanálise e a Vida*, das psicanalistas Bela M. Sister e Marilsa Taffarel. Biografia e introdução ao seu pensamento sobre a psicanálise.

1999 – Participa, como representante do Brasil, na conferência de encerramento do Congresso Brasileiro de Psicanálise, realizado em abril no Rio de Janeiro, sobre o tema "O Homem, a Psicanálise e o Novo Século".

Prossegue em atividade docente, com aulas, conferências e supervisão até a presente data.

Principais Publicações

"A Psicanálise", em comemoração ao centenário do nascimento de Freud, *Diário de São Paulo*, 6 de maio, 1956.

"Desordens Paralógicas e Alógicas à Luz da Patologia Cerebral", in *Arquivos de Neuropsiquiatria*, vol. 17, n° 2, junho, pp. 163-181,1959.

"Subcorticotomia do Lobo Orbitário e Distúrbios Instintivos" (colab. Com S. Vizzotto, A. Sette Jubior, A.M. Pimenta, P. M. Albernaz Filho e Roberto Tomchinsky); in *Arquivos de Neuropsiquiatria*, vol. 17, n° 2, junho, pp. 202-207, 1959.

"Esquizofazia" (colab. Com S. Vizzotto), in *Arquivos de Neuropsiquiatria*, vol. 17, n. 2, junho, pp. 208-214, 1959.

"Contribuições de Kleist para a Semiologia e a Nosologia Psiquiátricas", in *Boletim Mensal do Centro de Estudos Franco da Rocha*, março, 1961.

"Édipo Rei: Comentários sobre a Peça *Édipo Rei*", in *Revista Brasileira de Psicanálise*, vol. 1, n. 2, pp. 227-232, 1967.

"Dr. Isaias, Qual a Importância da Visita do Dr. Rosenfeld ao Brasil?", entrevista concedida ao jornal *O Estado de S. Paulo*, 20 de dezembro, 1974.

"Supervisão: Um Tema em Discussão", entrevista concedida a Deodato C. Azambuja; Paulo Duarte Guimarães Filho e Sonia Azambuja; in *Ide*, n° 4, pp. 49-51, 1977.

"Prof. Isaias Melsohn", entrevista concedida a Sonia Azambuja e Amazonas Alves Lima, in *Ide*, n. 8, pp. 7-24, 1980.

"Sentido, Significação. Sonho e Linguagem: Reflexões sobre as Formas de Consciência no Processo Analítico", in *Boletim de Psiquiatria*, 144(2):5, junho. Também publicado em 1989 na *Revista Brasileira de Psicanálise*, 23 (3), pp. 55-69 e em 1996 na *Revista Latinoamericana de Psicanálisis*, 1 (2), pp. 113-120, 1981.

"Novos Conceitos em Psicanálise", in *Ide*, n. 18, pp. 26-29, 1989.

"Bases Comuns", in *Ide*, n. 19, pp. 30-31, 1990.

"Notas Críticas sobre o Inconsciente, Sentido e Significações: a Função Expressiva e a Constituição do Sentido", in *Ide*, n. 21, pp. 18-47, 1991.

"Formas de Expressão da Emoção", in *Alter Boletim*, n. 2, Brasília pp. 272-283, 1992.

"Transferência", in *Fórum de Psicanálise – Sociedade Brasileira de Psicanálise de São Paulo*, São Paulo, Editora 34, pp. 233-239, 1995.

"O Mítico, o Estético e a Psicanálise", entrevista concedida a *Percurso – Revista de Psicanálise*, n. 15, São Paulo, pp. 104-115, 1995.

"Um Confronto da Psicanálise com a Psicologia Contemporânea" in *Revista Brasileira de Psicanálise*, 31 (4), pp.162-164, 1997.

"Contribuição para a Semiologia da Sessão Psicanalítica", in *Bion em São Paulo: Ressonâncias*, Maria Olympia de A. França (org.), pp. 347-363, 1997.

"O Relato Clínico e os Problemas Teóricos da Técnica Psicanalítica" in *Jornal de Psicanálise*, 31 (57), Sociedade Brasileira de Psicanálise, São Paulo, pp. 45-52, 1998.

"O Homem, a Psicanálise e o Novo Século", in *Revista Brasileira de Psicanálise*, 33 (1), pp. 151-156, 1999.

"Entrevista com Isaias Melsohn", in *Jornal de Psicanálise*, 33 (60/61), Sociedade Brasileira de Psicanálise de São Paulo, dezembro, 2000.

COLEÇÃO ESTUDOS

1. *Introdução à Cibernética*, W. Ross Ashby.
2. *Mimesis*, Erich Auerbach.
3. *A Criação Científica*, Abraham Moles.
4. *Homo Ludens*, Johan Huizinga.
5. *A Lingüística Estrutural*, Giulio C. Lepschy.
6. *A Estrutura Ausente*, Umberto Eco.
7. *Comportamento*, Donald Broadbent.
8. *Nordeste 1817*, Carlos Guilherme Mota.
9. *Cristãos-Novos na Bahia*, Anita Novinsky.
10. *A Inteligência Humana*, H. J. Butcher.
11. *João Caetano*, Décio de Almeida Prado.
12. *As Grandes Correntes da Mística Judaica*, Gershom G. Scholem.
13. *Vida e Valores do Povo Judeu*, Cecil Roth e outros.
14. *A Lógica da Criação Literária*, Käte Hamburger.
15. *Sociodinâmica da Cultura*, Abraham Moles.
16. *Gramatologia*, Jacques Derrida.
17. *Estampagem e Aprendizagem Inicial*, W. Sluckin.
18. *Estudos Afro-Brasileiros*, Roger Bastide.
19. *Morfologia do Macunaíma*, Haroldo de Campos.
20. *A Economia das Trocas Simbólicas*, Pierre Bourdieu.
21. *A Realidade Figurativa*, Pierre Francastel.
22. *Humberto Mauro*, Cataguases, Cinearte, Paulo Emílio Salles Gomes.
23. *História e Historiografia do Povo Judeu*, Salo W. Baron.
24. *Fernando Pessoa ou o Poetodrama*, José Augusto Seabra.
25. *As Formas do Conteúdo*, Umberto Eco.
26. *Filosofia da Nova Música*, Theodor Adorno.
27. *Por uma Arquitetura*, Le Corbusier.
28. *Percepção e Experiência*, M. D. Vernon.
29. *Filosofia do Estilo*, G. G. Granger.
30. *A Tradição do Novo*, Harold Rosenberg.

31. *Introdução à Gramática Gerativa*, Nicolas Ruwet.
32. *Sociologia da Cultura*, Karl Mannheim.
33. *Tarsila sua Obra e seu Tempo* (2 vols.), Aracy Amaral.
34. *O Mito Ariano*, Léon Poliakov.
35. *Lógica do Sentido*, Gilles Delleuze.
36. *Mestres do Teatro I*, John Gassner.
37. *O Regionalismo Gaúcho*, Joseph L. Love.
38. *Sociedade, Mudança e Política*, Hélio Jaguaribe.
39. *Desenvolvimento Político*, Hélio Jaguaribe.
40. *Crises e Alternativas da América Latina*, Hélio Jaguaribe.
41. *De Geração a Geração*, S. N. Eisenstadt.
42. *Política Econômica e Desenvolvimento do Brasil*, Nathanael H. Leff.
43. *Prolegômenos a uma Teoria da Linguagem*, Louis Hjelmslev.
44. *Sentimento e Forma*, Susanne K. Langer.
45. *A Política e o Conhecimento Sociológico*, F. G. Castles.
46. *Semiótica*, Charles S. Peirce.
47. *Ensaios de Sociologia*, Marcel Mauss.
48. *Mestres do Teatro II*, John Gassner.
49. *Uma Poética para Antonio Machado*, Ricardo Gullón.
50. *Burocracia e Sociedade no Brasil Colonial*, Stuart B. Schwartz.
51. *A Visão Existenciadora*, Evaldo Coutinho.
52. *América Latina em sua Literatura*, Unesco.
53. *Os Nuer*, E. E. Evans-Pritchard.
54. *Introdução à Textologia*, Roger Laufer.
55. *O Lugar de Todos os Lugares*, Evaldo Coutinho.
56. *Sociedade Israelense*, S. N. Eisenstadt.
57. *Das Arcadas do Bacharelismo*, Alberto Venancio Filho.
58. *Artaud e o Teatro*, Alain Virmaux.
59. *O Espaço da Arquitetura*, Evaldo Coutinho.
60. *Antropologia Aplicada*, Roger Bastide.
61. *História da Loucura*, Michel Foucault.
62. *Improvisação para o Teatro*, Viola Spolin.
63. *De Cristo aos Judeus da Corte*, Léon Poliakov.
64. *De Maomé aos Marranos*, Léon Poliakov.
65. *De Voltaire a Wagner*, Léon Poliakov.
66. *A Europa Suicida*, Léon Poliakov.
67. *O Urbanismo*, Françoise Choay.
68. *Pedagogia Institucional*, A. Vasquez e F. Oury.
69. *Pessoa e Personagem*, Michel Zeraffa.
70. *O Convívio Alegórico*, Evaldo Coutinho.
71. *O Convênio do Café*, Celso Lafer.
72. *A Linguagem*, Edward Sapir.
73. *Tratado Geral de Semiótica*, Umberto Eco.
74. *Ser e Estar em Nós*, Evaldo Coutinho.
75. *Estrutura da Teoria Psicanalítica*, David Rapaport.
76. *Jogo, Teatro & Pensamento*, Richard Courtney.
77. *Teoria Crítica I*, Max Horkheimer.
78. *A Subordinação ao Nosso Existir*, Evaldo Coutinho.
79. *A Estratégia dos Signos*, Lucrécia D'Aléssio Ferrara.
80. *Teatro: Leste & Oeste*, Leonard C. Pronko.
81. *Freud: a Trama dos Conceitos*, Renato Mezan.
82. *Vanguarda e Cosmopolitismo*, Jorge Schwartz.
83. *O Livro dIsso*, Georg Groddeck.

84. *A Testemunha Participante*, Evaldo Coutinho.
85. *Como se Faz uma Tese*, Umberto Eco.
86. *Uma Atriz: Cacilda Becker*, Nanci Fernandes e Maria Thereza Vargas (org.).
87. *Jesus e Israel*, Jules Isaac.
88. *A Regra e o Modelo*, Françoise Choay.
89. *Lector in Fabula*, Umberto Eco.
90. *TBC: Crônica de um Sonho*, Alberto Guzik.
91. *Os Processos Criativos de Robert Wilson*, Luiz Roberto Galizia.
92. *Poética em Ação*, Roman Jakobson.
93. *Tradução Intersemiótica*, Julio Plaza.
94. *Futurismo: uma Poética da Modernidade*, Annateresa Fabris.
95. *Melanie Klein I*, Jean-Michel Petot.
96. *Melanie Klein II*, Jean-Michel Petot.
97. *A Artisticidade do Ser*, Evaldo Coutinho.
98. *Nelson Rodrigues: Dramaturgia e Encenaçes*, Sábato Magaldi.
99. *O Homem e seu Isso*, Georg Groddeck.
100. *José de Alencar e o Teatro*, João Roberto Faria.
101. *Fernando de Azevedo: Educação e Transformação*, Maria Luiza Penna.
102. *Dilthey: um Conceito de Vida e uma Pedagogia*, Maria Nazaré de Camargo Pacheco Amaral.
103. *Sobre o Trabalho do Ator*, Mauro Meiches e Silvia Fernandes.
104. *Zumbi, Tiradentes*, Cláudia de Arruda Campos.
105. *Um Outro Mundo: a Infância*, Marie-José Chombart de Lauwe.
106. *Tempo e Religião*, Walter I. Rehfeld.
107. *Arthur Azevedo: a Palavra e o Riso*, Antonio Martins.
108. *Arte, Privilégio e Distinção*, José Carlos Durand.
109. *A Imagem Inconsciente do Corpo*, Françoise Dolto.
110. *Acoplagem no Espaço*, Oswaldino Marques.
111. *O Texto no Teatro*, Sábato Magaldi.
112. *Portinari, Pintor Social*, Annateresa Fabris.
113. *Teatro da Militância*, Silvana Garcia.
114. *A Religião de Israel*, Yehezkel Kaufmann.
115. *Que é Literatura Comparada?*, Brunel, Pichois, Rousseau.
116. *A Revolução Psicanalítica*, Marthe Robert.
117. *Brecht: um Jogo de Aprendizagem*, Ingrid Dormien Koudela.
118. *Arquitetura Pós-Industrial*, Raffaele Raja.
119. *O Ator no Século XX*, Odette Aslan.
120. *Estudos Psicanalíticos sobre Psicossomática*, Georg Groddeck.
121. *O Signo de Três*, Umberto Eco e Thomas A. Sebeok.
122. *Zeami: Cena e Pensamento Nô*, Sakae M. Giroux.
123. *Cidades do Amanhã*, Peter Hall.
124. *A Causalidade Diabólica I*, Léon Poliakov.
125. *A Causalidade Diabólica II*, Léon Poliakov.
126. *A Imagem no Ensino da Arte*, Ana Mae Barbosa.
127. *Um Teatro da Mulher*, Elza Cunha de Vicenzo.
128. *Fala Gestual*, Ana Claudia de Oliveira.
129. *O Livro de São Cipriano: uma Legenda de Massas*, Jerusa Pires Ferreira.
130. *Kósmos Noetós*, Ivo Assad Ibri.
131. *Concerto Barroco às peras do Judeu*, Francisco Maciel Silveira.
132. *Sérgio Milliet, Crítico de Arte*, Lisbeth Rebollo Gonçalves.
133. *Os Teatros Bunraku e Kabuki: Uma Visada Barroca*, Darci Kusano.
134. *O diche e seu Significado*, Benjamin Harshav.
135. *O Limite da Interpretação*, Umberto Eco.

136. *O Teatro Realista no Brasil: 1855-1865*, João Roberto Faria.
137. *A República de Hemingway*, Giselle Beiguelman-Messina.
138. *O Futurismo Paulista*, Annateresa Fabris.
139. *Em Espelho Crítico*, Robert Alter.
140. *Antunes Filho e a Dimensão Utópica*, Sebastião Milaré.
141. *Sabatai Tzvi: O Messias Místico I, II, III*, Gershom Scholem.
142. *História e Narração em Walter Benjamin*, Jeanne Marie Gagnebin.
143. *A Política e o Romance*, Irwing Howe.
144. *Os Direitos Humanos como Tema Global*, J. A. Lindgren.
145. *O Truque e a Alma*, Angelo Maria Ripellino.
146. *Os Espirituais Franciscanos*, Nachman Falbel.
147. *A Imagem Autônoma*, Evaldo Coutinho.
148. *A Procura da Lucidez em Artaud*, Vera Lúcia Gonçalves Felício.
149. *Memória e Invenção: Gerald Thomas em Cena*, Sílvia Fernandes Telesi.
150. *Nos Jardins de Burle Marx*, Jacques Leenhardt.
151. *O Inspetor Geral de Gógol/Meyerhold*, Arlete Cavalière.
152. *O Teatro de Heiner Müller*, Ruth Röhl.
153. *Psicanálise, Estética e Ética do Desejo*, Maria Inês França.
154. *Cabala: Novas Perspectivas*, Moshe Idel.
155. *Falando de Shakespeare*, Barbara Heliodora.
156. *Imigrantes Judeus / Escritores Brasileiros*, Regina Igel.
157. *A Morte Social dos Rios*, Mauro Leonel.
158. *Barroco e Modernidade*, Irlemar Chiampi.
159. *Moderna Dramaturgia Brasileira*, Sábato Magaldi.
160. *O Tempo Não-Reconciliado*, Peter Pál Pelbart.
161. *O Significado da Pintura Abstrata*, Mauricio Mattos Puls
162. Work in Progress *na Cena Contemporânea*, Renato Cohen
163. *Mito e Tragédia na Grécia Antiga*, Jean-Pierre Vernant e Pierre Vidal-Naquet
164. *A Teoria Geral dos Signos*, Elisabeth Walther
165. *Lasar Segall: Expressionismo e Judaísmo*, Cláudia Valladão Mattos
166. *Escritos Psicanalíticos sobre Literatura e Arte*, Georg Groddeck
167. *Norbert Elias, a Política e a História*, Alain Garrigou e Bernard Lacroix
168. *A Cultura Grega e a Origem do Pensamento Europeu*, Bruno Snell
169. *O Freudismo – Esboço Crítico*, M. M. Bakhtin
170. *Stanislávski, Meierhold & Cia.*, J. Guinsburg
171. *O Anti-Semitismo na Era Vargas*, Maria Luiza Tucci Carneiro
172. *Apresentação do Teatro Brasileiro Moderno*, Décio de Almeida Prado
173. *Imaginários Urbanos*, Armando Silva Tellez
174. *Psicanálise em Nova Chave*, Isaias Melsohn
175. *Da Cena em Cena*, J. Guinsburg

Impressão e acabamento:

ESCOLAS PROFISSIONAIS SALESIANAS
Rua Dom Bosco, 441 • 03105-020 São Paulo SP
Fone: (11) 3277-3211 • Fax: (11) 279-0329